二十一世纪普通高等院校实用规划教材·经济管理系列

# 网络营销理论、方法与实践

周小勇　程国辉　主　编
刘国巍　李光明　朱美华　副主编

清华大学出版社
北京

## 内 容 简 介

网络营销是一门理论、方法与实践应用紧密结合的专业学科。本书根据应用型本科院校经济管理类专业的培养目标和教学特点编写，在吸收国内外网络营销领域最新研究与实践成果的基础上，系统地阐述了网络营销的基本理论、实践方法和行业应用，着重突出了互联网发展给营销活动带来的影响与变革。

全书采用"概念—环境—策略—方法—实施—应用"的写作思路。分基础篇、方法篇、应用篇三大部分，第一部分主要阐述网络营销的概念、市场环境、策略等基本理论知识；第二部分主要介绍网站营销、E-mail营销、搜索引擎营销、论坛营销、博客营销、微博营销、SNS营销、网络视频营销、微信营销、APP营销、大数据营销等网络营销工具方法；第三部分探索分析了网络营销的实施与行业应用。每一章内容均配有学习要点及目标、引例、知识点、案例分析、归纳与提高、习题等栏目。

本书可作为应用型本科院校、高等专科学校、高等职业技术学校、普通本科院校、成人高等学校和民办高等学校的市场营销、工商管理、经济管理、电子商务、物流管理、国际贸易、旅游、金融保险等专业的教材，也可作为政府机关、企事业单位的培训用书或参考用书。

本书封面贴有清华大学出版社防伪标签，无标签者不得销售。
版权所有，侵权必究。举报：010-62782989，beiqinquan@tup.tsinghua.edu.cn。

图书在版编目(CIP)数据

网络营销理论、方法与实践/周小勇，程国辉主编. —北京：清华大学出版社，2017（2020.1重印）
（二十一世纪普通高等院校实用规划教材　经济管理系列）
ISBN 978-7-302-46578-2

Ⅰ. ①网… Ⅱ. ①周… ②程… Ⅲ. ①网络营销—高等学校—教材 Ⅳ. ①F713.365.2

中国版本图书馆 CIP 数据核字(2017)第 030226 号

责任编辑：陈冬梅　陈立静
封面设计：刘孝琼
版式设计：杨玉兰
责任校对：周剑云
责任印制：杨　艳

出版发行：清华大学出版社
网　　址：http://www.tup.com.cn, http://www.wqbook.com
地　　址：北京清华大学学研大厦 A 座　　邮　编：100084
社 总 机：010-62770175　　邮　购：010-62786544
投稿与读者服务：010-62776969, c-service@tup.tsinghua.edu.cn
质量反馈：010-62772015, zhiliang@tup.tsinghua.edu.cn
课件下载：http://www.tup.com.cn, 010-62791865

印 刷 者：北京富博印刷有限公司
装 订 者：北京市密云县京文制本装订厂
经　　销：全国新华书店
开　　本：185mm×230mm　　印　张：22.75　　字　数：492 千字
版　　次：2017 年 6 月第 1 版　　印　次：2021 年 1 月第 5 次印刷
定　　价：49.00 元

产品编号：068546-01

# 前　言

21世纪，人类已经步入了以互联网为基础的网络经济时代。互联网的迅猛发展和广泛应用对当代社会产生了全方位的影响，也给企业营销管理带来了巨大的变革。网络营销是以互联网为主要手段，以满足网络虚拟市场上顾客需求的营销活动为主要内容的一种现代营销方法，它改变了传统的营销理念、策略、手段和方式，并逐渐在企业经营活动中占据主导地位。许多企业面对消费者观念的转变、激烈的市场竞争、互联网带来的低成本、高效率优势，不约而同地加大了对网络营销的投入，广泛开展网络营销活动。

网络营销在我国起步较晚，直到1996年，才开始被我国企业所尝试。经过20年的建设发展，我国网络营销取得了很大的进步，市场环境日趋完善，市场规模快速增长，网络营销形式和应用不断深化，企业网络营销专业水平逐渐提高。截至2015年12月，我国开展在线销售的企业比例达32.6%，开展网上销售业务的企业数量、销售规模增长迅速；利用互联网开展营销推广活动的企业比例为33.8%，是最受企业欢迎的推广渠道。

为了能够适应社会经济发展对网络营销知识的需求，培养我国网络营销人才，尤其是工作在第一线的应用型人才，我们编写了这本教材。鉴于目前网络营销方面实用性教材特别是适用于应用型本科的教材不多，本书遵循理论联系实际、突出实用性的原则，在教材的框架、结构、内容等方面做了一些创新与尝试。全书分为基础篇、方法篇、应用篇三大部分，共包含网络营销概述、网络营销环境、网络营销策略、Web1.0时代的网络营销、Web2.0时代的网络营销、基于企业网站的网络营销、移动网络营销、大数据营销、网络营销的实施与管理、网络营销的典型应用十章内容。每一章内容都配有学习要点及目标、引例、知识点、案例分析、归纳与提高、习题等特色栏目，丰富的栏目设置有助于学生的理解和学习，以及培养学生的实践能力和解决实际问题的能力。

本书由周小勇、程国辉担任主编，负责拟定编写大纲、组织协调及总纂定稿；刘国巍、李光明、朱美华担任副主编，共同参与了教材统稿和具体的编写任务。全书具体的编写分工如下：周小勇编写第一、第四、第五章，程国辉编写第六、第七、第十章，刘国巍编写第二、第八章，李光明编写第三章，朱美华编写第九章。

本书编写过程中参阅了大量的国内外文献资料，同时参考和引用了一些优秀作者的内容和观点，由于客观条件限制不能及时征得这些作者的同意，在此深表歉意，谨向国内外有关成果的贡献者、著作者表示诚挚的感谢。本书的编写、出版得到了清华大学出版社的大力支持和帮助，在此表示衷心的感谢。

由于编者水平有限，书中存在不足和偏颇之处，恳请广大读者和同行批评指正，以便进一步修改与完善。

编　者

# 目 录

## 第一篇 基 础 篇

### 第一章 网络营销概述 ...... 1
#### 第一节 网络营销的产生与发展 ...... 2
一、网络营销的产生 ...... 2
二、网络营销的发展 ...... 5
#### 第二节 网络营销的概念与特点 ...... 9
一、网络营销的概念 ...... 10
二、网络营销与传统营销的关系 ...... 12
三、网络营销的特点 ...... 16
#### 第三节 网络营销的职能与分类 ...... 18
一、网络营销的职能 ...... 18
二、网络营销的分类 ...... 20
#### 第四节 网络营销的理论基础 ...... 22
一、电子商务经济学 ...... 23
二、直复营销理论 ...... 23
三、关系营销理论 ...... 24
四、软营销理论 ...... 24
五、整合营销理论 ...... 25
六、体验营销理论 ...... 27
七、定制营销理论 ...... 28
八、长尾理论 ...... 29
案例分析 ...... 29
归纳与提高 ...... 32
习题 ...... 32

### 第二章 网络营销环境 ...... 34
#### 第一节 网络营销环境概述 ...... 35
一、网络营销环境的定义 ...... 35
二、网络营销的宏观环境 ...... 36
三、网络营销的微观环境 ...... 41

四、网络营销的支持条件 ...... 44
#### 第二节 网络市场 ...... 47
一、网络市场的概念及构成要素 ...... 47
二、网络市场的类型 ...... 50
三、网络市场的特点 ...... 50
#### 第三节 网络消费者 ...... 55
一、网络消费者的类型与特点 ...... 55
二、影响网络消费者购买的因素 ...... 57
三、网络消费者的购买行为与决策分析 ...... 60
案例分析 ...... 63
归纳与提高 ...... 66
习题 ...... 66

### 第三章 网络营销策略 ...... 69
#### 第一节 网络营销产品策略 ...... 70
一、网络产品及其特点 ...... 70
二、网络营销新产品开发 ...... 71
三、网络品牌策略 ...... 75
四、网络客户服务 ...... 78
#### 第二节 网络定价策略 ...... 82
一、网络定价的影响因素 ...... 82
二、网络定价的目标 ...... 86
三、网络定价的主要策略 ...... 87
#### 第三节 网络渠道策略 ...... 91
一、网络营销渠道概述 ...... 91
二、网络直销 ...... 93
三、网络代理与分销 ...... 94
四、比较购物代理 ...... 95

五、网络营销的物流渠道 ................ 96
第四节　网络促销策略 ............................ 96
　　一、网络促销的含义与特点 ............ 96
　　二、网络促销的形式与方法 ............ 97
　　三、网络广告策略 ............................ 99

　　四、网络公关 .................................. 102
案例分析 .............................................. 104
归纳与提高 .......................................... 105
习题 ...................................................... 105

# 第二篇　方　法　篇

## 第四章　Web1.0 时代的网络营销 ............ 107
第一节　电子邮件营销 .......................... 108
　　一、电子邮件营销概述 .................. 108
　　二、电子邮件营销的基本形式 ...... 113
　　三、电子邮件营销的过程 .............. 115
　　四、电子邮件营销的效果评价
　　　　与控制 ...................................... 117
第二节　搜索引擎营销 .......................... 118
　　一、搜索引擎营销概述 .................. 119
　　二、搜索引擎营销的实现 .............. 121
　　三、搜索引擎营销的主要模式 ...... 124
第三节　即时通信营销 .......................... 127
　　一、即时通信营销概述 .................. 127
　　二、即时通信营销的应用模式 ...... 129
第四节　论坛营销 .................................. 133
　　一、论坛营销概述 .......................... 133
　　二、论坛营销的应用策略 .............. 135
第五节　网络会员制营销 ...................... 138
　　一、网络会员制营销概述 .............. 139
　　二、网络会员制营销的实施 .......... 142
案例分析 .............................................. 143
归纳与提高 .......................................... 145
习题 ...................................................... 146

## 第五章　Web2.0 时代的网络营销 ............ 147
第一节　Web2.0 概述 ............................ 148
　　一、Web2.0 的含义与特点 ............ 148

　　二、Web2.0 的理论基础 ................ 150
　　三、Web2.0 的技术应用 ................ 152
第二节　博客营销 .................................. 154
　　一、博客营销概述 .......................... 154
　　二、博客营销的基本模式 .............. 157
　　三、博客营销的实施流程 .............. 159
第三节　SNS 营销 .................................. 161
　　一、社会化媒体与 SNS .................. 161
　　二、SNS 营销的含义、特点
　　　　与功能 ...................................... 162
　　三、SNS 营销的模式 ...................... 164
　　四、SNS 营销的过程 ...................... 166
第四节　微博营销 .................................. 168
　　一、微博营销概述 .......................... 168
　　二、微博营销的功能 ...................... 171
　　三、微博营销的基本形式 .............. 174
　　四、微博营销的实施流程 .............. 175
第五节　网络视频营销 .......................... 176
　　一、网络视频营销概述 .................. 177
　　二、网络视频营销的类型 .............. 178
　　三、网络视频营销的模式 .............. 181
　　四、网络视频营销的策略 .............. 183
案例分析 .............................................. 184
归纳与提高 .......................................... 186
习题 ...................................................... 186

## 第六章　基于企业网站的网络营销 ........ 188
第一节　企业网站的营销价值 .............. 188

# 目录

　　一、企业网站在营销中的地位 ............ 189
　　二、企业网站的网络营销功能 ............ 190
　　三、企业网站营销的利弊 ................ 191
第二节　企业网站的建设与推广 ............ 193
　　一、企业网站建设中的利益相关者
　　　　分析 ................................ 193
　　二、企业网站建设中的一般流程 .......... 195
　　三、企业网站的推广方法 ................ 200
第三节　基于企业网站的营销活动 .......... 202
　　一、网站信息发布 ...................... 202
　　二、网站在线销售 ...................... 208
　　三、网站顾客服务 ...................... 211
第四节　网站营销与无网站营销的
　　　　配合 ................................ 212
　　一、与电子邮件营销的配合 .............. 212
　　二、与搜索引擎营销的配合 .............. 212
　　三、与线上社交营销的配合 .............. 214
　　四、与线下传统营销的配合 .............. 214
案例分析 .................................. 215
归纳与提高 ................................ 217
习题 ...................................... 217

## 第七章　移动网络营销 ............ 219

第一节　移动网络营销概述 ................ 220
　　一、移动互联网及其营销价值 ............ 220
　　二、移动网络营销的概念和特点 .......... 223
　　三、移动网络营销的内容、方法
　　　　以及发展趋势 ...................... 226
第二节　微信营销 ........................ 229
　　一、微信与微信营销 .................... 229
　　二、微信营销的主要方法 ................ 232
　　三、微信公众号的运营与推广 ............ 235

第三节　APP营销 ........................ 238
　　一、APP及其APP营销 .................. 238
　　二、APP的设计与推广 .................. 239
　　三、基于APP的营销方式 ................ 241
第四节　移动广告 ........................ 243
　　一、移动广告基本概念 .................. 243
　　二、移动广告的测评 .................... 246
　　三、移动广告程序化购买 ................ 247
第五节　移动O2O营销 .................... 250
　　一、二维码和移动O2O .................. 251
　　二、LBS和移动O2O .................... 254
　　三、移动O2O营销应用模式 .............. 256
案例分析 .................................. 257
归纳与提高 ................................ 258
习题 ...................................... 259

## 第八章　大数据营销 ................ 261

第一节　大数据营销的含义与特征 .......... 262
　　一、数据库营销与大数据营销 ............ 262
　　二、大数据营销的特征 .................. 264
第二节　以大数据为背景的精准营销 ........ 267
　　一、精准预测消费行为 .................. 268
　　二、营销策略不断优化 .................. 269
　　三、营销更具个性化 .................... 270
　　四、消费描述更为清晰 .................. 270
　　五、帮助企业实现渠道优化 .............. 271
第三节　大数据营销的应用 ................ 272
　　一、服务业大数据营销 .................. 272
　　二、制造业大数据营销 .................. 276
案例分析 .................................. 277
归纳与提高 ................................ 278
习题 ...................................... 278

# 第三篇 应 用 篇

## 第九章 网络营销的实施与管理 ……279
### 第一节 网络营销的战略规划与策略选择 ……280
一、网络营销的战略规划 ……280
二、网络营销的策略选择 ……286
### 第二节 网络市场调研 ……288
一、网络调研的含义与特点 ……289
二、网络调研的实施方法与步骤 ……290
### 第三节 网络营销方法的实践应用 ……294
一、网络营销的常用方法 ……294
二、网络营销方法和网络营销职能的关系 ……297
三、网络营销方法的组合应用 ……299
### 第四节 网络营销的管理 ……302
一、网络营销组织 ……302
二、网络营销实施 ……303
三、网络营销控制 ……307
四、网络营销评价 ……308
案例分析 ……314
归纳与提高 ……315
习题 ……316

## 第十章 网络营销的典型应用 ……317
### 第一节 中小企业网络营销 ……318
一、案例1：小鞋匠兵败网站营销 ……318
二、案例2："褚橙"演绎农产品的触网救赎 ……319
### 第二节 服务业网络营销案例 ……325
一、案例1：房地产融入"互联网+"营销新动向 ……325
二、案例2："饿了么"移动外卖平台案例分析 ……331
### 第三节 非传统网络营销案例 ……334
一、案例1：澳大利亚大堡礁的事件营销 ……334
二、案例2：自媒体"罗辑思维"的启示 ……337
### 第四节 网络营销与创新型创业 ……341
一、案例1：百万美元主页的创意 ……341
二、案例2：暗恋通知书的创业教训 ……343
三、案例3：关注情感服务的"静静" ……345
案例分析 ……348
归纳与提高 ……350
习题 ……350

## 参考文献 ……352

# 第一篇 基 础 篇

## 第一章 网络营销概述

**学习要点及目标**

理解网络营销的基本概念、内涵与特点；理解网络营销与传统营销、电子商务之间的联系与区别；掌握网络营销的主要内容与常见类型；掌握网络营销相关基本理论的核心思想；以便对网络营销的发展历史与趋势有一定的认识与了解。

**引例**

### 无处不在的网络营销

很多人都会问，网络营销是什么？网络营销，顾名思义是在网络上进行营销，是以互联网为基础的一种营销手段。在当今信息发达、互联网普及的时代，只要你一登录网络，网络营销就无处不在，它与人们生活、工作密切相关。

现在，人们吃饭不用出门了，因为大家只需要登录必胜客的网站，点击喜欢的食物，半个小时内食物就会送上门；人们想要买衣服的时候，只要坐在家里，登录淘宝网，搜索淘宝店的衣服款式，点击自己喜欢的衣服，用支付宝支付，过一两天后就有衣服送上门。当然，如果在试衣服的过程中，发现衣服有质量问题或其他问题，可以随时登录该淘宝店，与在线服务人员进行沟通交流；人们想买书的时候，可以登录当当网，那里的书比较齐全且价格便宜，还可以货到付款。只要我们登录过一次当当网，以后当当网有什么促销活动和书籍推荐时，当当网会发促销广告到你的邮箱，让你去了解它们的优惠。可见网络营销在影响着人们的生活方式。

同时，网络营销的信息也在慢慢走进人们的生活中。如我们想听歌时，登录酷狗页面，就会发现酷狗的页面也会出现一些广告，其中以减肥广告居多；如我们登录微博，看微博的同时，你会发现自己微博主页的左侧会有一些汽车广告；如我们在使用搜索引擎搜索信息的时候，它会在我们的关键字下面出现其他推荐的关键字；如我们在电脑中看电视剧的过程中有时也会插入一些广告。可见网络营销的信息时常出现在我们身边而且无处不在。

(资料来源：http://abc.wm23.com/chenyanmei/222277.html，有改写)

> 思考题：请结合自身情况，谈谈我们经历或周边发生的那些网络营销活动。

**必备知识点**

网络营销的概念　网络营销的特点　网络营销与传统营销的关系　网络营销的职能　网络营销的分类

**拓展知识点**

网络营销的理论基础　网络营销的发展趋势

## 第一节　网络营销的产生与发展

互联网对于传统的市场营销最具有革命性的影响就在于缩短了生产与消费之间的距离，减少了商品在流通中经历的诸多环节，消费者可以直接在网上完成购买行为。网络与经济的紧密结合，推动了市场营销走入一个崭新的阶段——网络营销阶段。

### 一、网络营销的产生

20 世纪 90 年代以来，随着计算机通信技术的快速发展和广泛应用，互联网已经渗透到人们生活和工作的各个层面。作为人们日益重要的信息获取、商务沟通及新兴购物渠道，互联网具有巨大的传播媒介价值与商业潜力，以互联网为主要手段的网络营销应运而生，并逐渐在企业经营活动中占据主导地位。

#### (一)网络营销的产生基础

网络营销的产生，是科技进步、消费者价值观变革、商业竞争等综合因素所促成的。网络营销的产生有其技术基础、观念基础和现实基础。

**1. Internet 发展是网络营销产生的技术基础**

互联网起源于 1969 年，经过几年的发展，到 1974 年，计算机网络已拥有 100 多个站点，之后的发展呈指数增长趋势。截至 2006 年，全球使用互联网的人数已经超过 10 亿，2015 年年底全球使用互联网的人数约为 32 亿，占全球 72 亿人口的 4/9。

互联网是一种集通信技术、信息技术、时间技术为一体的网络系统，其之所以有今天的规模，得益于本身的特点：开放、分享与价格低廉。在互联网上，任何人都享有创作发挥的自由，所有信息的流动皆不受限制，任何人都可以加入互联网，网络上的信息资源是共享的。这些因素促使了互联网的蓬勃发展。

# 第一章 网络营销概述

互联网上各种各样的服务应用很多,有电子邮件、网络论坛、电子布告栏等,就是这些连接、传输、互动、存取各种类型信息的功能,使得互联网具备了商业交易与互动沟通的能力,并逐渐成为企业经营上不可或缺的工具。企业利用互联网开展经营活动,显示出越来越多的区别于传统营销模式的优势,以 Internet 为技术基础的网络营销,其产生已是社会经济发展的必然。

**2. 消费者价值观改变是网络营销产生的观念基础**

满足消费者的需求是市场营销的核心。随着各个企业间竞争的日趋激烈,市场进行着从卖方垄断向买方垄断的演变,消费者主导的营销时代已经来临。在买方市场上,消费者将通过互联网面对更为纷繁复杂的商品和品牌选择,这就使得消费者的观念也在不断地发生变化,主要概括为以下几个方面。

1) 个性消费的回归

在市场经济充分发展的今天,多数产品供给数量和品种已极为丰富,消费者完全能够以个人的心理愿望为基础挑选和购买商品或服务。消费者的需求多了,而且有许多需求的变化,他们不仅能对商品的购买作出选择,而且还十分渴望选择。消费者会定制自己的消费准则,也不惧怕向商家提出挑战。从理论上看,没有一个消费者的心理是完全一样的,每一个消费者都是一个细分市场,个性化消费正在也必将再度成为消费的主流。消费者以个人心理愿望为基础挑选和购买商品或服务,心理上的认同感是作出购买决策的先决条件,以商品供应千姿百态为基础的单独享有成为社会时尚。

2) 消费主动性的增强

在社会分工日益细分化和专业化的趋势下,消费者对购买的风险感随选择的增多而上升,而且对传统营销单向的"填鸭式"沟通感到厌倦和不信任。网络时代商品信息获取的方便性,促使消费者主动通过各种可能的途径获取与商品有关的信息并进行分析比较。通过分析比较,消费者获得心理上的平衡和满足感,增加了对所购产品的信任,也减轻了风险感或降低了在购买后产生后悔感的可能。

3) 对购物方便性的追求

信息社会的高效率产生了一批工作压力大、生活节奏紧张的消费者,他们会以购物的方便性为目标,追求时间和劳动成本的尽量节省,特别是对某些品牌的消费品已经形成固定偏好的消费者,购物方便性的需要更为突出。

4) 对购物乐趣的追求

现代人的生活丰富多彩,购物活动不仅是消费需要,也是心理需要,很多消费者以购物为生活内容,从中获得享受。一些消费者由于劳动生产率的提高,使他们可供支配的时间增加,比如,自由职业者或家庭主妇,希望通过购物来消遣时间和寻找生活乐趣,而网络消费正好能使他们保持与社会的联系,减少心理孤独感,能满足他们的心理需求。

5) 价格仍然是影响购买的重要因素

虽然现代市场营销倾向于以各种策略来削减消费者对价格的敏感度,避免恶性价格竞争,但价格始终对消费者产生着重要的影响。即使在先进的营销技术面前,价格的作用仍然不可忽视,当价格降幅超过消费者的心理界限时,消费者难免会改变既定的购物原则。

以上这些消费者观念的改变,是人们普遍接受网络营销的重要基础。

#### 3. 激烈的市场竞争是网络营销产生的现实基础

当今的市场竞争日趋激烈,企业为了获得竞争优势,必须不断地推出各种营销手段来吸引顾客,但市场已不能仅靠浅层次的营销手段,需要企业去寻求更深层次的变革,以尽可能生产出满足消费者需求的产品和服务,并以更低的成本和服务、更合适的途径送达消费者手中。网络营销正是这样一种新颖独特的理念,来帮助企业应对激烈竞争的市场。

### (二)网络营销的诞生

1993 年,出现了基于互联网的搜索引擎;1994 年 10 月网络广告诞生;1995 年 7 月,全球最大的网上商店亚马逊(http://www.amazon.com)成立。这些事件在互联网及网络营销发展历史上都具有里程碑式的意义。

1994 年被认为是网络营销发展重要的一年,因为网络广告诞生的同时,基于互联网的知名搜索引擎 Yahoo!、WebCrawler、InfoSeek、Lycos 等也相继在 1994 年诞生,另外,由于曾经发生了"第一起利用互联网赚钱"的"律师事件",促使人们开始对 e-mail 营销进行深入思考,也直接促成了网络营销概念的形成。由于这次事件所产生的影响,人们才开始认真思考和研究网络营销的有关问题,网络营销的概念也逐渐开始形成。因此,我们可以认为网络营销诞生于 1994 年。此后,随着企业网站数量和上网人数的日益增加,各种网络营销方法也开始陆续出现,许多企业开始尝试利用网络营销手段来开拓市场。

> **案例 1.1 "第一起利用互联网赚钱"的"律师事件"**
>
> 互联网上最早的赚钱方式,既不是网上销售,也不是网上拍卖,当然更不是网络广告,最早赚钱的也不是什么著名网络公司,而是两名美国律师。在 e-mail 和 WWW 得到普遍应用之前,新闻组(newsgroup)是人们互相交流的主要方式之一,新闻组也是早期网络营销的主要场所,是 e-mail 营销得以诞生的摇篮。1994 年 4 月 12 日,美国亚利桑那州两位从事移民签证咨询服务的律师 Laurence Canter(坎特)和 Martha Siegel(西格尔)(两人为夫妻)把一封"绿卡抽奖"的广告信发到他们可以发现的每个新闻组,这在当时引起了轩然大波,他们的"邮件炸弹"让许多服务商的服务处于瘫痪状态。
>
> 有趣的是,两位律师在 1996 年还合作写了一本书——《网络赚钱术》(How to Make a Fortune on the Internet Superhighway),书中介绍了他们利用互联网网络赚钱的辉煌经历:通过互联网发布广告信息,只花费了 20 美元的上网通信费用就吸引来 25 000 个客户,赚了 10 万美元。他们认为,通过互联网进行 e-mail 营销是前所未有几乎无须任何成本的营销方式。当然他们并没有考虑别人的感受,也没有计算别人因此而遭受的损失。

> 1995年之后，Canter事实上已经不再从事律师行业，而是从事电脑软件开发。1997年7月，Laurence Canter被吊销律师执照一年，其中部分原因为发送垃圾邮件。直到现在，很多垃圾邮件发送者还在声称通过定向收集的电子邮件地址开展"e-mail营销"可以让你的产品一夜之间家喻户晓，竟然还和两个律师在几年前的腔调一模一样，但现在的网络环境已经发生了很大变化，无论发送多少垃圾邮件，也无法产生那种神奇效果了。

(资料来源：冯英健. e-mail营销[M]. 北京：机械工业出版社，2003.)

## 二、网络营销的发展

网络营销的发展前景令人瞩目，但也不会一帆风顺。尽管世界上一部分发达国家的电子商务活动发展较快，网络营销取得初步成功，但进一步发展所面临的问题依然不少，尤其是在我国，对此应有清醒的认识。

### (一)我国网络营销发展的历程

相对于互联网发达国家，我国的网络营销起步较晚，从1994年到2013年，我国的网络营销大致可分为三个发展阶段：传奇阶段、萌芽阶段、应用和发展阶段。

#### 1. 传奇阶段(1997年之前)

1994年4月20日，我国国际互联网正式开通。在1997年之前，网络营销同样在我国有一定的发展。例如，1995年4月，第一家网上中文商业信息站点"中国黄页"(http://www.chinapages.com)开通，这是国内最早的企业信息发布平台；山东陵县西李村支部书记李敬峰于1996年5月"注册了自己的域名，把西李村的大蒜、菠菜、胡萝卜等产品信息一股脑儿地搬上互联网，发布到了世界各地"。

只不过由于互联网还是一种新生事物，很多人可能根本不知道上网是怎么回事，所以当时我国的网络营销处于一种传奇阶段，并没有清晰的网络营销概念和方法，也很少有企业将网络营销作为主要的营销手段。在网络营销的传奇阶段，"网络营销"的基本特征为：概念和方法不明确、是否产生效果主要取决于偶然因素、多数企业对于上网几乎一无所知。

#### 2. 萌芽阶段(1997—2000)

根据中国互联网络信息中心(CNNIC)发布的《第一次中国互联网络发展状况调查统计报告》，至1997年10月底，我国上网人数为62万人，WWW站点数约1500个。无论上网人数还是网站数量均微不足道，但发生于1997年前后的部分事件标志着中国网络营销进入萌芽阶段，如网络广告和e-mail营销在中国的诞生、电子商务的促进、网络服务如域名注册和搜索引擎的涌现等。到2000年年底，多种形式的网络营销被应用，网络营销呈现出快速发展的势头并且逐步走向实用的趋势。

在此阶段，与我国网络营销密切相关的事件主要有以下六个。

(1) 1997年2月，专业IT资讯网站china byte正式开通免费新闻邮件服务，到同年12月，新闻邮件订户数接近3万。

(2) 1997年3月，在chinabyte网站(http://www.chinabyte.com)上出现第一个商业性网络广告。

(3) 1997年11月，国内首家专业的网络杂志发行商索易开始提供第一份免费网络杂志，到1998年12月，索易获得第一个邮件赞助商，这标志着我国专业e-mail营销服务的诞生。

(4) 1997年前后，中国频道、新网、万网等一批域名注册和虚拟主机服务商的诞生及其销售服务体系的建立，使企业建站的域名注册和空间租用问题变得简单，基于企业网站的网络营销逐渐成为网络营销的基本策略。

(5) 1997年前后，一批影响力比较大的中文搜索引擎的出现，如中文雅虎、搜狐、网易、常青藤、搜索客、北极星、若比邻等，为企业利用搜索引擎开展网络营销提供了最初的试验园地。2000年，Google中文网站开通以及百度的出现，对网络营销启蒙发挥了举足轻重的作用。

(6) 1999年，以阿里巴巴为代表的一批B2B网站不仅让企业间电子商务概念热火朝天，也为中小企业开展网络营销提供了广阔的空间。1999年之后，中国电子商务开始迅速发展，其标志是诞生了以8848、当当网等为代表的一批电子商务网站，风险投资大量投向B2C网站。

### 3．应用和发展阶段(2001年至今)

2001年之后，网络营销已不再是空洞的概念，而是进入了实质性的应用和发展时期，主要特征表现在六个方面：网络营销服务市场初步形成、企业网站建设发展迅速、网络广告形式和应用不断发展、e-mail营销市场环境有所改善、搜索引擎营销向深层次发展、网上销售环境日趋完善。

2004年之后，我国网络营销的主要的特点之一，是第三方网络营销服务市场蓬勃兴起，包括网站建设、网站推广、网络营销顾问等付费网络营销服务都获得了快速发展。这不仅体现在网络营销服务市场规模的扩大，同时也体现在企业网络营销的专业水平提高、企业对网络营销的认识程度和需求层次提升，以及更多的网络营销资源和网络营销方法不断出现等方面。

2009年之后，网络营销进入社会化阶段，其主要特点有：全员网络营销兴起，每个人都成为网络营销的组成部分；Web2.0营销思想进一步深化，出现WIKI、ASK等网络营销平台；社会化媒体(如微博、QQ等)网络营销蓬勃兴起；移动网络营销的重要性不断增强。

### (二)我国网络营销发展的现状及存在问题

如果将网络营销简单地分解为"网络销售"和"网络经营"两种功能，那么目前国内主要发展的是网络销售。

**1. 我国网络营销发展现状**

根据中国互联网信息中心(CNNIC)2016 年 1 月发布的《第 37 次中国互联网络发展状况统计报告》，截至 2015 年 12 月，我国开展在线销售的企业比例为 32.6%，受中国网络零售市场发展的带动，开展网上销售业务的企业数量、销售规模增长迅速。全国利用互联网开展营销推广活动的企业比例为 33.8%。与其他渠道相比，互联网仍然是最受企业欢迎的推广渠道。在利用互联网开展过营销活动的受访企业中，使用率最高的是利用即时聊天工具进行营销推广，达 64.7%。电子商务平台、搜索引擎营销推广依然较受企业欢迎，使用率达 48.4%和 47.4%。从市场规模上看，据中国国家统计局数据显示，2015 年，全国网上零售额为 38 773 亿元，占社会消费品零售总额约 12.88%，比上年增长 33.3%。其中，实物商品网上零售额为 32 424 亿元，增长 31.6%；非实物商品网上零售额为 6349 亿元，增长 42.4%。

随着移动互联网在网民生活中的渗透范围不断扩大，渗透程度逐渐加深，移动网络营销将成为企业推广的重要渠道。在开展过互联网营销的企业中，35.5%的企业通过移动互联网进行了营销推广，其中有 21.9%的企业使用过付费推广。在各种移动营销推广方式中，微信营销推广最受企业欢迎，使用率达 75.3%。目前，微信营销推广主要有三种方式：微信朋友圈广告主要服务于世界 500 强企业，微信公众号推广与微店运营则更适合中小微企业。此外，移动营销企业中建设移动官网的比例为 52.7%。

**2. 我国网络营销发展中存在的问题**

同欧美等发达国家相比，我国网络营销的总体发展水平仍有不小的差距，主要存在以下问题。

1) 网络营销应用水平低下

从总体上看，目前我国企业网络营销应用水平低下，还处于较低层次。据资料显示，绝大多数企业也认识到了网络营销对企业的重要作用，特别是一些中小型企业也在尝试着将互联网和信息技术运用到企业中。从结果上看，一般企业还停留在作业层次，即通过网络获得大量的免费信息资源，还有一些企业运用网络进行推广宣传，这些仅仅是网络营销的低层次阶段。很多企业也试图将网络营销引入企业生产管理方面，但由于我国网络营销起步较晚，市场成熟经验少，制约着企业网络营销的快速发展。

2) 网络营销发展不平衡

目前我国网络营销发展极不平衡，主要体现在地区、行业、不同企业之间，这种现象的产生与地区的经济发展水平和行业竞争程度关系密切。从区域来看，沿海地区经济发达，观念先进，对外交流通畅，企业的信息化技术运用程度高，网络基础设施建设好，在网络营销的认识上明显好于其他地区。如深圳、上海、北京、武汉等地企业网络营销的基础设施建设情况较好，西北、西南地区应用水平较低。从行业情况来看，在机械、电子、汽车、化工等行业参与网络营销的水平遥遥领先于食品、建材等行业。不同行业中的各个企业应用网络营销的水平也有很大差距,这和自身技术能力、员工素质高低有着很大的关系。

3) 企业网络营销人才缺乏

在互联网技术高速发展的今天,很多企业都希望通过网络进行营销和推广,更希望企业自身融入网络营销来加强企业竞争力,社会上对网络营销人才的需求量越来越大。网络营销的综合性、专业性很强,它不但需要从业者具备市场调研能力,还需要具备网络广告设计、搜索引擎营销、营销型网站策划与实现、网络整合推广等相关知识才能更好地为企业进行网络营销。就目前而言,虽然很多高校和社会机构也有相关的专业设置和培训课程,但课程设置面比较窄,缺乏行业调研,培养出来的大学生无法与岗位进行对接,网络销售人才、网络技术类人才比较紧缺。

4) 网络环境不成熟,网络法制欠缺

企业进行网络营销势必会引发交易,目前我国网络环境存在安全隐患,网民对网络环境持有不信任态度。据中国互联网络信息中心调查显示,2015 年,42.7%的网民遭遇过网络安全问题。在安全事件中,电脑或手机中病毒或木马情况最为严重,发生率为 24.2%,其次是账号或密码被盗,发生率为 22.9%。同时,随着网络购物群体的不断增大,网络消费安全问题明显上升。2015 年,在网上遭遇到消费欺诈比例为 16.4%,较 2014 年上升了 3.8 个百分点。网上诈骗、犯罪等问题严重阻碍了电子商务的发展,使网络营销更加困难。因此,要发展企业网络营销,解决的首要问题是网络环境的安全和健康,网络营销急切需要法制、诚信、健康的互联网环境作为支持。

### (三)网络营销的发展趋势

互联网产业的突飞猛进为网络营销发展带来了新机遇。互联网不断向社会各个方面渗透,越来越多的传统企业面对巨大的生存挑战、营销的方式多样化、营销的产品和服务不断升级,对网络营销更加重视,都在不约而同地提高对网络营销的投入。根据互联网发展的特点以及市场营销环境的变化,可以预测网络营销将会有以下的发展趋势。

**1. 移动终端的广泛应用**

智能手机是目前手机市场的主流,各类 APP 应用涵盖了生活的各个领域,各应用开发商不再仅限于为企业设立响应式网站或开发移动应用,转向注重面向移动终端优化的内容和社交媒体营销。企业开始意识到采取移动版网络营销战略的必要性,思考移动终端用户的消费模式以及与社交媒体推送内容进行互动的方式。企业可以通过响应式网站、移动广告、移动终端设备为最终用户提供的不同内容。今后有很多企业会将移动终端策略纳入到它们数字营销的手段之一。

**2. 内容营销取代过程营销**

轰炸式营销、拦截式营销以及以自我为中心的营销模式不再像以往那样奏效,步入社交媒体时代后，这类营销模式可能会起反作用。内容营销逐渐取代这些传统模式，企业越来越愿意投入在移动内容上，包括制作在移动设备上易于阅读的短小内容，理解目标用户的移动设备使用习惯，并将更多的重心放在可以借助移动设备轻松消费的可视化内容上。供应商编故事，消费者看故事，目的是让消费者被故事打动产生共鸣，进而产生消费冲动。

### 3. 电子邮件营销重装归来

垃圾电邮曾经是网络使用者的梦魇，电子邮件营销一度被抛弃。随着大数据时代的来临，网络带来生活便利的同时也在记录着人们的上网轨迹、收集上网习惯和喜好。在大数据的支持下，企业可以预测消费者的需求，可以定位消费群体。企业将会重新拾起电子邮件营销策略，这种策略与内容营销打包，模糊两者的界限，不失为一种覆盖面广、操作简单、成本低廉、针对性强、行之有效的营销方式。

### 4. 社交媒体营销大行其道

人与人在网络上的交流从点对点，到点对面，再到面对面，交流成本不断被拉低，网络社交拓展将原来的交际面呈几何数级放大。依靠资源丰富、用户依赖性高、互动性极强的特点，社交媒体的口碑式营销更能为企业和个人带来丰厚的客户资源。

### 5. 从产品营销走向品牌营销

随着网络营销的崛起，各品牌意识到，人们利用社交媒体与他人进行互动，并不经常提及品牌和具体企业，而是常常指向某种产品。一种商品热销过后又要重新制定网络营销战略，而通过品牌建立的忠诚客户才会经常光顾本品牌的产品，品牌的树立与推广将放在网络营销的重中之重。一旦在消费者中建立起可靠的品牌形象，投入产出比将被放大，可有效地提高企业效益。

### 6. 模糊营销模式界限

网络营销普及无处不在，它作为营销的一个分支将消失在企业的营销视线中，转变为营销意识存在，提起营销就不自觉地应用网络营销。网络营销的良好效果，创意的多元化、整合资源的优势，以及无限潜力都为其在未来大放异彩奠定了坚实基础。

## 第二节　网络营销的概念与特点

在之前介绍中已经多次出现了网络营销以及部分网络营销方法的概念，但是对于什么是网络营销还没有一个确切的描述。这里将为网络营销下一个定义，澄清一些对网络营销概念的认识误区，并通过厘清网络营销与传统营销的关系，归纳出网络营销的一些特点。

# 一、网络营销的概念

## (一)网络营销的定义

与许多新兴学科一样,"网络营销"目前并没有一个统一的、公认的、完善的定义,网络营销是一个快速发展中的概念。

网络营销在国外有许多提法,如 E-Marketing、Internet Marketing、Web Marketing、Online Marketing、Cyber Marketing、Network Marketing 等。这些提法都有网络营销的含义,但是其内涵、侧重点和应用场合有一定区别,具体如下。

- E-Marketing:即电子化营销或电子营销(这里的 E 有电子化、信息化、网络化的含义),是指通过国际互联网,内部网和外部网开展的营销活动。
- Internet Marketing:即互联网营销,是指在国际互联网上开展的营销活动。
- Web Marketing:即万维网营销,一般是指网站营销,如利用网站推广,发展用户;通过站点与顾客的沟通,保持顾客对站点的忠诚度等。
- Online Marketing:即在线营销,是指借助联机网络开展的网上营销。
- Cyber Marketing:即虚拟营销或计算机数字营销,是指借助联机网络,计算机通信和数字交互式媒体的营销方式。
- Network Marketing:即在网络上开展的营销活动,此处的网络不仅指国际互联网,尚包含电话网络、增值网络等。

其中,E-Marketing 意义最为广泛,Internet Marketing 是其最重要的子集,而 Web Marketing 又是 Internet Marketing 的子集;Online Marketing 和 Cyber Marketing 都主要指针对在线消费者的销售,Network Marketing 则利用各种类型网络进行营销。总体而言,在早期阶段,E-Marketing 使用较为普遍,而随着 Internet 的普及,人们更易接受 Internet Marketing,其他提法使用相对较少,或存在一定局限性。

国内学者也在不同时期、从不同的角度对网络营销进行了如下定义。

(1) 网络营销是在网络虚拟市场上用新策略和新方式实现营销目标(黄敏学,2000)。

(2) 网络营销是借助于互联网完成一系列营销环节以达到营销目标的过程(杨坚争,2002)。

(3) 网络营销是企业整体营销战略的一个组成部分,是建立在互联网基础之上,借助于互联网特性来实现一定营销目标的一种营销手段(孔伟成,2002)。

(4) 网络营销是企业整体营销战略的一个组成部分,是为实现企业总体经营目标所进行的,以互联网为基本手段营造网上经营环境的各种活动(冯英健,2003)。

(5) 网络营销就是利用互联网在更大程度上更有利润地满足顾客需求的过程(刘向晖,2005)。

(6) 网络营销是企业利用当代网络技术来整合多种媒体,实现营销传播的方法、策略和过程(姜旭平，2011)。

综合以上定义，我们认为网络营销是以互联网为主要手段，以满足网络虚拟市场上顾客需求的营销活动为主要内容的一种现代营销方法。

### (二)网络营销的内涵

为了更好地理解网络营销的内涵，我们必须明确如下几点。

#### 1．网络营销是企业整体营销的一个组成部分

网络营销活动不能脱离企业的整体营销目标，实施过程中应有企业营销部门参与，并根据具体营销需求来应用各种互联网工具。网络营销理论是传统营销理论在网络环境下的应用和发展，有相对独立的理论和方法体系，但其基本原理和思想来自于传统市场营销理论。

#### 2．网络营销不仅仅是网上销售、网站营销

实现网上销售是网络营销的重要目标之一，但不是唯一的结果，网络营销的最终目标还包括提供客户服务、改善顾客关系、促进线下销售、提高品牌形象等。网站营销是网络营销的重要方式，大多数企业都建立了官方网站，并以其为中心开展营销活动；然而，随着Web2.0的兴起，利用网络社区、微博、微信、社交网络等方式来开展网络营销往往能够取得显著效果，无网站的营销也成为网络营销的重要部分。

#### 3．网络营销不等同于电子商务

网络营销与电子商务是一对紧密相关而又互相区别的概念。一方面，网络营销与电子商务都主要以互联网为技术基础，并且网络营销是电子商务的核心环节之一；另一方面，电子商务是从企业全局出发的，涉及企业内外部和与产品或服务交换有关的各个环节，而网络营销则从顾客需要出发，围绕着交换机会的创造与交换的实现来开展各项活动，其本身不是一个完整的交易过程。当然，从我国网络营销现阶段的实践来看，有相当一部分企业特别是中小型企业是通过网络营销这一切入口来开展电子商务的。

#### 4．网络营销的主体不局限于企业

与传统的市场营销一样，网络营销在企业之外也有着极其成功的应用，包括：人物网络营销、地方或城市网络营销、理念网络营销、事件网络营销、非营利组织网络营销等。

随着网络营销环境的不断发展变化，各种新兴网络营销模式也层出不穷，如何在新的环境下(例如，大数据、社交媒体、移动终端等)去丰富和拓展网络营销的内涵与外延是网络营销研究人员一直面临的问题。

## 二、网络营销与传统营销的关系

网络营销作为传统营销的延伸与发展，既有与传统营销共性的一面，也有区别于传统营销的一面。随着网络营销的发展，其特点表现得越来越突出。

### (一)网络营销与传统营销的比较

#### 1. 网络营销与传统营销的相同点

1) 营销目的相同

网络营销和传统营销的目的都是通过宣传产品与服务、加强与消费者的沟通与交流来实现销售，创造利润，完成企业的经营目标。

2) 营销范畴相同

网络营销和传统营销的活动范畴都包括整合企业各种资源进行市场调研与分析，制定市场战略与营销策略并实施产品开发、定价、分销、促销等具体营销活动，涵盖从产品研发到消费结束的全过程。

3) 营销的核心理念相同

在营销组合方面，传统营销强调 4P 组合，而网络营销则追求 4C，即消费者(Consumer)、成本(Cost)、便利(Convenience)和沟通(Communication)。但从核心理念来看，网络营销和传统营销都把满足消费者需求作为一切经营活动的出发点，通过市场调查发现并提供产品和服务满足消费者的真正需求，最终实现企业的盈利和发展。

#### 2. 网络营销与传统营销的不同点

1) 营销环境不同

在传统营销中，市场营销环境是实体的，受时间、空间等物理因素影响较大，企业的市场开拓和营销成本较高，时间周期较长；消费者可以现场体验产品，享受更好的服务，购物安全性很高。而网络营销所处的是建立在虚拟平台之上的全球市场，企业可以快速进入广阔的全球市场，而消费者则有更多的选择，厂商和消费者之间可通过网络直接交易、快捷地沟通，市场更加趋于自由化、多样化和个性化。

2) 目标市场不同

传统营销的目标市场是传统消费者，注重共性化消费和大群体营销。而网络营销的目标市场是网络消费者，强调的是个性化的营销方式，网络市场的细分化程度也更高。

3) 营销策略不同

在产品策略上，网络营销是用多媒体技术展示出来的虚拟化产品，而不是传统营销下可直接触摸体验的实体产品。标准化产品、信息产品、专业服务更适宜网络营销，如书籍、软件、旅游等。另外，网络产品可以为消费者提供更多的选择和个性化定制。企业在网络

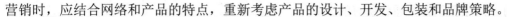

营销时，应结合网络和产品的特点，重新考虑产品的设计、开发、包装和品牌策略。

在价格策略上，网络营销通过互联网降低了各种成本与费用，能够为消费者提供比传统营销更低的价格甚至免费产品。网络信息的自由流动、消费者价格比较的便捷与低成本、网络市场竞争的无界化，使得网络价格趋向透明化和低价位化。

在渠道策略上，企业利用互联网与顾客直接沟通，通过网络直销和第三方物流降低了对渠道中间商的依赖，中间商的重要性因此有所降低。在选择中间商时，传统营销主要考虑空间距离、交通条件、销售能力等因素，而网络营销更重视中间商的用户规模、忠诚度以及信息服务能力。

在促销策略上，网络营销虽较少采用人员推销手段，但网络广告、公关与销售促进的实现方式都更为丰富。特别地，网络营销能够利用网络快速、便捷的交互式信息沟通进行促销，提高了消费者的参与度和积极性。

4) 营销方式不同

从营销过程来看，传统营销往往使用包含电视、广播、报纸、杂志等在内的多种媒体，整个交易过程基本在售货地点；而网络营销则一般使用互联网作为单一媒体来进行声、图、像、文一体化的多维信息交互，整个交易过程以数字方式开始，并以数字方式结束。

### (二)网络营销与传统营销整合的必要性

#### 1. 网络营销不能完全取代传统营销

作为一种新兴的营销模式，网络营销具有许多优势，给传统营销带来很大冲击，但网络营销也不可能完全取代传统营销，主要原因如下。

1) 网络营销无法覆盖所有的消费群体

网络市场覆盖的消费群体只是整个市场的小部分，许多群体由于种种原因不能或不愿在网络上消费，如未通网络的偏远地区消费者、农村网民、老年人、习惯现场购物者等。事实上，中国互联网信息中心(CNNIC)2016 年 1 月发布的《第 37 次中国互联网络发展状况统计报告》显示，截至 2015 年 12 月，中国网民规模达 6.68 亿，互联网普及率为 50.3%，其中，网络购物用户规模为 4.13 亿，占全体消费者的比率只有 31.1%。

2) 并非所有产品都适合网络营销

从理论上讲，任何产品都能通过网络进行营销，但由于技术、物流、消费者偏好与习惯、安全和成本等多种因素，目前还有很多产品只能在线下销售，或采用线上沟通、线下交易的 O2O 模式销售，如不动产、大型家具电器、贵重物品、收藏品和本地生活服务等。

3) 网络营销缺乏直接的购物体验

网络购物是虚拟的，消费者在消费过程中只能接收到网络传递的关于产品的视觉、听觉信号，而无法得到触觉、嗅觉以及与企业销售人员面对面的细致的、有亲和力的乃至情感方面的交流，也缺少了在商场购物过程中的游逛、挑选、试货与交流等直接体验环节。

4) 网络营销并不适合所有的企业

网络营销应用对企业的资金、技术、人才和运营管理等方面都有特别的要求，部分中小企业可能由于自身实力不足或成本效益率太低而选择放弃。网络营销也会给企业和商家带来一定的安全隐患，在一定程度上增加了商业信息和敏感数据被泄露或滥用的风险。

### 2．网络营销与传统营销具有互补性

1) 市场覆盖面的互补

由于经济技术发展的差异和消费需求个性化的要求，互联网作为新兴的虚拟市场，能够弥补传统营销中受时间和空间的局限的缺点。

2) 沟通交易方式的互补

互联网作为一种有效沟通方式和交易渠道，有着自己的特点和优势，可以方便企业与用户之间的直接双向沟通和轻松购物。但消费者有着自己的个人偏好、习惯和不同的生活方式，网络营销与传统营销的结合可以从不同方面迎合消费者的喜好。

3) 渠道互补

传统营销的物流渠道可以作为网络营销的物流节点和物流渠道，网络营销最终还会以交易的方式完成，物流必须以真实世界的渠道来实现，在这方面二者可以互补。

因此，网络营销与传统营销是不能分开的，是互补和互相促进的。虽然网络营销对传统营销产生了巨大的冲击，但是，网络营销必须以传统营销为基础，传统营销必须以网络营销为新的手段进行有效的整合，才能适应不断发展的社会和不断有效满足消费者日益个性化的需求。

## (三)网络营销与传统营销的整合

通过以上对网络营销与传统营销的比较分析，我们知道，网络营销与传统营销各有侧重，只有实现网络营销与传统营销的整合，才能使企业的整体营销策略获得最大的成功。

### 1．网络市场调研与传统市场调研的整合

调研市场信息，从中发现消费者需求动向，从而为企业细分市场提供依据，是企业开展市场营销的重要内容。对于那些市场名气不大、网站不太引人注意的企业，可采用传统的市场调研，或者借助 ISP 或专业网络市场研究公司进行。就知名企业而言，其网站访问者多是一些对该企业有兴趣或与企业有一定关系的上网者，他们对企业有一定了解，这将有利于为访问者提供更准确有效的信息，也为调研过程的及时双向交流提供了便利。

### 2．网络媒体与传统媒体的整合

在企业宣传方面将传统媒体与网络媒体结合起来，具体措施包括：在传统沟通媒体上提供有关网站情况，例如，把互联网信息强制性地印到所有说明书、商品目录和各种广告、

产品包装上,企业各种沟通媒体必须包括公司地址、主页地址、自动回复电子邮件地址等内容;在网络媒体上提供营业执照、经营许可证、法律文件等有形证明,建立用户信任感;在网络媒体提供传统媒体宣传材料,随时跟踪传统媒体对企业的正面宣传,并及时反映在网站中。

> **案例 1.2　国泰航空公司的抽奖活动**
>
> 　　原以亚洲地区为主要业务重心的国泰航空公司,为了扩展美国飞往亚洲的市场,拟举办一场大型抽奖活动,并在各大报纸上刊登了一个赠送百万里行抽奖的广告。与众不同的是,这个广告除了几个斗大的字"奖100万里"(win 1000000 miles)及公司网址外没有任何关于抽奖办法的说明,要了解抽奖办法的消费者只好登录公司网站。
>
> 　　国泰航空公司以平面印刷广告结合互联网新媒体的做法,充分运用了传统营销手法与网络营销模式的各自优势。首先,国泰航空公司通过传统的报刊媒体向消费者发布有关促销活动的信息。但在发布这一信息时,该公司有意识地将消费者的注意力吸引到了公司的网站上来,从而刺激和引导消费者主动登录企业网站以获得相关的活动信息。这样就为企业下一步运作网络营销奠定了基础。接下来,该公司利用网络营销形成了与顾客之间的即时互动关系。因此,与传统的做法相比,这种整合的运作方式,在时效上、效果上都强化了许多,同时也会更经济。另外,从长远的角度来看,通过这种方式,该公司一方面增加了公司网站的知名度和消费者登录公司网站的积极性,另一方面也收集到为数众多的 e-mail 地址和顾客信息,这为公司开拓市场提供了绝佳的资源。
>
> (资料来源:王丽萍,李创. 网络营销学概论[M]. 清华大学出版社,2014.)

### 3. 网络分销渠道与传统分销渠道的整合

　　企业传统的分销渠道仍使得双向沟通功能为加强企业与其分销商的联系提供了有力的平台。企业通过互联网构筑虚拟专用网络将分销渠道的内部网络融入其中,可以及时了解分销过程的商品流程和最终销售状况,这将为企业及时调整产品结构、补充脱销商品、分析市场特征、实时调整市场策略等提供帮助,从而为企业降低库存、采用实时生产方式创造条件。而对于传统分销渠道而言,网络分销也开辟了及时获取畅销商品信息、处理滞销商品的巨大空间,从而加速销售周转。

### 4. 网络营销策略与传统营销策略的整合

　　在产品策略上,产品和服务要更加注重对消费者个性化需求的满足,要通过市场调研了解消费者的需求和欲望,设计符合消费者需求的产品,借助传统营销满足一般消费者需求,借助网络营销平台,满足广大区域内的网络消费者的个性化需求。

　　在价格策略上,企业不仅要考虑生产成本、费用和目标利润,还要借助网络平台了解目标市场的支付能力和意愿,平衡企业和消费者双方的利益,提高定价的有效性和可行性。

在渠道策略上，不同消费者有不同的偏好和渠道选择，同一消费者在不同条件下也会选择不同渠道。企业应通过传统渠道和网络分销渠道的整合，拓展市场空间，更有效、更便利地满足消费者的需求。

在促销策略上，企业应结合线上交流与线下交流的特点和优势，有效地利用两种方式进行沟通宣传，充分了解消费者的意愿，引导和激发消费者对于企业产品的购买需求。

### 5．利用网络营销集成对传统营销关系进行整合

互联网是一种新的市场环境，一些企业已经迅速融入这一环境，依靠网络与原料商、制造商、消费者建立密切联系，并通过网络收集传递信息，从而根据消费需求，充分利用网络伙伴的生产能力，实现产品设计、制造及销售服务的全过程，这种模式称为网络营销集成。网络营销集成是对互联网的综合应用，是互联网对传统商业关系的整合。它使企业真正确立了市场营销的核心地位。在这种模式下，各种类型的企业通过网络紧密联系、相互融合，并充分发挥各自优势，形成共同进行市场竞争的伙伴关系。

### 6．网络营销组织与传统营销组织的整合

网络营销带动了企业内部网的发展，使得企业的内外部沟通均需要依赖网络作为主要渠道和信息源。企业内部网的兴起改变了企业内部的作业方式及员工学习成长的方式，个人工作的独立性和专业性将得到进一步的提升。网络营销给传统营销带来的影响包括：业务人员与直销人员的减少，经营组织扁平化，经营部门和分店数量的减少，渠道缩短，虚拟经销商和虚拟门市的盛行。这些影响与变化都将促使企业对组织机构进行再造。在企业组织再造过程中，一个负责网络营销以及与其他部门协调的网络营销管理部门，将从销售部门和管理部门中衍生出来。

网络营销正在成为现代市场营销的主流，长期从事传统营销的各类企业，必须处理好网络营销与传统营销的整合。只有这样，企业才能真正掌握网络营销的真谛，才能利用网络营销为企业赢得竞争优势，扩大市场，取得利润。

## 三、网络营销的特点

网络营销是市场营销在互联网基础上的新发展，市场营销中最重要、最本质的是在组织和个人之间进行信息广泛传播和有效的交换，没有信息交换，任何交易都无从谈起。互联网这个新的信息传播媒体，具有自身新的特点，使得网络营销呈现出以下一些特点。

### (一) 跨时空性

企业通过互联网能够超越时间约束和空间限制，每周 7 天、每天 24 小时地与全球客户进行信息交换，开展全天候、全球性的网络营销服务，实现对全球市场的全方位覆盖。跨

时空性使企业能有更多时间和在更大空间中进行营销,达到尽可能多地占有市场份额的目的。

### (二)多媒体性

互联网可以传输多种媒体信息(如文字、声音、图像、视频、三维虚拟商品等),从而使交易信息以更加多样化和生动化的形式存在和交换,更利于充分发挥营销人员的创造性和能动性,也能够更好地展示商品和服务,刺激消费者的购买欲望。

### (三)交互性

互联网能够实现双方相当深度的交互沟通,即信息的传播不是单向的传播模式,而是一种双向的信息需求和传播模式。在这种模式下,企业可以通过互联网向客户展示商品目录、通过连接资料库提供有关商品信息的查询,可以和顾客进行双向互动式的沟通,收集市场情报、进行产品测试与消费者满意度的调查等。

### (四)整合性

在实施网络营销的过程中,需要对多种营销资源、营销手段和营销方法进行整合。这种整合的复杂性、多样性、包容性、变动性和增值性都具有丰富的理论内涵。网络营销能够集商品信息、销售、支付、服务为一体,是一种覆盖全程的营销方式。另外,企业可以借助互联网将不同的传播营销活动进行统一设计、规划、协调和实施,以统一的传播方式向顾客传达信息,避免了传播方式的不一致而产生的消极影响。

### (五)个性化

网络营销的最大特点在于以消费者需要为主导。消费者将拥有比过去更大的选择权利与自由,他们可根据自己的个性特点和需求在全球范围内找寻商品。计算机辅助设计、人工智能、遥感和遥控技术的进步,使现代企业具备以较低成本进行多品种小批量生产的能力,从而为个性化营销奠定了基础。网络环境下极低的信息搜集、交换和发送成本,以及极强的数据分析与挖掘利用能力,使个性化的、一对一的精准营销成为现实。

### (六)经济性与高效性

网络营销是一种经济高效的营销方式。企业通过网络平台将各类营销信息传送给网络用户,不需要中间商和代理商做中介,也不需要传统的广告宣传费用和流转资金,这样就减少了成本支出。同时,计算机能储存大量的信息数量,且精确度较高,并能根据消费市场的需求,及时更新产品或调整价格,满足不同顾客的不同需求。

## 第三节 网络营销的职能与分类

　　网络营销理论多来自于实践经验的总结，比较注重操作方法和技巧，所以有时容易给人造成一种感觉，即很难把握网络营销的精髓，似乎网络营销就是一些操作方法的罗列，而不是一个完整的体系。为了界定网络营销的研究框架与范围，有必要将网络营销体系进一步具体化。在此，我们将用网络营销的职能与分类来勾画网络营销体系框架。值得注意的是，网络营销总是处于不断深化应用和快速发展的状态，其职能和类型在不同时期有不同的表现和侧重，以下仅从实践应用角度对网络营销做一个大致的归纳总结。

### 一、网络营销的职能

　　作为一种新的营销模式，网络营销的基本职能主要表现在网上调研、网站推广、网络品牌、信息发布、网上销售、顾客服务、顾客关系和销售促进八个方面。

#### (一)网上调研

　　网上调研为制定网络营销策略提供了科学依据，也是其他网络营销职能更好发挥的重要支持。相对于传统市场调研，网上调研具有调查周期短、成本低的特点，其主要的实现方式包括：通过企业网站设立的在线调查问卷、通过电子邮件发送的调查问卷，以及与大型网站或专业市场研究机构合作开展专项调查等。网络市场调研与网络营销的其他职能具有同等地位，既可以依靠其他职能的支持而开展，同时也可以相对独立进行。

#### (二)网站推广

　　网站推广是网络营销基本的职能之一，是网络营销的基础工作。在网络营销的早期阶段，很多企业甚至认为网络营销就是网站推广。网站所有功能的发挥都要以一定的访问量为基础，获得必要的访问量是网络营销取得成效的基础，尤其对于中小企业，由于经营资源的限制，通过互联网进行网站推广的意义显得更为重要。即使对于大型企业，网站推广也是非常必要的，事实上许多大型企业虽然有较高的知名度，但网站的访问量并不高。

#### (三)网络品牌

　　网络营销的重要任务之一就是在互联网上建立并推广企业的品牌，以及让企业的品牌在网上得以延伸和拓展。网络营销为企业利用互联网建立品牌形象提供了有利的条件，无论是大型企业还是中小企业，都可以用适合自己企业的方式展现品牌形象。网络品牌建设以企业网站建设为基础，通过一系列的推广措施，达到顾客和公众对企业的认知和认可。

与网络品牌建设相关的内容包括：企业官方网站、域名、搜索引擎排名、网络广告、电子邮件、会员社区等。

### (四)信息发布

网络的本质是一种信息传播媒介，而网络营销的核心思想也是通过各种网络工具，将企业营销信息以高效的方式向目标用户、合作伙伴、公众等群体传递，因此信息发布就成为网络营销的一种基本职能。互联网为企业发布信息创造了优越的条件，不仅可以通过企业网站、微博、微信、电子邮箱向特定的用户发布信息，还可以利用搜索引擎、供求信息发布平台、网络广告服务商、合作伙伴网站等渠道向更大的范围传播信息。

### (五)网上销售

网上销售是企业销售渠道在网上的延伸，一个具备网上交易功能的企业网站本身就是一个网上交易场所。网上销售渠道建设并不限于企业网站本身，还包括建立在专业电子商务平台上的网上商店，以及与其他电子商务网站不同形式的合作等，因此网上销售并不仅仅是大型企业才能开展的，不同规模的企业都有可能拥有适合自己需要的在线销售渠道。

### (六)顾客服务

互联网提供了更加方便的在线顾客服务手段，从形式最简单的FAQ(常见问题解答)，到电子邮件、邮件列表，以及在线论坛和各种即时信息服务等。在线顾客服务具有成本低、效率高的优点，在提高顾客服务水平、降低顾客服务费用方面具有显著作用，同时也直接影响到网络营销的效果。

### (七)顾客关系

顾客关系是与顾客服务相伴而产生的一种结果，良好的顾客服务才能带来稳固的顾客关系。通过网络的交互性、顾客参与等方式在开展顾客服务的同时，也增进了顾客关系。网络营销为建立顾客关系、提高顾客满意度和顾客忠诚提供了更为有效的手段，通过网络营销的交互性和良好的顾客服务手段，增进顾客关系成为网络营销取得长期效果的必要条件。

### (八)销售促进

市场营销的基本目的是为最终增加销售提供支持，网络营销也不例外。各种网络营销方法大都具有直接或间接促进销售的作用，同时还有许多针对性的网上促销手段，这些促销方法并不限于对网上销售的支持。事实上，网络营销对于促进网下销售同样很有价值，这也就是为什么一些没有开展网上销售业务的企业一样有必要开展网络营销的原因。

网络营销的各个职能之间并非相互独立,而是相互联系、相互促进的,网络营销的最终效果是各项职能共同作用的结果。为了直观描述网络营销八大职能之间的关系(见图1-1),我们可以从其作用和效果方面来做出大致的区分:网站推广、信息发布、顾客关系、顾客服务和网上调研这些职能是基础,表现为网络营销资源的投入和建立;而网络品牌、销售促进、网上销售这些职能则表现为网络营销的效果。

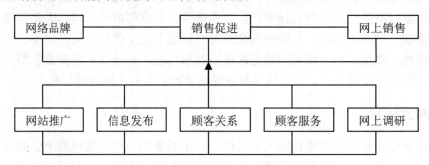

图1-1 网络营销职能关系图

网络营销职能不仅表明了网络营销工作的作用、效果和主要内容,对网络营销职能的认识有助于全面理解网络营销的价值和网络营销的内容体系。

## 二、网络营销的分类

网络营销内容繁多,并且贯穿于网络营销策略制定和实施过程中的多个层面,将网络营销的内容完全系统化,并不是一件简单的事情。下面根据研究和应用的不同角度,对网络营销做一个粗略分类,虽然不尽完善,但对于理解网络营销的框架体系仍有一定的参考价值。

### (一)按采用的网络工具分类

随着Web技术不断推陈出新,互联网已经走过了Web1.0时代(内容创建者制作网页提供给消费者浏览)和Web2.0时代(网络用户都是内容的创建者和消费者,他们可以与他人分享内容),并将快速进入Web3.0时代(数据能够按照要求呈现和分享)。在互联网发展的各个阶段,出现了丰富多样的网络工具,这些工具也成为网络营销的主要方式方法。

1. Web1.0时代的网络营销

在Web1.0时代,消费者已经开始通过网络比较产品,进行选购。常见的网络营销方式有:网站营销、搜索引擎营销、电子邮件营销、即时通信营销、论坛营销、网络广告营销、网络会员制营销等。

### 2. Web2.0 时代的网络营销

在 Web2.0 时代，网络应用服务不断增多，网络营销方式也越来越丰富，这包括：网络社区营销、博客营销、播客营销、RSS 营销、WIKI 营销、问答平台营销、SNS 营销、创意广告营销、微博营销等。

### 3. Web3.0 时代的网络营销

在 Web3.0 时代，互联网内的信息交互更加高效，因为 Web3.0 是全新的人与机器交互的时代，大量冗余信息慢慢减少，人性化和精准化的聚合信息更多，使得每个角落的用户都能够交流和分享。Web3.0 时代的网络营销方式有：数据库营销、机器人营销、大数据营销、移动网络营销等。

## (二) 按企业的网络营销目标和应用水平分类

企业的经营状况和战略目标不同，也会对其网络营销应用产生较大影响。一般来说，企业网络营销目标主要有：品牌宣传、在线销售、促进销售、顾客服务等，不同的目标对应着不同的网络营销应用水平。

### 1. 品牌型网络营销

这是网络营销最基本的应用方式，其目标是在网上建立企业品牌形象，加强与顾客的直接联系与沟通，增强品牌忠诚度，这也是目前大部分中国企业网站的基本目标。例如，麦当劳、百事可乐等知名品牌企业网络营销属于此类。

### 2. 销售型网络营销

这是网络营销最典型的应用方式，其目标是帮助企业拓宽销售渠道、提升网络销量或促进线下销量，这是中国工商类企业的网络营销模式。例如，京东商城、聚美优品、戴尔等企业的网络营销属于此类。

### 3. 服务型网络营销

服务型网络营销的目标是为顾客提供在线服务，降低服务成本，提升服务效率和水平，目前中国大部分服务行业企业都推出在线服务。例如，中国移动、招商银行等服务企业的网络营销属于此类。

### 4. 完全型网络营销

这是网络营销应用水平最高的一种模式，其目标是同时实现以上营销目标。例如，亚马逊公司通过设立网上书店作为其主要销售业务站点，同时创立世界著名的网站品牌，并利用新型营销方式提升企业竞争力。另外，中国阿里巴巴、海尔、华为等综合型企业的网络营销也属于此类。

### (三)按网络营销的主体分类

网络营销的主体是个人或组织，这里的组织既包括工商企业等营利性组织，也包括学校、公益机构、政府机关等非营利性组织。虽然网络营销最典型的主体是企业，但随着网络传播的日益重要，其他组织和个人也逐渐意识到网络营销的重要性并以各种方式进行着网络营销活动。

#### 1. 企业网络营销

从事网络营销的企业可以是传统经济部门中的企业，也可以是IT产业中的网络公司，但网络营销主体应该是传统企业，这是因为IT产业本身的体量较小，而且网络营销的普及率也很高，而其他传统产业的网络营销却有最大的发展潜力和空间。

#### 2. 个人网络营销

个人也可以通过网络进行营销，目前这种方式已经广泛地被广大网民使用，如网络名人、"网红"、网络意见领袖(大V)等通过自媒体、网络推手、网络事件炒作快速爆红。

#### 3. 全员网络营销

全员网络营销是由于Web2.0等互联网技术的发展，在传统网络营销原则的基础上形成的一种新的网络营销思想和模式，使得网络营销扩展到整个业务流程中各个机构的相关人员，甚至企业的每一个员工，每个人都可以根据个人的知识资源对企业网络营销活动发挥影响。个人的知识资源和表达能力等将成为个人对全员网络营销贡献大小的关键因素，这是区别于传统网络营销的基本特征之一。

除上述分类方式外，还可根据网络营销的应用范围，将网络营销分为广义网络营销与狭义网络营销；根据是否建立网站，分为基于企业网站的网络营销和无站点网络营销；根据是否通过中间商，分为直接网络营销和间接网络营销；根据网络营销的交易模式，分为B2B网络营销、B2C网络营销和C2C网络营销。

## 第四节　网络营销的理论基础

网络营销的产生是有其理论依据的。在网络营销出现之前，人们已经在电子商务经济学、直复营销、关系营销、软营销、整合营销、体验营销、定制营销、长尾理论等方面进行了探索，这些理论为网络营销的产生与发展奠定了坚实的理论基础。

# 第一章 网络营销概述

## 一、电子商务经济学

电子商务经济学是研究因电子商务而引发的各种经济现象及其规律的一门经济学分支学科，主要讨论同电子商务有关的重要的微观和宏观经济学问题。前者主要涉及消费者和企业在电子化市场和传统市场(跨市场)上的行为，后者主要关心电子商务对一个经济体在宏观上的影响。属于前者的例子有：电子商务的基本模式；电子化市场的各种形式及其特点；动态定价的优点和局限性；消费者和厂商上网交易的经济学原因；网上交易对消费者和厂商的影响；个性化技术和智能代理技术对厂商和消费者的影响；价格歧视、产品差异化、一对一营销和批量定制对厂商和消费者的影响；各种 B2B 的交易模式，如一对一模式、一对多模式和多对多模式的比较；谈判理论在电子商务中的应用等。属于后者的例子有：电子商务对经济周期的影响；电子商务对通货膨胀和就业的影响；电子商务对经济增长的贡献；税收政策对电子商务的影响等。

由于网络营销是电子商务的重要组成部分，电子商务经济学理所当然地也把有关网络营销的经济学问题作为研究的一个重点。例如，电子商务经济学研究的数字产品定价问题就对网络营销实践至关重要；有关网上广告特点和规律的理论对网络营销也有直接的指导意义。又如，软件产品是网上交易的主要品种之一，假如对软件产品的成本特性及软件使用所具有的锁定效应和网络效应一无所知，将很难理解捆绑销售的重要意义，当然也就无法为软件企业制定出最强有力的产品和价格策略。

作为研究电子商务这一全新商业模式的经济学理论，电子商务经济学是网络营销基础理论中理论性最强的一个，其对网络营销的指导意义也最大。这种指导作用更多地集中在战略层次而不是操作层次，所以电子商务经济学对网络营销战略的制定最具意义，在许多时候，电子商务经济学向我们指明：在网络营销领域，哪些事情可为，哪些事情不可为。

## 二、直复营销理论

直复营销(Direct Response Marketing)是指一种为了在任何地方产生可度量的反应或达成交易而使用一种或多种广告媒体的相互作用的市场营销体系。直复营销的"直"是指不通过中间分销渠道而直接通过媒体连接企业和消费者；直复营销的"复"是指企业与顾客之间的交互，顾客对这种营销能够有一个明确的回复，企业可以统计到这种明确回复的数据，由此可以对以往的营销效果进行评价。直复营销的常见类型有：直接邮购营销、目录营销、电话营销、电视营销、网络营销。

网络营销是一种典型的直复营销。借助互联网，企业与顾客之间可以实现直接的一对一的信息交流和直接沟通。互联网的方便、快捷使得顾客可以方便地通过互联网直接向企业提出建议和购买需求，也可以直接通过互联网获得售后服务。这也是为什么"网络营销虽然是直复营销各种方式中出现最晚的一种，但却是发展最为迅猛、生命力最强"的原因。

由于直复营销最重要的一个特性，就是营销活动的效果是可测量的。因此，网络营销是可测试、可度量、可评价的。有了及时的营销效果评价，企业就可以及时改进以往的网络营销方式，不断地提高网络营销效果。

## 三、关系营销理论

关系营销(Relationship Marketing)是指把营销活动看成是一个企业与消费者、供应商、分销商、竞争者、政府机构及其他公众发生互动作用的过程，其核心是建立和发展与这些公众的良好关系。

网络营销借助联机网络、电脑通信和数字交互式媒体的独特性，非常有利于实现企业的关系营销。互联网作为一种有效的双向沟通渠道，企业与顾客之间可以实现低费用成本的沟通和交流，它为企业与顾客建立长期关系提供有效的保障。这是因为，利用互联网，企业可以直接接收顾客订单，顾客可以直接提出自己的个性化需求，企业还可以更好地为顾客提供服务和与顾客保持联系。另外，通过互联网企业还可以实现与企业相关的企业和组织建立关系，实现双赢发展。互联网作为最廉价的沟通渠道，它能以低廉成本帮助企业与企业的供应商、分销商等建立协作伙伴关系。

> **案例 1.3　Cisco 公司的客户关系管理**
>
> 作为一个对世界 IT 潮流有着足够敏感度的企业，Cisco 公司已在 Internet 上开展了其所有业务。它全面采用 Oracle 的数据库、Internet 技术平台及前端应用程序，建设了面向全球的交易系统，并已将市场及服务扩展到了全世界的 115 个国家。Cisco 在客户服务领域全面实施了 CRM(客户关系管理)，这不仅帮助 Cisco 顺利地将客户服务业务搬到 Internet 上，使通过 Internet 的在线支持服务占了全部支持服务的 70%，还使 Cisco 能够及时和妥善地回应、处理、分析每一个通过 Web、电话或其他方式来访的客户要求。
>
> 实施 CRM，使 Cisco 创造了两个奇迹：一是公司每年节省了 3.6 亿美元的客户服务费用；二是公司的客户满意度由原先的 3.4 提高到现在的 4.17。4.17 是一个惊人的数字，在这项满分为 5 的调查中，IT 企业的满意度几乎没有能达到 4 的。CRM 为 Cisco 创造了极大的商业价值：在 Internet 上的销售额达到了每天 2700 万美元，占到了全美国 Internet 销售额的一半以上；发货时间由三周减少到了三天；在新增员工不到 1% 的情况下，利润增长了 500%。
>
> (资料来源：http://www.xuexila.com/success/chenggonganli/497878.html，2016-7-20)

## 四、软营销理论

软营销也称为柔性营销，是针对工业化大规模生产时代的"强势营销"而提出的。传统营销活动中的传统广告和硬性推销都是典型的强势营销。在传统广告中，消费者常常是被迫地接受广告信息的"轰炸"，它的目标是通过不断的信息灌输方式在消费者心中留下深刻的印象，而消费者是否愿意接受或是否需要则不考虑；在硬性推销中，推销人员根本不考虑被推销对象是否愿意和需要，只是根据推销人员自己的判断强行展开推销活动。强势营销的主动方是企业，而软营销则强调企业进行市场营销活动的同时必须尊重消费者的感受和理念，让消费者能舒服地主动接受企业的营销活动。

网络营销是一种软营销，这是由网络本身特点和消费者个性化需求回归所决定的。在互联网上，由于信息交流是自由、平等、开放和交互的，它强调的是相互尊重和沟通，网络使用者比较注重个人体验和隐私保护。网络的这一特点决定了在网上提供信息必须遵循一定的规则，这就是"网络礼仪"。软营销的特征主要体现在遵守和巧妙运用网络礼仪来获得良好的营销效果。网络软营销理论把尊重网络消费者的心理感受放在重要位置，采用拉动式营销策略，通过吸引消费者而非强迫消费者来实现营销目的。

## 五、整合营销理论

整合营销又称为整合营销传播(Integrated Marketing Communication，IMC)，是一个新的营销理念和方法，是指以消费者为核心，重组企业行为和市场行为，综合协调地使用各种传播方式，以同一目标和统一的传播形象，传递一致的信息，实现与消费者的双向沟通，迅速树立企业品牌在消费者心目中的地位，建立企业品牌与消费者间长期和密切的关系。与传统营销相比，整合营销强调"营销即是传播"，即和消费者多渠道沟通，其理论核心是"以客户为中心"的 4C。

网络整合营销是近年来新发展起来的一种营销模式，是指在深入研究互联网各种媒体资源和技术(如门户网站、电子商务平台、搜索引擎、论坛社区等)的基础上，精确分析各种媒体的定位、用户行为和投入成本，根据企业的实际情况为企业提供最有性价比和效率的一体化网络营销解决方案。

网络的发展不仅使得整合营销更为可行，而且能充分发挥整合营销的特点和优势，使顾客在整个营销过程中的地位得到提高。这样，网络营销首先要把顾客整合到整个营销过程中来，从他们的需求出发开始整个营销过程。不仅如此，在整个营销过程中要不断地与顾客进行交互，在 4C 要求下完成各项营销活动，我们把这样的营销过程和理论框架称为网络营销整合理论(见图 1-2)。

网络整合营销的本质是以为客户提供有价值信息为基础，由客户创造、传播为主导的整合营销理念进行的网络营销。其主要有三个方面含义：

(1) 传播的统一性，即企业以统一的传播资讯向消费者传达，即用一个声音来说话，消费者无论从哪种媒体所获得的信息都是统一的、一致的。

(2) 互动性，即企业与消费者的双向沟通，可以迅速、准确、个性化地获得信息和反馈信息。

(3) 目标营销，即企业的一切营销活动都应该围绕企业的目标来进行。

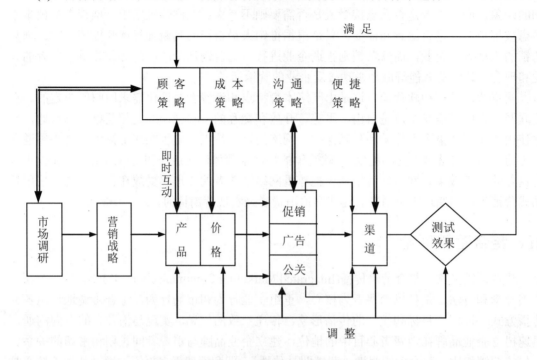

图 1-2  网络整合营销的决策过程

**案例 1.4  奥巴马总统竞选的网络整合营销**

奥巴马当选美国历史上第一位黑人总统。对他的成功，Web2.0 营销理念是功不可没的，在竞选过程中充分运用了搜索引擎营销、网络视频炒作、网络博客营销、电子商务、网友互动营销等网络营销方式进行全面推广，并且通过电视、广播、平面、网络媒体、户外媒体等各种形式的传播途径进行整合营销，建立信息的一致性。

以下是奥巴马总统在竞选过程中运用的营销工具。

视频——2007 年 Youtube 网站十大热门视频之一《奥巴马令我神魂颠倒》，被点击超过 1100 万次，并且被无数的网站和传统媒体转载。

博客——2008 年 8 月之后，有接近 5 亿篇博文中曾经提到过奥巴马，而在同一时期内，只有 1.5 亿篇博文曾经提过麦凯恩。

MySpace——在社会化网络中，奥巴马的优势同样明显，他拥有约 284.5 万个 MySpace 好友，而麦凯恩只有 219 万个。仅在 11 月 3 日和 4 日期间(投票日)，奥巴马就获得了超过 1 万名新好友，而麦凯恩只有 964 名。

Twitter——在 11 月 3 日到 4 日期间，奥巴马的 Twitter 新增了 2865 名关注者(总共有

118 107 名），而麦凯恩的 Twitter 总共只有微不足道的 4942 名关注者。

Facebook——奥巴马在 Facebook 拥有一个包含 230 万拥护者的群组，选举结束后他在 Facebook 上的好友有 80 万人之多。

网络募资——在竞选过程中，奥巴马还筹集到了超过 6 亿美元的竞选经费，而其中 87%是通过网络募捐在线支付得来的，是此前历史上筹集竞选资金最多的总统的数倍之多，这在美国深受金融危机影响的背景下可以说是个奇迹。

(资料来源：DCCI 互联网数据中心互联网监测研究权威机构&数据平台)

## 六、体验营销理论

体验营销(Experiential Marketing)是通过看、听、用、参与的手段，充分刺激和调动消费者的感官、情感、思考、行动、关联等感性因素和理性因素，重新定义、设计的一种思考方式的营销方法。体验营销理论认为，消费者消费时是理性和感性兼具的，消费者在消费前、消费中和消费后的体验，是研究消费者行为与企业品牌经营的关键。

网络营销中体验营销的应用主要体现在两个方面：一是网络虚拟体验的构建与呈现，企业需要充分利用网络多媒体技术来提高视觉感官、浏览操作、交互参与、安全信任等多方面的用户体验；二是部分商品通过线下体验来辅助网络营销，如珠宝、家居类电商在线下开设实体店，有助于缓解由于网络虚拟性带来的直接体验缺失问题，从而促成线上交易的达成。

### 案例 1.5　把淘宝搬到线下？淘宝 1212 又有新尝试

想象一下，在淘宝里显示的 289 万件啤酒、750 万件运动装备、超过 8 亿种商品真实出现在你面前会是怎样的景象？

2015 年 11 月 30 日到 12 月 6 日，中国最大的电商平台——淘宝与数位装置艺术家合作，首次尝试线下开店－1212 移动市集，在北京、杭州、上海、成都四地打造史上"最大的小店"，用户可以真实体验淘宝上亿种商品。

据悉，一向擅长互联网营销的淘宝，此次转移线下的动作，目的是希望将淘宝"丰富多样好玩"的平台特点能尽可能展现给更多的消费者，体现出区别于天猫、京东 B2C 平台的差异点。

"双十一"期间，一众 B2C 平台打折促销赚足了关注，相反作为电商元老的淘宝并没有参与这场混战。原因非常简单，淘宝如今并不需要通过折扣促销吸引消费者，它有着天然的竞争优势，即当你需要寻找多元丰富的非大牌商品时，淘宝一定是首选。因此，2015 年"双十二"淘宝打出"淘了个趣"的口号，强调淘宝的"丰富多元"，也在此诉求下，淘宝希望通过线下的方式，让用户亲身体验了解淘宝上的"淘的乐趣"。

(资料来源：http://www.aiweibang.com/yuedu/70986333.html，有删节)

**思考题**：哪些类型的商品适合开设线下体验店？

## 七、定制营销理论

定制营销(Customization Marketing)是指企业在大规模生产的基础上，将每一位顾客都视为一个单独的细分市场，并根据其个性需求，专门单独设计、生产产品并快速交货的营销模式。定制营销是在简单的大规模生产不能满足消费者多样化、个性化需求的情况下提出来的，其核心价值在于最大化地创造、满足顾客需求，并获得比规模化产品更高的利润作为回报。

信息化是定制营销的基础。没有畅通的信息渠道，企业无法及时了解顾客的需求，顾客也无法确切地表达自己需要什么产品，就无从谈定制营销。互联网的发展为这一问题提供了很好的解决途径，互联网改善了企业与顾客的关系：一方面网络沟通渠道的便利使得企业了解客户个性化需求成为可能；另一方面，企业越来越多地将生产、管理过程的数据化、网络化也使得在经营中有可能针对客户的个性化需求进行生产。这些都使得网络定制营销成为可能。通过企业的网上定制营销系统，消费者可以自行设计自己喜欢的手机铃声、冰箱款式、房屋户型结构、衬衫款式，消费者已经可以介入到产品的设计、生产与流通的全过程之中。对企业而言，网络定制营销的目标市场也跨出了"个别高贵人物"的焦点市场，走向了碎片化的大众长尾市场。

> **案例1.6　型牌男装：在网上完成服饰定制**
>
> 型牌男装是为商务男士提供高级男装定制服务的专业品牌，是北京酷绅服装有限公司旗下的个人定制网站。型牌男装志在提高定制服装的性价比，希望客户"用成衣的价格享受到高级定制服务"，因而发明了密码定制法，创建了智能化的定制网站，让客户只用三个尺寸即可开始定制，95%以上的人只需通过这一简单便利的方法就可以定制到满意的高级男装，同时，也为那些要求更加严格的客户提供了告知日常穿衣感受、审核调整成衣设计尺寸、在线客服沟通、电话沟通和无条件退货等多项服务。
>
> 所谓密码定制，即由客户取代过去的裁缝，个人按照网站指引的量体步骤自行量体得出尺寸数据，下单后再通过网站智能化系统交互对数据进行分析、处理，最终完成在互联网上定制衣服(而这通常只需3个数据)。型牌会提供面料小样、测量皮尺等，帮助客户实现在家下单，下单后15个工作日，定制的产品就会快递到客户手里。若经试穿有任何不满，可享受随时免费修改或重新定制的服务。庞大的数据库支持＋号型细密＋专业化样板＋用心经营，是型牌完成网上定制服装的法宝。
>
> (资料来源：http://www.utype.cn)

**思考题**：网上服饰定制的主要客户群体有哪些？

# 第一章 网络营销概述

## 八、长尾理论

长尾理论是网络时代兴起的一种新理论，由克里斯·安德森2004年在美国《连线》杂志提出。长尾理论认为：只要产品的存储和流通的渠道足够大，需求不旺或销量不佳的产品所共同占据的市场份额可以和那些少数热销产品所占据的市场份额相匹敌甚至更大，即众多小市场汇聚成可产生与主流相匹敌的市场能量。也就是说，企业的销售量不在于传统需求曲线上那个代表"畅销商品"的头部，而是那条代表"冷门商品"经常为人遗忘的长尾。举例来说，一家大型书店通常可摆放10万本书，但亚马逊网上书店的图书销售额中，有四分之一来自排名10万以后的书籍。这些"冷门"书籍的销售比例正以高速成长，预估未来可占整个书市的一半。

长尾理论是对传统主流营销思想"二八法则"的一次颠覆，也对互联网企业的营销思路有很大的冲击，从而对整个网络营销发展有一定的影响作用。实际上，Amazon、eBay、Google、阿里巴巴、百度、腾讯等互联网企业的崛起，自觉或不自觉，或多或少都有基于长尾理论的应用。企业网络营销时，在利基市场(需求很小的细分市场)寻找、搜索引擎营销的关键词选择、品牌多样化、渠道整合、网络推广宣传等领域应用到长尾理论的思想。

**案例分析**

### 数字营销的10大趋势(上)

#### 一、为年轻化服务

根据《中国消费趋势报告》显示，到2020年，中国的消费市场将扩大一半，未来5年消费市场也将出现2.3万亿美元的增量。而这个增量中的65%都将是由"80后""90后"以及"00后"带来的，而这一群体的消费力将以平均每年14%的速度增长。中国的消费者正在变得年轻化，不止年轻群体接棒成为消费主力的，还有中老年群体的消费观念也趋于年轻化。

1. 为个性化而服务

个性化消费成为新兴力量，品牌也顺势为个性化而服务。杜蕾斯推出定制星座礼盒，奥利奥推出3D打印表情饼干，士力架推出用来"饿搞"的昵称包装。当然不能忘了最早玩定制的可口可乐，继昵称瓶和歌词瓶后，2016年又推出台词瓶。

2. 小众兴趣平台脱颖而出

当我们置身于信息洪流中，小众平台却因满足了大众某一方面的小需求而脱颖而出，备受年轻人喜爱。蘑菇街、肯德基、杜蕾斯等品牌在今年大热的弹幕视频网站哔哩哔哩(B站)上投放了广告，杜蕾斯发布新品时，在B站上向公众播放杜蕾斯Air空气套升空视频，视频时长为3小时，取名为"明天，到地球外面晒晒自己"。不到一个小时，这条杜蕾斯上太空的直播流视频就吸引了超过1万人观看，而且网友们的吐槽弹幕源源不断。

3. 让"年轻人"讨年轻人欢心

寻找年轻人喜爱的明星为自己代言，让"年轻人"讨年轻人欢心，也许是品牌通往年轻人内心最直接的一条路了。"国产鲜肉大爆发"的2015年，李易峰、鹿晗等"小鲜肉"成为品牌代言主力军团，而具有超高人气的动漫军团也不甘示弱，熊本熊出任聚划算代言人；小黄人为vivo拍了两支电视广告，还定制了限量版手机；哆来A梦则为手机淘宝站台；而麦当劳也请到史努比一起推出黑白营销战略。

二、善营销

结合科技，使得品牌的善营销有了更广阔的想象空间和更人性化的落地方式，不再动辄就是保护环境的口号式营销。

1. 关心弱势群体

强生在微信上发起"微笑行动"，用户通过在微信界面上画个性笑脸并分享朋友圈，就能用简单的行动为关爱唇腭裂儿童的活动贡献一份力量。截至2015年11月19日，活动已为唇腭裂儿童传递了1 118 637份爱心微笑。

2. 关注你及家人的安全

三星推出了一款安全卡车的原型车，车前方配有摄像头，车后面装载了四块屏幕，可以实时播放前方路况，为后方车主超车带来极大方便，能大大减少交通事故的发生。这些摄像头还有夜视模式，可以帮助后面的司机在黑夜中看清前面的路况。

三、知识型营销

1. 跨界媒体业

星巴克在自家APP里引入《纽约时报》的内容，并称未来还将和更多的新闻网站合作。红牛建立了媒体工作室，被外界猜测要从饮料业转向媒体业，然而红牛表示，我们只是为了传达红牛健康能量的生活方式。

2. 建构泛知识类社区

从2006年推出至今的Nike+，经过多次升级，已经从一个简单的记录跑步里程的工具成长为一个全球运动爱好者分享经验、进行挑战、相互鼓励的数字社区。Nike于2013年在大中华区推出的Nike+Run Club微信服务号，从而打造了一个面向所有跑者的会员制跑步生态体系。

四、参与感更具技术范儿

1. 越来越多的品牌搭上VR、AR的技术快车

2014年，汽车厂商沃尔沃成为第一个利用谷歌Cardboard做营销的品牌。下载沃尔沃的APP，把手机放置在简单组装的谷歌Cardboard眼镜上，就可以360°体验沃尔沃的新车XC90了。不但能看清汽车内部，还能"驾驶"它上路。

2. 智能体验店、数字互动广告增强参与感

美国时装品牌Tommy Hilfiger在纽约第五大道(5th Avenue)门店推出店内VR体验，让

顾客身临其境地360°全景观赏2015年秋季时装秀。Ralph Lauren推出智能试衣间,通过店内的交互式触屏镜子,顾客可以在房间里改变照明,要求不同衣服的大小,浏览商店的其他物品,或通过镜子与销售助理互动。

数字互动广告缓解了户外广告无人问津的尴尬。全家在地铁数字广告宣传中找来Viscovery创意来推广新品,利用图像识别技术开启了地铁广告新玩法。当人群路过播放"黑标便当"宣传片的LED大屏幕前,打开微信"摇一摇"(周边)摇出活动参与入口,拍摄视频中鸡腿或便当画面并上传,识别成功后就可以获得一份美味的鸡腿便当兑换码。

### 五、新型视觉营销技术成新宠

视觉营销早就不是什么新鲜词汇了,品牌主们早已经擅长用图片、视频或者信息图这些可视化内容使得品牌在社交媒体上的曝光量得以提高,令消费者对品牌产生更加深刻的印象。然而2015这一年,我们看到更多的新型视觉营销技术,以及更多的品牌也尝试运用这些技术增进与消费者之间的沟通。

1. 优雅Cinemagraph

介于视频与图像之间的新形态GIF——Cinemagraph,其制作原理是将数张静态画面组合成一张GIF动态画面,只有局部变化的Cinemagraph具有如电影画面般的优美,更容易突出某一细节,也为以静态图片为主的社交平台增添乐趣,受到品牌主的青睐,根据国外媒体AdAge的数据,品牌使用Cinemagraph的原生内容使得品牌的触及人群上升了近70%。

2. 趣味Emoji

在社交网络上,使用Emoji表情替代文字与朋友交流早已成为千禧一代日常生活的一部分了,其在社交网络上极为活跃的身影让众多品牌和广告代理商们看到了其带来的潜力和无限商机。2015年,是Emoji营销大爆发的一年,许多品牌推出了自己的品牌专属Emoji;用Emoji进行即时热点营销和与粉丝进行互动。专门为品牌制作Emoji的公司也开始崛起,成立于2012年的创业公司Swft只做一件事,就是和商业机构合作,为品牌创作成套主题表情包。

3. 震撼360°全景视频

2015年11月,Facebook正式宣布将在信息流中推送360°全景视频的功能引入iOS平台,并向广告主开放。用户观看这些视频时,可以通过拖曳来改变观看角度,甚至可以借助三星Gear VR或者Oculus Rift获得真正的虚拟现实体验。而国外视频巨头YouTube在2015年已经推出360°全景视频观看按钮。国内视频网站爱奇艺也曾利用360°全景技术直播现场表演,给予用户全新的观看体验。如果在硬件设施、内容产出以及分享渠道这三个环节上都变得普及方便,那么将会有越来越多的品牌能够给用户提供更好的沉浸式体验。

(资料来源:2016年数字营销10大趋势,SocialBeta,有删节)

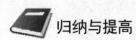 归纳与提高

　　本章是网络营销体系的理论基础，也是全面理解网络营销内涵、特点、职能、类型、策略和指导思想的基础。通过对网络营销发展历程的简要介绍，提出了网络营销的基本概念，并对一些容易引起混淆的问题做出了辨析，进而阐述了网络营销与传统营销的关系，归纳了网络营销的跨时空性、多媒体性、交互性、整合性、个性化、经济性和高效性等特点。

　　网络营销的基本职能主要表现在网络市场调研、网站优化与推广、网络品牌建设、信息发布与产品展示、网上产品销售、顾客关系与顾客服务、销售促进等方面。据研究和应用的不同角度，可对网络营销进行不同分类。

　　电子商务经济学、直复营销、关系营销、软营销、整合营销、体验营销、定制营销、长尾理论等方面理论为网络营销的产生与发展奠定了坚实的理论基础。

 习题

一、选择题

1．"企业可以借助互联网将不同的营销活动进行统一设计、规划、协调和实施，以统一的传播方式向顾客传达信息"，这体现了网络营销的(　　)特点。
　　A．交互性　　　　B．整合性　　　　C．个性化　　　　D．技术性
2．关于网络营销，下列说法中错误的是(　　)。
　　A．网络营销不是孤立存在的　　　　B．网络营销不等于电子商务
　　C．网络营销就是网上销售　　　　　D．网络营销不能完全替代传统营销
3．定制营销将(　　)看作一个细分市场。
　　A．需求相同的顾客　　　　　　　　B．每一位顾客
　　C．居住地相同的顾客　　　　　　　D．年龄相同的顾客
4．下列说法中错误的是(　　)。
　　A．强势营销活动中消费者是被动地接受广告信息的"轰炸"
　　B．软营销活动强调的是相互尊重和沟通
　　C．软营销是通过不断的信息灌输方式在消费者心中留下深刻的印象
　　D．强势营销的主要促销手段是广告和人员推广
5．除了网上调研外，网络营销的职能还包括(　　)。
　　A．网站推广　　　B．顾客关系　　　C．销售促进　　　D．网络品牌
6．下列哪些选项属于常用的网络营销工具？(　　)
　　A．企业网站　　　B．搜索引擎　　　C．电子邮件　　　D．网络广告

7. 网络营销不可能完全取代传统营销，是因为(　　)。
   A. 网络市场所覆盖的消费群体只是整个市场中的一小部分
   B. 许多消费者习惯在传统的商场里边购物边休闲
   C. 难以具备传统营销的以人为本的营销策略所具有的独特的亲和力
   D. 网上销售的产品质量低劣

## 二、复习思考题

1. 与传统营销相比，网络营销有哪些优势与不足？
2. 网络营销产生的技术基础、观念基础和现实基础是什么？
3. 简述直复营销、关系营销、软营销、整合营销、定制营销的主要思想。

## 三、技能实训题

1. 登录中国互联网信息中心网站(www.cnnic.cn)，查阅中国互联网发展状况统计报告，就中国互联网发展趋势提出自己的看法。
2. 了解QQ的功能，分析如何利用QQ开展网络营销。
3. 调查本地某个传统企业，分析其网络营销的应用情况，为其制定网络营销与传统营销整合的策略。

# 第二章 网络营销环境

**学习要点及目标**

了解网络营销宏观环境和微观环境；明确网络营销系统的组成；了解网络市场的类型和特点；掌握网络消费者购买的动机和行为。

**引例**

### 淘宝网的发展

2009年，淘宝在11月11日发起"品牌商品五折"活动，当天销售额突破1亿元；2010年达到190亿元。在过去的5年时间，中国社会商品零售总额增长了不到1倍，而网购总额则增长了18倍！网购再一次以它独有的优势让中国传统的零售渠道深思！

淘宝网是中国深受欢迎的网购零售平台，2012年年度已拥有近5亿的注册用户数，每天有超过6000万的固定访客，每天的在线商品数已经超过了8亿件。随着淘宝网规模的扩大和用户数量的增加，淘宝也从单一的C2C网络集市变成了包括C2C、团购、分销、拍卖等多种电子商务模式在内的综合性零售商圈，目前已经成为世界范围的电子商务交易平台之一。

淘宝网致力于推动"货真价实、物美价廉、按需定制"网货的普及，帮助更多的消费者享用海量且丰富的网货，获得更高的生活品质；通过提供网络销售平台等基础性服务，帮助更多的企业开拓市场、建立品牌、实现产业升级；帮助更多胸怀梦想的人通过网络实现创业就业。新商业文明下的淘宝网，正走在创造1000万就业岗位这下一个目标的路上。

淘宝网不仅是中国深受欢迎的网络零售平台，也是中国的消费者交流社区和全球创意商品的集中地。淘宝网在很大程度上改变了传统的生产方式，也改变了人们的生活消费方式。不做冤大头、崇尚时尚和个性、开放善于交流的心态以及理性的思维，成为淘宝网上崛起的"淘一代"的重要特征。淘宝网多样化的消费体验，让"淘一代"们乐在其中：团设计、玩定制、赶时髦、爱传统。

淘宝正在用一种特殊的气质影响并改变着淘宝上的消费者、商家的流行态度和风尚趋势。从淘便宜、淘方便到淘个性，潮流的气质影响着潮流的行为，潮流的平台揭示着潮流的趋势——淘宝网引领的淘潮流时代已经来临。

(资料来源：陈志浩，刘新燕．网络营销(第2版)[M]．华中科技大学出版社，2014．)

**思考题**：淘宝网是如何抓住环境变化取得长足发展的？

# 第二章　网络营销环境

**必备知识点**

网络营销的宏观环境　网络营销的微观环境　网络市场的类型和特点

**拓展知识点**

网络营销的支持条件　网络消费者购买行为

## 第一节　网络营销环境概述

企业作为社会经济组织，其营销活动总是处于一定的环境中，既受到外部环境的影响，也受到内部条件的制约。网络营销环境既能为企业提供机会，也能给企业网络营销造成威胁；企业内部条件既能够使企业获得竞争优势，也能使企业处于劣势。

### 一、网络营销环境的定义

网络营销环境是指对企业的生存和发展产生影响的各种外部条件，即与企业网络营销活动有关联因素的部分集合。环境的变化是绝对的、永恒的，特别是网络技术在营销中的运用，使得环境更加变化多端。如何不断地观察和分析环境的变化并适应这种变化，是企业网络营销成功的关键。

网络营销环境具有如下特点。

#### 1. 客观性

网络营销环境不以营销者的意志为转移而客观存在着，有着自己的运行规律和发展趋势。

#### 2. 差异性

不同网络企业受不同网络营销环境的影响，而单个网络营销因素的变化对不同网络企业的影响也不同。

#### 3. 相关性

网络营销环境各影响因素相互依存、相互作用和相互制约，某一因素的变化会带动其他因素的相互变化，从而形成新的网络营销环境，如网民年龄结构的变化会导致网络消费结构的变化。

#### 4. 多变性

任何网络营销环境因素都不是静止的、一成不变的，网络营销环境变化可以分为渐变和突变两种。其中，渐变过程如图 2-1 所示的温水煮青蛙实验，青蛙器官只能感应质的变化，忽视环境的微小变化(如网民消费心理的变化)，导致网络企业在危险中逐渐退出市场舞台；而突变过程则是在政治事件、自然灾害、事故灾难、突发事件(如黑客攻击网站)等。

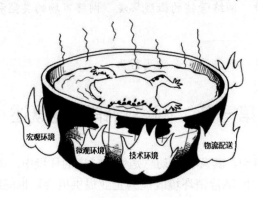

图 2-1　网络环境对网络营销的影响

**5．不可控性**

网络企业几乎无法控制外部的影响力量，单个网络企业不能控制环境整体，只能适应它；而单个宏观外部环境因素企业也不可能控制，而只能在基本适应中施加一些影响。

**6．可影响性**

网络企业可以通过对内部微观环境要素的调整和控制，来对外部宏观环境施加一定的影响，促使其向预期的方向转化。

## 二、网络营销的宏观环境

宏观环境是指影响企业营销活动的一些大范围的社会性约束力量，包括人口、经济、政治、法律、科学技术、社会文化、自然地理等多方面的因素。宏观环境是企业不可控的因素，但企业并非只能消极、被动地改变自己以适应宏观营销环境，也可以在变化的环境中为自己寻找机会。

### (一)人口环境

人是企业营销活动的直接和最终对象，是产品的购买者和消费者。人口的规模决定着市场规模和潜力；人口结构(包括家庭)影响着消费结构和产品构成。网络营销的人口环境包括网民数量、网民年龄结构、网民性别结构、网民地理分布等。对于网络营销来说，人口年龄结构是否趋于年轻化是决定网络营销发展速度的基础性因素，而男女性别比例又决定了网络营销业务类型发展的比例。在我国网络营销市场上，女性消费者更多地倾向于日用品、杂货、服装等消费，比如，聚美优品、唯品会一直致力于向女性白领消费者销售商品，其提供的商品大多数符合女性购物需求，从而使网站获得了良好的销售业绩(见图 2-2、图 2-3)。而男性消费者则更多地购买电器产品、娱乐产品及游戏产品等。

图 2-2　聚美优品网站页面

图 2-3　唯品会网站页面

## (二)经济环境

经济环境是指企业开展营销活动所面临的各种经济条件，其运行状况及发展趋势会直接或间接地对企业营销活动产生影响。网络营销不仅需要网民，还需要有强劲的购买力。直接影响网络营销活动的经济环境因素包括网民收入水平的变化、网民支出模式和消费结构的变化、网民储蓄和信贷情况的变化。经济全球化发展趋势下，信息技术为企业从事经营活动提供了技术平台，这个技术平台突破了传统企业经营活动中的地域限制。在网络环境下，企业可以跨国、跨地区来组织各种生产、经营，在世界范围内规划自己的营销和发展战略。间接影响网络营销活动的经济环境因素则包括经济发展水平、经济体制、地区与行业发展状况。

**案例 2.1　城乡居民可支配收入稳定增长，消费成拉动经济增长第一动力**

消费已成为拉动经济增长第一动力，线下零售迎来更大挑战。2015 年社会消费品零售总额为 30.1 万亿元，比上年增长 10.7%。国家统计局数据显示，最终消费对 GDP 的贡献率已经由 2011 年的 51.6%升至 2015 年的 66.4%，消费已经超过投资成为中国经济的"顶梁柱"。与此同时，线下零售迎来比以往更大的挑战，数据显示全国百家重点大型零售企业零售额同比下降 0.1%，增速比上年回落 0.5 个百分点，也是自 2012 年以来增速连续第四年下降。此外，在经济新常态下，国内产业结构从制造业向服务业转变、第三产业(服务业)比重将继续提升，同时在拉动经济增长方面将成为新引擎。城乡居民可支配收入平稳增长，农村居民消费潜力亟待释放。2015 年全国居民人均可支配收入 21 966 元，比上年名义增长 8.9%，扣除价格因素后实际增长 7.4%。其中，农村居民人均可支配收入 11 422 元，比上年名义增长 8.9%，扣除价格因素后实际增长 7.5%，高于城镇居民 0.9 个百分点。城乡居民人均收入倍差 2.73，比上年缩小 0.02。随着农村网民规模增长、网络基础环境不断改善、农村网民消费意识逐渐转变，2015年农村网络零售市场亟待释放。

(资料来源：《2015年中国网络购物市场研究报告》)

**思考题**：我国网络营销的新市场在哪里？

### (三)政治法律环境

政治法律环境是指对企业网络营销活动有一定影响的各种政治法律因素的总和，它主要包括一个国家或地区的政治制度、政治局势、方针政策、法律法规等。政治法律环境对企业开展网络营销活动具有保障和规范作用。从我国现状看，网络诈骗、域名纠纷、个人隐私被侵犯等事件频发，故健康地实施网络营销战略必须要由政府积极参与主导，实行统一、有效地管理，制定适宜的政策、法律等，如网购七天内无理由退货制度。我国电子商务法规主要有《中华人民共和国计算机信息网络国际联网管理暂行规定》《计算机信息网络国际联网安全保护管理办法》《互联网信息服务管理办法》《网络营销服务技术规范》《互联网视听节目服务管理规定》《中国互联网络信息中心域名注册实施细则》等。

**案例2.2 顶层设计确立发展方向、推动模式、拓展领域**

"互联网+"顶层设计出台，为互联网与传统产业融合，通过电子商务加快培育经济新动力提供发展方向。2015年3月政府工作报告中，首次提出"互联网+"行动计划，7月国务院发布了《关于积极推进"互联网+"行动的指导意见》。随后，在电子商务领域出台了《"互联网+流通"行动计划》，提出巩固和增强我国电子商务发展领先优势，大力发展农村电商、行业电商和跨境电商，进一步扩大电子商务发展空间；深化电子商务与其他产业的融合；深化普及网络化生产、流通和消费；同时完善标准规范、公共服务等支撑环境。

线上线下经济融合政策出台，明确网络经济和线下传统经济融合发展推动模式。2015年9月国务院办公厅印发《关于推进线上线下互动加快商贸流通创新发展转型升级的意见》(以下简称《意见》)，提出大力发展线上线下互动，对推进实体店转型、促进商业模式创新、增强经济发展新动力具有重要意义。《意见》的出台，标志着我国线上虚拟经济和线下实体经济从竞争走向互动、合作、融合。

多政策密集出台，促进和支持跨境电商与农村电商快速规范发展。跨境电商方面，2015年国务院、国家外汇管理局等部门陆续出台政策，为跨境电子商务发展提供便利条件，如扩大支付限额，调整征税范围、降低关税等；国务院出台《关于大力发展电子商务加快培育经济新动力的意见》，在通关效率、风险监控方面提出指导意见；《关于加快培育外贸竞争新优势的若干意见》鼓励电子商务企业建立规范化"海外仓"模式融入境外零售体系；杭州出台《关于2015年推进跨境电子商务发展的通知(征求意见稿)》，明确对平台和企业的扶持补贴政策。与此同时，2015年杭州、上海、重庆、宁波等九个城市获批跨境电商试点，为出台跨境电子商务规范化条例和指导意见提供实践基础。此外，商务部相关部门起草了《跨境电子商务服务规范》，对于跨境商品在线销售商经营服务管理、跨境商品平台服务商经营服务管理、跨境商品电子商务数据资产管理等做出相关规范要求(该规范于 2016 年 3 月公开征求意见)。

(资料来源：《2015 年中国网络购物市场研究报告》)

**思考题：未来我国的网络营销将向何方发展？**

## (四)科技环境

科学技术的发展水平不仅是经济发展水平的集中反映，而且决定着一个国家的经济建设的未来。网络营销的产生和发展是以计算机和通信技术为基础的。随着互联网技术的愈发成熟，企业不再单纯依赖门户网站的 LOGO 动画，而是通过搜索引擎推广企业和产品信息。自 1995 年起，只能进行语音通话的第一代(1G)通信技术快速发展至 2012 年的第四代(4G)移动通信技术，极大地扩展了网络营销的经营范畴，使移动办公、移动购物成为现实。科学技术的发展在促进网络发展的同时，也为企业改善经营管理提供了有力的技术保障。

**案例 2.3  移动支付升级，线下支付场景逐步搭建；多种新兴物流模式发展，智能物流起步**

技术的不断升级促使移动支付场景日益丰富。CNNIC 数据显示，2015 年网上支付用户规模达 4.16 亿，增长率为 36.8%。其中手机支付用户规模达 3.58 亿，增长率为 64.5%，是网上支付市场用户总规模增长速度的 1.8 倍。随着消费向移动端倾斜，互联网移动支付技术水平不断提升，远程支付和近场支付都已经得到广泛应用，短信支付、扫码支付、指纹支付、声波支付，以及传统银行推出的可穿戴支付设备等多种支付方式不断涌现，移动支付技术水平的不断提升为网络零售支付提供了极大的便利。与此同时，移动支付市场线下布局竞争带动了支付服务场景的不断完善。目前，商超、连锁店、品牌店、酒店、餐饮、停车场等线下零售及服务业商户网点均逐步接入支付宝、微信支付等。

不断涌现的 O2O 到家服务带动了国内物流多种模式的发展。全民众包模式通过利用社会闲散资源降低物流成本，同时点对点离散型的方式实现"最后一公里"配送的需求；物流众包则通过整合现有物流企业资源灵活调配；货运 O2O 物流模式则通过智能匹配与推送实现同城货运运营效率。此外，智能化物流已经起步探索，正处于前期研究和试应用阶段。其中一些物流企业，如顺丰、申通等已经通过合作方式研发运营智能快递柜尝试构建物流新生态。据《中国智能快件箱发展现状及趋势报告》数据显示，截至 2015 年 4 月，50 座城市共安装智能快件箱 31 156 组，格口约 118.56 万个；智能快件箱派送快件超过 1.13 亿件。

(资料来源：《2015 年中国网络购物市场研究报告》)

**思考题**：移动支付技术、智能物流技术的发展将给网络营销带来了哪些革命性的变化？

### (五)文化环境

社会文化指在特定的自然、经济环境中生活，久而久之必然会形成某种特定的思维定式和心理趋向，包括民族特征、价值观念、生活方式、风俗习惯、伦理道德、教育水平、语言文字、宗教信仰、社会群体等。人们在不同的文化背景下生活，就建立起不同的价值观，因而就具有不同的购买理念和不同的购买行为。网络文化作为一种不分国界、不分地区、建立在互联网基础上的亚文化，涵盖了人们在参与信息网络应用与技术开发过程中所建立起来的价值观念、思想意识、语言习惯、网络礼仪、网络习俗及社会关系等，并对网络消费群体产生重大影响。常见的网络语言如菜鸟(新手)、GG(哥哥)、童鞋(同学)、886(再见了)等，这些网络语言在网络营销过程中有利于加速买卖双方的沟通效率、加强双方的信任。

---

**案例2.4　互联网普及率超过 50%，手机网民 3G/4G 上网比例 88.8%**

据 CNNIC《第 37 次中国互联网络发展状况统计报告》，截至 2015 年 12 月，我国网民规模达 6.88 亿，全年共计新增网民 3951 万人，互联网普及率为 50.3%，较 2014 年年底提升了 2.4 个百分点，中国手机网民规模达 6.20 亿，较 2014 年年底增加了 6303 万人，网民中使用手机上网人群的占比由 2014 年的 85.8%提升至 90.1%。手机网民中通过 3G/4G 上网比例为 88.8%。新网民的不断增长，手机网民的快速提升，让网络零售的发展基础更加坚实。工业和信息化部数据显示，2015 年 8M 以上、20M 以上宽带用户总数占宽带用户总数的比重分别达 69.9%、33.4%，比上年分别提高 29、23 个百分点；光纤接入(FTTH/0)用户净增 5140.8 万户，总数达 1.2 亿户，占宽带用户总数的 56.1%，比上年提高 22 个百分点。此外，2015 年三大基础电信运营商先后公布降费措施，通过"流量不清零""假日流量套餐"或直接降费等方式降低宽带资费。工信部数据显示，截至 2015 年 11 月，固定宽带和移动流量平均资费水平下降幅度已超过 50%、39%。网络提速以及上网资费下降更加夯实了网络购物环境。

(资料来源：《2015 年中国网络购物市场研究报告》)

**思考题**：网络文化的形成将给网民消费带来哪些影响？

### (六)自然环境

自然环境是指一个国家或地区的客观环境因素，主要包括自然资源、气候、地形地质、地理位置等。虽然随着科技进步和社会生产力的提高，自然状况对经济和市场的影响整体上是区域下降的趋势，特别是跨越了时空限制的互联网，但自然资源制约经济和市场的内容、形式则在不断变化，自然资源对目标市场的影响仍较大。因此，网络营销自然环境是指影响网络营销目标市场顾客群需求特征与购买行为的气候、地貌、资源、生态等因素。这些因素不同程度地影响着企业的营销活动,如在网络购物中,如果一个商家因为所在的地方交通不便而导致物流速度慢,就会影响消费者对该企业的认可度。

## 三、网络营销的微观环境

网络营销的微观环境是指与企业的网络营销活动有着密切联系,对企业的网络营销活动构成直接影响的各种力量,包括企业内部环境、网络供应商、网络营销中介、网络顾客、网络竞争者和网上公众等。微观环境因素也存在着一定的不可控性,它比宏观环境对企业经营的影响更为直接,但企业可以通过努力在不同程度上控制微观环境。

### (一)企业

企业内部环境包括企业内部营销管理、生产、财务、公关等各部门的关系及协调合作。市场营销部门根据企业的最高决策层规定的企业的任务、目标、战略和政策,作出各项营销决策,并在得到上级领导的批准后执行。在网络营销活动中,信息交换和网上交易是营销活动的重要内容,并由此形成企业内部网络化(管理信息系统 MIS)、企业之间的网络化(B2B)、企业与消费者之间的网络化(B2C)三种网络化。企业网络营销部门在制订网络营销计划时,应以企业营销战略和发展目标为依据,以企业内部网络化为基础,兼顾企业内部各部门间、企业决策层与管理层间、企业各级管理层间的沟通、协调和配合,使整个企业成为快速高效、有较强市场反应能力和竞争力的有机整体。

### (二)供应商

供应商是向企业及竞争对手供应原材料、设备、劳务和资金等各种所需资源的企业和个人。供应商所提供的资源情况是企业营销活动顺利进行的前提,如果没有供应商所提供的资源作为保障,企业就无法正常运转。企业与供应商之间既有合作又有竞争,一方面,企业与供应商双方因各自需要而相互交换产品、服务和信息;另一方面,企业与供应商双方为各自独立的经济利益而讨价还价,力图获得定价权。因此,企业要与供应商搞好关系,否则将制约着企业的营销活动。这种影响主要表现在:第一,供应商所提供资源的价格和数量直接影响企业产品的价格、销量和利润;第二,供应短缺可能影响企业的交货期,损害企业的信誉。

### (三)营销中介

营销中介是协调企业促销和分销其产品给最终购买者的公司。网络营销中介包括网络服务提供商、第三方物流提供商、认证中心、网上金融服务商、网上营销服务机构及网络中间商(网络批发商、网络零售商、经纪人和代理商)等。其中,网络服务提供商(ISP)是为用户提供互联网接入和互联网信息服务的公司或机构，如搜索引擎 ISP(百度、搜狗等)、即时通信 ISP(移动的飞信、电信的易信等)、门户 ISP(新浪、搜狐、网易和雅虎等门户网站)；第三方物流提供商是为交易的商品提供运输配送的专业机构，如申通、圆通、中通、顺丰等快递公司；认证中心提供对企业和顾客身份的认证，确定交易双方身份的合法性、真实性，以提高交易的可靠性，其主要通过向电子商务各参与方发放数字证书，来确认各方的身份，保证网上支付的安全性。认证中心主要包括注册服务器(RS)、注册管理机构(RA)和证书管理机构(CA)三个组成部分。注册管理机构(RA)负责证书申请的审批，是持卡人的发卡行或商户的收单行。因此，认证中心离不开银行的参与。网上金融服务商通过提供各种电子支付方式，简化企业与顾客之间的支付活动，提高支付效率，实现安全支付；网上营销服务机构是为企业提供网络技术支持、网上调研、营销策划、网络广告设计发布、站点推广、会计及法律咨询等服务的中介机构，对企业顺利开展网络营销活动，提高营销效率、降低营销成本及费用具有重要作用；网络中间商主要向企业提供在线营销平台服务，如淘宝网为个人及企业用户提供在线销售的平台及相关服务，如图2-4所示。

图2-4 淘宝网网站页面

### (四)网络顾客

企业在开展营销活动时必须要抓住"顾客需求"红线，分析掌握顾客需求的变化，并积极采取相应的营销策略和手段，满足顾客需求，适应顾客需求的变化。在网络营销活动中，也要重点关注网络顾客的需求信息。互联网技术的发展极大地消除了企业和消费者之间的地理位置的限制，创造了一个让双方更容易接近和交流信息的机制。它不仅给企业提供了广阔的市场营销空间，同时也增强了消费者选择商品的广泛性和可比性，比如，消费者可以通过互联网海外代购在全球范围内选择更适合、更满意的商品。据《2015年中国网络购物市场研究报告》显示，2015 年化妆品及美容产品成为网购用户海外网购的第一大商品品类，所占比例为 53.4%；奶粉/婴幼儿用品、服饰(包括衣服、包)、保健品仍为海外网购的热门品类，所占比例分别为 47.6%、37.8%和 34.8%。2015 年网购用户中海外网购人群人均消费金额为 5630 元，较 2014 年增加 682 元，年度增幅为 13.8%；人均消费次数为 8.6 次，较 2014 年提升 0.6 次。与此同时,我国手机网络购物用户规模增长迅速,达到 3.40 亿，增长率为 43.9%,手机购物市场用户规模增速是整体网络购物市场的 3.1 倍,手机网络购物的使用比例由 42.4%提升至 54.8%。另外,据中国互联网信息中心 CNNIC 发布的第 37 次《中国互联网络发展状况统计报告》报告显示，截至 2015 年 12 月，中国网民规模达 6.88 亿，互联网普及率为 50.3%；手机网民规模达 6.2 亿，占比提升至 90.1%，无线网络覆盖明显提升，网民 Wi-Fi 使用率达到 91.8%。可见，我国潜在网络顾客市场容量巨大。

### (五)竞争者

竞争是商品经济活动的必然规律。在开展网络营销的过程中，不可避免地要开展竞争。网络营销活动的竞争者可以划分为愿望竞争者、一般竞争者、形式竞争者和品牌竞争者四类，其中愿望竞争者是指满足消费者目前各种愿望的竞争者，如在"双十一"活动中网上食品可能成为网上服装的主要竞争者；一般竞争者是指以不同的方法满足消费者同一需求的竞争者，如消费者既可以在网上购买服务也可以去实体店购买；形式竞争者是指消费者某种愿望的同类商品在质量、价格上的竞争者，如唯品会和聚美优品秋款女装的竞争；品牌竞争者是指消费者某种需求的同种产品的不同品牌的竞争者，如唯品会上不同品牌间同款女装 T 恤的竞争，如图 2-5 所示。

图 2-5　唯品会网站分类搜索页面

企业应有效识别不同类型的竞争者，并采用应对策略，以提高核心竞争力。与传统市场竞争相比，网上竞争不仅包括产品和服务的质量、价格等，还包括网站界面设计的吸引力、产品信息查询的方便性、物流的快捷性、网上支付的安全性、服务水平等。

> **案例 2.5 品牌格局：市场集中度进一步提高，投资并购提升竞争优势**
>
> 2015 年，中国网络零售市场的集中度进一步提高。阿里系和京东占据了中国网络零售 90%以上的市场份额。随着淘宝交易额增速进一步放缓和消费升级带来的需求变化，给 B2C 带来了新的发展空间。消费升级有力地推动了 B2C 平台的发展，2015 年市场份额前五位的 B2C 平台市场份额之和扩大，达到 93.7%，相比 2014 年增长了 5 个百分点，B2C 平台的市场集中度进一步提高。天猫占据了 65.2%的市场份额，京东紧随其后，占 23.2%，苏宁易购占 5.3%。
>
> 2015 年，国内网络零售企业纷纷通过投资并购的方式提升竞争优势。综合平台纷纷加紧战略布局，一方面通过强强联合，结成战略同盟扩大领先优势；另一方面大型电商企业加紧对各类优势品牌的收购，寄希望于通过纵向深耕或横向拓展的方式建立更深的品牌护城河。例如，京东 43 亿元入股永辉超市；阿里巴巴 45 亿美元现金收购优酷、土豆，与苏宁的 283 亿元相互投资，以及以 12.5 亿美元参与投资饿了么。电商领域投资并购频繁，反映出在当前大格局已定但竞争仍激烈的网络零售市场，平台寻求地位稳定和新业务增长的迫切需要。
>
> （资料来源：《2015 年中国网络购物市场研究报告》）
>
> 思考题：三大电商的竞争对网络零售行业的利弊？

### (六)公众

网络营销公众是指对网络营销企业实现其网络营销目标有实际的或潜在的利害关系的一切团体或个人，主要包括政府公众、媒体公众、金融公众、社团公众、网上一般大众和内部公众。政府公众是指复杂企业的业务、经营活动的政府机构和企业的主管部门，如工商行政管理局、税务局、物价局等；媒体公众是指那些联系企业和外界的大众媒体，如报纸、杂志、广播、电视、互联网等，这些媒体的宣传对网络营销顾客的行为和企业形象具有不可估量的作用；金融公众是指影响企业取得资金能力的银行、投资公司、证券公司、保险公司等集团；社团公众是指保护消费者权益的组织、环境保护组织及其群众团体等；网上一般大众是指那些不购买企业产品，但对企业及其产品的看法有着深刻影响的网民；内部公众是指企业内部全体员工，包括董事长、经理、管理人员、职工等。

## 四、网络营销的支持条件

### (一)网络营销管理系统

网络营销是随着互联网的产生和发展而出现的一种新型营销模式。网络营销管理系统是企业通过营销环境分析，结合自身情况和网络特征，为实现其营销目标所建立的管理体系,可分割为品牌管理子系统、营销沟通子系统、网上销售子系统、客户关系管理子系统和营销绩效评价子系统。其中,品牌管理子系统的主要功能是宣传介绍品牌,通过企业介绍、产品服务介绍、品牌宣传,让顾客充分了解企业的产品和服务、企业的现有政策和活动,传递相关信息与知识,培养顾客的认知感、信任感,达到利用品牌管理系统达到宣传、塑造良好企业形象和品牌形象的目的,并通过详细的企业品牌目录、产品目录和品牌形象吸引顾客;营销沟通子系统的主要功能是企业通过选择有效的信息沟通渠道(如顾客自由参与讨论的虚拟社区或论坛),向顾客迅速地传递连续的信息,实现访问者对产品服务的认知、兴趣、比较、选择和购买;网上销售子系统是为满足用户网上交易的需求,设置订单处理、支付处理、物流处理和售后服务等功能模块,以顺利实现产品销售;客户关系管理子系统通过对客户基本数据的记录和跟踪、客户订单的流程追踪、市场的划分和研究、客户服务数据的分析等活动,进行数据挖掘和在线联机分析,并对客户信息、客户的反馈意见进行统计分析和归类,实现对客户销售、市场调研、技术支持和服务的全面管理;营销绩效评价子系统通过建立一套定量和定性的评价指标体系,对网络营销的活动从营销理念、网站访问量、顾客服务等方面进行客观的、科学的综合绩效评价,以掌握企业网络营销的运行状况和运行效果。

## (二)电子支付系统

电子支付是指电子交易的当事人,包括消费者、厂商和金融机构使用安全电子支付手段,通过网络进行的货币支付或资金流转。电子支付流程如图 2-6 所示。

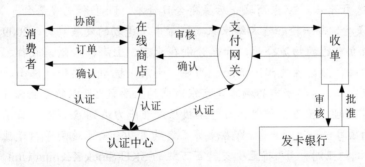

**图 2-6 电子支付流程**

由图 2-6 可知,电子支付系统应包括付款人(消费者)、网络营销企业(在线商店)、付款人开户行、网络营销企业开户行、支付网关、金融专用网和 CA 认证中心等主要参与者。其中,付款人是指与网络营销企业存在交易关系或有未清偿的债权债务关系的一方或消费者,它是电子支付流程的始点;网络营销企业是与付款人有商品交易关系或有债权债务关系的另一方,就是电子支付流程中的在线商店;付款人开户行和网络营销企业开户行分别指付款人拥有资金、企业开设资金账户的电子支付、支付结算的付款和收款金融机构;支付网关是互联网公用网络平台与银行内部的金融专用网络平台之间的安全接口；金融专用网是连接各商业银行及支付网关的网络营销网上支付平台的重要组成部分；CA 认证中心主要负责向互联网上参与网络营销活动的各方(包括客户、商家、支付网关、银行等)发放与维护数字证书，确认各方身份的真实性，保证网络营销支付结算的安全进行。

### (三)物流配送系统

物流配送是实现商品实体转移、完成商品交易的最后环节。物流配送活动包括商品实体的运输、存储、配送、装卸、保管、物流信息管理等各种活动。网络营销下的物流配送系统具有实时化(实时监控)、信息化(流通数字化)、自动化(机电一体化，如近邻宝)、网络化(物流联盟)、智能化(物流作业优化)、柔性化(优化资源配置，如作业信息共享)特征。

---

**案例2.6　京东商城的配送服务体系**

京东商城是中国最大的综合网络零售商，是中国电子商务领域受消费者欢迎和最具有影响力的电子商务网站之一，在线销售家电、数码通信、电脑、家居百货、服装服饰、母婴、图书、食品、在线旅游等12大类数万个品牌百万种优质商品。2012年第一季度，京东商城以50.1%的市场占有率在中国自主经营式B2C网站中排名第一。

京东商城并没有像其他B2C企业那样完全将物流外包出去，而是创办了自己的物流体系。目前京东有两套物流配送体系：一套是自建的，另一套是和第三方合作。

1. 京东商城自营物流配送模式

自2007年8月开始，京东商城先后赢得今日资本、DST和老虎基金等共计三轮融资，金额高达15亿美金，每一轮融资都给京东商城带来了蓬勃的发展动力。2009年年初，京东商城就斥巨资成立自己的物流公司，开始分别在北京、上海、广州、成都、武汉设立了自己的一级物流中心，随后在沈阳、济南、西安、南京、杭州、福州、佛山、深圳八个城市建立了二级物流中心，这些城市的顾客是京东商城的主要顾客。以华东物流中心——上海为例，每日能正常处理2.5万个订单，日订单极限处理能力达到5万单。目前，京东商城正在筹建一个新的项目——亚洲一号，即在上海嘉定购置260亩土地用于打造亚洲最大的现代化B2C物流中心。"亚洲一号"将至少支持百万级的SKU(Stock Keeping Unit，库存量单位)，目标是适应未来5~10年的发展。正是有了如此大规模的自营物流体系的支持，京东商城才敢在2010年4月正式推出了"211限时送达"服务，即指每天上午11点前下订单，下午送达；晚上11点前下订单，次日上午送达。目前，京东商城的配送服务体系如图2-7所示。

2. 京东商城的外包物流配送体系

京东商城在自营配送到达不了和订单量相对较少的区域内，选择与专业的快递公司合作，这样使得京东商城不仅减少了物流成本的支出，还让京东商城回归自己的核心业务，专注于自身的业务发展。目前，京东商城的外包配送服务合作伙伴如图2-8所示。

图 2-7 京东商城的配送服务体系

图 2-8 京东商城的外包配送服务伙伴

(资料来源：百度文库，《京东自建物流案例分析》)

**思考题**：京东商场为何要自建物流配送体系？其优劣势各有哪些？

## 第二节 网 络 市 场

### 一、网络市场的概念及构成要素

#### (一)网络市场的概念

市场的概念最早由经济学家提出，而后经历了以下演变。

(1) 传统的市场概念：买主和卖主聚集在一起进行交换的场所。这一概念强调市场只是商品交易的场所，由于商品剩余而产生市场，如原始社会以物易物，具有地域局限性。

(2) 经济学家的市场概念：买主、卖主及双方交易规则的集合。这一概念突破了地域性，考虑了人的因素。

(3) 现代的市场概念：市场是指某种产品的现实购买者与潜在购买者需求的总和。这一概念认为市场就是顾客群，由买者构成市场，而由卖者构成行业。

网络市场是市场的有机组成部分，故网络市场的概念也难以形成统一。

(1) 网络市场是指借助现代计算机网络技术，供需双方无须见面，而实现信息沟通、交易、谈判、合同签订，最终实现双方买卖交易的经济整体。

(2) 网络市场是指那些对某些产品和服务具有特定欲望和需求并且愿意和能够通过互联网来购买这些产品和服务的客户(包括企业、政府组织、团体机构、网络中介机构和网民等)总和。

从现代市场概念出发，本书认为上述第二种网络市场概念更符合现代营销理念。

## (二)网络市场的构成要素

网络市场是现代市场的有机组成部分，故网络市场也应由现代市场的人口、购买力和购买欲望三要素构成，用公式来表示：

网络市场=人口(有网购需要的人)+购买力(能够满足需要的购买力)+购买欲望(为满足需要而形成的购买欲望)

据《第38次中国互联网络发展状况统计报告》显示，截至2016年6月，我国网民规模达到7.10亿，半年共计新增网民2132万人，半年增长率为3.1%，较2015年下半年增长率有所提升。互联网普及率为51.7%，较2015年年底提升1.3个百分点。同时，我国手机网民规模达6.56亿，较2015年年底增加3656万人。网民中使用手机上网的比例由2015年年底的90.1%提升至92.5%，手机在上网设备中占据主导地位，且仅通过手机上网的网民达到1.73亿，占整体网民规模的24.5%。而我国网民中农村网民占比26.9%，规模为1.91亿；城镇网民占比73.1%，规模为5.19亿，较2015年年底增加2571万人，增幅为5.2%。

网络市场公式的另一种表达：

网络市场(容量)=人口(规模)×购买力(占比)×购买欲望(占比)

上述公式中，第二种更常用一些。

---

**案例2.7 "小蓝帽"失落何方？**

1997年年初，全国最大的单项社区服务网络——"小蓝帽"家电维修网在武汉三镇建立，并向社会承诺：交80元入网费，一年中消费者家庭任何家电发生故障，服务人员在24小时内上门维修，只收取零配件成本费。与此同时，武汉市农行300多家营业网点开办"小蓝帽"入网费代收业务。一时间，"小蓝帽"成为社会关注的热点，几家媒体亦做了报道。然而好景不长，1997年8月，"小蓝帽"停止发展网员，并撤销四个分站。"小蓝帽"负责人透露：投入近80万元，亏损达60万元；现有网员到期后不再发展网员。"小蓝帽"

# 第二章　网络营销环境

失败了！

"小蓝帽"的由来：1996年年底，武汉远南大酒店负责人和几位朋友谈起眼下做什么生意赚钱的话题，有人谈到，城市居民使用的家电越来越多，按我国居民现有生活水平，家电坏了，不可能不修，大多数居民是找个体维修点，搬运不便，有时还"挨宰"。如果在全市范围内，建立一个家电维修网，以会员制的形式吸收居民交费入网，只要微利、便民，肯定会有广阔的市场。这个"金点子"使得在座者十分兴奋。市场调查迅速在三镇展开，回收的5000份问卷结果显示：76%的被调查者有家庭维修服务的需求。几位策划者在此基础上大胆设想：武汉有120多万户居民，如按76%计算，有90多万户有家电维修的需求。仅取20万户，每户只收取入网费80元，年收入就有1600万元，经测算：设备、交通、广告等前期投入和维修人员的工资不到600万元，收支相抵，一年至少可获利千万元！

"小蓝帽"成立后，挂靠武汉市社区服务中心，并请中保财产保险公司湖北分公司提供信誉担保。当时武汉所有7字头的公交车上都打上了"小蓝帽"的广告。在广告宣传的配合下，一个月时间，"小蓝帽"网员就发展到近1000户，每天电话不断，维修人员忙不过来。"小蓝帽"的决策者又决定：买两辆交通车，在武汉市的几大城区设分站，全方位推进"小蓝帽"的发展。到1997年5月，加上总站在内，"小蓝帽"共有五个维修站，100多名维修人员。

然而，"小蓝帽"很快呈现败势。当其网员发展到1000多户时，就停止了上升趋势。以为问题在于管理层不力，于是走马换将。为扭转局面，"小蓝帽"作出了种种努力：派各分站维修人员走街串巷做宣传、拉网员；请大学生到居民区上门散发传单；举办义务维修服务活动，扩大影响；将80元的入网费调至120元……这一切收效甚微。

"小蓝帽"这种会员制、网络式的家电保修营销形式，赚钱的前提是网员要达到一定的规模，会员越多，盈利越大。然而诱人的"香饽饽"只在梦里，"小蓝帽"网员最多时也只有2000多户。更令策划者意外的是，2000多网员的维修量竟高达80%～90%，而据测算，维修量在30%以下才有利可图。市区有一户居民，交80元入网后不久，就把家里的12件电器用一辆小货车拖到了"小蓝帽"维修站。更有甚者，一户入了网，把几家没有入网的家电都集中来维修。这样大的维修量，80元哪里打得住！要支出五个维修站、100多号工作人员、两辆交通车、八部电话、三部手机的费用，面对的却只有2000多户网员。才建立三四个月的四个分站相继被撤销。20万户的设想，2000户网员的现实，两者相差百倍！网员上不去，投入越多，亏损越大。"小蓝帽"的营销策划事实上已告失败。

后来，"小蓝帽"仅剩下一个维修站即当初的总部。里面只有十来个维修人员，每天接到的维修电话不足十个。维修量小了，按件计酬的维修人员无钱可赚，也不愿每天坐班等活，于是往往维修电话来了，找不到维修人员，当初"24小时内上门，5天内修好"的承诺很难实现，因此投诉不断。因业务不足、资金短缺，"小蓝帽"正准备将总部所在的一栋五层楼房子租出去，另找一处小门面。"小蓝帽"几乎到了穷途末路了。

（资料来源：百度文库，《小蓝帽失落何方》）

> 思考题：
> 1. 社区家电维修服务规范化、网络化应当是有市场潜力的，但"小蓝帽"为什么会失败呢？请从网络市场的三要素角度分析。
> 2. 如果你是"小蓝帽"公司经理，认为该企业后续应如何发展？

## 二、网络市场的类型

网络市场的分类标准、类型及其对应的含义如表2-1所示。

表2-1 网络市场的分类结构

| 分类标准 | 类型 | 含义 |
| --- | --- | --- |
| 按市场出现的先后 | 现实网络市场 | 对某种商品有需要、有支付能力、又有购买欲望的现时网络顾客 |
| | 潜在网络市场 | 可能转化为现实网络市场的市场 |
| | 未来网络市场 | 暂时尚未形成或只处于萌芽状态，但在一定条件下必将形成并发展成为现实市场的网络市场 |
| 按顾客的性质 | 网络消费者市场 | 为个人或家庭消费需要而购买或租用商品或劳务的网络市场，如淘宝网交易市场 |
| | 网络组织市场 | 网络购买者由各类组织所组成的市场，分生产者市场、中间商市场、政府市场 |
| 按竞争程度 | 纯粹垄断网络市场 | 不存在竞争或基本不存在竞争的网络市场，如铁路售票网络市场 |
| | 寡头垄断网络市场 | 由少数几家大企业控制的网络市场，如电信网络市场 |
| | 垄断性竞争网络市场 | 少量较大企业占有一定份额的市场，大多数企业只占一小部分，如家电网络市场 |

## 三、网络市场的特点

网络市场受互联网技术的影响，与传统市场存在较大差异，主要体现在以下两方面。

### (一)网络市场构成特征

网络市场构成特征包括性别特征、年龄特征、学历特征、职业特征和收入结构。

#### 1. 性别特征

据《第38次中国互联网络发展状况统计报告》显示，截至2016年6月，中国网民男女比例为 53：47，同期全国人口男女比例为 51.2：48.8，网民性别结构趋向均衡，且与人口性别比例基本一致，如图 2-9 所示。

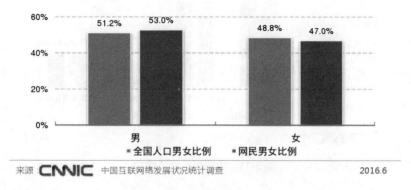

图 2-9　中国网民性别结构

## 2．年龄特征

据《第 38 次中国互联网络发展状况统计报告》显示，截至 2016 年 6 月，中国网民仍以 10～39 岁群体为主，占整体的 74.7%；其中 20～29 岁年龄段的网民占比最高，达到 30.4%，10～19 岁、30～39 岁群体占比分别为 20.1%、24.2%。与 2015 年年底相比，10 岁以下儿童群体与 40 岁以上中高龄群体占比均有所增长，互联网继续向这两个年龄群体渗透，如图 2-10 所示。

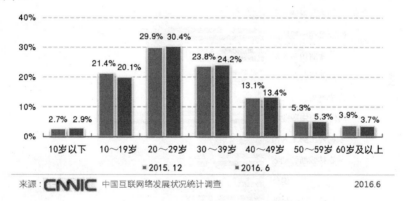

图 2-10　中国网民年龄结构

## 3．学历特征

据《第 38 次中国互联网络发展状况统计报告》显示，截至 2016 年 6 月，中国网民依然以中等学历群体为主，初中、高中/中专/技校学历的网民占比分别为 37.0%、28.2%。与 2015 年年底相比，小学及以下、大专、大学本科及以上学历的网民占比均有所提升，如图 2-11 所示。

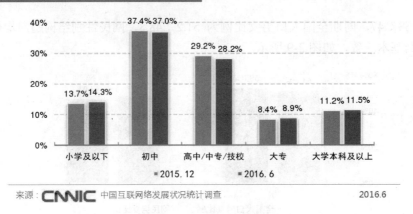

图 2-11 中国网民学历结构

### 4. 职业特征

据《第 38 次中国互联网络发展状况统计报告》显示，截至 2016 年 6 月，中国网民中学生群体占比仍然最高，为 25.1%；其次为个体户/自由职业者，所占比例为 21.1%；企业/公司的管理人员和一般职员占比合计达到 13.1%。对比 2015 年年底，这三类人群的占比保持相对稳定，如图 2-12 所示。

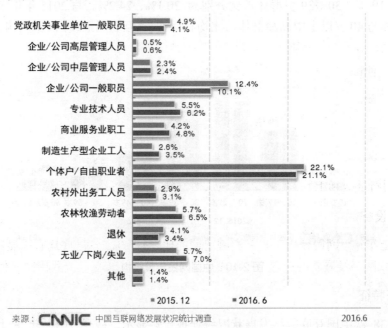

图 2-12 中国网民职业结构

### 5. 收入结构

据《第 38 次中国互联网络发展状况统计报告》显示，截至 2016 年 6 月，网民中月收入在 2001~3000 元及 3001~5000 元的群体占比较高，分别为 16.2%和 22.7%。随着社会经济的不断发展，网民的收入水平也逐年增长，对比 2015 年年底，收入在 5000 元以上的网民人群占比提升了 3.8 个百分点，如图 2-13 所示。

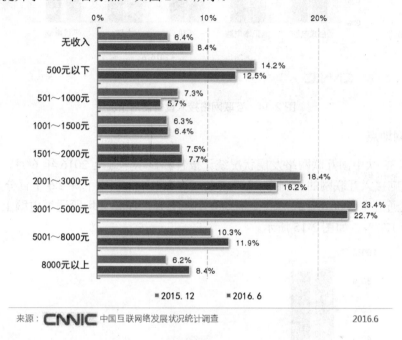

图 2-13　中国网民个人月收入结构

## (二)网络使用特征

网络使用特征包括上网设备、上网地点、上网时间和互联网应用使用率。

### 1. 上网设备

2016 年上半年，网民使用手机和电视上网的比例较 2015 年年底均有明显提升。据《第 38 次中国互联网络发展状况统计报告》显示，截至 2016 年 6 月，我国网民使用手机上网的比例达到 92.5%，较 2015 年年底增长了 2.4 个百分点；随着智能电视行业的快速发展，电视作为家庭网络设备的娱乐功能进一步显现，使用电视上网的比例为 21.1%，较 2015 年年底增长了 3.2 个百分点；与此同时，使用台式电脑、笔记本电脑、平板电脑上网的使用比例分别为 64.6%、38.5%、30.6%，较 2015 年年底分别下降了 3.1、0.2 和 0.9 个百分点，如图 2-14 所示。

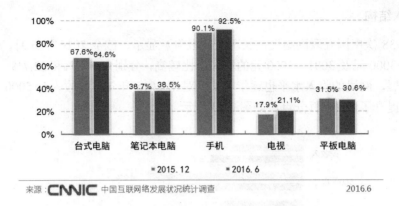

图 2-14　互联网络接入设备使用情况

## 2．上网地点

据《第 38 次中国互联网络发展状况统计报告》显示，截至 2016 年 6 月，中国网民在家里通过电脑接入互联网的比例为 87.7%，与 2015 年年底相比下降 2.6 个百分点，在单位、学校、网吧通过电脑接入互联网的比例均有小幅上升，在公共场所通过电脑上网的比例略有下降，为 17.3%，如图 2-15 所示。

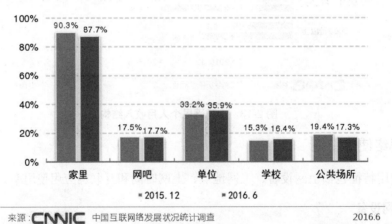

图 2-15　网民使用电脑接入互联网的场所

## 3．上网时间

2016 年上半年，中国网民的人均周上网时长为 26.5 小时，比 2015 年提高了 0.3 小时，如图 2-16 所示。

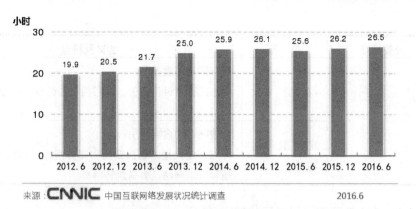

图 2-16 网民平均每周上网时长

## 第三节 网络消费者

### 一、网络消费者的类型与特点

网络消费者的类型与特点，如表 2-2 所示。

表 2-2 网络消费者的类型与特点

| 分类标准 | | 类 型 | 含义及特点 |
| --- | --- | --- | --- |
| 网络消费者的分类 | 按网络应用行为 | 娱乐型 | 对网络的应用较为单一，主要是网络游戏、网络音乐、网络视频等 |
| | | 交流型 | 主要参与即时通信、博客、论坛、交友软件等网络应用 |
| | | 信息收集型 | 利用政府、媒体等公共信息网站、搜索引擎、e-mail 等收集信息 |
| | | 购物型 | 主要参与网络购物、在线炒股、旅行预订等网络应用 |
| | 按网络消费特征 | 简单型 | 网络顾客需要方便、直接的网上购物；<br>特点：网购时间少，但交易量大 |
| | | 冲浪型 | 感兴趣常更新、具有创新设计特征的网站；<br>特点：容量小，但上网时间多 |
| | | 接入型 | 刚触网的新手；<br>特点：很少购物，喜欢网上聊天，更相信生活中熟悉的品牌 |

续表

| 分类标准 | 类　型 | 含义及特点 |
|---|---|---|
| 网络消费者的分类 | 议价型 | 趋向购买便宜商品；<br>特点：喜欢讨价还价、强烈的获胜愿望、容易被"减价"吸引 |
| | 定期型和运动型 | 常被网站的内容吸引；<br>特点：定期型常访问新闻和商务网站，运动型常访问运动和娱乐网站，容易跳转网页 |

**案例2.8　个人互联网应用发展状况**

2016年上半年，我国个人互联网应用保持稳健发展，除网络游戏及论坛/BBS外，其他应用用户规模均呈上升趋势，其中网上外卖和互联网理财是增长最快的两个应用，半年增长率分别为31.8%和12.3%，网络购物也保持较快增长，半年增长率为8.3%。

1. 基础应用用户规模稳定增长，多元化服务满足用户精准需求

即时通信、搜索引擎、网络新闻作为基础的互联网应用，用户规模保持稳健增长，使用率均在80%以上。在即时通信市场占据优势地位的微信和QQ逐渐以服务群体年龄段的不同拉开差异；陌陌、阿里旺旺和YY语音则分别专注于年轻用户兴趣社交和在线购物、在线游戏等特定沟通场景以实现持续发展。百度搜索加速连接"服务"，借助大数据精准定位用户搜索场景，提高信息搜索到消费支付的转化率；搜狗搜索连接社交沟通、专业问答等互联网应用，强化对专业优质内容的吸收力度；神马搜索借助手机浏览器用户规模优势、阿里巴巴大数据的支持，提升移动搜索体验。

2. 商务交易类应用持续快速增长，政策监管持续完善

2016年上半年，商务交易类应用保持平稳增长，网上购物、在线旅行预订用户规模分别增长8.3%和1.6%。政府在推动消费升级的同时加大了对跨境电商等相关行业规范，网上购物平台从购物消费模式向服务消费模式拓展；网上外卖行业处于市场培育前期，由餐饮服务切入构建起来的物流配送体系可以围绕"短距离"服务拓展至多种与生活紧密相关的外送业务，具有更广阔的发展前景；在旅游消费高速增长的带动下，在线旅行预订行业迅速发展。

3. 网上支付线下场景不断丰富，大众线上理财习惯逐步养成

互联网金融类应用在2016年上半年保持增长态势，网上支付、互联网理财用户规模增长率分别为9.3%和12.3%。网络视频内容朝着精品化、差异化方向发展，以优质内容培养用户付费习惯；网络音乐平台逐步扩大海外市场，以网络音乐为核心的包括明星演出、粉丝运营等在内的新兴产业链逐渐形成；作为新兴互联网娱乐类应用，网络直播发展势头强劲，随着各大互联网公司的介入，竞争将更加激烈。具体的网络应用使用率见表2-3所示。

# 第二章 网络营销环境

表2-3 2015.12—2016.6 中国网民各类互联网应用的使用率

| 应用 | 2016.2 | | 2015.12 | | 半年增长率 |
|---|---|---|---|---|---|
| | 用户规模/万 | 网民使用率 | 用户规模/万 | 网民使用率 | |
| 即时通信 | 64 177 | 90.4% | 62 408 | 90.7% | 2.8% |
| 搜索引擎 | 59 528 | 83.5% | 56 623 | 82.3% | 4.7% |
| 网络新闻 | 57 927 | 81.6% | 56 440 | 82.0% | 2.6% |
| 网络视频 | 51 391 | 72.4% | 50 391 | 73.2% | 2.0% |
| 网络音乐 | 50 214 | 70.8% | 50 137 | 72.8% | 0.2% |
| 网上支付 | 45 476 | 64.1% | 41 618 | 60.5% | 9.3% |
| 网络购物 | 44 772 | 63.1% | 41 325 | 60.0% | 8.3% |
| 网络游戏 | 39 108 | 55.1% | 39 148 | 56.9% | -0.1% |
| 网上银行 | 34 057 | 48.0% | 33 639 | 48.9% | 1.2% |
| 网络文学 | 30 759 | 43.3% | 29 674 | 43.1% | 3.7% |
| 旅行预订 | 26 361 | 37.1% | 25 955 | 37.7% | 1.6% |
| 电子邮件 | 26 143 | 36.8% | 25 847 | 37.6% | 1.1% |
| 网上外卖 | 14 966 | 21.1% | 11 356 | 16.5% | 31.8% |
| 在线教育 | 11 789 | 16.6% | 11 014 | 16.0% | 7.0% |
| 论坛/BBS | 10 812 | 15.2% | 11 901 | 17.3% | -9.1% |
| 互联网理财 | 10 140 | 14.3% | 9026 | 13.1% | 12.3% |
| 网上炒股或炒基金 | 6143 | 8.7% | 5892 | 8.6% | 4.3% |
| 网络直播服务 | 32 476 | 45.8% | — | — | — |
| 在线政务服务 | 17 626 | 24.8% | — | — | — |

(资料来源：《第38次中国互联网络发展状况统计报告》)

**思考题**：按网络应用行为分类的网络消费者具有哪些(统计分布)特点？

## 二、影响网络消费者购买的因素

影响网络消费者购买的因素，除包括影响普通消费者的文化、社会、个人、心理因素外，还包括网络购物过程中所形成的其他特有因素，如商品价格、购物时间、商品特点及选择范围、商品新颖性、网速快慢、支付方式、送货方式等因素。

### (一)文化因素

文化是长期以来业已形成的，并世世代代相传的态度、价值观念、思维方式的总和，如汉文化圈、华夏文明。文化范围相对较广，真正对网络营销起直接影响的往往是亚文化。亚文化是在每一种文化中，存在着许多在一定范围内具有文化同一性的群体，主要包括民族文化、宗教文化、区域文化、种族文化、社会阶层五种形态。其中，社会阶层是指社会中按某种层次排列，较同质且具有持久性的群体。同一阶层的人具有相似的社会经济地位、利益、价值观倾向和地位。在现代社会，一般根据职业的社会威望、收入水平、财产数量、受教育程度、居住区域等，将人们归入不同的社会阶层。文化的差异会引起网络消费行为的差异，但应当看到的是，网络交流正在使文化的差异缩小。

### (二)社会因素

网络消费者购买行为受到参照群体、一系列社会因素的影响。

第一，参照群体是指个人在形成其购买或消费决策时用以作为参照、比较的个人或群体(如对熟悉亲戚朋友的网购商品的喜好)，包括具有成员资格、面对面影响直接相关群体，及不具有成员资格、不是面对面影响，而是期望成为其中一员的间接相关群体(如对影视明星代言的网络品牌服装的青睐)。

第二，家庭是影响消费者网购决策的另一主要社会因素。家庭是指居住在一起，由拥有血缘、婚姻或者领养关系的两个或更多人组成的群体。家庭是社会的基本单位，是最重要的消费者购买组织，包括丈夫支配型(如京东商城购买电视机等家电产品)、妻子支配型(如淘宝网购买服装、厨房用品等产品)和共同支配型(如途牛网预订旅游等产品)三种家庭购买决策类型。

第三，社会角色和地位也影响网购行为，如公司白领员工，几乎不会开一辆比领导更好的跑车；一个大学生也几乎不会在网上购买电视机。

### (三)个人因素

网购消费者的购买行为也会受到个人因素的影响，特别是年龄阶段、家庭生命周期、性别、职业和受教育程度、经济状况、生活方式、个性和自我形象。

第一，不同年龄阶段的网购消费者会购买不同的产品，如儿童是糖果食品和玩具的主要市场；青少年是文教体育用品和时装的主要市场；成年人是洗衣机和家居用品等的主要市场；老年人是药品和保健品的主要市场。

第二，处于不同家庭生命周期的网购消费者市场也大不相同，如穿戴、娱乐、交际、旅游等是单身青年的网购首选；家居、耐用消费品、旅游等是新婚夫妇的网购首选；洗衣机、婴儿食品、玩具等是准父母的网购首选；食品、文教用品、生活用品等是中年夫妇的网购首选；衣、食、教育、耐用消费品是中年后期家庭的网购首选；医药、保健品、消遣等是老年夫妇(或单身老人)的网购首选。

第三，性别、职业和受教育程度对网购消费者购买决策的影响较大，如女性消费者更多地倾向于日用品、杂货、服装等消费，而男性消费者则更多是购买电器产品、娱乐产品

# 第二章 网络营销环境

及游戏产品等;白领丽人更青睐于网购品牌化妆品,而蓝领阶层则更喜好网购流行的日韩系化妆品;女博士往往喜欢性价比高的网购产品,而女大学生则更喜欢个性化的网购产品。

第四,网购消费者的经济状况往往是最直接影响网购决策的,如在收看网络电视或打网络游戏时,经济条件好的消费者通常选择办理VIP去广告观看或购买高级装备打通关。

第五,生活方式成为影响网络消费者购买决策的关键因素,如崇尚事业型的消费者更愿意利用网购节省时间,而娱乐型的消费者则更喜好商场购物。

第六,个性和自我形象对网购频率影响较大,如追逐时尚潮流风的年轻男女会不停地更新衣柜里的衣着、鞋袜、配饰等对影响自我形象、彰显个性的产品。

## (四)心理因素

网购消费者的购买行为和选择还会因心理因素的变化而变化,这些心理因素包括购买动机、知觉、学习、信念等。

第一,动机是一种驱使人满足需要、达到目的的内在动力,是一种升华到足够强度的需要,它能够及时引导人们去探求满足需要的目标。亚伯拉罕·马斯洛提出了人类动机理论,把人类的需要归纳为生理(饥饿、口渴等)、安全(保护、治愈疾病等)、社会(爱情、归属等)、尊重(自尊、地位等)和自我实现五个层次。但这一分类范围较广,可将网购动机具体划分为感情动机、理智动机和惠顾动机。其中,感情动机是网购消费者的需要是否得到满足,会引起对事物的好坏态度,从而产生肯定或否定的感情体验,而这些不同的感情体验反映在不同的消费者身上,就会体现出不同的购买动机;理智动机是讲究实惠、方便,不过分强调外观、包装、款式;惠顾动机是指网购消费者对特定商品、环境、服务等产生特殊的信任和偏好而形成的习惯的、重复光顾的购买动机。

第二,知觉是指感觉器官与大脑对刺激做出解释、分析和整合的创造性过程,它不仅取决于刺激物的特征,而且依赖于刺激物同周围环境的关系以及个人所处的状况。行为受到心理驱策的人随时会采取购买行动,但具体如何行动则取决于他对情境的感觉程度。知觉往往包括选择性注意、选择性扭曲和选择性保留三个过程。其中,选择性注意是在众多网络信息中,消费者更易于接受对自己有意义的信息,以及与其他信息相比较有明显差别的信息;选择性扭曲是指网购消费者将信息加以扭曲使之符合自己原有的认识,然后加以接受;选择性保留则指网购消费者易于记住与自己的态度和信念一致的信息,忘记与自己态度和信念不一致的信息。

第三,学习是指网购过程中由于经验而引起的个人行为或行为潜能的持续性改变,包括行为学习和认知学习两个过程。其中行为学习是由曾重复经历产生的自动反应过程,如网络购物流程;认知学习是指网购消费者从思考、推理和问题解决等非直接体验中进行学习,如网络购物过程中学会了如何识别正品。

第四,信念和态度。信念是指一个人对事物所持有的确定性看法,而态度是指一个人对某些事物或观念长期持有的好与坏的评价、感受和由此导致的行动倾向。网购消费者通过实践和学习获得了自己的信念与态度,而它们又反过来影响着网购消费者的购买行为。

### (五)其他因素

相对传统营销决策,网络营销因受互联网技术的约束,涌现出特有的影响网络消费者购买的主要因素。

第一,商品价格是影响网购消费者心理及行为的核心因素。目前,网络上销售的商品标准化程度较高和品牌特征明显,网上销售减少了流通环节,降低了售价,因而对消费者具有较大的吸引力。

第二,购物时间对网络营销决策的影响也较大。网络购物时间包括网上交易合同订立的时间和交易过程耗费的时间两部分,网络消费者可以在任何时间"下单",如京东商城不同时段的特价抢购,但在搜集相关产品信息的过程中因收集网上信息资料、分析评价等耗费时间较多。

第三,随着网络营销的发展,网络商品的新颖性、全面性特点愈发突出,更多新潮、时尚、绿色的生活产品(如女装、家电、厨房用品等)被拿到网上销售,扩大了消费者的选择范围。

第四,购物的便捷性逐渐成为影响网络营销决策的关键因素。"节省时间""操作方便"是网络消费者网上购物的重要动因,也是网上购物的优势所在。那些能为网购顾客提高便捷服务,节省讨价还价、快递物流时间的网店业主往往更受欢迎。

第五,网络消费者网速快慢,网店支付方式的设置及送货方式的选择等因素也会影响网络营销决策,如手机上网速度太慢可能会导致顾客"不耐烦"而放弃购物;网店设置微信支付,但顾客没用在微信上绑定银行卡而无法支付;网购顾客希望选择"任意时间段送货上门"送货方式,而网店只设置"物流点自取"或"周一至周五送货"(特别是大件商品)对消费者购买决策影响较大。

## 三、网络消费者的购买行为与决策分析

### (一)购买行为分析

#### 1. 参与决策的角色

与传统营销类似,网络消费者也包括发起者、影响者、决策者、购买者和使用者五种角色。如某一家庭在京东商场购买空调时,可能孩子因天热而首先提出购买建议(发起者),爷爷奶奶提出嫌贵、费电或者满足孙女的要求(影响者),爸爸妈妈二人考虑价格因素且共同商量后,决定明天网上购买(决策者),但妈妈要上班,故由爸爸完成购买(购买者),安装后全家使用(使用者)。

## 2. 网络消费者购买行为规律(5W1H)

网络消费者的购买活动是一个具体的行为过程。购买动机的研究主要是为了了解消费者购买的原因，而购买行为的研究则是要掌握消费者的购买习惯。网络消费者购买行为的规律——5W1H 包括：①何人买(Who)——谁是主要消费者，谁参与决策；②买何物(What)——商品细分，分析购买客体，如电子产品、实体产品等；③为何买(Why)——分析购买欲望和动机，如求廉动机、求熟动机等；④何时买(When)——分析购买时间，包括随时买、需要时买和提前买(如因降价而购买日常用品)；⑤何地买(Where)——分析购买网络地点，如京东商城、苏宁易购等都是家电的主要网络销售地点；⑥如何买(How)——分析购买方式，如特价购买、团体购买等。

## (二)购买决策分析

网络消费者的购买决策过程包括引起需要、搜集信息、评估信息、决定购买和购后评价五个阶段。

### 1. 引起需要

网络消费者网购的起点就是"确认自己需要什么"，一般由内在刺激(需求动机)或外在刺激(参照群体行为、企业安排诱因)唤起，相对而言内在刺激作用更大。但企业善于安排诱因，将促使网络消费者对产品产生强烈的需求。

> **案例2.9 "双十一"网购狂欢节**
>
> "双十一"网购狂欢节是指每年11月11日(光棍节)的网络促销日。在这一天，许多网络商家会进行大规模促销活动。"双十一"不仅让电商热衷于促销，就连运营商也开始搞促销活动了。2015年11月9日至11月19日，中国联通在联通网上营业厅、手机营业厅、天猫旗舰店及京东商城等多个平台同时开展"11.11 沃 4G 狂欢节"活动。"双十一"网购狂欢节源于淘宝商城(天猫)2009年11月11日举办的促销活动，当时参与的商家数量和促销力度均是有限，但营业额远超预想的效果，于是11月11日成为天猫举办大规模促销活动的固定日期。近年来，"双十一"已成为中国电子商务行业的年度盛事，并且逐渐影响到国际电子商务行业。2014年11月11日，阿里巴巴"双十一"全天交易额达571亿元。2015年11月11日，天猫"双十一"全天交易额达912.17亿元。
>
> (资料来源：百度百科，《双十一网购狂欢节》)
>
> **思考题**："双十一"网购狂欢节唤起了网络消费者哪些需求？

### 2. 搜集信息

一般来讲，引起的需要不是马上就能满足的，网络消费者需要寻找某些信息，以便尽快完成从知晓到确信的心理程序。网络消费者获取信息的四种来源：①个人来源，从家庭、朋友、邻居和其他熟人处得到信息；②商业来源，从广告、售货人员介绍、商品展览、包装和说明书等处得到信息；③公共来源，从报刊、电视等大众传播媒介的宣传报道和消费者组织的有关评论中得到信息；④经验来源，从参观、检验和实际使用商品的经验处得到信息，如苹果手机体验店、网购商品的满意评价等。

### 3．评估信息

网购消费者得到的各种有关信息可能是重复的，甚至是互相矛盾的，故需要对这些信息进行分析、评估和比较。网购消费者主要评估产品属性、品牌信念、效用要求几个方面的信息属性，图 2-17 所示为京东商城平板电视信息的比较和评估。

图 2-17　京东商城平板电视产品对比信息

### 4．决定购买

多数网购消费者的评选过程是将实际产品(绩效)同自己理想中的产品(期望)进行比较后会形成一种立即购买、延期购买和决定不买等购买意向，只有达到效用要求(满意)时才会考虑购买。但这不一定导致实际购买行为，从购买意向到实际购买还要受别人的态度、意外情况等一些突发因素的影响。

### 5．购买后评价

满意是最好的广告，不满意是最坏的广告。商品购买后，通过一段时间的使用，消费者会对自己购买选择进行检讨和反省，做出评价，并重新考虑购买决策的正确性。如图 2-18 所示是淘宝网购人群对所购产品和服务的评价。

# 第二章 网络营销环境

图2-18 淘宝网"亲子装"购后评价

 **案例分析**

**唯品会网络营销环境分析**

**一、公司简介**

唯品会(vip.com)由沈亚和洪晓波于2008年12月在广州创立,是一家以品牌特卖为特色的B2C电商网站,以低至一折起的价格售卖名牌商品,商品囊括时装、配饰、鞋、美容化妆品、箱包、家纺、皮具、香水、3C、母婴等。每天100个品牌授权特卖,确保正品、确保低价。唯品会率先在国内开创了"名牌折扣+限时抢购+正品保险"的商业模式。加上其"零库存"的物流管理以及与电子商务的无缝对接模式,唯品会得以短时间内在电子商务领域发展壮大。唯品会坚持安全的交易环境和服务平台,可对比的低价位、高品质的商品,专业的唯美设计,完善的售后服务,全方位地服务于每一位会员,打造成中国最大的名牌折扣店。

**二、宏观环境分析**

**1. 人口环境**

(1) 中国是一个人口大国,而且大中城市人口数量多,人口密度大,居住地点集中。网络消费群体膨胀,对于电子商务的潜在消费量大。

(2) 青少年所占比重较大。
(3) 城镇化发展迅速等因素都为唯品会提供了巨大的消费市场。
(4) 我国人口趋于老龄化，也势必会影响唯品会的细分市场。
(5) 截至2013年年底，中国网民数量达到6.04亿，手机网民达到4.64亿，据报告，网络购物用户增长48.6%，是用户增长最快的应用，而网上支付和网上银行也以45.8%和48.2%的年增长率，远远超过其他类网络应用。

2. 政治法律环境

随着整个网络营销体系的建立，国内电子商务的相关法律也随之逐步完善起来，这将更有利于企业的网络营销建设。近年来，国家出台了一系列的法律法规：《网上交易平台服务法律规范》《支付清算组织管理办法》等。推动了网上交易健康，帮助和鼓励了网上交易行为的产生。

3. 经济环境

(1) 经济增长率：近年来，我国的GDP持续上升，国家的富裕程度大大提升，经济全球化带来市场扩张。
(2) 市场经济体制：我国施行市场经济体制，电子商务得到更好的发展。
(3) 通货膨胀：通货膨胀对电子商务的消费没有太直观的影响。
(4) 产业结构：目前我国强调一二三产业协同发展。

4. 文化环境

(1) 教育文化水平、国民的整体素质提高，生活方式和人口结构都有所改变，对电子商务能够广泛地接纳。消费结构改善，对于商品的理性购买能力提高。
(2) 随着改革开放的深入发展，人们的价值观念和消费习俗发生了转变，对网络消费的接受和青睐使得对网上购物的需求增大。

5. 科技环境

计算机技术、网络技术、贸易形势的灵活性、物流技术的快速发展给电子商务带来了长足的发展前景。首先，Internet的技术和应用在不断更新。技术的革新为移动支付业务带来了良好的发展契机。非接触式移动支付方案的使用代表着我国的移动支付业务已经进入第三代。其次，3G带动移动支付业务的发展。3G技术的发展带来了移动电子商务的兴起，使手机成为更为便捷的交易终端，通过手机可以更为便利地实现随时随地购物。最后，第三方支付工具不断优化。支付宝等主要的第三方支付工具通过发放消费券、启动信用卡大额支付、线下市场拓展等宣传积攒用户热度。传统银行业也不断地增加对网上银行业务的重视程度，促进中小企业电子商务发展等。

三、微观环境分析

1. 企业内部力量

(1) 唯品会在全球的供应商。
(2) 实体分配公司。唯品会不吝成本打造整合调配资源，打通电商上下游，正是为了从送货速度、优质服务等方面全面提升用户的物流体验。唯品会强悍的"干线+分仓+落地配"的物流配送模式,能够通过优质的体验留住客户,使唯品会以73.8%的重复购买率高居全网复购率第一。

(3) 唯品会有特色的广告体制,能让它的欢乐、健康、时尚理念遍布全球,这也使得唯品会在广告市场大获成功。

(4) 唯品会的理念4F理念——Fast: 有限的折扣上架时间; Fun: 无穷无尽的购物乐趣; Fashion: 享受时尚的生活方式; Fine: 卓越的品质与体验。因此唯品会的消费市场是以白领为主体的,消费群体有青少年、工薪阶层等不同年龄不同需要的人群。

(5) 唯品会拥有专业的商业数据统计系统,品牌售卖结束后,会将全方位地统计数据(包括热销款式、客户群体分布状况、地区售卖情况、消费者反映等)反馈给品牌合作商,为其市场战略提供有价值的参考。

(6) 有专业的拍摄、设计及制作团队,由专业资深人员把关,通过富有表现力的商品图片,充分展示品牌商品的品牌意蕴及特点。

2. 消费者分析

由于互联网商务的出现,消费观念、消费方式和消费者的地位正在发生着重要的变化,互联网商用的发展促进了消费者主权地位的提高;网络营销系统巨大的信息处理能力,为消费者挑选商品提供了前所未有的选择空间。

1) 购买行为特征分析

① 消费者选择商品的理性化。

网络营销系统巨大的信息处理能力,为消费者挑选商品提供了前所未有的选择空间,消费者会利用在网上得到的信息对商品进行反复比较,以决定是否购买。

② 积极主动,更加内行和自信。

由于消费者能接触到更多的信息和有更多的选择机会,他们不再被动地接受他人的观点和信息,不再消极地购买和消费,而是要求积极掌握主动权,需要被关注、被倾听。

③ 追求消费过程的方便和享受。

在网上购物,除了能够完成实际的购物需求以外,消费者在购买商品的同时,还能得到许多信息,并得到在各种传统商店没有的乐趣。今天,人们对现实消费过程出现了两种追求的趋势:一部分工作压力较大、紧张程度高的消费者以方便性购买为目标,他们追求的是时间和劳动成本的尽量节省;而另一部分消费者,是由于劳动生产率的提高,自由支配时间增多,他们希望通过消费来寻找生活的乐趣。今后,这两种相反的消费心理将会在较长的时间内并存。

2) 影响购买行为因素分析

① 注重价值导向。

由于消费水平的提高,消费者不仅考虑产品或服务的功能,还追求其附加价值;同时,他们强调物有所值,不盲目地追求品牌和档次,其特征集中表现为"交叉购买"。

② 个性化需求。

个性化已逐渐成为现代人性格的一大特征。目前，许多消费者已进入明显的个性化消费阶段，过去那种"忠诚度同质化"的状况正逐步淡化。消费者的个性消费使网络消费需求呈现出差异性。对于不同的网络消费者，因其所处的时代环境不同，也会产生不同的需求，而且网络消费者来自世界各地，有不同的国别、民族、信仰和生活习惯，因而也会产生明显的需求差异性。

③ 价格因素。

从消费的角度来说，价格不是决定消费者购买商品的唯一因素，但却是消费者购买商品时肯定要考虑的因素。网上购物之所以具有生命力，重要的原因之一是网上销售的商品价格普遍低廉。尽管经营者都倾向于以各种差别化来减弱消费者对价格的敏感度，避免恶性竞争，但价格始终会对消费者的心理产生重要影响。由于消费者可以通过网络与厂商讨价还价，产品的定价逐步由企业定价转变为消费者引导定价。

3. 竞争分析

唯品会的对手公认为来佳品网、好乐买名牌折扣网、上品折扣、聚尚网、聚美优品等。这几者对消费者的定位极其相似，因此竞争不可避免，在国内单从营销模式来看就可见一斑。

此外，在国内购物网站如淘宝、拍拍、京东商城、凡客等，都有品牌销售，虽然这些购物平台的服装并不是多大的品牌，甚至很多都没有品牌，但凭借其超低的价格优势，也对唯品会网络销售带来不小的挑战。

(资料来源：百度文库，《唯品会网络营销环境分析》)

 归纳与提高

本章首先介绍了网络营销环境的含义与特征、剖析了网络营销的宏观、微观环境；然后，分析网络市场的概念、构成要素、类型和特点；最后，介绍网络消费者的类型和特点、影响网络消费者购买的因素及网络消费者的购买行为与决策。

 习题

一、选择题

1. 网络营销环境是指对企业的生存和发展产生影响的各种(　　)，即与企业网络营销活动有关联因素的部分集合。

　　A. 内部条件　　B. 外部条件　　C. 组织条件　　D. 自身条件

2. (　　)是实现商品实体转移、完成商品交易的最后环节。

A. 物流配送    B. 电子支付    C. 网络下单    D. 签订协议
3. 网络营销环境具有如下特点( )。
   A. 客观性    B. 差异性    C. 相关性    D. 多变性
   E. 不可控性   F. 可影响性
4. 宏观环境是指影响企业营销活动的一些大范围的社会性约束力量,包括( )等多方面的因素。
   A. 人口    B. 经济    C. 政治    D. 法律
   E. 科学技术   F. 社会文化   G. 自然地理
5. 网络营销的微观环境是指与企业的网络营销活动有着密切联系,对企业的网络营销活动构成直接影响的各种力量,包括( )等。
   A. 企业内部环境     B. 网络供应商    C. 网络营销中介
   D. 网络顾客       E. 网络竞争者    F. 网上公众
6. 网络营销管理系统是企业通过营销环境分析,结合自身情况和网络特征,为实现其营销目标所建立的管理体系,可分割为( )。
   A. 品牌管理子系统    B. 营销沟通子系统   C. 网上销售子系统
   D. 客户关系管理子系统  E. 营销绩效评价子系统
7. 电子支付系统应包括( )等主要参与者。
   A. 付款人       B. 网络营销企业    C. 开户行
   D. 支付网关      E. 金融专用网     F. 认证中心
8. 影响网络消费者购买的因素包括( )。
   A. 文化因素     B. 社会因素     C. 个人因素
   D. 心理因素     E. 商品价格     F. 购物时间
9. 网络消费者也包括( )角色。
   A. 发起者      B. 影响者      C. 决策者
   D. 购买者      E. 使用者      F. 参与者
10. 网络消费者的购买决策过程包括( )。
    A. 引起需要     B. 搜集信息     C. 评估信息
    D. 决定购买     E. 购后评价     F. 重复购买

二、复习思考题

1. 简述网络营销环境的内容。
2. 简述网络市场的类型。
3. 简述网络消费者的购买过程。

三、技能实训题

1. 对自己熟悉的淘宝网店或京东商城进行网络营销环境分析，并借助SWOT工具说明此网站的优、劣势和机会、威胁，表述还有何可以改进的地方？

2. 对班级同学进行一个网络消费者抽样调查，细分一下大学生网络消费市场可划分为哪些？

# 第三章 网络营销策略

**学习要点及目标**

了解网络营销的基本形式；掌握网络营销产品策略、价格策略、渠道策略、促销策略的内容与方法。

**引例**

## 凡客诚品卖T恤：29元的定价玄机

"五一"假期后气温骤升，各服装品牌的夏装大战一触即发。节后第一天，凡客诚品(VANCL)的网站显示T恤从59元大幅降至29元，率先拉开了"T恤大战"。这是VANCL针对日本著名服装零售品牌优衣库5月中旬大量T恤上市而提前发动的一场价格战。

优衣库的上海旗舰店即将开业，主打产品为T恤，价格在59~99元不等。为了狙击优衣库，VANCL抢先10天推出29元T恤，其品质与设计均与优衣库不相上下，而价格却极具竞争力，令对手几乎没有反击的机会。

"这个计划从2015年就开始规划了。"相关负责人透露，VANCL在全球征集了数十位设计师，首批推出500余款T恤图案，款式数量与优衣库相当，并准备了大量的资金积极筹备生产，谋求通过互联网横扫夏季T恤市场。作为国际时尚品牌，优衣库近几年在中国发展迅速，直营实体店铺已有几十家，计划未来将在一线城市开设100家店铺，并争取在一两年内推进至二线城市。凡客诚品没有实体门店，作为一家依托互联网推动销售的网络直销公司，随着消费者信任度的增加、产品口碑的积累，VANCL已经坐上服装类B2C企业销售额的头把交椅，并获得了投资商的青睐，为了达到来自投资方对于销售额的考核要求，VANCL的营销思路也开始有了变化，通过大规模广告投放以及29元T恤，VANCL与传统服装品牌展开了全面竞争。

很容易理解的是，无论是学生族还是上班族，T恤都是他们夏天的"常备单品"。T恤的这种"大众化"特质，与VANCL的市场思路很契合。更重要的是，T恤的布料和板型更为标准化，短时间量产比衬衣容易。当T恤于2015年9月份列入VANCL产品计划时，其开发思路与其他产品线的思路基本一致：性价比取胜。将生产和流通环节的成本优势转给消费者受益，是VANCL作为互联网销售的服装品牌，能立足于中国服装行业的核心竞争力。"29元"的大LOGO开始在营销推广时候被"放大"。"就算是去动物园(北京知名的服装批发市场)，去小店啊什么的买T恤，都不止29元。"VANCL的工作人员说。

他们在跟踪订单时发现了一些有趣的现象：订单不少来自大学校园，还有拼单的"迹象"存在，一张订单里七八件全是T恤；而因为200元起免运费的配送政策，一些高出200

元不多的其他产品的订单中，会夹带着一件T恤。在产品上线的第一周，VANCL的T恤销量达到了60万~70万件，而后续的销量大致维持在这一水平上下。"我们不知道图案的吸引力如何，但是29元的标价足以让消费者动心。当他(消费者)开始进入网站挑选的时候，500款图案总能挑到一两件他们喜欢的。"VANCL的相关负责人说。

(资料来源：成功案例，学习啦在线学习网www.xuexila.com，有改写)

**思考题**：你认为凡客诚品T恤的网络价格策略有何特点？

**必备知识点**

网络产品及其特点　网络市场品牌内涵　网络顾客服务策略与方式　网络客户服务内容　网络定价主要策略　网络渠道及其特点　网络促销形式与方法　网络广告基本策略

**拓展知识点**

企业域名品牌　网络定价影响因素　网络营销物流渠道　网络公关策略

# 第一节　网络营销产品策略

## 一、网络产品及其特点

### (一)网络营销产品含义

与传统营销一样，网络营销的目标是为顾客提供满意的产品和服务，同时实现企业的利益。产品作为连接企业利益与消费者利益的桥梁，包括有形物体、服务、人员、地点、组织和构思。在网络营销中，产品仍然发挥着同样作用，它是指能提供给市场以引起人们注意、获取、使用或消费，从而满足某种欲望或需要的一切东西。由于网络营销是在网上虚拟市场开展营销活动实现企业营销目标，在面对与传统市场有差异的网上虚拟市场时，必须满足网上消费者一些特有的需求特征，因此网络营销产品内涵与传统产品内涵有一定的差异性，主要是网络营销产品的层次比以前传统营销产品的层次大大拓展了。

### (二)网络营销产品特点

#### 1. 满足顾客个性化需求

在传统营销中，企业设计开发产品是从企业为起点出发的，虽然也要经过市场调查和分析来设计和开发，但在产品设计和开发过程中，消费者与企业基本上是分离的，顾客只是被动地接收和反应，无法直接参与产品概念的形成、设计和开发环节。在网络营销中，强调营销的产品策略要转为以顾客为中心，顾客提出需求，企业辅助顾客来设计和开发产品以满足顾客个性化需求，因此有的人将这种策略称为"生产—消费的连接"(英语单词：Prosumption，它是 Production 和 Consumption 的合成)。

### 2．产品层次深化

在传统市场营销中，产品满足的主要是顾客一般性需求，因此产品相应分成三个层次，分别满足顾客不同的层次需要。传统营销中产品分成核心利益或服务、有形产品和延伸产品三个层次。核心利益或服务是满足顾客购买产品真正的需要，营销的目标是揭示隐藏在产品中的各种需要，并出售利益，核心产品是产品整体的中心；核心产品必须通过一定的载体表现出来，这个层次就是有形产品，它包括质量水平、特色、式样、品牌和包装；为更好地销售产品和提供服务，产品设计时还应该提供附加服务和附加利益，如售后服务、送货、保证、安装等满足顾客需求，并从中获取一定竞争优势。传统产品中的三个层次在网络营销产品中仍然起着重要作用，但产品的设计和开发的主体地位已经从企业转向顾客，企业在设计和开发产品时还必须满足顾客的个性化需求。因此网络营销产品在原产品层次上还要附加两个层次，一个是顾客期望产品层次和潜在产品层次，以满足顾客的个性化需求特征。

## 二、网络营销新产品开发

### (一)网络营销新产品开发概述

#### 1．网络时代新产品开发面临新挑战

在网络时代，由于信息和知识的共享，科学技术扩散速度加快，企业的竞争从原来简单依靠产品的竞争转为拥有不断开发新产品能力的竞争。而且互联网的发展，使得在今后获得新产品开发成功的难度增大，其原因如下。

(1) 某些领域内缺乏重要的新产品构思。一些科学家认为，随着时间的推移，在汽车、电视机、计算机、静电印刷和特效药等领域内值得投资的切实可行的新技术微乎其微。目前许多传统优势企业正面临着严重挑战，Cisco 公司在短短的 15 年就成为美国市场价值第三大公司，超过了 Intel 公司，Intel 公司正准备从"计算机产业的建筑模块供应商"向"互联网建筑模块供应商"转移。未来的产品构思开发必须适应网络时代的需要。

(2) 激烈的竞争正在导致市场不断分裂。各个公司不得不将新产品的目标对准较小的细分市场，而不是整个市场，这就意味着每一个产品只能获得较低的销售额和利润额。互联网的发展加剧了这种趋势，市场主导地位正从企业主导转为消费者主导，个性化消费成为主流，未来的细分市场必将是以个体为基准的。

(3) 社会和政府的限制。网络时代强调的是绿色发展，新产品必须以满足公众利益为准则，诸如消费者安全和生态平衡。政府的一些要求已使得医药行业的创新进度减慢，并

使工业设备、化工产品、汽车和玩具等行业的产品设计和广告决策工作难以开展。

(4) 新产品开发过程中成本上升。网络时代竞争加剧，公司为了最终找出少数几个良好的构思，通常需要形成许多新产品构思。因此，公司就得面对日益上升的研究开发费用、生产费用和市场营销费用。

(5) 新产品开发完成的时限缩短。许多公司很可能同时得到同样的新产品构思，而最终的胜利往往属于行动迅速的人。反应灵敏的公司必须压缩产品开发的时间，其方法可采用：计算机辅助的设计和生产技术，合伙开发，提早产品概念试验及先进的大数据技术等。

(6) 成功产品的生命周期缩短。当一种新产品成功后，竞争对手立即就会对之进行模仿，从而使新产品的生命周期大为缩短。网络时代，特别是互联网的发展带来的新产品开发的困难，对企业来说既是机遇也是挑战。企业开发的新产品如果能适应市场需要，可以在很短的时间内占领市场，打败其他竞争对手，如果新产品开发跟不上，企业很可能马上陷入困境。

**2．网络时代新产品开发策略**

与传统新产品开发一样，网络营销新产品开发策略也有下面几种类型，但策略制定的环境和操作方法是不同的。

(1) 新产品开创一个全新市场。这种策略一般主要是创新公司采用。网络时代使得市场需求发生根本性变化，消费者的需求和消费心理也发生重大变化。因此，如果有很好的产品构思和服务概念，即使没有资本也可以凭借这些产品构思和服务概念获得成功，因为许多风险投资资金愿意投入到互联网市场。如阿里巴巴，凭借其提出独到的为商人提供网上免费中介服务的概念，迅速使公司成长起来。这种策略是网络时代中最有效的策略，因为网络市场中只有第一没有第二(赢者通吃)。

(2) 新产品线，就是公司首次进入现有市场的新产品。互联网的技术扩散速度非常快，利用互联网迅速模仿和研制开发出新产品是一条捷径，但在互联网竞争中新产品开发速度非常快。这种策略只能作为一种对抗的防御性策略。

(3) 现有产品线的新产品。由于市场不断细分，市场需求差异性增大，这种新产品策略是一比较有效的策略。首先，它能满足不同层次的差异性需求；其次，它能以较低风险进行新产品开发，因为它是在已经成功产品基础上再进行开发。

(4) 现有产品的改良品或更新，即提供改善了的功能或较大感知价值并且替换现有产品的新产品。在网络营销市场中，由于消费者可以在很大范围内挑选商品，消费者具有很大的选择权利。企业在面对消费者需求品质日益提高的驱动下，必须不断改进现有产品和进行升级换代，否则很容易被市场抛弃。目前，产品的信息化、智能化和网络化是必须考虑的，如电视机的数字化和上网功能。

(5) 降低成本的产品，即提供同样功能但成本较低的新产品。网络时代的消费者虽然注重个性化消费，但个性化消费不等于是高档次消费。个性化消费意味着消费者根据自己的个人情况包括收入、地位、家庭以及爱好等来确定自己的需要，因此消费者的消费意识更趋向于理性化，消费者更强调产品给消费者带来的价值，同时包括所花费的代价。在网络营销中，产品的价格总的来说是呈下降趋势，因此提供相同功能但成本更低的产品更能满足日益成熟的市场需求。

(6) 重新定位产品，即以新的市场或细分市场为目标市场的现有产品。这种策略是网络营销初期可以考虑的，因为网络营销面对的是更加广泛的市场空间，企业可以突破时空限制以有限的营销费用去占领更多的市场。在全球的广大市场上，企业重新定位产品，可以取得更多的市场机会。如在国内的中档家电产品通过互联网进入国际其他发展地区市场，可以将产品重新定位为高档产品。企业结合网络营销市场特点和互联网特点，开发新市场的新产品是企业竞争的核心。对于相对成熟的企业采用后面几种新产品策略也是一种短期较稳妥的策略，但不能作为企业长期的新产品开发策略。

### (二)网络营销新产品构思与概念形成

网络营销新产品开发的首要情况是新产品构思和概念形成。在每一个阶段，都有一些伟大发明推动技术革命和产业革命，这个时期的新产品构思和概念形成主要是依靠科研人员的创造性推动的。新产品的构思可以有多种来源，可以是顾客、科学家、竞争者、公司销售人员、中间商和高层管理者，网络时代的最主要来源还是依靠顾客来引导产品的构思。网络营销的一个最重要特性是与顾客的交互性，它通过信息技术和网络技术来记录、评价和控制营销活动，来掌握市场需求情况。企业可以通过其网络数据库系统处理营销活动中的数据，并用来指导企业新产品的开发和营销活动的开展。

网络营销数据库系统一般具有以下特点：在营销数据库中每个现在或潜在顾客都要作为一个单独记录存储起来，只要了解每个个体的信息才能细分市场，并可通过汇总数据发现市场总体特征。每个顾客记录不但要包含顾客一般的信息如姓名、地址、电话等，还要包含一定范围的市场营销信息，即顾客需求和需求特点，以及有关的人口统计和心理测试统计信息。每个顾客记录还要包含有顾客是否能接触到针对特定市场开展的营销活动信息，以及顾客与公司或竞争对手的交易信息。数据库中应包含顾客对公司采取的营销沟通或销售活动时所做反应的信息。

利用网络营销数据库，企业可以很快发现顾客的现实需求和潜在需求，从而形成产品构思。通过对数据库分析，可以对产品构思进行筛选，并形成产品的概念。利用网络数据库来发现需求形成概念是比较有效的渠道，但对于快速发展的网络技术，许多需求是顾客无法感知到的，是需要企业自行构思和发展的，这时依赖一些科研单位和专家就显得特别重要了。在筛选构思和形成概念时，要注意与传统营销策略的区别是，网络时代的新产品看重的是产品创新性和市场发展潜力，对于产品的赢利和风险是考虑在其次位置。因为目前有许多风险投资愿意在新产品开发方面投入，愿意承担一定风险，但要求回报比较高。

### (三)网络营销新产品研制

与过去新产品研制与试销不一样,顾客可以全程参加概念形成后的产品研制和开发工作。顾客参与新产品研制与开发不再是简单的被动接受测试和表达感受,而是主动参与和协助产品的研制开发工作。与此同时,与企业关联的供应商和经销商也可以直接参与新产品的研制与开发,因为网络时代企业之间的关系主流是合作,只有通过合作才可能增强企业竞争力,才能在激烈的市场竞争中站稳脚跟。通过互联网,企业可以与供应商、经销商和顾客进行双向沟通和交流,可以最大限度地提高新产品研制与开发速度。如美国的波音公司为加快新产品的研制与开发,通过其内部的网络 CAD 系统将所有的零件供应商联系在一起,波音在设计新飞机系统时,他们的零件商就可以按照规格协助设计和开发相应配套的零件,结果波音新飞机研制时间可以较以前缩短两年多,在激烈航空市场中占据有利的竞争地位。

值得关注的是,许多产品并不能直接提供给顾客使用,它需要许多企业共同配合才有可能满足顾客的最终需要,更需要在新产品开发的同时加强与产品为纽带的协力企业的合作。如计算机的硬件和软件是需要许多公司配合才能满足市场需要的,为提供新产品研究开发速度,提供 CPU 的 Intel 公司在研究新产品同时就将其技术指标向协力企业公开,以使其能配套开发新产品;提供操作系统的微软公司,也是在开发新操作系统的同时就将操作系统的标准和规范公开,在产品上市前先与硬件制造商合作测试操作系统稳定性,以及配合硬件制造商的硬件设计和制造,使得电脑上市时能保持同步。这些相互协作和支持都可以很容易通过互联网实现,而且费用非常低廉。

### (四)网络营销新产品试销与上市

网络市场作为新兴市场,消费群体一般具有很强的好奇性和消费领导性,比较愿意尝试新的产品。因此,通过网络营销来推动新产品试销与上市,是比较好的策略和方式。但需要注意的是,网上市场群体还有一定的局限性,目前的消费意向比较单一,所以并不是任何一种新产品都适合在网上试销和推广的。一般与技术相关的新产品,在网上试销和推广效果比较理想,这种方式一方面可以覆盖比较有效的目标市场,另一方面可以利用网络与顾客直接进行沟通和交互,有利于顾客了解新产品的性能,还可以帮助企业对新产品进行改进。

利用互联网作为新产品营销渠道时,要注意新产品能满足顾客的个性化需求的特性,即同一产品能针对网上市场不同顾客需求生产出功能相同但又能满足个性需求的产品,这就要求新产品在开发和设计时要考虑到产品式样和顾客需求的差异性。如 Dell 电脑公司在推出电脑新产品时,允许顾客根据自己的需要自行设计和挑选配件来组装自己满意的产品,Dell 公司可以通过互联网直接将顾客订单送给生产部门,生产部门根据个性化需求组装电脑。因此,网络营销产品的设计和开发要能体现产品的个性化特征,适合进行柔性化的大规模生产，否则再好概念的产品也很难在市场让消费者满意。

## 三、网络品牌策略

### (一)网络市场品牌内涵

在传统中国的商业世界，品牌的概念就类似于"金字招牌"；但在现代西方的营销领域，品牌是一种企业资产，涵盖的意念比表象的标记或商标更胜一筹。品牌是一种信誉，由产品品质、商标、企业标志、广告口号、公共关系等混合交织形成。企业通常会用理性与感性兼具的营销活动，再配合公关造势，创建出价值无穷的品牌，让顾客一看到某个品牌，就会产生一种肯定的感觉，甚至毫不犹豫就掏出腰包。

根据市场研究公司以随机抽样的方式，请一万名美国网友就下列几项产品进行品牌的自由联想，结果有一半的受访人士一看到书籍，脑中就首先浮现出 Amazon.com 的品牌，三分之一的人看到电脑软体，立刻想到微软，五分之一的网友看到电脑硬体就想到戴尔电脑。这些公司都是网上营销的著名品牌。

与传统市场类似，网上品牌对网上市场也有着非常大的影响力。值得注意的是，网上品牌与传统品牌有着很大不同，传统优势品牌不一定是网上优势品牌，网上优势品牌的创立需要重新进行规划和投资。美国著名咨询公司 Forrester Research 公司在题为《Branding For A Net Generation》的调查报告指出："知名品牌与网站访问量之间没有必然的联系。"在调查报告中指出"通过对年龄 16~22 岁的青年人的品牌选择倾向和他们的上网行为进行比较，研究人员发现了一个似是而非的现象。尽管可口可乐、耐克等品牌仍然受到广大青少年的青睐，但是这些公司网站的访问量却并不高。既然知名品牌与网站访问量之间没有必然的联系，那么公司到底要不要建设网站就是一个值得考虑的问题。从另一角度来看，这个结果也意味着公司要在网上取得成功，绝不能指望依赖传统的品牌优势。"

### (二)企业域名品牌

#### 1. 互联网域名的商业作用

互联网上的商业应用将传统的以物质交换为基础的交易带入以信息交换替代物质交换的虚拟交易世界，实施媒体由原来的具体物理层次上的物质交换上升为基于数据通信的逻辑层次上的信息交换，如传统的多级批发、代理与零售销售组织和网上，需要进行多次物质交换，可以由生产厂商与消费者在互联网直接交换信息达成交易，减少原来中间环节的物质交换过程。这种基于信息交换的网上虚拟市场虚拟交易同样需要交易双方进行协商和参与，同样双方需要选择交易对方，因此网上市场虚拟交易主体双方选择和协商等行为依然存在，只是实施的媒体发生了变化，减少了双方选择和协商的交易成本而已。随着互联网上的商业增长，交易双方识别和选择范围增大，交易概率随之减少，因此互联网上同样存在如何提高被识别和选择概率问题、如何提高选择者忠诚度问题。因为域名具有商标特性，与商标一样具有"域名效应"，使得某些域名已具有潜在价值。例如，以 IBM 作为域名，使用者很自然联想到 IBM 公司，联想到该站点提供的服务或产品同样具有 IBM 公司一贯承诺的品质和价值，如果被人抢先注册，注册者可以很自然地利用该域名所附带一些属性和价值，无须付出成本地获取不道德巨额商业利润，而这种注册可以是个人、竞争对手，加之注册成本也比较低廉，可以说对于被伤害企业不但丧失商业利润，还冒着品牌形象受到无形损害的风险。

### 2. 商标的界定与域名商标

根据美国市场营销协会(AMA)的定义，商标是一名字、术语、标志、符号、设计或者它们的组合体，用来识别某一销售者或组织所营销的产品或服务，区别于其他竞争者。商标从本质上说是用来识别销售者或生产者，依据商标法，商标拥有者享有独占权，单独承担使用商标的权利和义务。另一方面，商标还携带一些附加属性，它可以给消费者传递使用该商标的产品所具有的品质，是企业形象在消费者心理定位的具体依据，可以说商标是企业形象的化身，是企业品质的保证和承诺。

域名作为企业在网上市场中商业活动的唯一标识，它具有独占性，同样对域名地址所存放的内容或在此进行咨询、交换或交易提供相同的承诺，提供相同的品质和服务。如果对比商标的定义，我们可以对比描述域名为：域名是由个人、企业或组织申请的独占使用的互联网上标识，并对提供服务或产品的品质进行承诺和提供信息交换或交易的虚拟地址。从上面描述可知，域名不但具有商标的识别企业(组织)功能，还具有传递企业提供产品或服务的品质和属性功能，因此域名从本质上也是一商标，它不但具有商标的一般功能，还提供互联网上进行信息交换和交易的虚拟地址。虽然目前的域名申请规则和法律没有明文规定域名的法律地位和商标特性，但从域名的内涵和商标的范畴来看，完全可以将域名定义为从以物质交换为基础的实体环境下商标延伸到以信息交换为基础的网上市场虚拟环境下商标，是商标功能在新的虚拟交易环境中的一种新的形式和变种，是企业商标外延的拓展和内涵的延伸，是适应新的商业环境的需要。重新认识域名在商业环境中的商业价值和法律地位，对企业的发展是刻不容缓的紧迫事情。

由于互联网域名管理机构没有赋予域名以法律上的意义，域名与任何公司名、商标名没有直接关系，但由于域名的唯一性，因此任何一家公司注册在先，其他公司就无法再注册同样域名，因此域名已具有商标、名称类似意义。由于世界上著名公司大部分直接以其著名产品名命名域名，因此域名在网上市场营销中同样具有商标特性，加之大多数使用者对专业知识知之甚少，很容易被一些有名的域名所吸引，因此一些显眼的域名很容易博得用户的青睐，如美国著名打火机公司域名为：www.lighter.com。正因域名的潜在商业价值，许多不法之徒抢先注册一些著名域名，用一些著名公司的商标或名称作为自己的域名注册，并向这些公司索取高额转让费，由此引起法律纠纷，如美国的 Dennis Toppen 抢注域名案，以及英国的首宗域名抢注案。出现如此严重的域名抢注问题，一方面是一些谋取不当利益者利用这方面法律真空和规章制度不健全钻空子，更主要的是企业还未能认识到域名在未来的网上市场商业模式中的类似商标作用，域名不仅仅是互联网交换信息的唯一标识，还是企业在网上市场中进行交易时被交易方识别的标识，企业必须将其纳入企业商标资源进行定位设计和管理使用。

### (三)企业域名品牌管理

#### 1. 域名商标命名

域名的选取和命名是以英文字母为基础进行的，由于英文字母的有限性，加之域名越短越容易记忆和使用，以及顶级域名的国际标准规定，导致域名的选择具有很大的局限性，因此申请者的广泛性，使域名选择重复和类似概率非常高，企业还面临域名被抢先使用或类似使用障碍，如 www.page.net.cn 与 www.pages.net.cn 就很容易混淆。针对这些善意被抢注或类似注册，企业必须检索清楚后采取相应策略予以解决。

#### 2. 域名商标注册方式

域名的申请注册必须向授权组织申请。一般顶级域名选择是没有多大本质区别，但如果是国际性企业，则应在通用域名下申请，以体现企业的国际性。从实际使用的角度来讲，到底注册哪类域名，取决于该企业开展业务的地域范围、主要用户群的居住地、主要目标市场的地域和企业未来的发展和目标。由于注册的时间优先原则和国际性，域名的抢注是一非常棘手的问题，企业可根据规模和发展需要提前申请注册以保护自己未来收益。

#### 3. 域名商标管理

域名商标的管理主要是针对域名对应站点内容管理，因为消费者识别和使用域名是为了获取有用信息和服务，站点的页面内容才是域名商标的真正内涵。必须注意下面几点。

(1) 信息服务定位。

(2) 内容的多样性。

(3) 时间性。页面内容应该是动态的、经常变动的。

(4) 速度问题。企业的首页一般可设计简洁些，以便用户可以很快有内容查看，不致感觉等待太久。

(5) 国际性。一般对于非英语国家都提供两个版本，一个是母语，另一个是将内容翻译成英语，供查询时选择使用。

(6) 用户审计。加强对域名使用访问者的调查分析，针对特定顾客提供一对一的特殊服务。必须注意的是不能强行记录顾客的个人隐私信息，如姓名、住址和收入等，这是目前上网者最担心问题。

## 四、网络客户服务

### (一)网络客户服务的一般概念及特点

面对日益激烈的市场竞争,越来越多的企业在营销中开始关注人的因素,最大限度地满足顾客需求。网络顾客服务是指企业通过网络,为满足顾客的需求,提供的包括售前、售中、售后等一系列服务。顾客服务的目的是满足顾客的服务需求,顾客是否满意是评价企业顾客服务成败的唯一指标。只有顾客满意才能引发顾客对企业的忠诚,才能长期保留顾客。研究表明,网络顾客所需服务按顺序划分有四个层次。

(1) 为满足个性化的需求,顾客需要了解产品和服务信息。企业应在网站提供详细的产品和服务资料,利用网络信息量大、查询方便、不受时空限制的优势,满足顾客的需求。

(2) 顾客在进一步研究产品和服务时,可能遇到问题需要在线帮助。选购产品时或购买产品后,顾客还会遇到许多问题,需要企业帮助解决,这些问题主要包括产品的安装、调试、试用和故障排除等。

(3) 对于难度更大或者网络营销站点未能提供答案的问题,顾客希望能与企业人员直接接触,寻求更深入的服务,解决更复杂的问题。

(4) 顾客不仅仅需要了解产品和服务信息、需要在线帮助、进一步与企业人员接触,还有可能愿意积极参与到产品的设计、制造、配送、服务整个过程,追求更符合个性要求的产品和服务。

顾客需求服务的四个层次之间相互促进,低层次的需求满足得越好,越能促进高一层次的服务需求。顾客得到满足的层次越高,满意度就越高,与企业的关系就越密切。顾客需求层次的提高过程,正是企业对顾客需求的理解逐步提高的过程,也是顾客对企业关心支持程度逐步提高的过程。

网络营销服务的特点主要体现在以下几个方面。

第一,为客户多种需求提供服务。服务的需求越来越多,例如,电信行业,特别是随着 4G 的到来,服务需求越来越多,渗透到了各个行业。

第二,主动收集客户反馈。

第三,仔细了解客户想法。要求与认知客户的想法,从客户的角度去理解客户自己的需求,研究客户的需求影响到底在哪里,了解这些需求的变化,做好客户关怀。

第四,通过大众化的驱动和个性化渠道进行有效沟通。

第五,提供个性化的互动激励与提升计划。

第六,鼓励客户成为品牌建设参与者。把客户和品牌建设作为品牌建设的主要载体,就需要客户的参与,而不仅仅是需要每一个员工的参与。

第七,服务成本效益的提高。一方面,企业通过互联网实现远程服务,扩大服务市场范围,创造了更多的新的市场机会;另一方面也可以增强企业与客户之间的关系,培养客户的忠诚度，减少营销成本。

### (二)网络顾客服务评价指标

顾客满意度，是指顾客对企业提供的产品或服务的满意程度。同时，顾客满意度也是顾客对企业的一种感受状态。统计表明，一个满意的顾客，要六倍于一个普通顾客更愿意继续购买企业的产品或服务。

顾客忠诚度，是指顾客忠诚于企业的程度，是顾客在得到满意后产生的对某种产品品牌或公司的信赖、维护和希望重复购买的一种心理倾向，是一种顾客行为的持续性。顾客忠诚度表现为两种形式：一种是顾客忠诚于企业的意愿；一种是顾客忠诚于企业的行为。前者对于企业来说本身并不产生直接的价值，而后者则对企业具有价值。推动顾客从"意愿"向"行为"的转化，企业可通过交叉销售和追加销售等途径进一步提升顾客与企业的交易频度。

顾客保留度，是指顾客在与企业发生初次交易之后继续购买该企业产品的程度。保留一个老顾客的成本是获取一个新顾客成本的五分之一，几乎所有的销售人员都会知道向一个原有顾客销售产品要比不断寻求新顾客容易得多。对顾客保留的价值认可起源于对忠诚效应的认可，顾客保留如今已经成为企业生存与发展的重要驱动力之一。

### (三)网络顾客服务策略与方式

#### 1. 有效使用FAQ

FAQ(Frequently Asked Questions)即常见问题解答，在公司网站中以客户的角度设置问题、提供答案，形成完整的知识库，同时还应提供检索功能，能够按照关键字快速查找所需内容。

#### 2. 有效使用网络社区

网络社区包括论坛、讨论组等形式，客户可以自由地发表对产品的评论，与使用该产品的其他客户交流产品的使用和维护方法。营造网上社区，不但可以让现有客户自由参与，同时还可以吸引更多的潜在客户参与。

#### 3. 有效使用电子邮件

电子邮件是最便宜的沟通方式，通过客户登记注册，企业可以建立电子邮件列表，定期向客户发布企业最新信息，加强与客户的联系。

#### 4. 有效使用在线表单

在线表单是网站事先设计好的调查表格，通过在线表单可以调查顾客需求，还可以征求顾客意见。

5. 有效使用网上客户服务中心

在企业营销站点开设客户服务中心栏目，可详细介绍企业服务理念、组织机构，通过顾客登记、服务热线、产品咨询、在线报修等，为客户提供系统、全面的服务。

6. 有效开展网络个性化服务

个性化服务(Customized Service)，也叫定制服务，就是按照顾客的个性要求提供的有针对性的服务。个性化服务包括有三个方面：服务时空的个性化，在顾客希望的时间和希望的地点提供服务；服务方式的个性化，能根据顾客个人爱好或特色来进行服务；服务内容个性化，不再是千篇一律、千人一面，而是各取所需、各得其所。利用网络实施个性化服务符合一对一的现代营销理念，代表未来营销发展的潮流。

7. 有效运用即时信息

使用 QQ、MSN、微信等即时信息工具为客户提供服务的方式，要求网站随时准备并及时回答客户的提问，这对客服人员要求高、占用人工多，导致客户服务成本较高，目前已逐步被广泛采用。

8. 有效开展在线论坛和聊天室

在线论坛是网络社区的常见形式之一，除了可以了解顾客的意见和反馈信息外，还可以作为客户服务工具。聊天室也是一种即时交流工具，是互联网上常用的一种服务。

(四)网络客户服务的内容

1. 产品及服务介绍

产品及服务介绍是指向顾客及所有感兴趣的网民和潜在顾客，提供企业全面、详尽和即时的产品及服务介绍。顾客及潜在顾客再也无须像以往那样只能通过电话、传真、邮件等方式获得企业产品及服务的简单信息。

2. 顾客会员注册

提供注册，使来访者成为企业的会员。一方面企业可以获得一定的顾客信息，另一方面企业可以有针对性地开展营销。

3. 优惠及服务

为企业提供产品的销售政策及举办的活动，提供优惠和服务，如数量打折、现金折扣、功能折扣、保修服务。

#### 4．在线调查

常年开展以顾客满意度为核心的在线调查，向顾客传递企业对用户的关爱，同时还可以及时了解顾客对产品的需求动态，为企业及时改进产品提供有效信息。

#### 5．在线投诉

互联网提供了在线投诉的功能，让顾客迅速地把在产品使用过程中遇到的问题反馈给企业，暂时缓解顾客的不满情绪，在一定程度上维护企业的信誉。如果企业及时给予回复，可以把顾客产生的不满情绪转化为顾客对企业的信任。

#### 6．在线技术支持培训

企业充分利用互联网的交互功能开展消费者培训，使消费者了解产品的工作原理，学会科学地识别和选择产品，通过开展在线技术支持能及时解决用户在产品使用过程中遇到的障碍。

#### 7．在线交易

在线交易的完成使信息服务、网络营销等各种在线支持一气呵成，大大提高了交易效率和交易的可靠性、安全性。互联网强大的信息功能又使企业和顾客双方都能随时查询交易情况，需要时还可以迅速做出调整。

#### 8．交易安全

安全问题是制约电子商务发展的一个障碍。为解决顾客的安全疑虑，企业应当提供各种安全措施。

#### 9．顾客论坛

顾客论坛提供了一个顾客自由交流空间，让顾客自由发表各自对产品的看法，使用体会等。

### (五)网络客服人员的要求

随着互联网的普及，电子商务蓬勃发展。面对日趋激烈的网络营销市场竞争，越来越多的企业在营销中开始关注人的因素，尤其是网络客服人员的素质。网络客服的工种可以分为售前客服、售中服务、售后服务、销售客服、技术客服。对网络客服人员的主要要求如下。

(1) 具备有关知识。它包括商品知识、网站交易规则、物流及付款知识。

(2) 培养良好的品格。即应具备诚信、耐心、细心、自控力。

(3) 端正服务态度。要求保持积极态度，树立顾客永远是对的理念，打造优质的售后服务，礼貌待客、坚守诚信、留有余地、处处为顾客着想、用诚心打动顾客、多虚心请教，还要有耐心和热情。

(4) 掌握沟通技巧。比如：对商品了解程度不同的顾客、对价格要求不同的顾客，还有对商品要求不同的顾客，不同类型的顾客要用不同的沟通技巧。

> **案例 3.1　南航微信：服务即营销**
>
> 2013 年 1 月底，南航微信发布 1.0 版本，随着功能的不断开发完善，机票预订、办理登机牌、航班动态查询、里程查询与兑换、出行指南、城市天气查询、机票验真等这些通过其他渠道能够享受到的服务，用户都可通过南航微信公众平台来实现。到 4 月 25 日，南航微信用户达到 20 万人。其中有 2~3 万人通过微信绑定了会员卡。绑定后，用户还可以直接通过微信获取里程查询、里程累积等会员服务。南航并没有用营销而是用服务实现了粉丝的野蛮生长，这在之前可能并没人预料到。
>
> 在微信公众平台刚刚发布的一段时间内，微信营销甚嚣尘上，而微信 5.0 的发布总算让大批热血沸腾的营销人士冷静下来，南航、招商银行、大悦城等一批服务性微信账号的成功，展示了不同以往的营销方式——借助新媒体做好服务——服务即营销。
>
> 南航总信息师胡臣杰在接受媒体采访时说道："对今天的南航而言，微信的重要程度，等同于 15 年前南航做网站！"胡臣杰的话或许体现了从传统媒体时代到新媒体时代的变迁。
>
> (资料来源：令人印象深刻的十个成功网络营销案例，http://wenku.baidu.com，有改写)

## 第二节　网络定价策略

### 一、网络定价的影响因素

作为网络营销的一部分，网络定价在网络营销中发挥着重要的作用，那么，影响网络定价的因素有哪些？影响网络定价的因素很多，但从总体上可把其归纳为以下几个因素。

### (一) 产品成本

从供给方面看，企业产品的生产成本、营销费用是影响企业定价的主要因素。成本是产品价格的最低界限，也就是说，产品的价格必须能补偿产品生产、分销、促销过程中发生的所有支出，并且要有所赢利。产品成本根据与产量(或销量)之间的关系来划分，可以分为固定成本和变动成本两类。固定成本是指在一定限度内不随产量或销量变化而变化的成本部分；变动成本是指随着产量或销量增减而增减的成本。二者之和即产品的总成本。产品的最低定价是应能收回产品的总成本。对企业定价产生影响的成本费用主要有总固定成本、总变动成本、总成本、单位产品固定成本、单位产品变动成本、单位产品总成本等因素。

在实际工作中,产品的价格是按成本、利润和税金三部分来制定的。成本又可分解为固定成本和变动成本。产品的价格有时是由总成本决定的,有时又仅由变动成本决定。成本有时又分为社会平均成本和企业个别成本。就社会同类产品市场价格而言,主要是受社会平均成本的影响。在竞争很充分的情况下,企业个别成本高于或低于社会平均成本,对产品价格的影响不大。

根据统计资料显示,目前工业产品的成本在产品出厂价格中平均约占70%。这就是说,一般地讲,成本是构成价格的主要因素,这只是就价格数量比例而言。如果就制定价格时要考虑的重要性而言,成本无疑也是重要的因素之一。因为价格如果过分高于成本会有失社会公平,价格过分低于成本,不可能长久维持。

企业定价时,不应将成本孤立地对待,而应同产量、销量、资金周转等因素综合起来考虑。成本因素还要与影响价格的其他因素结合起来考虑。

### (二)需求因素

从需求方面看,市场需求规模以及消费者的消费心理、感受价值、收入水平、对价格的敏感程度、消费者的议价能力等都是影响企业定价的主要因素。经济学里因价格和收入变动而引起的需求的相应变动率称为需求弹性,需求弹性一般来说可以分为需求收入弹性、需求价格弹性、交叉价格弹性和顾客的议价能力等几类。

#### 1. 需求收入弹性

随着人们收入的增加(或减少),对某种产品或服务的需求可能会产生三种变化,即需求增加、减少或不变。需求收入弹性就是指因收入变动而引起的需求相应变动的敏感程度。一般来说,高档商品、奢侈品、服务产品、娱乐消费多属于需求收入富有弹性的产品,而生活必需品则一般表现为需求收入缺乏弹性。网络营销是以网络用户为对象的。根据CNNIC的统计报告,我国网络用户中低收入网民仍然占据主体。虽然我国属于发展中国家,但近年来,人们的收入也会有较快的增长。因此,网络营销定价中要考虑需求收入弹性的大小问题。

#### 2. 需求价格弹性

需求价格弹性是指因价格变动而引起的需求相应变动的敏感程度。在正常情况下,市场需求与价格的变化呈反方向变动。随着价格的提高(或降低),对某种产品或服务的需求可能会产生三种变化,即需求增加、减少或不变。一般来说,高档食品、奢侈品、服务产品、娱乐消费多属于需求价格富有弹性的产品,而生活必需品则一般表现为需求价格缺乏弹性。正因为价格会影响需求,所以企业产品定价的高低会影响企业产品的销售。因此,在网络营销活动中,价格策略的制定必须了解所定价产品的需求价格弹性的大小,即了解需求量对价格的敏感程度。一般来说，对于需求价格富有弹性的产品可以实施低价策略，而对于需求价格缺乏弹性的产品则可以实施薄利多销的低价策略。

3. 交叉价格弹性

交叉价格弹性即商品 A 需求变化的百分比与商品 B 价格变化的百分比之间的比率，可能是正数、负数，也可能是零。如果交叉价格弹性大于零，则商品 A 与 B 之间存在着相互替代的关系；如果交叉弹性小于零，则说明商品 A 和 B 之间存在着互补关系；如果交叉价格弹性的绝对值很小，接近于零，则说明商品 A 与 B 之间没有什么关系，互相独立。因此，企业产品的定价还要考虑互补品、替代品、条件品的价格水平高低。

4. 顾客的议价能力

网络营销活动中，顾客有着较强的选择性与主动性，顾客的议价能力或者顾客价格谈判的能力对企业产品交易价格的形成有很大影响。一般来说，顾客的议价能力是众多因素综合作用的结果。这些因素主要有：顾客购买量的大小、企业产品的性质、顾客趋向一体化的可能性、企业产品在顾客产品形成中的重要性、顾客寻找替代品的可能性等。

(三)供求关系

从营销学的角度考虑，企业的定价策略是一门科学，也是一门艺术。从经济学的角度考虑，企业的定价大体上还是遵循价值规律的。因此，供求关系也是影响企业产品交易价格形成的一个基本因素。一般而言，当企业的产品在市场上处于供小于求的卖方市场条件时，企业产品可以实行高价策略；反之，当企业的产品在市场上处于供大于求的买方市场时，企业应该实行低价策略；当企业的产品在市场上处于供给等于需求的均衡市场时，交易价格的形成基本处于均衡价格处，因此，企业的定价不能过度偏离均衡价格。

(四)竞争因素

市场竞争也是影响价格制定的重要因素。根据竞争的程度不同，企业定价策略会有所不同。按照市场竞争程度，可以分为完全竞争、不完全竞争与完全垄断三种情况。

(1) 完全竞争。所谓完全竞争，也称自由竞争，它是一种理想化了的极端情况。在完全竞争条件下，买者和卖者都大量存在，产品都是同质的，不存在质量与功能上的差异，企业自由地选择产品生产，买卖双方能充分地获得市场情报。在这种情况下，无论是买方还是卖方都不能对产品价格进行影响，只能在市场既定价格下从事生产和交易。

(2) 不完全竞争。它介于完全竞争与完全垄断之间，它是现实中存在的典型的市场竞争状况。不完全竞争条件下，最少有两个以上买者或卖者，少数买者或卖者对价格和交易数量起着较大的影响作用，买卖各方获得的市场信息是不充分的，它们的活动受到一定的限制，而且它们提供的同类商品有差异，因此，它们之间存在着一定程度的竞争。在不完全竞争的情况下，企业的定价策略有比较大的回旋余地，它既要考虑竞争对象的价格策略，也要考虑本企业定价策略对竞争态势的影响。

(3) 完全垄断。它是完全竞争的反面，是指一种商品的供应完全由独家控制，形成独占市场。在完全垄断竞争情况下，交易的数量与价格由垄断者单方面决定。完全垄断在现实中也很少见。

企业的价格策略，要受到竞争状况的影响。完全竞争与完全垄断是竞争的两个极端，中间状况是不完全竞争。在不完全竞争条件下，竞争的强度对企业的价格策略有重要影响。所以，企业首先要了解竞争的强度。竞争的强度主要取决于产品制作技术的难易，是否有专利保护，供求形势以及具体的竞争格局。其次，要了解竞争对手的价格策略，以及竞争对手的实力。最后，还要了解、分析本企业在竞争中的地位。

竞争因素对价格的影响，主要考虑商品的供求关系及其变化趋势，竞争对手的定价目标和定价策略以及变化趋势。在网络营销实践中，以竞争对手为导向的定价方法主要有三种：一是低于竞争对手的价格；二是随行就市与竞争对手同价；三是高于竞争对手的价格。

### (五)其他因素

企业的定价策略除受成本、需求以及竞争状况的影响外，还受到其他多种因素的影响。这些因素包括政府或行业组织的干预、消费者习惯和心理、企业或产品的形象等。

(1) 政府或行业组织干预。政府为了维护经济秩序，或为了其他目的，可能通过立法或者其他途径对企业的价格策略进行干预。政府的干预包括规定毛利率，规定最高、最低限价，限制价格的浮动幅度或者规定价格变动的审批手续，实行价格补贴等。例如，美国某些州政府通过租金控制法将房租控制在较低的水平上，将牛奶价格控制在较高的水平上；法国政府将宝石的价格控制在低水平，将面包价格控制在高水平；我国某些地方为反暴利对商业毛利率的限制等。一些贸易协会或行业性垄断组织也会对企业的价格策略进行影响。

(2) 消费者心理和习惯。价格的制定和变动在消费者心理上的反映也是价格策略必须考虑的因素。在现实生活中，很多消费者存在"一分钱一分货"的观念。面对不太熟悉的商品，消费者常常从价格上判断商品的好坏，从经验上把价格同商品的使用价值挂钩。消费者心理和习惯上的反应是很复杂的，某些情况下会出现完全相反的反应。例如，在一般情况下，涨价会减少购买，但有时涨价会引起抢购，反而会增加购买。因此，在研究消费者心理对定价的影响时，要持谨慎态度，要仔细了解消费者的心理及其变化规律。

(3) 企业或产品的形象因素。有时企业根据企业理念和企业形象设计的要求，需要对产品价格作出限制。例如，企业为了树立热心公益事业的形象，会将某些有关公益事业的产品价格定得较低；为了形成高贵的企业形象，将某些产品价格定得较高等。

因此，定价过程中，企业应进行充分的市场调研以改变对自己不利的信息劣势，对待竞争者则应树立一种既合作竞争又共同发展的竞争观念，以谋求一种双赢结局。

## 二、网络定价的目标

### (一)定价目标

企业的定价目标一般有：生存定价、获取当前最高利润定价、获取当前最高收入定价、销售额增长最大量定价、最大市场占有率定价和最优异产品质量定价。企业的定价目标一般与企业的战略目标、市场定位和产品特性相关。企业在制定价格时，主要是依据产品的生产成本，这是从企业局部来考虑的。企业价格的制定更主要是从市场整体来考虑的，它取决于需求方的需求强弱程度和价值接受程度，其次是来自替代性产品(也可以是同类的)的竞争压力程度；需求方接受价格的依据则是商品的使用价值和商品的稀缺程度，以及可替代品的机会成本。

在网络营销中，市场还处于起步阶段的开发期和发展时期，企业进入网络营销市场的主要目标是占领市场求得生存发展机会，然后才是追求企业的利润。目前网络营销产品的定价一般都是低价甚至是免费，以求在迅猛发展的网络虚拟市场中寻求立足机会。网络市场分为两大市场，一是消费者大众市场，另一个是工业组织市场。对于前者的网民市场，属于前面谈到的成长市场，企业面对这个市场时必须采用相对低价的定价策略来占领市场。对于工业组织市场，购买者一般是商业机构和组织机构，购买行为比较理智，企业在这个网络市场上的定价可以采用双赢的定价策略，即通过互联网技术来降低企业、组织之间的供应采购成本，并共同享受成本降低带来的双方价值的增值。

### (二)定价基础

从企业内部说，企业产品的生产成本总体呈下降趋势，而且成本下降趋势越来越快。在网络营销战略中，可以从降低营销及相关业务管理成本费用和降低销售成本费用两个方面分析网络营销对企业成本的控制和节约。

(1) 降低采购成本费用。采购过程中之所以经常出现问题，是由于过多的人为因素和信息闭塞造成的，通过互联网可以减少人为因素和信息不畅通的问题，最大限度地降低采购成本。首先，利用互联网可以将采购信息进行整合和处理，统一从供应商订货，以求获得最大的批量折扣。其次，通过互联网实现库存、订购管理的自动化和科学化，可最大限度地减少人为因素的干预，同时能以较高效率进行采购，可以节省大量人力和避免人为因素造成不必要的损失。再次，通过互联网可以与供应商进行信息共享，可以帮助供应商按照企业生产的需要进行供应，同时又不影响生产和不增加库存产品。

(2) 降低库存。利用互联网将生产信息、库存信息和采购系统连接在一起，可以实现实时订购，企业可以根据需要订购，最大限度地降低库存，实现"零库存"管理，这样的好处是，一方面减少资金占用和减少仓储成本，另一方面可以避免价格波动对产品的影响。

正确管理存货能为客户提供更好的服务并为公司降低经营成本，加快库存核查频率会减少与存货相关的利息支出和存储成本。减少库存量意味着现有的加工能力可更有效地得到发挥，更高效率的生产可以减少或消除企业和设备的额外投资。

(3) 生产成本控制。利用互联网可以节省大量生产成本，一方面，利用互联网可以实现远程虚拟生产，在全球范围寻求最适宜的生产厂家生产产品；另一方面，利用互联网可以大大节省生产周期，提高生产效率。使用互联网与供货商和客户建立联系，使公司能够比从前大大缩短用于收发订单、发票和运输通知单的时间。有些部门通过增值网(VAN)共享产品规格和图纸，以提高产品设计和开发的速度。互联网发展和应用将进一步减少产品生产时间，其途径是通过扩大企业电子联系的范围，或是通过与不同研究小组和公司进行的项目合作来实现。

## 三、网络定价的主要策略

### (一)低价定价策略

借助互联网进行销售，比传统销售渠道的费用低廉，因此网上销售价格一般来说比流行的市场价格要低。由于网上的信息是公开和易于搜索比较的，因此网上的价格信息对消费者的购买起着重要作用。根据研究，消费者选择网上购物，一方面是因为网上购物比较方便，另一方面是因为从网上可以获取更多的产品信息，从而以最优惠的价格购买商品。

**1. 直接低价定价策略**

直接低价定价策略就是由于定价时大多采用成本加一定利润，有的甚至是零利润。这种定价在公开价格时就比同类产品要低。它一般由制造业企业在网上进行直销时采用的定价方式，如 Dell 公司电脑定价比同性能的其他公司产品低 10%～15%。采用低价策略的基础是前面分析中指出的，通过互联网企业可以节省大量的成本费用。

**2. 折扣定价策略**

另外一种低价定价策略是折扣策略，它是以在原价基础上进行折扣来定价的。这种定价方式可以让顾客直接了解产品的降价幅度以促进顾客的购买。这类价格策略主要用在一些网上商店，它通过对产品按照市面上的流行价格进行折扣定价。如 Amazon 的图书价格一般都要进行折扣，而且折扣价格达到 3～5 折。

**3. 促销定价策略**

如果企业是为拓展网上市场，但产品价格又不具有竞争优势时，则可以采用网上促销定价策略。由于网上的消费者面广泛而且具有很强购买能力，许多企业为打开网上销售局面和推广新产品，采用了临时促销定价策略。促销定价除了前面提到的折扣策略外，比较常用的是有奖销售和附带赠品销售。

在采用低价定价策略时要注意的是：首先，由于互联网是从免费共享资源发展而来的，因此用户一般认为网上商品比一般渠道购买商品要便宜，在网上不宜销售那些顾客对价格敏感而企业又难以降价的产品；其次，在网上公布价格时要注意区分消费对象，要区分一般消费者、零售商、批发商、合作伙伴以分别提供不同的价格信息发布渠道，否则可能因低价策略混乱导致营销渠道混乱；再次，网上发布价格时要注意比较同类站点公布的价格，因为消费者可以通过搜索功能很容易在网上找到最便宜的，否则价格信息公布起到反作用。

## (二)定制生产定价策略

### 1. 定制生产内涵

在网络营销服务策略中分析了个性化服务的特点。作为个性化服务的重要组成部分，按照顾客需求进行定制生产是网络时代满足顾客个性化需求的基本形式。定制化生产根据顾客对象可以分为两类，一类是面对工业组织市场的定制生产，这部门市场属于供应商与订货商的协作问题，如波音公司在设计和生产新型飞机时，要求其供应商按照其飞机总体设计标准和成本要求来组织生产。这类属于工业组织市场的定制生产主要通过产业价值链，从下游企业向上游企业提出需求和成本控制要求，上游企业通过与下游企业进行协作设计、开发并生产满足下游企业的零配件产品。下面主要分析一下面对大众消费者市场，如何实现满足顾客个性化需求的定制生产以及按定制定价的。由于消费者的个性化需求差异性大，加上消费者的需求量又少，因此企业实行定制生产必须从管理、供应、生产和配送各个环节上，都适应这种要求小批量、多式样、多规格和多品种的生产和销售变化。为适应这种变化，现在企业在管理上采用 ERP(企业资源计划系统，Enterprise Resource Planning)来实现自动化、数字化管理，在生产上采用 CIMS(计算机集成制造系统，Computer Integrated Manufacturing System)，在供应和配送上采用 SCM(供应链管理，Supply Chain Management)。

### 2. 定制定价策略

定制定价策略是在企业能实行定制生产的基础上，利用网络技术和辅助设计软件，帮助消费者选择配置或者自行设计能满足自己需求的个性化产品，同时承担自己愿意付出的价格成本。Dell 公司有专门针对中国市场设计的可进行定制定购的主页，在主页中用户可以了解本型号产品的基本配置和基本功能，如果用户对配置还不满意想增加功能或者提高产品性能，比如，想将硬盘从 6.4GB 扩充到 13.6GB 的容量，订货时只需要在图中右下角的方框中打上钩，然后在页面上方的框内显示出当前配置的电脑价格。通过这些对电脑配件的选择，消费者可以自己根据实际需要并在能承担价格内，配置出自己最满意的产品，使消费者能够一次性买到自己中意的产品。在上面配置电脑的同时，消费者也相应地选择了自己认为的价格合适的产品，因此对产品价格有比较透明的认识，增加企业在消费者面前的信用。目前这种允许消费者定制定价订货的策略还只是初步阶段，消费者只能在有限的范围内进行挑选，还不能完全要求企业满足自己所有的个性化需求。

### (三)使用定价策略

传统交易关系中，产品买卖是完全产权式的，顾客购买产品后即拥有对产品的完全产权。但随着经济的发展，人民生活水平的提高，人们对产品的需求越来越多，而且产品的使用周期也越来越短，许多产品购买后使用几次就不再使用，非常浪费，因此制约了许多顾客对这些产品的需求。为改变这种情况，可以在网上采用类似租赁的按使用次数定价的方式。

所谓使用定价，就是顾客通过互联网注册后可以直接使用某公司产品，顾客只需要根据使用次数进行付费，而不需要将产品完全购买。这一方面减少了企业为完全出售产品进行不必要的大量生产和包装浪费，同时还可以吸引过去那些有顾虑的顾客使用产品，扩大市场份额。顾客每次只是根据使用次数付款，节省了购买产品、安装产品、处置产品的麻烦，还可以节省不必要的开销。如微软公司早在 2000 年就将其产品 Office2000 放置到网站，用户通过互联网注册使用，按使用次付钱。

采用按使用次数定价，一般要考虑产品适合通过互联网传输，可以实现远程调用。目前，比较适合的产品有软件、音乐、电影等产品。对于软件，如我国的用友软件公司推出网络财务软件，用户在网上注册后在网上直接处理账务，而无须购买软件和担心软件的升级、维护等非常麻烦的维护事务；对于音乐产品，也可以通过网上下载使用专用软件点播；对于电影产品，则可以通过现在的视频点播系统 VOD 来实现远程点播，无须购买影带。另外，采用按次数定价对互联网的带宽提出很高要求，因为许多信息都要通过互联网进行传输，如互联网带宽不够将影响数据传输，势必会影响顾客租赁使用和观看。

### (四)拍卖竞价策略

网上拍卖是目前发展比较快的领域，经济学认为市场要是形成最合理价格，拍卖竞价是最合理的方式。网上拍卖有消费者通过互联网轮流公开竞价，在规定时间内价高者赢得。目前国外比较有名的拍卖站点是 http://www.ebay.com，它允许商品公开在网上拍卖，拍卖竞价者只需要在网上进行登记即可，拍卖方只需将拍卖品的相关信息提交给 eBay 公司，经公司审查合格后即可上网拍卖。与 eBay 类似，国内比较有名的拍卖中介公司是 1999 年 6 月份推出的雅宝竞价网。根据供需关系，网上拍卖竞价方式有下面几种。

(1) 竞价拍卖。最大量的是 CtoC 的交易，包括二手货、收藏品，普通商品也可以拍卖的方式进行出售。例如，HP 公司也将公司的一些库存积压产品放到网上拍卖。

(2) 竞价拍买。这是竞价拍卖的反向过程，消费者提出一个价格范围，求购某一商品，由商家出价，出价可以是公开的或隐蔽的，消费者将与出价最低或最接近的商家成交。

**网络营销理论、方法与实践**

(3) 集体议价。在互联网出现以前，这一种方式在国外主要是多个零售商结合起来，向批发商(或生产商)以数量换价格的方式。互联网出现后，使得普通的消费者能使用这种方式购买商品。集合竞价模式，是一种由消费者集体议价的交易方式。这在目前的国内网络竞价市场中，还是一种全新的交易方式。提出这一模式的是美国著名的 Priceline 公司(http://www.priceline.com)。在国内，雅宝已经率先将这一全新的模式引入到自己的网站。如在雅宝的拍卖竞价网站上，500 多个网民联合起来集体竞价。

上面一些拍卖竞价方式是最市场化的方法，随着互联网市场拓展，将有越来越多的产品通过互联网拍卖竞价。目前针对购买群体主要是消费者市场，个体消费者是目前拍卖市场的主体。因此，采用拍卖竞价并不是企业目前首要选择的定价方法，因为拍卖竞价可能会破坏企业原有的营销渠道和价格策略制定。采用网上拍卖竞价的产品，比较合适的是企业一些库存积压产品，如 HP 公司；也可以是企业一些新产品，通过拍卖展示起到促销效果，许多公司将产品以低廉价格在网上拍卖，以吸引消费者的关注，如 Compaq 公司将其推出的新产品电脑通过网易网站进行拍卖，结果拍卖价格比公司预定价格要高，让 Compaq 感到很担心，因为这样会影响到产品的推广效果。

上面几种价格策略是企业在利用网络营销拓展市场时可以考虑的几种比较有效的策略，并不是所有的产品和服务都可以采用上述定价方法的，企业应根据产品特性和网上市场发展状况来决定定价策略选择。不管采用何种策略，企业的定价策略应与其他策略配合，以保证企业总体营销策略实施。互联网作为特殊的载体，免费概念是互联网最深入人心的竞争策略，许多企业都获得了巨大成功，下面将重点分析免费价格策略的内涵、制定和实施。

## (五)免费价格策略

免费价格策略是市场营销中常用的营销策略，它主要用于促销和推广产品时，这种策略一般是短期和临时性的。但在网络营销中，免费价格不仅仅是一种促销策略，它还是一种费用有效的产品和服务定价策略，许多新兴公司凭借免费价格策略一举获得成功。免费价格策略就是将企业的产品和服务以零价格形式提供给顾客使用，满足顾客的需求。免费价格形式有这样几类形式：第一类是产品和服务完全免费，即产品(服务)从购买、使用和售后服务所有环节都实行免费服务，如人民日报的电子版在网上可以免费使用；第二类是对产品和服务实行限制免费，即产品(服务)可以被有限次使用，超过一定期限或者次数后，取消这种免费服务，如金山软件公司免费赠送可以使用 99 次的 WPS2000 软件，使用次数完后需要付款申请继续使用；第三类是对产品和服务实行部分免费，如一些著名研究公司的网站公布部分研究成果，如果要获取全部成果必须付款作为公司客户；第四类是对产品和服务实行捆绑式免费，即购买某产品或者服务时赠送其他产品和服务，如为了吸引接入用户，推出了上网免费送 PC 的市场活动。实际上，从另一面来看，这个商业模型就相当于分期付款买 PC，赠送上网账号的传统营销模式，只不过市场操作从 PC 制造商转向了 ISP。

## 第三章　网络营销策略

网络营销中产品实行免费策略是要受到一定环境制约的，并不是所有的产品都适合于免费策略。互联网作为全球性开放网络，它可以快速实现全球信息交换，只有那些适合互联网这一特性的产品才适合采用免费价格策略。一般来说，免费产品具有以下特性。

(1) 易于数字化。互联网是信息交换平台，它的基础是数字传输。对于易于数字化的产品都可以通过互联网实现零成本的配送，这与传统产品需要通过交通运输网络花费巨额资金实现实物配送有着巨大区别。企业只需要将这些免费产品放置到企业的网站上，用户就可以通过互联网自由下载使用，企业通过较小成本就实现产品推广，节省大量产品推广费用。

(2) 无形化特点。通常采用免费策略的大多是一些无形产品，他们只有通过一定载体表现出一定形态，如软件、信息服务(如报纸、杂志、电台、电视台等媒体)、音乐制品、图书等。这些无形产品可以通过数字化技术实现网上传输。

(3) 零制造成本。这里制造成本主要是产品开发成功后，只需要通过简单复制就可以实现无限制的产品生产，这与传统实物产品生产受制于厂房、设备、原材料等因素有着巨大区别。上面介绍的软件等无形产品都易于数字化，也可以通过软件和网络技术实现无限制自动复制生产。对这些产品实行免费策略，企业只需要投入研制费用即可，至于产品生产、推广和销售则完全可以通过互联网实现零成本运作。

(4) 成长性。采用免费策略产品一般都是利用产品成长推动占领市场，为未来市场发展打下坚实基础。例如，微软为抢占日益重要的浏览器市场，采用免费策略发放其浏览器探险者 IE，用以对抗先行一步的网景公司的航海者 Navigator，结果在短短两年之内，网景公司的浏览器市场丢失半壁江山，最后只有被出售兼并以求发展。

(5) 冲击性。采用免费策略产品的主要目的是推动市场成长，开辟出新的市场领地，同时对原有市场产生巨大的冲击，否则免费价格产品很难形成市场规模、在未来获得发展机遇。

(6) 间接收益特点。企业在市场运作，虽然可以利用互联网实现低成本的扩张，但免费的产品还是需要不断开发和研制，需要投入大量的资金和人力。因此，采用免费价格产品(服务)一般具有间接收益特点，即它可帮助企业通过其他渠道获取收益。如 Yahoo 公司通过免费搜索引擎服务和信息服务吸引用户注意力，这种注意力形成了 Yahoo 的网上媒体特性，Yahoo 可以通过发布网络广告进行间接收益。这种收益方式也是目前大多数 ICP 的主要商业运作模式。

## 第三节　网络渠道策略

### 一、网络营销渠道概述

营销渠道是指与为提供产品或服务以供使用或消费这一过程有关的一整套相互依存的

机构，它涉及信息沟通、资金转移和实物转移等。网上销售渠道就是借助互联网将产品从生产者转移到消费者的中间环节。

### (一)网络营销渠道功能

一个完善的网上销售渠道应有三大功能：①订货系统。它为消费者提供产品信息，同时方便厂家获取消费者的需求信息。②结算系统。消费者在购买产品后，可以有多种方式方便地进行付款，因此厂家(商家)应有多种结算方式。③配送系统。对于无形产品，可以直接通过网上进行配送；对于有形产品的配送，要涉及运输和仓储问题。

### (二)网络营销渠道类型

在传统营销渠道中，营销中间商是营销渠道中的重要组成部分，他们凭借其业务往来关系、经验、专业化和规模经营，提供给公司的利润通常高于自营商店所能获取的利润。但互联网的发展和商业应用，使得传统营销中间商凭借地缘原因获取的优势被互联网的虚拟性所取代，同时互联网的高效率的信息交换，改变着过去传统营销渠道的诸多环节，将错综复杂的关系简化为单一关系。网络营销渠道主要有两种类型：一是网络直接营销渠道，即通过互联网实现的从生产者到消费者(使用者)的网络直接营销渠道；二是网络间接营销渠道，即通过融入互联网技术后的中间商机构提供网络间接营销渠道。

### (三)网络营销渠道建设

一般来说，销售主要有两种方式：第一种是 BtoB，即企业对企业模式，这种模式每次交易量很大，交易次数少，并且购买方比较集中，因此网上销售渠道的建设关键是建设好订货系统，方便购买企业进行选择；第二种是 BtoC，即企业对消费者模式，这种模式的每次交易量小，交易次数多，而且购买者非常分散，因此网上渠道建设的关键是结算系统和配送系统，这也是目前网上购物必须面对的问题。在具体建设网络营销渠道时，还要考虑以下几个方面。

(1) 从消费者角度设计渠道，只有采用消费者比较放心、容易接受的方式才有可能吸引消费者使用网上购物。

(2) 设计订货系统时，要简单明了，不要让消费者填写太多信息，而应该采用现在流行的"购物车"方式模拟超市，在购物结束后一次性进行结算。

(3) 在选择结算方式时，应考虑目前实际发展状况，应尽量提供多种方式方便消费者选择，同时还要考虑网上结算的安全性。

(4) 关键是建立完善的配送系统，消费者只有看到购买商品到家后，才真正感到踏实，因此建设快速的有效配送服务系统是非常重要的。

## 二、网络直销

### (一)网上直销

网上直销与传统直接分销渠道一样,都是没有营销中间商。网上直销渠道一样也要具有上面营销渠道中的订货功能、支付功能和配送功能。网上直销与传统直接分销渠道不一样的是,生产企业可以通过建设网络营销站点,顾客可以直接从网站进行订货,通过与一些电子商务服务机构合作,可以通过网站直接提供支付结算功能。网上直销的配送,可以利用互联网技术来构造有效的物流系统,也可以通过互联网与一些专业物流公司进行合作,建立有效的物流体系。网上直销渠道相对于传统营销的竞争优势在于:利用互联网的交互特性,网上营销渠道从过去单向信息沟通变成双向直接信息沟通,增强了生产者与消费者的直接连接。网上营销渠道可以提供更加便捷的相关服务。顾客可在网上订货和付款,然后就等着送货上门,大大地方便了顾客。生产者可以通过网上营销渠道为客户直接提供售后服务和技术支持。网上直销的高效性,可以减少传统分销渠道中的流通环节、有效降低成本。生产者可以根据顾客的订单按需生产,做到实现零库存管理,最大限度地控制营销成本。通过信息化的网络营销中间商,可以进一步扩大规模,实现更大规模经济,提高专业化水平。通过与生产者的网络连接,可以提高信息透明度,最大限度地控制库存,实现高效物流运转,降低物流运转成本。

### (二)网上支付

网上商店的交易是在网上完成的,交易时交货和付款在空间和时间上是分割的,消费者购买时一般必须先付款后送货,付款时可以用网上支付系统完成网上支付。网上支付包括以下四个主要部分。

(1) 电子钱包。电子钱包负责客户端数据处理。

(2) 电子通道。这里主要指从客户端电子钱包到收款银行网关之间的交易部分。

(3) 电子银行。这里的电子银行不是完整意义上的电子银行,而是在网上交易过程中完成银行业务的银行网关。

(4) 认证机构。这里主要是指负责对网上商家、客户、收款银行和发卡银行进行身份的证明,以保证交易的合法性。

网上支付的方式主要有三类:第一类电子货币类,如电子钱包、电子现金等;第二类电子信用卡类,包括智能卡、借记卡、电话卡等;第三类电子支票类,如电子支票、电子汇款、电子划款等。

传统购物交易是匿名进行的,而在网上商店进行网上购物时,消费者对产品的了解只能通过网上介绍,交易时消费者需要将个人重要信息通过网上传送。由于互联网的开放性,网上信息存在被非法截取和利用的可能,有一定的安全隐患。在购买时,消费者将个人身份信息传送给商家，可能被商家掌握消费者的个人隐私。因此网上商店的安全是一个长期必须注意的问题。

## 三、网络代理与分销

### (一)网络市场的中间商

与传统商务相比，电子商务的显著特点和优越之处就是可以在网上进行直销，企业和客户的直接联系跳过了中间商的作用，有人对中间商在电子商务中的存在性提出质疑。然而，互联网上正涌现出越来越多的网络中间商，并且他们在这个新兴的网络市场中被赋予了新的形式和功能。

(1) 传统渠道的中间商功能。①协调生产和消费之间的矛盾；②帮助消费者定位需求和选择适当的产品；③为生产者提供需求信息；④影响消费者购买决策；⑤降低生产者和消费者的风险。

(2) 网络市场的中间商。在网络市场环境下，中间商面临 4 种情况：①直销企业向网络直销企业转型；②网络直销威胁传统中间商；③传统直销向网络间接销售转型；④传统间接销售向网络间接销售转型。

### (二)网络市场中间商的类型

互联网环境下的新型网络中间商有以下 10 种类型。

(1) 目录服务商：为用户提供网站分类并整理成目录的服务。
(2) 搜索引擎服务商：为用户提供基于关键词的检索服务。
(3) 虚拟商场：包含与两个以上的商业站点链接的网站。
(4) 互联网内容供应商：向目标客户群提供所需信息的服务。
(5) 网络零售商：在网上开设零售店，向消费者直销商品。
(6) 虚拟评估机构：对网上商家进行评估的第三方机构。
(7) 网络统计机构：为用户提供互联网统计数据的机构。
(8) 网络金融机构：为网络交易提供金融服务的金融机构。
(9) 虚拟集市：为想要进行物品交易的人提供虚拟交易场所。
(10) 智能代理：利用专门设计的软件，为消费者提供所需信息搜集过滤的服务。

### (三)网络中间商定价策略

网络中间商必须建立起核心竞争优势，并不断地维持和巩固这种优势，这依赖于网络中间商是否能够制定合理的营销战略，包括市场细分战略、产品战略、定价战略等。网络中间商在三种不同情况下的定价战略。

(1) 提供服务的边际成本为零,并且没有连带外部效应的条件下,网络中间商应该将所有的资源配置用于提供高质量的专业化信息或服务上。

(2) 提供服务的边际成本大于零,但无连带外部效应网络中间商可以进行歧视定价,并针对不同消费者分别提供不同水平的服务并收取不同的价格。

(3) 提供的服务存在连带外部效应,但边际成本为零。由于存在连带外部效应,参与的厂商越多,网络中间商所提供的信息和服务对消费者的价值就越大。

## 四、比较购物代理

比较购物代理是网站中间商的一种,以万维网站的形式存在于互联网上,使用专门设计的比较购物代理程序(软件),为消费者提供网络导购、商品价格比较、销售商信誉评估等服务的网络虚拟中介组织。

### (一)比较购物代理的分类及作用

(1) 价格比较购物代理。①产品信息的搜寻和比较;②销售商信息的搜寻和比较。

(2) 议价代理。所谓议价代理,是指网络消费者指定的代表与其销售商进行交易磋商的网络中间商。

(3) 比较购物代理的其他功能。购物代理会综合所有消费者的评价对销售商的信誉进行评级可起到间接的监督作用。

购物代理可以帮助消费者寻找和收集目标商品的说明和评论。

### (二)比较购物代理的应用现状

(1) 国外著名的比较购物代理系统。①BargainFinder(http://bf.cstar.ac.com)即指便宜搜寻器。②Kasbah(http://kasbah.mit.media.edu/)即指网络多重代理分类广告系统。③Firefly(http://www.firefly.com/)即指萤火虫购物代理。

(2) 比较电子商务网站。比较电子商务模式和比较电子商务网站的诞生,表明电子商务开始更加注重消费者的需求和实际利益,尽量为消费者购物创造更多的便利,标志着电子商务开始进入一个消费者导向的新阶段。

### (三)比较购物代理的影响

首先,比较购物代理的应用具有很强的连带外部性;其次,现有的比较购物代理的应用具有较大的局限性。如以是否采用比较购物代理为标准,网络市场中的消费者可分两类:使用比较购物代理的消费者和未采用比较购物代理的消费者。

(1) 使用购物代理的网络消费者数量众多。假设 $P_u$ 为网络消费者愿意支付的最高价格;$P_c$ 为完全信息条件下的竞争价格。那么如某个网络零售商的价格高于 $P_u$,则它的销售是零。

如该网络销售商把价格定在低于 Pu，但高于 Pc 的范围内，它只能销售较少的商品。如该网络零售商的价格等于 Pc，则可销售一定数量的商品。如该网络零售商的价格低于 Pc，则可销售大量的商品，但同时该零售商却面临亏损的境地。

(2) 使用购物代理的网络消费者数量较少，完全信息的竞争价格均衡将被打破。

## 五、网络营销的物流渠道

### (一)物流管理与控制

物流是指计划、执行与控制原材料和最终产品从产地到使用地点的实际流程，并在赢利的基础上满足顾客的需求。物流的作用是管理供应链，即从供应商到最终用户的价值增加的流程。开展网上直销的生产企业，可以有两种途径管理和控制物流。

(1) 利用自己的力量建设自己的物流系统。

(2) 第三方物流。通过选择合作伙伴，利用专业的物流公司为网上直销提供物流服务。这是大多数企业的发展趋势。

### (二)基于互联网的现代物流系统特点

(1) 顾客直接驱动。对于专业性公司，物流系统中的物流启动和运转都是围绕服务顾客而进行的。

(2) 全面服务性。随着产品的复杂和使用的专业性，需要在物流服务内涵上进行扩展。

(3) 可跟踪性。顾客控制货物送货进度，需要了解货物最近送达地方，以及什么时候送到目的地。

# 第四节　网络促销策略

## 一、网络促销的含义与特点

### (一)网络促销的含义

网络促销是指利用现代化的网络技术向虚拟市场传递有关产品和服务的信息，以启发需求，引起消费者购买欲望和购买行为的各种活动。

网络促销有以下作用：告知功能；说服功能；反馈功能；创造需求；稳定销售。

### (二)网络促销的特点

(1) 通过网络技术传递信息。

(2) 在虚拟市场上进行。
(3) 互联网虚拟市场的全球性。

另外，进入互联网中小企业潜力巨大，大量中小企业的采购、分销日益依靠互联网，因此在互联网上促销的以中小企业为主。

### (三)网络促销与传统促销的区别

(1) 时空观念的变化。
(2) 信息沟通方式的变化。
(3) 消费群体和消费行为的变化。
(4) 对网络促销的新理解。

## 二、网络促销的形式与方法

### (一)网络促销的形式

传统营销的促销组合是指企业根据促销的需要，对广告、销售促进、宣传推广和人员推销等主要促销方式进行的适当的选择和综合的运用。网络营销中企业也应根据网上促销的需要综合利用网络营销的各种促销方式。与传统的促销方式相对应，网络促销主要有以下四种：网络广告、站点推广、销售促进和关系营销。

#### 1. 网络广告

网络广告是网络营销的主要促销方法之一，也是最直接的网络促销手段，网络广告已经形成了一个很有影响力的产业市场，因此企业的首选促销形式就是网络广告。网络广告类型很多，根据形式不同可以分为旗帜广告、e-mail 广告、移动广告、互动游戏式广告和关键字广告等。

网络广告主要是借助网上知名站点(如 ISP 或者 ICP)、免费 e-mail 以及一些免费公开的交互站点(如新闻组、公告栏)发布企业的产品信息，对企业以及企业的产品进行宣传推广。网络广告作为有效而可控的促销手段，被许多企业用于在网上进行新产品的推广、扩大企业知名度等。

#### 2. 站点推广

网络营销站点推广就是利用各种网络营销策略扩大企业站点的知名度，吸引网上用户访问网站，起到宣传和推广企业以及企业产品的效果。站点推广主要有两类方法，一类是通过改进网站内容和服务，吸引用户访问，起到推广效果；另一类通过传统媒体或网络媒体来宣传推广站点。前一类方法，费用较低，而且容易稳定顾客访问，但推广速度比较慢；后一类方法，可以在短时间内扩大站点知名度，但费用不菲。

### 3. 销售促进

网上销售促进就是企业利用网络营销站点，采用一些销售促进方法如价格折扣、有奖销售、赠品促销等方式，来刺激顾客对产品的购买和消费。同时，还可以利用网络技术与顾客建立互动关系，了解顾客的需求和对产品的评价。

网上促销主要有下面几种形式。

(1) 网上折价。在传统的促销活动中，折扣是历史上最为悠久的但如今仍颇为风行的一种极为重要的促销手段。在网络促销中，折扣手段得到广泛的应用，是目前网上最常用的一种促销方式。目前大部分网上销售商品都有不同程度的价格折扣。

(2) 增加商品的附加值。在不提高商品价格的情况下，设法提高产品或服务的附加值，让消费者感到物有所值或物超所值的方式进行的促销。利用这种促销方法更容易获得消费者的信任。

(3) 抽奖促销。抽奖促销也是网上比较广泛的促销形式之一。网上抽奖活动主要附加于调查、扩大用户群、推广、庆典等，消费者通过访问填写问卷、注册、购买产品等参加促销活动。

(4) 积分促销。积分促销是凭借消费者累计的积分来赢得积分奖品，从而吸引消费者参加购买以促进销售的策略。积分促销好处有两个：一是通过这种简单有效的促销，能够和客户建立良好的关系；二是能够刺激用户购买。网上积分很容易通过编程和数据库来实现，因此积分促销操作起来会更容易。

### 4. 关系营销

传统的营销是创造购买，是产品、价格、销售渠道和促销等营销因素的简单组合。而在当前激烈竞争的市场环境下，"建立各种关系"比"创造购买"更重要，因为企业追求的是长期盈利，要保持长期盈利能力，就要与顾客保持长期的关系。买卖双方的关系不应该是交战双方的关系，而应是长期合作的关系。此外，企业还应与供应商、分销商以及其他合作者保持长期密切的关系。关系营销是指借助互联网作为媒体和沟通渠道，通过与企业利益相关者，包括供应商、顾客、经销商、社会团体等建立良好的合作关系，为企业的经营管理营造良好的环境。

### (二)网络促销实施的过程

(1) 确定网络促销对象。产品的使用者；产品购买的决策者；产品购买的影响者。

(2) 设计网络促销内容。网络促销的最终目标是希望引起购买。最终目标是要通过设计具体的信息内容来实现的，不同生命周期的产品促销内容侧重点如下：①投入期，侧重于产品特点的宣传，引起注意；②成长期，侧重于唤起消费者的购买欲望；③成熟期，对企业形象大量宣传；④衰退期，密切与消费者感情沟通，让利促销。

(3) 决定网络促销组合方式。网络广告促销是实施"推战略",其主要功能是将企业的产品推向市场,获得广大消费者的认可。网络站点促销主要实施"拉战略",其主要功能是将顾客牢牢地吸引过来,保持稳定的市场份额。企业应当根据自身网络促销的能力确定两种网络促销方法配合使用。

(4) 制定网络促销预算方案。必须明确网上促销的方法及组合的办法;需要确定网络促销的目标;需要明确希望影响的对象。

(5) 衡量网络促销效果。促销效果几种情况:站点的点击量高,销量也高;站点的点击量高,但销量低;站点的点击量低,但销量高;站点的点击量低,销量也低。

> **案例3.2 网络广告公关的营销成功——雕爷牛腩**
>
> 雕爷牛腩玩的是"封测"试营业,并配合明星在微博上的各种Show及能参加封测的"荣幸"。封测这件事,本来是网络游戏界最常见不过的事儿,但移植到餐厅,好像效果还不错。用雕爷自己的话说就是"封测直接触发了'迷恋七个触发器'里面的'神秘感'。一个餐厅,能有啥了不起的呢?但你吃不到时,就会觉得格外想见识见识。犹如Facebook最初,没有哈佛大学后缀的邮箱,根本不让你注册……这下可好,所有常青藤大学的学生都拼命想挤进来看看,等一开放常青藤大学的时候,所有一二三四五六七八流的大学生们,也都想挤进来……扎克伯格轻而易举地获得了最初的成功。"
>
> "反正封测,一堆名人达人、美食专家,以及小明星们,为何不请来吃呢?伸手不打白吃的饭,放下筷子难骂娘。封测被邀请,多有面子?"再配合雕爷自己在微博上晒厨神秘方、高品质食材、极致装修等,吊足了大家的胃口。
>
> 而餐厅一正式营业,花钱来吃的消费者,直接吃到的就是磨炼了半年的模样,已是一个过了"磨合期"的、相对成熟的餐厅。

(资料来源:七大网络营销成功案例.www.tui18.com 网络营销案例,有改写)

## 三、网络广告策略

### (一)网络广告的含义和特点

网络广告,是指在互联网上为产品宣传的各种经营性广告,既不同于平面媒体广告,也不是电子媒体文告的另一种形式。电子网络广告是新生代的广告媒介,它是随着国际互联网的发展而逐步兴起的,它具有传统媒介广告的所有优点,又具有传统媒介所无法比拟的优势。电子网络广告分为广义和狭义两种:广义的电子网络广告是指企业在互联网上发布的一切信息,包括企业的互联网域名、网站、网页等;狭义的电子网络广告一般是指建立一个含广告内容的WWW节点,目前多为标题广告,用户通过点击这一包含超链接的标题,将被带至广告主的WWW节点。网络广告有下列特点。

(1) 表现手段丰富多彩。电子网络广告采用文字介绍、声音、影像、图像、颜色、音乐等于一体的丰富表现手段,具有报纸、电视的各种优点,更加吸引受众。

(2) 内容种类繁多、信息面广。网络广告的内容大到飞机、小到口香糖,均可上网做广告。庞大的互联网网络广告能够容纳难以计量的内容和信息,它的广告信息面之广、量之大是报纸、电视无法比拟的。如报纸广告的信息量受到版面篇幅限制;电视广告的信息量受到频道播出时间和播出费用的限制。

(3) 多对多的传播过程。报纸广告基本是一对一的传播过程,电视传媒则是一对多的方式;而互联网上的广告则是多对多的传播过程。之所以这样说,是因为在互联网上有众多的信息接收者,他们既在互联网上发布广告信息,也从网上获取自己所需新产品和服务的广告信息。

(4) 具有互动性。所谓网络广告的互动性,是指工商企业或个人将广告信息内容准备好,放置于站点上,所有网络用户都可以通过上网及时查看,获取广告信息,即"人—机—人"模式。例如,一家公司通过网络广告将公司产品信息传播到世界各地的互联网计算机终端客户,当受众之一的个人收到该信息后,对该公司产品产生了兴趣,开始在网上交互查找产品信息,以期获得更多的有关信息,进一步而言,此人可通过电子邮件、网络电话、网络传真等向该公司询问各类有关问题,得到满意答复后,可通过电子商务手段实现商品购买。

### (二)网络广告的表现形式

(1) 旗帜广告。旗帜广告是最常见的网络广告形式。以 GIF,JPG 等格式建立图像文件,放置网页,目前旗帜广告已发展有多种形式,如:BUTTON 按钮文选,文本广告(text),插页广告(interstilial ads)。

(2) 电子邮件广告。电子邮件又称邮件列表广告,利用网站电子刊物服务中的电子邮件将广告加在读者所订阅的刊物中发给相应的邮件所属人。

(3) 移动广告。移动广告也是一种为改变旗帜广告比较呆板的新形式广告,该广告是一种可以在屏幕上移动的小型图片广告,用户用鼠标点击该小型图片时,该移动广告会自动扩大展示广告版面。

(4) 分类广告。它类似于报纸杂志中的分类广告,是一种专门提供广告信息服务的站点,在站点中提供按照产品或者企业等方法可以分类检索的深度广告信息。这种形式的广告对于那些想了解信息的访问者提供了一种快捷有效的途径。

### (三)网络广告基本策略

#### 1. 网络广告的定位策略

网络广告定位就是网络广告宣传的主题定位,这是确定消费者诉求的重点,或者说是制定商品的卖点、企业的自我推销点。如果说网络广告创意与表现解决的是"怎么说的问题"，那么网络广告定位解决的就是"说什么"的问题。其实就网络广告定位实质而言，就是网络广告宣传的产品、服务，或是企业形象市场的定位，就是产品、服务，或企业形象在目标顾客心目中占据一定的特殊位置，定位的结果就是成功创造了消费者的价值主张，即目标市场之所以购买产品、服务的理由。常用的广告定位策略主要有抢先地位、比附定位、空隙地位、品牌形象定位、企业形象定位、文化定位等。

2．网络广告的时间策略

网络广告的时间策略包括发布广告的时机、时序和时限等策略。

(1) 时机策略。时机策略就是抓住有利的时机，发起网络攻势的策略，一些重大的赛事、文体活动。例如，奥运会、亚运会等都是举世瞩目的大好时机。订货会、展览会、重要纪念日等都能成为网络广告宣传的良机。

(2) 时序策略。为了实现网络广告的宣传时间安排，让更多的目标受众浏览。例如，上班族习惯工作时间上网，学生喜欢假日上网的时间，大学老师喜欢晚上上网等。

(3) 时限策略。确定网络广告宣传的时间长短，以及如何使用既定的网络广告时限策略。它主要有两种策略：集中速决型和持续均衡型。

3．网络广告的导向策略

网络广告导向策略指的是网络广告作品诱导公众接受网络广告信息的方式，具体有以下几种。

(1) 利益导向策略。这指的是抓住消费者自身利益的特点，注重广告产品能给消费者带来的好处。

(2) 情感导向策略。网络广告宣传侧重于调动消费者的某种情绪，以实现网络广告宣传的目的。

(3) 生活导向策略。生活导向策略是指网络广告宣传生活化，广告应有自然、亲切、可信之感。

4．网络广告的表现策略

表现策略有很多种形式，其中以写实、实证、对比、衬托、夸张、渲染、悬念、娱乐、幽默、象征、定格和相似较为常见。

(1) 写实：就是直接叙述和说明网络广告的内容。例如，可以使用文字、图片或者视频，对产品的功能、使用方法等进行展示说明。

(2) 实证：实地展现产品性能、品质的手法。很多厂家采用实地展示的方法，让消费者能够"眼见为实"，亲眼看到产品的性能。例如，超市中，经常有各种家用电器的现场使用，可以让消费者实地见证。

(3) 对比：通过产品的对比，更能显出其优越性。新老产品的对比、不同品牌间的对比，目的是让消费者看到产品的优越性。例如，牙膏广告，广告词会告诉消费者，使用一般的牙膏，并不能完全保护牙齿，因为一般的牙膏不含某种物质，而本产品则含有这种能够彻底清除污垢又能保护牙齿的物质。

(4) 衬托：创设网络广告意境、展示产品形象、表现网络广告主题的手法。

(5) 夸张：通过夸张手法，可以加深顾客对产品的印象。

(6) 渲染：不直接出现产品，而是通过第三方进行描述。

(7) 悬念：造成悬念，引起顾客好奇心。

(8) 娱乐：客户参与到娱乐中，更能体现产品性能。一般是把广告内容编辑成游戏或者文艺形式。

(9) 幽默：幽默诙谐的广告，给人的印象十分深刻，是广告中常用的手法。

(10) 象征：用消费者比较熟悉的某些事物的性能特征来象征网络广告产品的某些性能。

(11) 定格：在一定的时间里，某些产品或者企业形象网络广告的诉求、重点、网络广告词、画面、色彩、布局等保持不变。

(12) 相似：定格策略的表现形式之一。它具有定格的优点，又不拘一格，可以因时因地变动，更能完美地传达网络广告主的意图。

网络广告策略是网络广告策划的最终结果，是实现网络广告目的的方法、手段。网络广告策略制定的好坏，决定了网络广告宣传的成败。往往一个成功的广告不只是使用一种策略，而是多种策略的综合运用。

## 四、网络公关

### (一)网络公关概述

#### 1. 网络公关的定义

网络公关的定义根据网络媒介的三种不同类型，分为狭义和广义两种定义。广义上的网络公关是指网络化组织以电信网络、有线电视网络以及计算机网络为传播媒介，来实现营造和维护组织形象等公关目标的行为。狭义上的网络公关是指组织以计算机网络即互联网为传播媒介，来实现公关目标的行为。本章主要使用的是狭义上的网络公关概念。

#### 2. 网络公关的目标

公共关系是一种重要的促销工具，它通过与企业利益相关者，包括供应商、顾客、雇员、股东、社会团体等，建立良好的合作关系，为企业的经营管理营造良好的环境。网上公共关系的目标有三个。

(1) 通过与网上媒体建立良好关系，树立好的社会形象。

(2) 通过互联网宣传和推广产品。

(3) 通过互联网建立良好的沟通渠道。

### 3. 网络公关的特征

网络公关的特征是"软营销性"。在工业化大规模生产时代，传统营销有两种"强势"营销手段：传统广告和人员推销。他们不考虑公众是否需要这种信息，企图凭借信息强制灌输的方式在消费者心中留下深刻的印象，人们常以"不断轰炸"来形容传统营销方式。公关与广告、人员推销有着显著的区别，虽然也以信息传播形式为主，却是一种柔性调节手段，目的是协调企业与公众的关系，建立企业良好的形象，促进销售，维护企业利益。人们可称它为"软"营销工具。网络公关由于网络的特点强化了传统公关这一特性。

### (二)网络公关的策略

随着网络技术的不断成熟与众多网络服务商锲而不舍的应用开发，网络向用户提供着越来越多的服务空间，从早期门户网站的新闻、电子邮箱，到现在的博客、网络视频、电子杂志等，这些都为企业公关行动的开展提供了多种多样的渠道和形式。网络公关活动中，各种网络衍生媒介是公关信息的载体，正确选择媒介，有利于组织形象信息的顺利传播，同时，也能保证组织公关活动以最小的投入产生最大的效应，获得最大的效益。

### 1. 传媒公关

传媒网站由新闻媒体和商业公司合作成立，是媒体整合的产物。商业门户网站可分为综合门户、企业门户、行业门户等。综合性门户如新浪、搜狐、网易、TOM 等网站通常规模大，知名度高，内容丰富，访问量大，覆盖面广；但缺点是专业性不够突出，比较适合目标客群比较广泛的企业和产品。行业门户如太平洋电脑网、中国仪器网、中国美容网等，这些媒体或门户网站锁定某一行业，具备较强的专业性，在同行业中具有较大的影响力，访问人群比较集中，比较适合专业性要求比较高的企业或产品。另外，一些企业在自己的网站上开设媒体入口，专门提供企业相关资料或记者访问空间，便于记者及时了解企业动态，这是一种很好的媒体公关方式。

### 2. 论坛公关

论坛最宝贵的资产有两项：一是社区成员之间的相互信任及对社区的忠诚度；二是社区成员的资料、生活风格等。论坛公关就是通过在网站提供的公共书写区域上发布信息，向公众灌输某种观点或者影响舆论走向。论坛公关有两种主要形式：一是利用图片或帖子签名，最大限度地曝光自己的品牌；二是激发网民参与讨论，进行深度传播。其具体表现为：在相关的专业论坛发布有关企业的宣传信息，或者发布引导公众讨论的主题帖，与社区中的公众进行互动交流；企业利用网上论坛或社区向目标受众提供服务，或者解答问题等，加深与目标客户的联系与沟通，以提升企业的认知度和形象。目前，一些比较专业的行业如 IT、房产、装修等，在网上形成社区圈子的情况比较多，人们也比较喜欢通过这种社区化的交流与信息共享分享专业信息与经验，或者组织团购等。而且这些社区的信息由于出自网民或业界领袖,往往对网民的影响比较大。

进行论坛公关活动时,首先确定热点主题,提高访问和回帖量。在这一环节中,运用"马甲"来维护和炒作帖子是必不可少的手段,既不能让帖子"沉下去",也不能让讨论脱离主题。其次要了解论坛主题的分布和特点,避免盲目发布。企业在发布信息时应该在短时间内选择最适合自己的板块作为平台,这样就大大节省了人力和时间。最后,帖子策划应当遵循内容的真实性,内容虚假的帖子不但起不到维护企业形象的作用,还可能引来网民的指责,使品牌美誉度下降,甚至会导致信任危机。

### 3. 视频公关

21世纪以来,网络视频相关服务发展迅猛,也为公关活动提供了新的平台。目前,网络视频公关可以考虑以下方式:一是企业把广告片以及一些有关品牌的元素、新产品信息等放到视频平台上来吸引网民的参与,例如,向网友征集视频广告短片,对一些新产品进行评价等;二是企业根据自身需求制作有价值、有内容的视频,然后寻找目标消费者聚集的视频媒体或者意见领袖帮助传播;三是策划有影响力的公关事件,编制一个有意思的故事,将这个事件拍摄成视频并上传网络,开辟出新的公关价值。另外,与传统媒体的合作也不可忽视,应该跟主流的门户、视频网站合作,提升视频的影响力。总之,互联网给公关传播提供了新的平台,使公关传播更加便捷、互动性更强;同时也对公关人员提出了更高要求,必须熟悉网络传播规律和特点,才能做到趋利避害,取得更高的关注度和更强的影响力。只有这样,网络公关才能更好地支持营销,维护企业形象,树立企业品牌。

### 4. 邮件公关

邮件清单是一种允许公司将信息发送到清单上的 e-mail 地址信箱中的工具。企业客户众多,与外界联系密切的特性。e-mail 具有在不同的网络系统中传输文本、图片、音频信息的优势,可以满足企业客户众多的特点,为企业提供服务。企业在采取邮件清单策略时,一方面要注意网络礼仪,正确的语法和书写、详略得当的标题以及真实的署名,都会给对方留下较好的印象;另一方面,企业可以创建双向邮件清单,允许成员之间交流,让成员之间相互帮助,解决问题。

**案例分析**

**深圳电信效益型网络营销**

深圳电信是中国电信系统内的优秀单位,其网上客服中心网站作为深圳电信业务的服务平台,也具有行业领先性。为了进一步提升 SZ10000 网站的用户满意度和网站使用率,深圳电信不断从一个第三方的客观角度、用户的角度找出影响用户使用网站的不方便因素,全面提升网站的用户满意度,达到人气旺盛、增加网上渠道业务量的目标。

# 第三章 网络营销策略

深圳电信同时通过网站平台开展了大规模的"我为电信献良策"有奖调查活动，由于电信用户对 SZ10000 网站的较高忠诚度，活动每周都收到大量反馈意见，显示网站建设及运营的细节问题对于用户带来的各种困扰。在对用户体验问题进行深度挖掘并给出解决方案的同时，针对深圳电信业务的网站特点总结了一份"网站易用性建设规范"，作为其长期参考的管理文件。这个案例也成为现在网络营销案例中一个很经典的效益型网络营销案例。

**问题：**
1. 深圳电信采取了哪些网络营销策略？
2. 其网络营销策略的效益性体现在哪里？

(资料来源：成功案例，学习啦在线学习网 www.xuexila.com，有改写)

 **归纳与提高**

本章首先分析了网络营销产品策略的含义与特点，提出了网络营销产品策略的形式与方法，以及网络新产品开发的步骤、内容和网络品牌的建设与打造。网络顾客服务是企业通过网络，为满足顾客的需求，提供的包括售前、售中、售后等一系列服务。网络定价的主要策略包括：低价定价策略、定制生产定价策略、使用定价策略、拍卖竞价策略、免费价格策略。网上销售渠道应有三大功能：①订货系统；②结算系统；③配送系统。网络促销主要有以下四种：网络广告、站点推广、销售促进和关系营销。网络广告基本策略有：网络广告的定位策略；网络广告的时间策略；网络广告的导向策略；网络广告的表现策略。网络公关具有"软营销性"的特征，包括传媒公关、论坛公关、视频公关、邮件公关。

 **习题**

**一、选择题**

1. 网络营销产品的产品层次主要有(　　)。
   A. 核心产品　　B. 有形产品　　C. 延伸产品　　D. 期望产品和潜在产品
2. 下列哪项不是网络顾客服务评价指标？(　　)
   A. 顾客满意度　B. 顾客保留度　C. 顾客美誉度　D. 顾客忠诚度
3. 下列哪些属于影响网络定价的因素？(　　)
   A. 产品成本　　B. 市场需求　　C. 市场竞争　　D. 供求关系
4. 网络顾客服务是指企业通过网络为顾客提供的(　　)。
   A. 售前　　　　B. 售后　　　　C. 售中　　　　D. 免费
5. (　　)是网上销售渠道的三大功能。
   A. 订货系统　　B. 信息系统　　C. 配送系统　　D. 结算系统

6. 网上拍卖竞价方式有（　　）。
   A. 竞价拍卖　　　B. 竞价拍买　　　C. 个体议价　　　D. 集体议价
7. 网络广告的表现形式有（　　）。
   A. 分类广告　　　B. 电子邮件广告　C. 移动广告　　　D. 旗帜广告
8. 网络促销形式主要有（　　）。
   A. 网络广告　　　B. 站点推广　　　C. 销售促进　　　D. 关系营销

## 二、复习思考题

1. 以汽车为例，思考如何实施网上四大营销策略？
2. 网络广告基本策略有哪些？
3. 结合实际谈一谈网络公关的策略。
4. 网络营销产品有何特点？
5. 网络定价的基本策略如何？
6. 网上直销渠道相对于传统营销有何竞争优势？

## 三、技能实训题

1. 对自己所在学校或院系的网站(如 www.guat.edu.cn)进行分析，从网络公关的策略的角度说明此网站还有何可以改进的地方？
2. 桂林有一家马肉米粉店，请结合所学讨论一下如何在网上销售？
3. 以服装销售为例，探讨网络定价与实体店定价如何协同？
4. 分析一家企业的网络广告策略。

# 第二篇 方 法 篇

## 第四章 Web1.0 时代的网络营销

**学习要点及目标**

了解 Web1.0 时代网络营销常用的工具和方法,在实际操作中能够综合利用电子邮件、搜索引擎、即时通信、BBS/论坛、网站联盟平台等方式开展网络营销推广活动。了解病毒营销、事件营销、软文营销、会员制营销等营销理念与方法。

**引例**

### 搜索引擎结果的启示

作为时代的弄潮儿,你是否经常在互联网上冲浪?了解时事、收集信息、查找资料、寻找答案等,每一项任务都离不开搜索引擎的帮助。有没有尝试通过搜索引擎用自己或他人的名字搜索,你能想象可能会搜索出哪些结果吗?以百度搜索引擎检索自己的姓名为例,通常有下列五种常见情形。

(1) 自己的姓氏和名字很生僻,搜索不到自己的姓名。
(2) 自己的姓名很常见,同名同姓的人很多,搜索结果的信息大多和自己无关。
(3) 某个网站上有自己的个人信息,例如,高考录取名单、某学校运动会获奖名单等,不过信息很简单。
(4) 搜索结果中有关于自己的详细信息,但是主要是负面信息。
(5) 搜索结果中有关于自己的详细信息,而且大多数是好评内容。

这些不同的搜索结果,对你意味着什么呢?

作为一名在校学生,互联网的个人信息暂时还不足以给你造成什么影响。但是,如果检索的是一个企业的名字呢?检索结果对企业的影响将不容小觑,企业的名字如果属于前三种情况,企业会因此失去很多商机;如果企业的名字属于第四种情况,企业的形象将会大打折扣;如果企业的名字属于第五种情况,那么企业将获得更高的品牌形象进而获得更多的产品销售。

通过搜索引擎获得企业希望的搜索结果,将是企业网络营销主要考虑和解决的问题之一. 因此，作为一个企业市场营销部门负责人，需要思考如下几个基本问题。
- 为什么企业的部分信息无法被检索出来？
- 为什么搜索结果中竞争者的产品信息排名靠前？
- 如何才能使得搜索结果中的信息是企业所期望的内容？
- 为什么在不同的搜索引擎中检索到的企业信息有很大差异？
- 用户在搜索结果中看到企业信息之后将采取哪些进一步的行为？

(资料来源：冯英健. 实用网络营销教程[M]. 北京：清华大学出版社，2012.)

思考题：小组讨论，总结个人和企业可通过哪些方式来提高自身在搜索引擎结果中的表现。

**必备知识点**

许可电子邮件营销　邮件列表　搜索引擎营销　搜索引擎优化　关键词广告　即时通信营销　病毒营销　论坛营销　软文推广　事件营销　网络会员制营销　网站联盟推广　口碑营销　意见领袖

**拓展知识点**

电子邮件营销效果评价指标　内部列表　外部列表　网站内容定位广告　群营销　IM与CRM整合营销

Web1.0是第一代互联网的简称。在互联网之父伯蒂姆·伯纳斯·李发明万维网之后，企业开始尝试将营销信息发布到Web网页里，并集中统一地传递给网络用户，再通过网页内容吸引网民点击来达到营销目的。Web1.0时代的互联网应用也比较简单，主要包括电子邮件、搜索引擎、即时通信、BBS/论坛、门户网站等，而常用的网络营销则有：网站营销、搜索引擎营销、电子邮件营销、即时通信营销、论坛营销、网络新闻营销、网络广告、网络会员制营销等。在本章，主要介绍电子邮件营销、搜索引擎营销、即时通信营销、论坛营销和网络会员制营销五种网络营销方式，其他方式将会在其他章节中涉及。

# 第一节　电子邮件营销

电子邮件作为一种重要的信息沟通方式，具有普及率和使用率高、操作简便、针对性强、投递迅速、费用低廉、传达率高等诸多优点，已成为企业网络营销的重要工具。

## 一、电子邮件营销概述

电子邮件(e-mail)服务出现于1971年，是互联网中出现最早的应用之一，至今仍具有强大的影响力。据Radicati公司估计，2015年全球使用电子邮件的用户有26亿，每天接收发

# 第四章 Web1.0 时代的网络营销

送 2050 亿封电子邮件。而在中国，2016 年 6 月，有 36.8%的网民使用电子邮件服务，用户数量为 2.61 亿。

## (一)电子邮件营销的概念

电子邮件营销(Email Direct Marketing，EDM)是指以互联网为载体，通过发送电子邮件的方式向目标客户传递有价值的信息的一种网络营销技术。按照是否经过用户许可，可将电子邮件营销分为许可电子邮件营销和非许可电子邮件营销两种。

许可电子邮件营销(Permission Email Marketing，PEM)是指企业在推广产品或服务时，事先征得客户的许可之后，通过电子邮件的方式向客户传递产品或服务信息。非许可电子邮件营销(Unsolicited Commercial Email，UCE)一般是指在未征求用户同意之前，企业主动向用户通过电子邮件的方式发送产品或服务信息。美国、韩国等国家通过了《反垃圾邮件法》遏制非许可电子邮件营销。从某种法律意义上来说，电子邮件营销也可以分类为合法(许可)电子邮件营销和非法(非许可)电子邮件营销，这进一步扩展了电子邮件营销的内涵范围。基于许可的电子邮件营销一般包括基于用户许可、通过电子邮件传递信息和信息对用户有价值三个方面的要素。

小资料

**什么是垃圾邮件？**

垃圾邮件(Spam)现在还没有一个非常严格的定义。一般来说，凡是未经用户许可就强行发送到用户的邮箱中的任何电子邮件都可视作垃圾邮件。中国互联网协会在《中国互联网协会反垃圾邮件规范》中是这样定义垃圾邮件的。

"本规范所称垃圾邮件，包括下述属性的电子邮件：

(一)收件人事先没有提出要求或者同意接收的广告、电子刊物、各种形式的宣传品等宣传性的电子邮件；

(二)收件人无法拒收的电子邮件；

(三)隐藏发件人身份、地址、标题等信息的电子邮件；

(四)含有虚假的信息源、发件人、路由等信息的电子邮件。"

垃圾邮件的主要危害在于占用宝贵的网络资源、浪费收件人的时间及精力，严重危害网络安全。

垃圾邮件一般具有批量发送的特征，其内容包括赚钱信息、成人广告、商业或个人网站广告、电子杂志、散播谣言及其他方面的信息等。垃圾邮件可以分为良性垃圾邮件和恶性垃圾邮件。良性垃圾邮件是各种宣传广告等对收件人影响不大的信息邮件。恶性垃圾邮件是指具有破坏性的 e-mail，如带有病毒木马或者进行网络钓鱼诈骗的垃圾邮件。

**思考题**：垃圾邮件给电子邮件营销带来了哪些不利影响？

## (二)电子邮件营销的特点

电子邮件作为网络营销的一种手段,其自身的特点、工作原理与其他营销手段相比,具有一定的特点和优势,主要表现在以下几个方面。

### 1. 成本费用低廉

成本费用低是电子邮件营销的重要特点,无论是基于用户许可加入的电子邮件营销,还是未经用户许可擅自搜集电子邮箱地址发送的垃圾邮件,均具有平均费用相对低廉的优势。与传统直邮和电话营销相比,电子邮件营销不需要支付邮寄产品资料的邮寄费和联系用户的长途话费等,所有费用开支仅仅是上网费。而且电子邮件营销可以一次性群发数量庞大的邮件,发送本身投入的时间和精力成本极低。与SMS(手机短信息服务)营销相比,电子邮件营销信息承载量大、成本低是电子邮件营销被大量中小型企业采用的原因。

### 2. 传递效率高

电子邮件营销深受欢迎的一大优势就是高效的送达速度,这有利于市场推广者灵活掌握促销时机,缩短营销推广周期。只要邮件内容编辑好之后,数以万计的电子邮件通过互联网在几秒钟到几个小时内就可以传递到潜在客户的电子邮箱中,例如,企业通过专业邮件群发软件,单机就可实现每天数百万封的邮件发送量。另外,整个电子邮件营销过程的操作简便快捷,可以不需要专业的计算机网络知识和烦琐的发送程序设置,例如,企业可以通过网易企业邮箱每天发送1000封包含500个收件人地址的邮件。

### 3. 针对性强,回应率高

电子邮件营销可以满足潜在客户的个性化需求,如邮件订阅者可以选择自己感兴趣的邮件列表主题加入邮件地址,不需要这些信息时可以随时退订邮件。由于潜在客户是对网站提供的邮件列表内容感兴趣才自愿加入邮件列表的,所以定位相对准确,电子邮件的发送就比较有针对性,企业可以根据不同的目标用户人群群发特定的广告邮件,因此,电子邮件营销的用户的点击率和回应率较高,从而大大降低了营销费用。

小资料

**什么是邮件列表?**

邮件列表(Mailing List)的起源可以追溯到1975年,是互联网上较早的社区形式之一,也是Internet上的一种重要工具,用于各种群体之间的信息交流和信息发布。

电子邮件列表是建立在普通电子邮箱服务基础上的。使用电子邮箱时,给一个客户发送信息,就在编写邮件时输入一个用户的地址;若同时向多个客户发送信息,就必须在收信人地址中输入多个电子邮箱地址。使用电子邮件列表服务,可以把收信人地址组织在一

# 第四章 Web1.0时代的网络营销

起，并设定一个公共地址，所有发向这个公共地址的电子邮件都会自动转发给加入这个邮件列表的收信人。

电子邮件列表有公开、封闭、管制三种。公开型邮件列表可供所有人自由讨论，即使不是这个邮件列表的订户也可以自由地发送邮件给这个邮件列表的所有订户，常见于公开的论坛。封闭型邮件列表：只有订阅用户才能互相发送邮件，常见于网络社团、俱乐部或公司内部讨论组等。管制型邮件列表：只有管理者许可的电子邮件，才能发送给邮件列表的其他订户，常见于电子刊物。

电子邮件列表对于网络营销有多方面的作用，包括：发布新产品信息，为客户提供技术支持，与客户沟通、收集反馈信息；发送或订阅电子杂志；发布企业主页更新通知；发送与索取产品目录等。

### 4. 保持长期客户关系

电子邮件营销对客户关系的促进效果明显，尤其适合与海外客户保持长期紧密的关系。因为电子邮件本质上是一个沟通工具，具有双向性，是在网站和用户之间建立起一个互相交流的渠道，使网站和用户能够保持长期的联系。

### 5. 便于监测营销效果

电子邮件营销与搜索引擎关键词广告一样，在对营销效果的监测上具有较大的优势，可以获知邮件送达率、点击率、回应率等，不过具体的监测项目有赖于邮件发送技术平台的支持条件。

### 6. 信息相对保密性

与其他网络推广方式，如B2B平台信息发布、搜索引擎广告等营销手段相比，电子邮件营销仅把信息直接发送到目标客户的电子邮箱中，不容易引起竞争对手的注意和模仿(除非竞争者的电子邮件地址也在邮件列表中)，特别适合企业向潜在客户发送新产品信息，保密性强。

### 案例4.1 优衣库的EDM营销

优衣库(UNIQLO)是日本零售业排名首位和世界服装零售业名列前茅的跨国服装。2002年优衣库进驻中国，2007年优衣库中国区销售额同比翻了一番。2009年，优衣库中国门店迅速扩展至34家。

为了加强对国内二、三线城市的覆盖，2009年4月23日，优衣库淘宝旗舰店正式上线。优衣库进驻淘宝网的当天，销售额即突破30万元；至6月底，优衣库的网络总销售额已达到1800万元；11月2日，优衣库的单日网络销售额更达到了惊人的114万元。短短的半年，优衣库迅速成为服装企业网络销售的领头羊。

> 在全球经济危机的浪潮中，消费环境萎靡不振，优衣库独树一帜，网络销售额持续增长，除了其令人信服的品质和适宜的价格，更是由于优衣库(UNIQLO)采用了高效的网络营销方式——EDM 营销。
>
> 2009 年，优衣库将在中国的市场推广工作全面委托给大宇宙咨询(上海)有限公司。大宇宙经过专业的分析和比较后，选择了上海亿业网络科技发展有限公司为优衣库量身定制电子邮件营销的解决方案，将电子邮件打造成优衣库重要的营销渠道。上海亿业网络科技发展有限公司 2004 年正式成立于美国加州，是目前中国领先的许可邮件营销服务提供商。
>
> 通过发送电子邮件邀请函，将对优衣库感兴趣的淘宝会员，转化为优衣库的活跃用户。定期向新老会员发送电邮杂志，开展 EDM 营销，定期向客户推荐新产品，提高客户的品牌忠诚度。经过半年的 EDM 运营，优衣库的活跃用户增长近 70%，电子邮件营销渠道产生了约 20%的销售额，电子邮件已成为优衣库重要的网络营销渠道。。
>
> (资料来源：中国电子商务研究中心，http://b2b.toocle.com/detail--4973356.html)

### (三)电子邮件营销的功能

电子邮件营销的功能主要体现在顾客服务、顾客关系、品牌形象、产品推广、网站推广、在线调查、资源合作等多方面。不能片面地将电子邮件营销仅仅理解为利用电子邮件来开展促销、发送广告的活动。

#### 1. 顾客服务

电子邮件是网站与顾客沟通的重要工具，也是一种高效的顾客服务手段，通过内部会员通信等方式提供顾客服务，可以在节约大量顾客服务成本的同时提高顾客服务质量。利用电子邮件提供在线顾客服务除了一般的回复顾客咨询之外，常见形式还有自动回复、常见问题解答、重要信息提醒等。

#### 2. 顾客关系

与搜索引擎等其他网络营销手段相比，电子邮件首先是一种互动的交流工具，然后才是其营销功能，这种特殊功能使得电子邮件营销在顾客关系方面比其他网络营销手段更有价值。当然，顾客关系是通过与用户之间的长期沟通才能发挥出来的，内部列表在增强顾客关系方面具有独特的价值。

#### 3. 品牌形象

与电子邮件营销对顾客关系的影响一样，电子邮件营销对于企业品牌形象的价值，是通过在长期与用户联系的程中逐步积累起来的，规范的、专业的电子邮件营销对于品牌形象有明显的促进作用。据 IMT strategies 的调查研究，单向电子邮件营销的主要作用表现在品牌方面，当电子邮件营销的目标设定为品牌认知时，可以获得 17.1%的点击率和 6.8%的转化率,而当目标设定为直接销售时,这两项指标值分别为 15.2%和 5.6%,均有一定程度下降。

### 4. 产品推广

产品或服务推广是电子邮件营销主要的目的之一,正是因为电子邮件营销的出色效果,使得电子邮件营销成为主要的产品推广手段之一。一些企业甚至用直接销售指标来评价电子邮件营销的效果。据 E-dialog 公司的调查,电子邮件营销对于网上购物决策有重要影响作用,37%的用户曾在看完电子邮件后点击商品链接并直接购买,还有 45%的用户尽管没有立即点击,但仍然在邮件信息的影响下形成了购买。

### 5. 网站推广

与产品推广功能类似,电子邮件也是网站推广的有效方式之一。与搜索引擎相比,电子邮件有自己独特的优点:网站被搜索引擎收录之后,只能被动地等待用户去检索并发现自己的网站,通过电子邮件则可以主动向用户推广网站,并且推荐方式比较灵活,既可以是简单的广告,也可以以新闻报道、案例分析等方式出现在邮件的内容中,以引起读者的兴趣,达到增加网站访问量的目的。在网站推广方法中,病毒营销是有效的方法之一,电子邮件是病毒营销信息的主要载体。

### 6. 在线调查

利用电子邮件开展在线调查是网络市场调研中的常用方法之一。与其他调查方式相比,利用电子邮件发送和回收在线调查问卷、恳请用户对企业网站、顾客服务和产品提供反馈意见,具有效率高、成本低的优点。

### 7. 资源合作

经过用户许可获得的电子邮箱地址是企业重要的网络营销资源,并可以在一定范围内与合作伙伴进行资源合作,如相互推广、互换广告空间。企业的营销预算总是有一定限制的,充分挖掘现有营销资源的潜力,可以进一步扩大电子邮件营销的价值,让同样的资源投入产生更大的收益。

## 二、电子邮件营销的基本形式

根据企业是否拥有电子邮箱地址资源的所有权,电子邮件营销可分为内部列表和外部列表两种基本形式。内部列表也就是通常所说的邮件列表,是利用网站的注册用户资料开展电子邮件营销的方式,常见的形式如新闻邮件、会员通信、电子刊物等。外部列表则是利用专业服务商的用户电子邮箱地址来开展电子邮件营销,也就是以电子邮件广告的形式向服务商的用户发送信息。两者各具优势,在操作方法上也有明显的区别。从长远来看,内部列表的总体价值更高,对网络营销比较重视的企业通常都拥有自己的内部列表。但内部列表与采用外部列表并不矛盾,如有必要,两种方式可以同时采用。如表 4-1 所示,对内部列表和外部列表的功能特点进行了比较。

表 4-1　内部列表和外部列表的对比

| 比较项目 | 内部列表 | 外部列表 |
| --- | --- | --- |
| 主要功能 | 顾客关系、顾客服务、品牌形象、产品推广、在线调查、资源合作 | 品牌形象、产品推广、在线调查 |
| 投入费用 | 相对固定,取决于日常经营和维护费用,与电子邮件发送数量无关,用户数量越多,平均费用越低 | 没有日常维护费用,营销费用由电子邮件发送数量、定位程度等决定,发送数量越多,费用越高 |
| 用户信任程度 | 用户主动加入,对电子邮件内容信任程度高 | 电子邮件为第三方发出,用户对电子邮件的信任程度取决于服务商的信用、企业自身的品牌和电子邮件内容等因素 |
| 用户定位程度 | 较准确 | 取决于服务商电子邮件列表的质量 |
| 获得新用户的能力 | 用户相对固定,对获得新用户的效果不显著 | 可针对新领域的用户进行推广,吸引新用户能力强 |
| 用户资源规模 | 需要逐步积累,一般内部列表用户数量比较少,无法在很短时间内向大量用户发送信息 | 在预算许可的情况下,可同时向大量用户发送电子邮件,信息传播覆盖面广 |
| 电子邮件列表维护和内容设计 | 需要专业人员操作,无法获得专业人员的建议 | 服务商专业人员负责,可对电子邮件发送、内容设计等提供相应的建议 |
| 营销效果 | 较难准确地评价每次电子邮件发送的效果,需要长期跟踪分析 | 由服务商提供专业分析报告,可快速了解每次活动的效果 |

内部列表和外部列表由于在是否拥有用户资源方面有根本的区别,因此开展 e-mail 营销的内容和方法也有很大的差别。

由表 4-1 可以看出,自行经营的内部列表不仅需要自行建立或者选用第三方的邮件列表发行系统,还需要对邮件列表进行维护管理,如用户资料管理、退信管理、用户反馈跟踪等,对营销人员的要求比较高,在初期用户资料比较少的情况下,费用相对较高。随着用户数量的增加,内部列表营销的边际成本降低,其优势才能逐渐体现出来。

这两种电子邮件营销方式属于资源的不同应用和转化方式,内部列表以少量、连续的资源投入获得长期、稳定的营销资源,外部列表则是用资金换取临时性的营销资源。内部列表在顾客关系和其他服务方面的功能比较显著,外部列表由于比较灵活,可以根据需要选择投放不同类型的潜在用户,因而在短期内可获得明显的效果。

# 第四章　Web1.0 时代的网络营销

## 三、电子邮件营销的过程

电子邮件营销的关键在于实际应用，要将电子邮件营销从理论应用到实践中去，首先要明确的是电子邮件营销的基础条件及一般过程。

### (一)电子邮件营销的基础条件

开展电子邮件营销需要一定的基础条件，以内部列表电子邮件营销为例，一般需要解决三个基本问题：向哪些用户发送电子邮件、发送什么内容的电子邮件，以及如何发送这些电子邮件。将内部列表电子邮件营销这三个问题进一步归纳为电子邮件营销的三大基础，如下。

#### 1. 邮件列表的技术基础

无论哪种形式的邮件列表，首先要解决的问题是如何用技术手段来实现用户加入、退出和发送邮件、管理用户地址以及邮件发送和效果跟踪等基本功能。具有这些功能的系统一般被称为"邮件列表发行平台"，即邮件列表营销的技术基础。

用户加入邮件列表不同方式的比较，如表 4-2 所示。

表 4-2　用户加入邮件列表不同方式比较

| 主要特点 | Double Opt-in(双向确认) | Opt-in(单向确认) | Opt-out 自愿退出(未经许可) |
|---|---|---|---|
| 用户许可与信任程度 | 最高，经过用户完全许可 | 中等，可能有部分用户非自行主动加入列表 | 最低，有时接近于垃圾邮件 |
| 用户邮箱地址的准确性 | 如果用户输入邮箱地址有误，将无法收到确认邮件，经过回复确认，用户邮件地址完全真实、有效 | 部分经过确认，某些列表或者没有经过确认，会存在部分邮箱地址错误现象 | 没有经过用户确认，可能存在大量错误、无效的邮箱地址 |
| 主要优点 | 规范的用户许可方式，用户关注程度高，邮件阅读率高 | 用户主动加入，并且加入列表程序比较简单 | 可以在短期内获得大量潜在的用户资源 |
| 主要缺点 | 技术要求高，且用户加入列表手续复杂 | 如果用户输入邮箱地址错误，系统无法及时发现并给出通知；用户可能收到非自己订阅的邮件列表，会招致用户抱怨 | 不仅用户定位程度低，而且这种方式发送邮件并未事先征得用户许可，会造成用户的强烈不满 |

续表

| 主要特点 | Double Opt-in(双向确认) | Opt-in(单向确认) | Opt-out 自愿退出(未经许可) |
| --- | --- | --- | --- |
| 应用建议 | 建议内部列表邮箱营销采用双向确认方式 | 可作为一种过渡手段,当进入正轨后尽量避免使用 | 不正规,不推荐使用这种方式 |

(资料来源:冯英健. 网络营销基础与实践. 北京:清华大学出版社,2013)

是建立自己的邮件列表发行平台,还是选择专业服务商的发行平台?主要取决于企业的资源和网络营销目标。一般来说,邮件列表专业服务商的发行平台无论是功能还是技术都会优于一般企业自行开发的邮件列表程序,并且可以很快投入应用,大大减少了自行开发所需要的时间,因此与专业邮件列表服务商合作是常用的手段。

2. 用户电子邮箱地址资源的获取

当邮件列表发行的技术基础解决之后,作为电子邮件营销的重要环节之一,就是尽可能引导用户加入列表,获得尽可能多的电子邮箱地址。企业应该根据自身的实际需要收集合法的、有效的用户电子邮件列表。电子邮箱地址的收集方法有很多,既可以直接从外部购买,也可以用专业软件收集,还可以在企业自身的网站设立邮件地址登记入口,通过客户输入自己的邮箱地址来获取。

对获得的邮件列表,应去除无效、重复和不相关客户的邮件地址,提高邮箱地址列表的质量,着重考虑邮件地址的有效性、重复率和相关客户率等指标。例如,为了增加邮件列表订阅的成功率,为用户提供方便的加入/退出方式是非常必要的。再如,为了增加用户邮件地址的有效性,可以采取的措施有:提高用户邮件地址资料的准确性、了解邮件列表退信原因并采取相应措施、对邮件列表进行有效管理等。

3. 邮件列表的内容

当电子邮件营销的技术基础得以保证,并且拥有一定数量用户资源的时候,就需要向用户发送邮件内容了。营销信息是通过邮件列表向用户提供的,邮件的内容对用户有价值才能引起用户的关注,有效的内容设计是电子邮件营销发挥作用的基本前提。

邮件列表内容应遵循的基本原则有:目标一致性、内容系统性、内容来源稳定性、内容精简性和内容灵活性等。尽管每封邮件的内容结构各不相同,但邮件列表的内容从形式上看有一定的规律可循,邮件内容一般应具有六个基本要素:邮件主题、邮件列表名称、目录或内容摘要、邮件正文、退出列表方式和其他信息和声明。

(二)电子邮件营销的一般过程

电子邮件营销的过程就是将有关营销信息通过电子邮件的方式传递给用户的过程。开

# 第四章 Web1.0 时代的网络营销

展电子邮件营销要经历下列几个主要步骤。

(1) 制订电子邮件营销计划，分析目前所拥有的电子邮件营销资源。如果公司本身拥有用户的电子邮件地址资源，首先应利用内部资源。

(2) 决定是否利用外部列表投放电子邮件广告，并且要选择合适的外部列表服务商。

(3) 针对内部和外部列表分别设计邮件内容。

(4) 根据计划向潜在用户发送电子邮件信息。

(5) 对电子邮件营销活动的效果进行分析总结。

这是电子邮件营销一般要经历的过程，但并非每次活动都要包含这些步骤。一般来说，内部列表电子邮件营销是一项长期性工作，通常在企业网站建设阶段就已经纳入了计划，其步骤相对比较规范而具体，而外部列表电子邮件营销的实施过程相对来说比较灵活、自由。

## 四、电子邮件营销的效果评价与控制

电子邮件营销效果评价是对营销活动的总结，也是电子邮件营销活动的组成部分，电子邮件营销的特点之一是可以对其效果进行量化评价。在电子邮件营销活动中，通过对一些指标的监测和分析，不仅可以用来评价营销活动的效果，并且可以发现营销过程中的问题，并对电子邮件营销活动进行一定的控制。

### (一)电子邮件营销的评价指标

与电子邮件营销相关的评价指标很多，如送达率、开信率、回应率、转化率等，但目前实际中并没有非常完善的电子邮件营销评价指标体系，也没有公认的测量方法。考虑到某些指标可以在一定程度上反映出电子邮件营销效果，这里将有关指标罗列出来，以供参考。按照电子邮件营销的过程，可将这些指标分为四类，每一类中有一个或者若干指标。

#### 1．获取和保持用户资源阶段的评价指标

这项指标主要包括有效用户总数、用户增长率、用户退出率等。获得这些指标需要在每次发送邮件列表前后，对现有用户数量进行统计，这样便很容易获得有关数据。

#### 2．邮件信息传递评价指标

在电子邮件营销中，用来描述信息实际传递的指标有"送达率"和"退信率"。"送达率"和"退信率"所反映的实际上是同一事件的两个方面，两者之和为100%。

#### 3．用户对信息接收过程的指标

在信息送达用户邮箱之后，并不意味着就可以被用户阅读并做出反应，用户对信息的接收过程，可以用开信率、阅读率、删除率等指标来描述。在实践中，邮件的开信率或阅

读率比送达率更有意义。

#### 4. 用户回应评价指标

电子邮件营销最终的结果将通过用户的反应表现出来，用户回应指标主要有直接带来的收益、点击率、转化率、转信率等指标。通常来说，电子商务网站销售转化率在1%左右属于正常；邮件列表的转化率应该更高，达到5%～20%都属正常。

在实际应用中，如何应用这些指标对电子邮件营销进行准确评价仍然有困难。例如，回应率(如点击率)作为常用的一项评价标准，许多广告主对电子邮件营销也希望用这一指标。但是，回应率并不能完全反映出电子邮件营销的实际效果，因为除了产生直接反应之外，还可以有其他方面的作用，例如，电子邮件有助于公司和顾客保持联系，并影响用户对企业产品或服务的印象，增加品牌忠诚度。因此，对电子邮件营销效果的评价最好采用综合评价法，既要进行量化指标评价，又要关注电子邮件营销带来的潜在价值，如在顾客关系、顾客服务、品牌形象和竞争优势方面的影响与促进作用。

### (二)电子邮件营销效果的控制

影响电子邮件营销效果的因素很多，不同的行业、不同的产品、不同的营销目的、不同的邮件内容和格式，以及不同的用户背景等都会对电子邮件营销效果产生影响。影响电子邮件营销有效性的主要因素可分为三个方面。

(1) 电子邮件营销的经营环境，涉及垃圾邮件泛滥、服务商屏蔽邮件、发送技术、服务商与经营者的关系、邮件接收服务器等方面。

(2) 电子邮件营销经营者，包括缺乏邮件地址资源、邮件内容不够个性化、不注重个人隐私保护和滥用许可权利等。

(3) 邮件信息接收者，包括用户使用电子邮件行为变化、对电子邮件营销不信任等。

在这些影响因素中，有些是经营者无法改变的，但有很多是可以自己控制的，或者在一定程度上可以控制的，例如，同样的用户资源、同样的邮件发送平台，但邮件的格式或者发送时间等差别就可能产生完全不同的最终效果。在具备了开展电子邮件营销的基础条件之后，操作技巧等细节问题往往成为影响电子邮件营销最终效果的主要因素。因此，无论开展哪种形式的电子邮件营销，除了了解其基本原理和操作方法之外，还需要进一步研究其规律，通过对电子邮件营销过程中影响效果的各种因素进行控制，是提高电子邮件营销整体效果的必由之路。

## 第二节　搜索引擎营销

搜索引擎是最重要的网络信息获取渠道和最有效的网站推广工具。搜索引擎不仅使消费者在获取有价信息方面变得轻松自如，而且也使企业能及时、准确地向目标客户群体传

# 第四章　Web1.0 时代的网络营销

递各种产品与服务信息，挖掘更多的潜在客户，帮助企业实现更高的转化率。

## 一、搜索引擎营销概述

搜索引擎(Search Engine)是根据一定的策略、运用特定的计算机程序从互联网上搜集信息，在对信息进行组织和处理后，为用户提供检索服务，将用户检索相关的信息展示给用户的系统。搜索引擎是互联网信息爆炸时代的产物，至今仍然是人们获取网络信息的主要工具。据 CNNIC 的报告，搜索引擎在我国是仅次于即时通信的第二大互联网应用工具，使用率高达 83.5%，使用人数为 5.93 亿。

### (一)搜索引擎营销的概念

搜索引擎营销(Search Engine Marketing，SEM)是根据用户使用搜索引擎的方式，利用用户检索信息的机会尽可能将营销信息传递给目标用户。简单来说，搜索引擎营销就是基于搜索引擎平台的网络营销，利用人们对搜索引擎的依赖和使用习惯，在人们检索信息的时候将信息传递给目标客户。搜索引擎营销的基本思想是让用户发现信息，并通过点击进入网站或网页，进一步了解所需要的信息。

### (二)搜索引擎营销的特点

相较于其他网络营销方法，搜索引擎营销有以下特点。

#### 1．精准定位

搜索引擎营销在用户定位方面具有更好的功能，尤其是在搜索结果页面的关键词广告，完全可以实现与用户检索所使用的关键词高度相关，从而提高营销信息被关注的程度，最终达到增强营销效果的目的。

#### 2．用户主导

和其他网络营销方法不同，在搜索引擎营销中，是用户主动创造了营销机会。没有哪个企业或网站可以强迫或诱导用户的信息检索行为，使用什么搜索引擎、通过搜索引擎检索什么信息、在搜索结果中点击哪些网页都是由用户自己决定的。搜索引擎营销是由用户所主导的，用户主动地加入了营销过程，这也是为什么搜索引擎营销比其他网络营销方法效果更好的原因。因此，最大限度地减少对用户的滋扰，是搜索引擎营销的基本思想。

#### 3．灵活可控

搜索引擎营销可以实现随着网络服务环境的变化而变化，具有较高的灵活性。基于搜索引擎技术特点的营销方式还为广告主提供了可以用来进行效果评估的统计报告。这些报告的内容包括网站流量、来路、搜索引擎访问、关键词访问、访问地区时间等数据统计。将这些原始数据进行对比，就可以分析出搜索引擎营销在不同时间段、不同地域的效果如何，从而为企业调整优化搜索引擎营销计划提供依据。搜索引擎营销实现了营销费用的可控性。例如，"关键词广告"及其扩展形式"网页内容定位广告"，按照每次点击价格付费，不点击不付费，广告主可以设定每次广告点击的费用以及每日的最高花费，还可以设定广告被点击的时间和地域。

### 4. 间接性

搜索引擎检索出来的是网页信息的索引，一般只是某个网站/网页的简要介绍，或者搜索引擎自动抓取的部分内容，而不是网页的全部内容，因此这些搜索结果只能发挥一个"引子"的作用。另外，搜索引擎营销的效果表现为网站访问量的增加而不是直接销售。搜索引擎营销的使命就是获得访问量，因此作为网站推广的主要手段，至于访问量是否可以最终转化为收益，不是搜索引擎营销可以决定的。

### 5. 门槛低，投资回报率高

搜索引擎是开放性的平台，门槛比较低。几乎任何企业都可在搜索引擎上推广宣传，且机会均等。与传统广告和其他网络推广方式相比，搜索引擎营销投入费用少、产生效果快、影响程度深，非常适合中小企业。

## (三)搜索引擎营销的功能

### 1. 网站推广

网站推广即通过搜索引擎推广实现网站访问量增加的目的，这是搜索引擎营销最重要的功能。用户通过网站获取信息主要有两种方式：如果已经知道或者可以猜测网站的网址，则用户直接通过网址访问；如果不了解网址，则通过搜索引擎查询。搜索引擎也是用户发现新网站最主要的途径，有83.4%的中国互联网用户通过搜索引擎得知新网站。这就意味着，搜索引擎是网站推广最有效的工具。一个设计专业的网站，通过搜索引擎自然检索获得的访问量占网站总访问量的60%是很正常的现象，甚至有些网站80%以上的访问者来自搜索引擎。

### 2. 网站优化

网站优化分析往往要用到一些搜索引擎优化检测工具以了解网站在搜索引擎结果中的表现，如检测网站链接数量、网站被搜索引擎收录网页数量、关键词在搜索引擎结果中排名情况等。搜索引擎是最直接、最全面的网站优化工具，通过对搜索引擎检索结果反馈信息的详细分析，是网站优化的最有效方法。

## 3. 网络品牌传播

企业品牌信息在互联网上存在并且可以被用户所发现,是网络品牌传播的必要条件。用户通过某个关键词检索的结果中看到的信息,是一个企业/网站网络品牌的第一印象,这一印象的好坏决定了这一品牌是否有机会进一步被认知。一个知名企业或者产品的信息理所当然地应该可以通过搜索引擎检测到,否则就表明该企业的网络品牌传播存在严重的缺陷。网站被搜索引擎收录并且在搜索结果中排名靠前,是利用搜索引擎营销手段推广网络品牌的基础。

## 4. 产品促销

在搜索某些产品名称时,搜索结果中往往会出现很多网上零售网站的广告,可见搜索引擎对于产品的推广与促销也具有重要作用。一般来说,用户用"产品名称"或者"品牌名+产品名称""品牌名+产品名称+购买方式"等关键词进行检索时,往往表明用户已经产生了对该产品的购买意向,也就意味着在搜索引擎中占据有利位置,将会对产品销售发挥积极作用。用户购买产品前,尤其汽车、住房、电器、数码等高价值产品,通过搜索引擎获取初步信息的情况非常普遍。

## 5. 网上调研

通过搜索引擎,不仅可以方便地了解竞争者的市场动向,还可以方便地获得竞争者的产品信息、用户反馈、市场热点等最新信息。企业通过搜索引擎获得的初步信息,结合网站分析和跟踪,还可以对行业竞争状况做出理性的判断。

# 二、搜索引擎营销的实现

## (一)搜索引擎营销的目标层次

在不同的发展阶段,搜索引擎营销具有不同的目标,最终的目标在于将浏览者转化为真正的顾客,从而实现销售收入的增加。搜索引擎营销可分为四个目标层次,分别简单描述为:存在层、表现层、关注层和转化层,如图4-1所示。

### 1. 存在层

存在层的目标是网站中尽可能多的网页被主要搜索引擎/分类目录收录,即增加网站的搜索引擎可见度。这是搜索引擎营销的基础,离开这个层次,搜索引擎营销的其他目标也就不可能实现。

### 2. 表现层

表现层是在被搜索引擎收录的基础上尽可能获得好的排名,即在搜索结果中有良好的表现，因而可称为表现层。因为用户关心的只是搜索结果中靠前的少量内容，如果利用主要的关键词检索时，网站在搜索结果中的排名靠后，那么还有必要利用关键词广告、竞价广告等形式作为补充手段来实现这一目标。

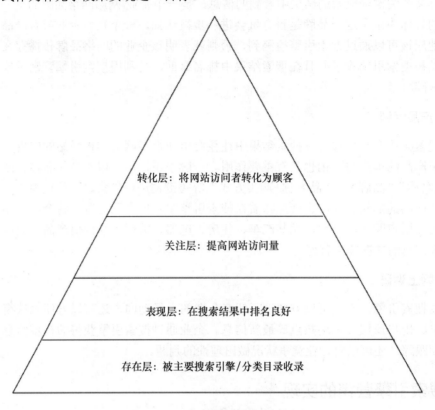

图 4-1　搜索引擎营销的目标层次

### 3. 关注层

关注层的目标是增加搜索结果点击率，从而提高网站访问量。由于只有受到用户关注，经过用户选择后的信息才可能被点击，因此可称为关注层。

### 4. 转化层

转化层是搜索引擎营销的最高目标，即将网站访问者转化为企业的顾客，它是前面三个目标层次的进一步提升，是各种搜索引擎方法所实现效果的集中体现，但并不是按检索引擎营销的直接效果。从各种搜索引擎营销到产生收益，期间的中间效果表现为网站访问量的增加，网站的收益是由访问量转化所形成的。从访问量转化为收益，是由网站的功能、服务、产品等多种因素共同作用而决定的。

## (二)搜索引擎营销的基本过程

搜索引擎营销的基本过程主要包括五个步骤,如图 4-2 所示。
(1) 企业将信息发布到网站上成为以网页形式存在的信息源。
(2) 搜索引擎收集网站/网页信息到索引数据库。
(3) 用户利用关键词在搜索引擎上检索。
(4) 搜索引擎检索结果罗列出相关的索引信息及其链接。
(5) 用户对检索结果进行判断并点击感兴趣的链接进入相关的网站/网页了解信息。

图 4-2　搜索引擎营销的工作原理与过程

(资料来源:冯英健. 网络营销基础与实践. 北京:清华大学出版社,2013)

在上述搜索引擎营销过程中,包含了五个基本要素:信息源(网页)、搜索引擎信息索引数据库、用户的检索行为和检索结果、用户对检索结果的分析判断和对选中检索结果的点击。对这些要素及搜索引擎营销信息传递过程的研究和有效实现,就构成了搜索引擎营销的基本任务和内容。搜索引擎营销的基本内容包括以下五个方面。

### 1. 构造合适的信息源

信息源被搜索引擎收录是搜索引擎营销的基础,这也是网站建设之所以成为网络营销基础的原因,企业网站中的种种信息是搜索引擎检索的基础。由于用户通过检索之后还要来到信息源以获取更多的信息,因此这个信息源的构建不能只是站在搜索引擎友好的角度,还应该包含用户友好,这就是我们在建立网络营销导向的企业网站中所强调的,网站优化不仅仅是搜索引擎优化,还包含对用户、对搜索引擎、对网站管理的维护和优化。

### 2. 创造被收录的机会

无论网站设计得多么精美,如果不能被搜索引擎收录,用户便无法通过搜索引擎发现这些网站中的信息,当然就不能实现网络营销的目的。因此,让尽可能多的网页被搜索引擎收录是网络营销的基本任务之一,也是搜索引擎营销的基本步骤。

### 3. 占据搜索结果靠前的位置

网站/网页仅仅被搜索引擎收录还不够,还需要让企业信息出现在搜索结果中靠前的位置,因为搜索引擎收录的信息通常都很多,当用户输入某个关键词进行检索时,会反馈大量的结果,如果企业信息出现的位置靠后,被用户发现的机会就大大降低,搜索引擎营销的效果也就无法保证,这就是搜索引擎优化的任务。

#### 4. 获取用户关注

用户通常并不能点击浏览检索结果中的所有信息,而是需要对搜索结果进行判断,从中筛选一些相关性最强、最能引起用户关注的信息进行点击。所以搜索结果中的信息对用户要有足够的吸引力,要想做到这一点,需要针对每个搜索引擎收集信息的方式进行针对性研究。

#### 5. 为用户获取信息提供方便

用户通过点击搜索结果而进入网站/网页,是搜索引擎营销产生效果的基本表现形式,用户的进一步行为决定了搜索引擎营销是否可以最终获得收益。在网站上,用户可能为了了解某个产品的详细介绍,选择成为注册用户。在此阶段,搜索引擎营销将与网站信息发布、顾客服务、网站流量统计分析、在线销售等其他网络营销工作密切相关,在为用户获取信息提供方便的同时,与用户建立密切的关系,使其成为潜在顾客或者直接购买产品。

### 三、搜索引擎营销的主要模式

随着搜索引擎技术的发展,搜索引擎营销的模式也随着发展,先后经历了登录分类目录、搜索引擎优化、关键词广告及广告联盟等阶段。搜索引擎营销的方法与模式众多,但归纳起来,主要有三种基本形式:搜索引擎登录和排名、搜索引擎优化及关键词广告。而其他搜索引擎营销模式基本上都是在这三种基本形式基础上发展演变而成的,例如,基于网页内容定位的网络广告是关键词广告模式的进一步延伸。

#### (一)登录分类目录

##### 1. 免费登录

这是最传统的网站推广手段。登录搜索引擎的方法很简单,一般根据搜索引擎的提示一步一步填写即可。一般来说,搜索引擎要求的内容有网站名称、网址(URL)、关键词、网站描述和联系人信息等,如图4-3所示为360搜索引擎的免费登录界面。目前大部分的搜索引擎是需要人工审核的。搜索引擎的管理人员收到用户提交的信息后会访问网站,从而判断用户所提交的内容是否属实、用户所选择的类别是否合理。通过审核后的几天或几周后,搜索引擎数据库更新时新收录的网站信息即可显示。随着基于超级链接的技术性搜索引擎重要性的提高,免费搜索引擎登录方式已经逐步退出了网络营销舞台。

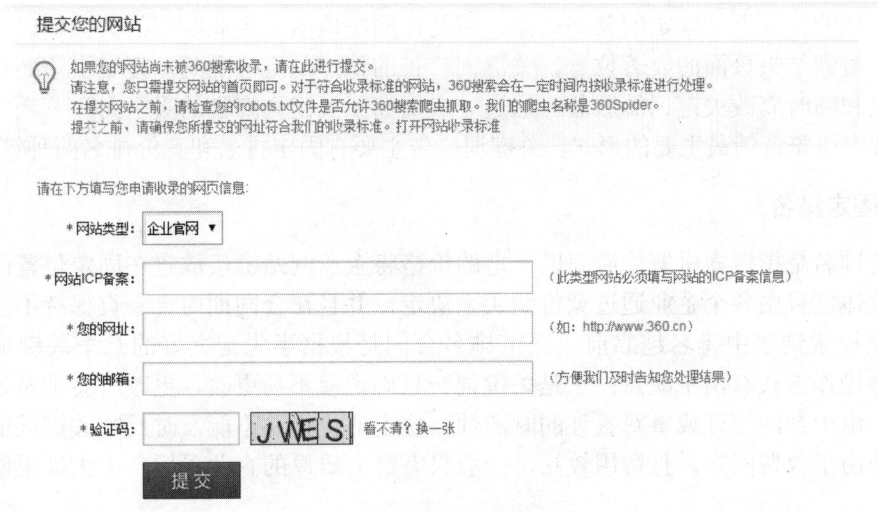

图 4-3  360 搜索的网站免费登录界面

**2. 付费登录**

付费登录分类目录与免费登录不同，仅仅是当网站缴纳费用之后才可以获得被收录的资格，一些搜索引擎提供固定排名服务，一般也是在收费登录基础上开展的。与分类目录网站的总体趋势一样，曾经有一定影响力的付费登录分类目录方式目前也越来越少，因而也只是作为一种参考方法。

### (二)搜索引擎优化

搜索引擎优化(Search Engine Optimization，SEO)是指针对各种搜索引擎的检索特点，按照规范的方式使网站栏目结构、网站内容、网站功能和服务、网页布局等网站基本要素适合搜索引擎的检索原则，提高网站搜索引擎的友好性，获得搜索引擎的收录并在检索结果中排名靠前。

搜索引擎优化的主要工作内容是通过了解各类搜索引擎如何实现网页的抓取、索引以及如何针对某一特定关键词确定搜索结果的排名规则，来对网页内容进行相关的优化，使其符合用户的浏览习惯，并以快速、完整的方式将这些搜索结果呈现给用户，同时在不损害用户体验的情况下提高搜索引擎的排名。当然，搜索引擎优化的着眼点并非只限于排名规则等，更重要的是为用户获取信息和服务提供方便，分析不同目标客户群消费行为与心理及用户对关键词的界定。

### (三)关键词广告

关键词广告是在搜索引擎的搜索结果页面发布广告的一种方式。与一般网络广告不同，关键词出现的位置不是固定的某些页面，而是在网民检索到企业购买的关键词时，广告才会出现在搜索结果页面的显著位置。关键词广告的特点是定位准确，搜索引擎还提供即时点击链接和随时修改关键词等服务，这进一步提高了关键词广告的吸引力和营销效果，使其成为搜索引擎营销最主要的形式。关键词广告主要有固定排名和竞价排名两种销售模式。

### 1．固定排名

固定排名是指搜索引擎供应商以一定的价格将企业网站链接放置在固定位置的一种方式。其具体位置由各个企业通过竞价购买来决定，并且在合同期内会一直保持不变，付费越高者在检索结果中排名越靠前。固定排名合同是根据事先定义好的几个关键词来签订的。这种操作方式有两个缺点：一是关键词一旦确定就不易更改，更改时会涉及违约等诸多问题，由于合约签订或重新签订的时滞性，协定的价格并不能及时反映关键词的查询频率；二是由于收费固定，且费用较高，一般只有财力雄厚的企业采用，大大地限制了其应用范围。

### 2．竞价排名

竞价排名是搜索引擎关键词广告的另一种形式，按照"付费高者排名靠前"的原则，对购买了同一关键词的网站进行排名的一种方式，主要有传统竞价排名和效果付费两种模式。传统竞价排名是指同类企业按出价高低决定排名顺序。但随着搜索引擎技术的发展，出现了"混合竞价排名"方式，除了考虑价格外，还以网站点击率为收费依据，即按效果付费，这样有效地避免了企业打高价格战的恶性循环，预计在今后很长的一段时间内，这种收费方式仍然是主流。竞价排名作为一种高度优化的资源配置方式，增强了广告的针对性，并具有以下两个优势：一是根据点击次数收费的方式为中小企业的广告发展提供了广阔的空间；二是竞价排名价格相对比较低廉，使得网络广告投放费用大大降低，而且完全可以自行控制。

> **案例 4.2　从百度竞价排名风波看搜索引擎偏见**
>
> 号称中文搜索第一引擎的百度自推出百度竞价排名后，就争议不断。2008 年 11 月 15 日及次日，央视连续报道了"百度"竞价排名的黑幕，认为百度竞价排名被指过多人工干涉搜索结果，引发垃圾信息，涉及恶意屏蔽。竞价排名被指是"勒索营销"，由此引发公众对其信息公平性与商业道德的质疑。
>
> 针对央视报道其"竞价排名"问题，百度 CEO 李彦宏表示对百度伤害用户感情感到十分难过、痛心疾首。但仍然坚称，竞价排名结果如果和用户搜索结果相关性最高时则不会伤害用户体验。在其后发表的公开道歉信上，百度极力为竞价排名辩护，将责任推给了营销部门，认为百度过多地关注了技术和研发，而对销售运营缺乏严格的管理和系统的投入。
>
> 百度竞价排名的营销模式实际上反映了搜索引擎与生俱来的偏见。搜索引擎偏见指的

# 第四章　Web1.0 时代的网络营销

是搜索引擎在回应一个搜索请求后，通过运算，返回搜索的结果带有一定的偏差和倾向，而并不是客观公正的。不考虑今天搜索结果中出现的付费（广告）链接，我们总是相信计算出来的搜索结果是公正的、权威的、没有偏见的。其实，这只是一种美丽的错误，搜索引擎的偏见是客观存在的、不可避免的，而且具有一定的合理性。

首先，搜索引擎是计算机软件，是软件程序员创造出来的，而他们本身也有自己的观点和偏见，他们在一定的文化环境下成长与工作，不可避免地带有偏见。其次，从技术上来说，搜索引擎的排列运算法则也是主观性的，搜索程序设计者希望给予使用者最大化的用途，在被搜索的东西之间某些项目能出现在显著的位置上，而其他特定项目则处于弱势或边缘的地位。同时，搜索引擎还有编辑部控制的倾向和意图。另外，广告是他们的主要盈利手段，广告商希望从搜索结果中可以看到他们的产品和服务，这也造成了搜索引擎不得不对广告商的链接有所"偏爱"。

百度竞价排名实际上反映了搜索引擎与生俱来的偏见，企业通过付费，使自己的网站或产品信息在搜索引擎结果中位居前列，其实这是搜索引擎在经济上的偏见，付费的结果就被搜索引擎优先对待，其他的结果(即使是更加相关的)，也不得不因为未付费而处于付费结果之后。所以百度竞价排名其实具有一定的合理性，正是由于经济利益的驱动下，百度采取了竞价排名的营销模式。但这并不能成为竞价排名存在的借口。如果不加约束和规制，以竞价排名为代表的搜索引擎偏见将会造成严重的后果。

(资料来源：http://www.100ec.cn/detail--4996373.html，有删节)

## 第三节　即时通信营销

即时通信营销是网络营销的重要手段，是进行商机挖掘、在线客服、病毒营销的有效利器，是继电子邮件营销、搜索引擎营销后的又一重要营销方式，它克服了其他非即时通信工具信息传递滞后的不足，实现了企业与客户无延迟、全方位的沟通。

### 一、即时通信营销概述

即时通信工具(Instant Messaging, IM)是指利用即时通信技术来实现在线聊天、交流的一类软件的统称，允许多人使用即时通信软件实时的传递文字信息、文档、语音以及视频等信息流。随着软件技术的不断提升以及相关网络配套设施的完善，即时通信软件的功能也日益丰富，除了基本通信功能以外，逐渐集成了电子邮件、博客、音乐、电视、游戏和搜索等多种功能，而这些功能也证明即时通信已经不再是一个单纯的聊天工具，它已经是成功具有交流、娱乐、商务办公、客户服务等特性的综合化信息平台。即时通信是中国网民使用率最高的互联网应用，使用率达 90.4%，用户规模为 6.42 亿。即时通信实时互动的个人化信息交流方式，突破了时空界限，改变了人和人的交流模式，已成为全球范围内最不可或缺的一种交流工具。因此，利用它开展网络营销的重要性显得日益突出。

### (一)即时通信营销的概念

即时通信营销(IM 营销)是企业通过 IM 帮助企业推广产品和品牌的一种手段。借助 IM，企业可以提供在线客服、在线咨询与沟通的服务，实现与客户零距离、无延迟、全方位的沟通。特别是电子商务网站，IM 的合理利用，既可以与客户保持密切联系、建立良好关系，也可以有效促进销售、实现商务目的。

### (二)即时通信营销的特点

#### 1. 互动性强

无论哪一种 IM，都会有各自庞大的用户群，即时的在线交流方式可以让企业掌握主动权，摆脱以往等待关注的被动局面，将品牌信息主动地展示给消费者。当然这种主动不是让人厌烦的广告轰炸，而是巧妙利用 IM 的各种互动应用，将品牌不露痕迹地融入进去，这样的隐形广告很少会遭到抗拒，用户也乐于参与这样的互动，并在好友间广为传播，在愉快的氛围下自然加深对品牌的印象，促成日后的购买意愿。

#### 2. 营销效率高

通过分析 IM 用户的注册信息，如年龄、职业、性别、地区、爱好等，以及兴趣相似的人组成的各类群组，针对特定人群专门发送用户感兴趣的品牌信息，企业能够诱导用户在日常沟通时主动参与信息的传播，使营销效果达到最佳。另一方面，即时通信传播不受空间、地域的限制，类似促销活动这种消费者感兴趣的实用信息，通过 IM 能在第一时间告诉消费者，有效传播率非常高。

#### 3. 传播范围大

IM 的使用频率和时间非常高，用户通过它与外界随时保持联络。任何一款 IM 都聚集有大量的人气，而且围绕 IM 建立了无数庞大的关系网，用户之间有着很强的信任关系，企业的任何有价值的信息，都能在 IM 平台开展精准式的扩散传播，产生的口碑影响力远非传统媒体可比。

> **案例 4.3 耐克在刘翔退赛后的悲情营销**
>
> 2008 年奥运会，刘翔在众人的期盼中无奈地退赛，这个场景使许多人心碎。随后很多人对为刘翔提供比赛服装及用品的耐克公司产生一些质疑，耐克公司因此陷入公关危机。但是耐克公司迅速反应，与腾讯 QQ 联合展开了危机公关营销。

# 第四章 Web1.0 时代的网络营销

2008 年奥运会之前，很多由刘翔代言的广告商都期待着刘翔夺冠的那一刻，其中也包括在刘翔身上投资巨大的耐克公司。但是，就在 2008 年 8 月 18 日，刘翔迫于腿伤而无奈退赛，提前结束了他的北京奥运征程，这个结果对于许多品牌来说不仅仅是巨大的震撼，也带来了巨大的经济损失。很多品牌在比赛前针对刘翔卫冕或比赛失利这两种情况做出了相对应的宣传活动的准备，但是并没有想到刘翔会退赛，因此，这样的结果让许多品牌措手不及。

作为为刘翔提供比赛服装及比赛用品的耐克公司也非常震撼和错愕。在刘翔退赛后不久，网上就有网友质疑刘翔所穿的耐克鞋子可能有问题，导致刘翔脚受伤而退出比赛。另外，也有传言说，刘翔由于受到耐克的"胁迫"而退赛的传闻更让耐克公司觉得尴尬，并且立刻意识到问题的严重性，需要尽快处理好，否则可能会对品牌造成极大损害。在很多品牌还在犹豫针对刘翔退赛要进行怎样的宣传时，耐克公司已经迅速抓住这个热点，与 QQ 爱墙合作，展开了网络危机公关行为。

危机公关最关键的是及时对时间进行最迅速的反应。在 2008 年 8 月 18 日当天，耐克公司就与腾讯合作设立了"QQ 爱墙——祝福刘翔"，一经推出立刻受到了广大网友的强烈响应。在奥运会期间，每天都有数百万的网友在 QQ 爱墙上祝福刘翔。耐克公司通过 QQ 网络通信平台，使得耐克的营销信息迅速传播扩散，使得数百万 QQ 用户在最短的时间内接收到此信息。

耐克公司的快速反应和悲情营销式营销策略，去除了很多的商业味道，符合以往耐克公司宣传的体育精神。通过网络营销参与者的口碑式营销，达到了病毒营销和二次传播的效果，借助腾讯的平台，耐克公司获得了这次危机营销的胜利。

(资料来源：杨立军. 网络营销实务全案. 电子工业出版社，2011，有删节)

## 二、即时通信营销的应用模式

与电子邮件营销具有比较成熟的理论和应用体系不同，企业在 IM 营销上仍处于探索阶段，对于即时通信的营销应用也相对较为单一。这是由于 IM 的产品定位是个人用户之间的私密性交流工具，而不是商业业务往来沟通的媒介，企业很难找到合适的信息发布与传播的切入口。但庞大的用户规模以及在商务领域内的不断普及，仍然使即时通信成为最有潜力的网络推广平台之一。

IM 营销常用的主要有以下几种情况。

### (一)在线客服

利用 IM，企业可以搭建在线客户服务平台，客户可以通过 IM 客户端或者 Web IM 提交服务请求，系统会自动进行回复或者分派到相应的服务代表、服务团队进行处理，或者利用知识库、订单、产品目录等数据自动响应。例如，淘宝网利用阿里旺旺方便地为卖家提供了售前、售中、售后服务平台，潜在客户如果对产品或者服务感兴趣，自然会主动和在线的商家联系，然后双方通过在线洽谈达成交易意向。

### (二) 客户挖掘与维系

企业销售人员可以根据年龄、性别、区域等资料，筛选添加目标潜在客户为 IM 好友，并在后续的交流过程中，选择合适时机进行产品信息的推介。对于现有客户，在获悉其 IM 账号后，可加为好友，并在 IM 平台上面随时提供贴心服务，维护现有的客户关系。企业还可以建立会员交流群，把一批忠实客户加入到群中供其讨论和发表意见。

### (三) 广告推广

企业可以通过 IM，发布一些产品信息、促销信息和企业新闻广告。其中，最常用的广告推广主要包括下列四种。

#### 1. 网络头像和人物表情道具推广

IM 作为一类网上通信软件，其强大的虚拟人物塑造功能和聊天表情道具往往让无数网民为之疯狂，所以把营销推广元素加入 IM 网络头像和表情道具中是非常有效的。借助于庞大的 IM 用户传播群体，携带产品基本信息的头像和表情可以迅速地在网上进行推广。例如，摩托罗拉公司曾在微软 IM 平台 MSN 中设计了摩托罗拉拇指小人的卡通形象"指小宝"，这一卡通形象设计简洁生动，但却突出了当今青少年对于短信以及即时通信等打字沟通方式的热衷，MSN 用户可以选择喜欢的形象作为自己的病毒式 MSN 头像。此外，"指小宝"还有很多有趣的动画表情，可以让用户在聊天的过程中，向朋友发送符合语境的表情。并且这些表情和头像都是可以复制的，因此用户在网上聊天的同时就将摩托罗拉公司的手机营销信息传给自己的朋友。

#### 2. 群推广

群是 IM 中一项独特的功能，最早在 QQ 中出现，群具有话题集中的特性，群成员对共同的话题都有浓厚的兴趣，而且都是某个话题的积极参与者，它可以让 IM 用户中拥有共性的小群体建立一个多人同时在线交流的 IM 平台。群用户不仅可以通过口碑的方式在交流过程中向群内用户宣传营销信息，同时还可以不断吸引群外用户加入，参与宣传讨论。

IM 群在广告推广中具有非常大的作用，以 QQ 汽车群为例，目前数量超过 10 万，覆盖人群近百万，腾讯 QQ 用户可以建立自己的车友圈子、领取腾讯个性车标、参加腾讯车优惠。群的内容相当广泛，包括汽车的方方面面，某些热门车型的群甚至高达数百个。利用这个平台，企业可以在短暂的时间内快速地、爆炸式地传递给成千上万的消费者，带有某厂商品牌或产品信息的 QQ 聊天对话框、聊天界面皮肤、表情图片被广泛传播给呈几何级数增长的人群，营造了一个非常有效的互动体验平台。

## 第四章 Web1.0 时代的网络营销

### 3．机器人聊天推广

IM 机器人就是通过软件程序的设置，可以和 IM 使用者进行人工智能聊天的一类软件。IM 机器人是一个可以将互联网内容嵌入的新平台，它可以将互联网应用服务整合进入聊天机器人，并通过对自然语义的理解来驱动，同时使得 ICP(互联网内容提供商)在除通过浏览器发布信息的途径外又多了一个渠道宣传信息。例如，腾讯公司的小 Q 妹妹、上海赢思软件公司在 MSN 上推出的小 I 智能机器人，这些都是机器人营销的经典代表。它通过与新东方在线、A8 音乐超市、九州梦网、58 同城等网站的合作，整合进了地图搜索、网上订票、下载音乐、查询分类信息等功能，并且这些功能可以全部通过自然语言的询问来实现。对于企业就可以充分地利用这类小机器人来进行营销传播。

### 4．空间传播

很多的 IM 工具提供了空间服务，在网页空间中，用户可以使用论坛、相册、共享文件等多种交流方式。网页空间可以写日志、分享相册、音乐等。作为一个完全私人化的网上空间，IM 使用者可以完全开放或者仅邀请自己的好友参观访问。用户只需点击 IM 好友中的空间选项就可以参观访问朋友的网上天地，当网上空间具有一定的知名度后，你所推广的企业产品品牌信息就会随着你的网上空间的迅速传播而快速传播开来，从而充分起到口碑的效果。

## (四) 与 CRM 的整合营销

IM 与 CRM 的整合，最关键的是能够基于即时通信账号来唯一识别客户，客服人员利用 IM 与客户沟通的同时可以调阅 CRM 系统和数据库的相关信息，或者企业提供 IM 机器人自助服务，基于 CRM 系统向客户提供全方位服务。在 CRM 的支持下，企业可以向指定客户群或者一对一地进行营销提醒，或者推广、促销，包括简单的文本消息、复杂的带有菜单选项的消息，或者是富媒体形式的音频、视频等消息，也可以进行交互的营销调查、客户反馈等活动。客户还可以通过 IM 进行产品预订或者服务预约，IM 机器人再根据客户在 IM 里面的选择自动进行报价，并且可以接受通过 IM 的订单。除此之外，IM 还能提供企业员工和团队间的协同以及客户群组间的自发协同，包括提醒、群聊、文档共享、交付，等等。

## (五) 病毒营销

### 1．病毒营销概述

病毒营销(Viral Marketing)是一种网络营销方法，常用作网络推广，即通过提供有价值的信息和服务，利用用户之间的主动传播来实现网络营销信息传递的目的。同时，病毒营销也是一种网络营销思想，其背后的含义是如何充分利用外部网络资源(尤其是免费资源)

扩大网络营销信息传递渠道。需要说明的是，病毒营销并非真的以传播病毒的方式开展营销，而是通过用户的口碑宣传网络，信息像病毒一样传播和扩散，利用快速复制的方式传向数以千计、数以百万计的受众，其实质与病毒没有任何关系。

对于病毒营销，一般应包含六个要素：提供有价值的产品或服务；提供无须费力地向他人传递信息的方式；信息传递范围很容易从小向大扩散；利用公众的积极性；利用现有的通信网络；利用别人的资源。

病毒营销主要有四种形式：一是通信服务类，如免费的 IM 和电子邮箱，通过提供 IM 工具，形成用户圈，再通过用户全自动扩大规模，典型例子有 ICQ、Hotmail、Gmail 等；二是优惠服务类，如转发在线优惠券、商品信息短信等；三是实用功能类，如免费软件、免费在线查询服务、在线评价等；四是免费信息类，如提供下载和转发的幽默故事、电子书、音乐、视频等。除此四类外，还有很多网络营销策略都融合了病毒营销的思想，如网络会员制营销、网上拍卖、网上商店销售、网络社区营销等。

> **案例 4.4　可口可乐的 QQ 病毒营销**
>
> 2008 年 3 月 24 日，可口可乐公司推出了"火炬在线传递"活动。活动的具体内容是：网民在争取到火炬在线传递的资格后可获得"火炬大使"的称号，本人的 QQ 头像处也将出现一枚未点亮的图标。如果在 10 分钟内该网民可以成功邀请其他用户参加活动，图标将被成功点亮，同时将获取"可口可乐火炬在线传递活动"专属 QQ 皮肤的使用权。而受邀请参加活动的好友就可以继续邀请下一个好友进行火炬在线传递，依次类推。当 QQ 用户习惯性地打开 QQ，会惊奇地发现若干个网友已经悄然成为奥运火炬在线传递形象大使，他们的 QQ 秀也戴上了可口可乐颁发的丰功伟业勋章。越来越多的 QQ 用户参与到争夺 300 多个形象大使名额的活动中。只要鼠标轻轻一点，QQ 用户就可以实现自己参与奥运火炬传递的梦想。而且，这个资格将会作为 QQ 秀标签，一直保持下去。
>
> 据活动方提供的数据显示：在短短 40 天之内，该活动就"拉拢"了 4000 万人参与其中，席卷 10% 的 QQ 用户，每秒钟就有 12 万多人参与；QQ 火炬在线传递论坛人数高达 218 万，访问量超过 7256 万次。网民们以成为在线火炬传递手为荣，"病毒式"的链式反应一发不可收拾。不得不承认，这一活动的确是神来之笔。
>
> （资料来源：王蕊婷. 从"可口可乐火炬在线传递"看病毒营销. 合作经济与科技. 2009）

**2. IM 在病毒营销中的应用优势**

IM 是病毒营销常用的渠道之一，利用 IM 开展病毒营销往往能获得更好的广告推广效果。根据病毒营销的基本要素，可以发现同样作为免费产品的 IM 工具有其特殊的优势，主要表现在以下四方面。

(1) 受众广泛，IM 用户数量规模庞大，用户黏性极高，特别是在年轻网民群体中影响力巨大，利用 IM 来传播信息能大大提高售中范围。

(2) 信息接收与传播的参与性强，IM 用户习惯于从众、分群讨论，乐于分享新的体验、奇闻趣事，这些都有利于加大信息扩散的速度。

(3) 传播形式多样，IM 提供从一对一到多对多的多种对话交流方式，更包含语音、视频、文件传送与共享等多元化、立体化的信息传递素材与内容，并且 IM 在互联网和移动通信平台上都处于领先位置。

(4) 双向性，IM 传播兼有大众传播(单向)和人际传播(双向)的优势，突破了传统传播的局限，任何一个 IM 用户都能生产、发布信息，并以非线性的方式流入网络中。

## 第四节　论　坛　营　销

论坛营销是早期网络营销的重要形式之一，至今仍然具有十分顽强的生命力，在信息发布、广告公关、口碑传播、品牌塑造、活动策划等方面具有突出作用，是一种投入少、见效快、互动性强、影响大、针对性强的网络营销方式。

## 一、论坛营销概述

网络论坛又名 BBS，全称为 Bulletin Board System(电子公告板)或者 Bulletin Board Service(公告板服务)，是 Internet 上的一种交互性强，内容丰富且及时的电子信息服务系统。论坛提供了匿名的自由化信息交流与共享方式，具有相同兴趣爱好或相关行业、领域的网民可以在论坛上获得各种信息服务，如发布信息、资源共享、进行讨论、聊天等。2005 年以前，BBS/论坛是互联网主要的虚拟社交平台；2010 年，博客、社交网络、微博等 Web2.0 应用开始兴起，传统论坛逐渐走向衰弱，至 2016 年 6 月，BBS/论坛的用户规模为 1.08 亿，使用率仅为 15.2%，且呈下降趋势。

### (一)论坛营销的概念

论坛营销是企业利用各种 BBS/论坛平台，通过文字、图片、视频等方式发布和宣传企业产品及服务的信息，从而让目标客户更加深入地了解企业的产品和服务，最终达到宣传企业品牌、加强市场认知的营销目的。企业可以采用论坛营销的方式，在各大论坛上通过引人注目的标题和标新立异的内容吸引目标客户，从而促进交易的实现。

企业很早就开始利用论坛开展各种各样的营销活动，包括产品信息发布、网站推广、收集顾客反馈意见以及与顾客交流、提供顾客服务等。企业可以有两种方式开展论坛营销，分别是建立自己的企业官方论坛和利用第三方论坛：前者要求企业选择一个主流论坛程序，注册域名，购买主机空间，建立自己的企业论坛网站；后者相对灵活得多，企业只需选择注册成为某些第三方综合或专业论坛的会员，如网易论坛、阿里巴巴商人论坛、手机之家论坛。

### (二)论坛营销的特点

与其他营销模式相比,论坛营销具有许多显著的特点,归纳起来,主要有如下几点。

#### 1. 成本低廉

论坛营销除了人工费用之外,基本不需要其他支出。因为很多公共论坛都是免费的,只需要用户注册即可,既不增加销售成本,也能够缓解营销费用的压力,因此非常适合资金相对不足的中小企业。

#### 2. 互动性强

论坛的平等交流原则,使论坛营销中的营销人员与消费者的交流互动变得快捷、准确。企业可以利用论坛平台,举办各种线上活动,与网友就商品服务中存在的问题进行讨论、交流、沟通。在这种双向的互动交流中,营销人员可以通过消费者反馈的信息分析、判断出市场状况与需求。

#### 3. 传播速度快

论坛具有强大的聚众能力,在论坛超高的人气和黏合度下,如果帖子在论坛中引起了巨大的回应或轰动,那么在网民的不断分享和转载的助推下,该帖子就会像病毒传播一样迅速传到其他论坛,甚至传播到传统媒体(如电视、报纸等),传播速度远比其他媒体快。

#### 4. 营销的隐蔽性

由于论坛的匿名性,加上论坛营销注重采用口碑宣传、软文广告和水军炒作等制造良好氛围的原因,企业论坛营销活动往往具有很高的隐蔽性,这容易使网络消费者放下警戒心理,潜移默化中形成对某一企业品牌产品的好感。例如,论坛上常见的购物心得交流、产品深度评价、品牌产品推荐等类型帖子,如果引起注意和广泛讨论,企业的产品或服务就得到了高度的关注。

### (三)论坛营销的主要功能

网络论坛在网络营销中的主要作用是提供一个企业、用户之间平等对话、交流沟通的机会,这是论坛营销的本质。论坛营销的主要功能表现在以下几个方面。

#### 1. 网络品牌

通过网络论坛,企业与访问者可以直接沟通,容易得到访问者的信任,访问者很可能通过和企业的交流而成为真正的客户,已购买企业产品的顾客在论坛发表的一些有利于企

# 第四章　Web1.0时代的网络营销

业的议论将产生很好的口碑效应，吸引更多的潜在顾客。

### 2. 顾客服务

企业可以利用论坛在线回答顾客的各种问题。作为实时顾客服务工具，可以及时处理顾客在购买或消费过程中出现的问题或投诉，有利于提高顾客的忠诚度。

### 3. 网站推广

企业可以与那些没有建立自己论坛的网站合作，允许使用自己的论坛，同时那些网站必须为进入企业的论坛建立链接和介绍；建立了论坛之后，可以在相关的分类目录或搜索引擎注册登记，有利于更多的网民发现企业网站，也可以与同类论坛建立友情链接。

### 4. 网上调研

企业可以充分利用论坛开展市场调研，主动、热情地邀请访问者或会员参与调查，参与者的比例会大幅增加。通过收集论坛上顾客的留言，也可以了解到一些关于产品和服务的反馈意见。通过在线调查，不仅可以提高搜集到的信息的质量，也可以有效地降低成本。

## 二、论坛营销的应用策略

### (一)精准广告

在人气集中的网络论坛上进行广告传播，这是论坛营销中最常见的一种方式。从表现上看，这种硬性广告和门户网站"push式"广告没有本质区别，但基于论坛细分明确的特点，广告主在广告投放的过程中也可以更好地贴近目标消费群体，实现精准广告传播。

### (二)品牌部落

基于某种单一品牌的论坛，也是一种有效的论坛营销方式，我们称为"品牌部落"。消费者由于怀有对某一品牌的特殊偏爱，他们感到这种品牌所承载的价值以及所宣扬的某种个性与他们自身的价值观和个性相契合，以至于这些消费者在心理上产生了共鸣，感觉到他们归属于一个具有这种共享价值观的群体，他们一旦组织起来，便有了集体的类似于宗教的虔诚。基于此，共享的价值观、共有的"仪式"和责任感就成为品牌部落的三大特征。例如，百度贴吧的明星吧就是很好的例子，粉丝们聚集在偶像的贴吧里，有组织、有互动、有氛围地为偶像扩大影响力。

### (三)软文推广

目前而言，论坛营销中最主要的方式就是营销软文的推广。软文是相对于硬性广告而言的，是由企业的市场策划人员或广告公司的文案人员来负责篆写的"文字广告"。网络软

### 网络营销理论、方法与实践

文近年来发展迅速，主要原因有两个：一是日趋激烈的市场竞争所导致的各种商业广告大战，使人们对充斥于广播电视、报纸杂志中的硬广告关注度下降并逐渐产生抵触心理；二是网络软文的运作成本比传统硬广告低得多，尤其是对资金有限的中小企业而言，利用网络软文推广是一种投入产出比较高的选择。网络软文的形式丰富多样，可以是网站网页、论坛发帖、博客博文，也可以是e-mail、评语、留言、签名、回帖/回复/回答、手机短信、水印、电子书等，但论坛的开放性和传播性无疑为软文提供了最好的土壤。论坛软文是指那些内容包含产品信息或对产品相关事件进行引导的帖子，它将宣传内容和帖子内容完美结合在一起，让用户在阅读帖子的时候能够了解企业要宣传的产品信息。

软文推广是通过特定的概念诉求，以摆事实、讲道理的方式使消费者走进企业设定的"思维圈"以强有力的针对性心理攻击迅速实现产品销售的文字模式和口头传播，如新闻、第三方评论、访谈、采访、口碑等。这种推广方式更容易被目标群体认同和接受，也更有利于企业形象的提升和品牌概念的延伸。

### (四)话题/事件营销

话题/事件营销是通过借助社会关注的事件、焦点、话题，或策划这类能引起社会关注的事件、话题，依托互联网传播平台或其他多种途径，利用这些事件和话题的社会关注度，提高知名度、提升形象，无限地扩大品牌所涉及的目标受众群体范围，加深企业、产品、品牌在目标受众群体中的印象，诱发目标消费群体对品牌产生进一步了解的兴趣，并最终促成产品或服务销售目的的手段和方式。事件话题营销是近年来国内外比较流行的一种公关传播与市场推广手段。

论坛营销的精髓在于话题/事件营销，而话题/事件营销的精髓在于引发目标受众的共鸣和互动。在特定的论坛社区内，企业应找到与自身品牌密切结合的公众关注度高的热点事件，并将话题/事件发酵、升温，并衍生开来，产生持续关注度，获得良好的口碑效果。

#### 1. 制造话题/事件

话题/事件营销的核心是巧妙地运用品牌信息包装成具备话题性和自发传播性的"病毒"，让用户自愿成为传播的一个节点，真正释放论坛社区营销的原始力量。

> **案例4.5 "安琪酵母"成功在论坛里"发酵"**
>
> 安琪酵母股份有限公司(以下简称安琪公司)是中国最大的酵母生产企业。提起酵母，人们想到最多的是它的发酵作用，而安琪酵母公司却开发出酵母的很多保健功能，并生产出可以直接食用的酵母粉，扩大了酵母的使用范围。
>
> 要推广酵母粉这种人民完全陌生的食品，安琪公司首先选择论坛推广。起初，他们只是在新浪、搜狐、TOM等有影响力的社区论坛里制造话题，让人们高频率地看到他们的广告帖子，并取得了很好的营销效果。但是这会打断网友们正常看帖，从而引起网友们的反

# 第四章 Web1.0 时代的网络营销

感。特别是人们熟悉了"安琪"这一品牌后,论坛版主们会把安琪的帖子视为"眼中钉",营销效果直线下降。

2008 年 6 月,当时有很多关于讲述婆媳关系的影视剧在正在热播,婆媳关系被高度关注。因此,安琪公司策划了"一个馒头引发的婆媳大战"事件,事件是以第一人称讲述了一个南方媳妇和北方婆婆关于馒头发生争执的故事。

帖子贴出来后,引发了大量转载及讨论。其中,由于有趣的故事涉及的酵母应用,引发了人们对酵母的关注。这时,专业人士出现,他们讲述了酵母的其他功能,让人们知道了酵母不仅能蒸馒头,还可以直接食用,并有很多保健美容功能,比如,减肥。由于当时正值 6 月,正是减肥旺季,而减肥又是女人永远关注的话题。于是,论坛上的讨论,让这些关注婆媳关系的主妇们同时也记住了酵母的一个重要功效——减肥。

为了让帖子引起更多关注,安琪公司选择有了权威的网站,利用它们的公信力把帖子推到较好的位置上。当时选择了新浪女性频道中关注度比较高的美容频道,把相关的帖子细化到减肥沙龙板块等。果然,有了好的论坛和好的位置,帖子马上引发了更多普通网民的关注。

由于论坛的帖子和博客都引来很多跟帖,其中也有不同的声音。对于这种帖子,安琪公司在容忍不同看法的同时,让一些技术人员或者懂行的人做适当的引导。比如,对那些攻击性的帖子,安琪公司没有找网站删帖,而是找到发言的那个人,问清楚他的理由。如果他是消费者,他的不满就反馈到企业;而如果他是竞争对手的恶意攻击,就在网络上揭露出来。

在接下来来的两个月时间里,安琪酵母公司的电话量陡增。消费者在百度上输入了关键词"安琪酵母"这个词,页面的相关搜索里就会显示出"安琪即食酵母粉""安琪酵母粉"等多个相关搜索,安琪酵母获得了较高的品牌知名度和关注度。

(资料来源:科教工作室. 网络营销实战. 北京:清华大学出版社,2013)

### 2. 寻找意见领袖

意见领袖(Opinion Leader)是指在一个参考群体里,因特殊技能、知识、人格和其他特质等因素而能对群体里的其他成员产生影响力的人。在论坛中,网友们接触交流的人难以计数,但真正对其购买信息获得与决策产生影响的人却是少数,而意见领袖则是这少数人中最重要的一部分。企业如果想更加迅速、有效地推广产品,能不能成功地圈定重要的意见领袖并引导意见领袖去讨论、传播产品,是至关重要的一环。

### 3. 网络水军炒作

"网络水军"是网络衍生出来的一种新职业,是指通过雇用大批人手在互联网上集体炒作某个话题或人物,以达到宣传、推销或攻击某些人或产品的目的。这些受雇人员在"网络推手"的带领下,以各种手法和名目在各大互联网论坛上注水发帖来获取报酬,由于人数众多，他们被形象地称为"网络水军"。网络水军现象是对一系列商业推广的统称，这其中包含网络公关公司、网络推手、网络写手、媒体公关以及底层网络水军通过一系列环节将委托方的产品或服务加以宣传和推广，并从中收取一定的佣金。在论坛话题/事件营销过程中，雇用网络水军助推话题/事件的发展并引导其走向，是较为常见的现象，且有日益泛滥的趋势。

值得注意的是，网络水军在发挥正面作用的同时，负面影响也显而易见。它可以帮助企业迅速地炒作恶意信息并打击竞争对手(网络打手)，也可以为新开发、新成立的网络产品(如网站、论坛、网络游戏等)恶意提高人气、吸引网民关注和参与。更有甚者，不少无良的网络水军被某些别有用心的机构和资本支持，不断地在各大论坛发布和张贴攻击信息、造谣言论或挑拨语言，制造网民间的矛盾。因此，网络水军是把双刃剑，企业在论坛营销时要把握好应用角度。

### 4. 培养和传播网络口碑

网络口碑(Word of Mouse)是指网民通过 BBS/论坛、即时通信和博客等网络渠道，与其他网民共同分享的关于公司、产品或服务的文字及各类多媒体信息。与网络广告相比，网络口碑更能促进人们对新产品的认知和接受。论坛营销的主要目的是树立企业品牌的良好口碑并借助口碑传播来快速扩大影响力，在网络论坛中，拥有共同爱好和兴趣的人聚集在论坛和 BBS 中，通过彼此的交流或对共同感兴趣的产品进行评价，进而形成口碑传播。例如，2008 年 5 月，"封杀王老吉"通过借助为灾区捐款的大势，结合精心的网络策划，借助消费者心理进行产品和品牌宣传，正是这场情感营销战树立了该企业的正面形象并最终取得了优异的销售效果，成为经典的口碑营销事件。

从本质上讲，论坛营销是一种网络口碑营销。网络口碑营销是网络营销和口碑营销的有机结合，是指企业通过策划相应的口碑题材，并借助网络 BBS/论坛、即时通信和博客等渠道进行传播，使得互联网中的虚拟群体能够通过网络分享和交流对产品或服务的相关信息，最终以提高企业和品牌的知名度和美誉度、影响消费者的购买行为为目的而开展的管理过程。

## 第五节　网络会员制营销

最初的网络会员制营销是拓展网上销售渠道的一种方式，主要适用于有一定实力和品牌知名度的电子商务公司。现在，网络会员制营销已经被国内外大型网络公司广泛应用，不仅受到电子商务网站重视，也扩展到其他网络服务领域。

# 第四章　Web1.0 时代的网络营销

## 一、网络会员制营销概述

### (一)网络会员制营销的概念

一般认为，网络会员制营销由亚马逊公司(Amazon.com)首创。亚马逊公司于 1996 年 7 月发起了一个"联合"行动，其基本形式是这样的：一个网站注册为 Amazon 的会员，然后在自己的网站放置各类产品或标志广告的链接，以及亚马逊提供的商品搜索功能，当该网站的访问者点击这些链接进入 Amazon 网站并购买某些商品之后，根据销售额的多少，Amazon 会付给这些网站一定比例的佣金。从此，这种网络营销方式开始广为流行并吸引了大量网站参与——这个计划被称为"会员制营销"。

网络会员制营销(Affiliate Program，联盟计划)又称为"网站联盟""联属网络营销""会员制计划"等，是基于利益关系和电脑程序两个因素将无数个网站连接起来，将商家的分销渠道扩展到地球的各个角落，同时为会员网站提供了一个简易的赚钱途径。一个网络会员制营销程序应该包含一个提供这种程序的商业网站和若干个会员网站，商业网站通过各种协议和电脑程序与各会员网站联系起来。

如今，网络会员制营销已经成为电子商务网站重要的收入来源之一。在应用范围上，也不仅仅局限于网上零售，在域名注册、网上拍卖、内容销售、网络广告、搜索引擎竞价排名等多个领域普遍采用。在美国，现在实施网络会员制计划的企业数量众多，几乎已经覆盖了所有的行业，而参与这种计划的会员网站数以十万计。例如，Google AdSense、亚马逊网站联盟、百度联盟、淘宝联盟、当当联盟、携程网站联盟、VANCL 联盟都是开展网络会员制营销的成功案例。

> **案例 4.6　如何在 3 个月内通过 Google AdSense 赚 100 万美元**
>
> 2006 年 3 月 16 号，一位叫 markus007 的资深会员在站长世界论坛发了一个帖子，题目是：我是怎样在 3 个月之内赚了一百万美元。
>
> 因为站长世界不允许贴出任何网站的地址，在会员资料当中 markus007 也没有写上自己的网站。所以，虽然这个帖子掀起了很热烈的讨论，很多人却不知道他指的是哪一个网站。通过一些调查，发现他叫 Markus Frind，他的网站是 PlentyofFish.com，这是一个提供免费交友服务的网站，现在有上百万个会员，每天的页面浏览量 Pageview 是一千四百万到一千五百万。浏览一下他的网站，你可以发现，网站的设计其实很简单，甚至在很多人眼里可能有些过时。但重要的是，他的网站吸引了大量的访客。而他所提供的服务是完全免费的。网站收入的唯一来源是通过 Google AdSense 卖广告。
>
> 他自己讲，他在最近的 3 个月里的广告收入达到了一百万美元。换算一下，也就是每天要在一万美元以上。这对一个提供免费服务的网站来说，是相当难得的。
>
> (资料来源：http://www.360doc.com/content/11/0103/15/4637503_83613304.shtml)

## (二)网络会员制营销的基本原理

### 1. 网络会员制营销系统的构成

网络会员制营销实际上是一种广告与产品分销渠道,网络会员制营销系统一般涉及以下四个主体的参与。

(1) 网上销售商,即网络会员制营销计划的提供商,也是网络广告主,主要是大型电子商务企业。

(2) 会员,即会员制计划的加入者,通常是在自己网站放置销售商广告链接赚取广告费或佣金的大中小型网站。

(3) 网上顾客,是指在会员网站登录,并通过会员网站上的链接进入网上销售商的网站购买产品或服务的网上浏览者。

(4) 会员制解决方案提供商,即为开发会员制计划的网上销售商提供解决方案的第三方机构。

### 2. 网络会员制营销的运作过程

在一个完整的网络会员制营销运作过程中,上述四个主体之间的关系,如图4-4所示。

(1) 会员制解决方案提供商根据网上销售商的实际情况制订会员制计划的具体实施方案,提供给网上销售商采用。有的网上销售商自己设计实施方案,则此步骤可省略。

(2) 网上销售商选择会员网站,并将自己的广告链接放置到会员网站上。

(3) 网上顾客在浏览会员网站时,点击感兴趣的链接进入网上销售商的网页中。

(4) 根据网上顾客点击链接和购买商品的情况,会员网站向网上销售商收取佣金。

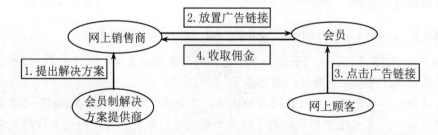

图 4-4 网络会员制营销系统的运作过程

## (三)网络会员制营销的功能

实际上,网络会员制营销是就是利用网站联盟的方式开展的网络营销。记住与网站联盟平台,可以实现如下七项网络营销功能。

### 1. 按效果付费,节约广告主的广告费用

广告主的广告投放在加盟会员网站上,与投放在门户网站不同,一般并非按照广告显

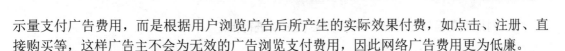

示量支付广告费用，而是根据用户浏览广告后所产生的实际效果付费，如点击、注册、直接购买等，这样广告主不会为无效的广告浏览支付费用，因此网络广告费用更为低廉。

### 2．为广告主投放和管理网络广告提供了极大的便利

网络联盟形式完全改变了传统网络广告的投放模式，让网络广告分布更为合理，让广告主不仅能投大型门户网站，也能抓住专业的定位程度很高的中小型网站。与网络广告投放的便利性一样，广告主对于网络广告的管理也比传统方式方便得多。有些网络广告内容的有效生命周期不长，或者时效性要求较高，如果要在大量的网站上更换自己的广告，操作起来也是很麻烦的事情。采用网络联盟模式之后，只要在自己的服务器上修改一下相关广告的代码，不希望出现的广告即刻消失了，而新的广告立刻就会出现在加盟网站上。

### 3．扩展了网络广告的投放范围，同时提高了网络广告投放的定性程度

相对于传统的大众媒体，定位性高一直是网络广告理论上的优势，但在传统门户网络广告投放的模式下，实际上很难做到真正的定位，即使选择某个相关的频道，或者某个专业领域的门户网站，也无法做到完全的定位。基于内容定位的网络广告则真正做到了广告内容与用户正在浏览的网页内容相关。更为重要的是，这种定位性很高的网络广告可以出现在任何网站上，从而拓展了网络广告的投放范围。

### 4．大大扩展了商家的网上销售渠道

网络会员制最初就是以网上销售渠道的扩展取得成功而受到肯定，其应用向多个领域延伸并且都获得了不同程度的成功，直到现在，网络会员制营销模式仍然是在线销售网站拓展销售渠道的有效策略之一。

### 5．为加盟会员网站创造了流量转化为收益的机会

对于加盟的会员网站来说，通过加盟网络会员制计划获得网络广告收入或销售佣金，将网站访问量转化为直接收益。一些网站可能拥有可观的访问量，但因为没有明确的盈利模式，网络的访问资源便无法转化为收益。通过参与会员制计划，可以依附一个或多个大型网站，将网站流量转化为收益，虽然获得的不是全部的销售利润，而只是一定比例的佣金。

### 6．丰富了加盟会员网站的内容和功能

会员网站增加了广告内容的点缀，有时会让网页内容看起来更丰富，也为用户获取更多信息提供了方便。尤其是当网络广告信息与网站内容相关性较强时，广告内容便成为网站信息的扩展。对于以广告为主的在线销售型网站，比如，当当网上书店，加盟会员在网站上介绍书籍内容的同时，如果用户愿意，可以根据加盟网站的链接直接开始网上购书行动，尤其是当当网站为读者精心选择了某一领域最有价值的书籍时，显得更为方便。

### 7. 利用病毒营销的思想，由联盟会员主动进行推广

病毒营销的价值是巨大的，一个好的病毒营销计划远远胜过投放大量广告所获得的效果。网络会员制营销正是利用了病毒营销的基本思想，充分利用外部网络资源(尤其是免费获取资源)扩大网络营销信息传递渠道，一个好的网络会员制计划往往可以取得巨大的成效而只需要投入很少的费用。

## 二、网络会员制营销的实施

### (一)网络会员制营销实施方案的主要内容

网络会员制营销的流程看起来并不复杂，但是在实际操作中可能并没有如此简单。成功的网络会员制营销往往涉及网站技术支持、会员招募和资格审查、会员培训、佣金支付等多个环节。网络会员制营销的实施方案一般包括如下构成部分。

(1) 会员制计划的目的。企业在建立自己的会员制计划之前，首先要考虑自己建立会员制计划的目的是什么。

(2) 目标会员。在确定了建立会员制计划的目的之后，要确定企业网站需要吸收什么样的网站作为会员，以便制定一个对他们具有吸引力的会员协议。

(3) 佣金结构。要确定支付给会员佣金的标准。

(4) 预算。即建立一个会员制计划要花多少钱。

(5) 确定进度。要确定建立会员制计划的时间、进度。

(6) 怎样推销计划。会员制计划建立之后要大力推销计划，吸收到足够多的会员。

(7) 竞争者。为了在竞争中能够胜出，企业必须弄清楚对方向会员们提供了什么，然后向自己的会员提供更有吸引力的条件。

(8) 渠道冲突。企业在引入会员制营销渠道时，要注意它与其他营销渠道的关系，以免冲突。

---

**案例 4.7　eBay 的第三方网络会员制营销方案**

eBay 成立于 1995 年 9 月，是目前世界上最大的网上拍卖网站之一，拥有注册用户 3000 多万人，eBay 的网络会员制营销开始于 2000 年 4 月，当时是与 Click Trade 合作开展的，这个会员制营销计划提供的佣金是按照注册用户数量来计算的，从会员网站链接来的访问者成为注册用户，会员可以获得 3 美元的佣金。eBay 在与 Click Trade 合作的一年中有 20000 多个会员网站加盟。2001 年 4 月 18 日，eBay 开始与 Commission Junction(http://www.cj.com)合作。Commission Junction 是第三方会员制营销方案提供商，提供第三方的用户访问跟踪、实时报告系统和佣金结算，并解决会员账号管理中的一切问题。

eBay 与 Commission Junction 合作开始第二个会员制营销计划的同时，也将佣金水平从

原来支付给每个注册用户 3 美元上升到 4 美元,这样又大大地激发了会员的积极性。新计划实施一星期后,就有 3000 个网站加盟成为会员,六个星期后会员数量达到 12 000 个。有数字表明,在 2001 年 5 月份中的一个星期,通过 Commission Junction 会员制程序获得的点击次数超过 50 万次,简直不可思议。

与一般网站花费大量金钱而吸引用户的做法不同,eBay 并没有为用户提供什么特别的激励手段,没有优惠券,也没有免费送货政策,用户加入 eBay 完全是出于自愿。根据 eBay 2001 年第一季度的财务报告,获得每个注册用户的平均成本为 14 美元,而通过会员制营销计划支付给会员的佣金为 4 美元,显然,这个佣金支出是很合算的。

eBay 的网络营销方式主要有三种:网络广告、用户口碑和公共关系。而会员制营销是网络广告的一种形式,整个网络广告部门只有 15 个员工,其中还包括三名业务拓展人员。

eBay 网络会员制营销计划的成功也得益于同其属下公司 Half.com 的协作,Half.com 在书籍、CD、电影、DVD 及游戏方面的经营十分成功,Half.com 的会员制营销与 eBay 相互配合,互为推广,由此也获得了为数不少的会员。

(资料来源:冯英健. 网络营销基础与实践(第 4 版)[M]. 清华大学出版社,2014.)

## (二)网络会员制营销的实施步骤

成功实施网络会员制营销,维持整个营销系统的运转,必须要开展大量的工作,如及时准确地支付佣金、规范加盟网站的广告等。网络会员制营销实施的主要步骤有以下六步。

(1) 了解竞争对手和行业网络会员制营销现状,包括会员计划、佣金制度、推广措施等。

(2) 根据企业实际情况和市场状况,设计具有吸引力的佣金制度。

(3) 多渠道推广会员制计划,并对会员资格进行审核与控制,确保只有一定规模和资质的健康网站才能成为会员。

(4) 提供各种类型的网络广告形式(如 Banner 广告、漂浮广告、文字链接等)供会员网站选择,并将网络广告代码添加到其网站的适当位置;同时,为会员网站服务支持,包括会员培训、销售支持与建议、客户服务等。

(5) 准确跟踪会员网站的广告展示、用户浏览及点击行为、订单转化等情况。

(6) 核算会员网站应获得的佣金,达到一定额度时,支付佣金。

案例分析

### 王老吉网络推广传播

2008 年 5 月,王老吉在汶川大地震中,向灾区捐款 1 亿元,成为国内单笔最高捐款的企业,引起了大量的关注,在网络上也展开一系列推广。

### (一)网络事件营销

企业利用有新闻价值的事件,吸引媒体和广大用户的关注,可以尽可能提高产品知名度,树立良好的品牌形象。

5月18日晚,由多个部委和央视联合举办的赈灾募捐晚会上,王老吉捐出了高达1亿元善款的善举顿时成为人们关注的焦点,使这家原本默默无闻的公司"一举成名天下知"。第二天在一些网站论坛,不断流行着这样一个名为《封杀王老吉》的帖子:"王老吉,你够狠!捐一个亿,胆敢是王石的200倍!为了整治这个嚣张的企业,买光超市的王老吉!上一罐买一罐!不买的就不要顶这个帖子啦!"这个热帖被各大论坛纷纷转载。从百度趋势上不难看出,"王老吉"的搜索量在5月18日之后直线上升,而《封杀王老吉》的流量曲线与"王老吉"几乎相当。3个小时内百度贴吧关于王老吉的发帖超过14万个。天涯虚拟社区、奇虎、百度贴吧等论坛的发帖都集中在5月23日18点之前开始。接下来不断出现王老吉在一些地方断销的新闻。南方凉茶"王老吉"几乎一夜间红遍大江南北,一些人在MSN的签名档上开始号召喝罐装王老吉,如图4-5所示。

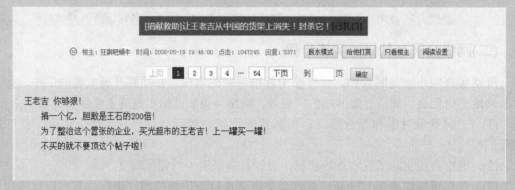

图4-5 天涯互助-《让王老吉从中国的货架上消失!封杀它!》帖子页面

### (二)网络软文推广

软文营销在于一个"软"字。群体认同和社会认同是软文营销的关键所在,要求不仅仅是制造目的信息,更重要的是侧面补充第三方的行业评论。软文在精不在多,整合各种传播平台进行同一事件信息和理念的宣传才是关键,王老吉的这篇《让王老吉从中国的货架上消失!封杀它!》的帖子就是其中的集中体现。

### (三)论坛推广

论坛社区具有超高的人气,是口碑营销的重要平台,论坛话题的开发性,可以让企业的品牌在论坛中迅速传播。在论坛传播中话题是非常重要的,王老吉地震网络推广中,利用最热门的事件进行宣传和推广,不断制造引人注目的话题"彻底封杀王老吉"等,吸引更多的人关注与讨论。利用奇虎论坛搜索王老吉搜到27万相关的帖子,相关话题的讨论,把影响不断地放大。

## 第四章 Web1.0 时代的网络营销

### (四)贴吧推广

贴吧推广本来也是论坛的一种推广方式，但是由于贴吧的独特属性，让它成为有别于论坛推广的一种方式。百度的贴吧在超女之后，成为最大的中文社区，它有比论坛更方便的交流性，可以匿名发帖回复，让网友更简单和快捷地交流。这次也成为王老吉宣传的主要阵地，在百度贴吧中搜索王老吉，可以搜索到 15 万相关的帖子，不断发帖、大量回复、过于显露的语言，让人感觉到疯狂，可能只有网络才能展现这种感觉。

### (五)QQ 群推广

一个普通 QQ 群有 100 人，高级群有 200 人，现在有两千万左右个 QQ 群，QQ 群是最广泛的群体即时交流平台，在 QQ 群之间发送和转发，病毒营销在这里得到了最大的体现。通过"以后喝王老吉(捐款 1 亿元)，存钱到工商银行(8726 万元)"等易于传播的文字，让王老吉在多个 QQ 群之间疯狂传播。王老吉的善举的确可以激发很多人为它发帖和宣传。所以为网民所善用的 QQ 群营销自然不会被王老吉错过。

### (六)博客推广

博客是个人常用的网络工具之一，通过个人博客的话题，让产品在个人之间口与口地传播，迅速提高产品的口碑与影响力。热门话题往往是博客关注的热点，"要捐就捐一个亿，要喝就喝王老吉"，在众多博客之间引起热门讨论。

### (七)网络新闻营销

新闻营销是借助新闻的报道，创造最佳的传播效能。网络媒体的性价比相对传统媒体来说，在效果上更显著。通过润物细无声的宣传，能在较短的时间内提升产品的知名度，塑造品牌的美誉度和公信力。王老吉捐出 1 亿元后，也成为众多网络媒体的关注热点，而在网络上的推广活动也会不断地促进网络媒体的报道。

问题：
1. 王老吉在网络上展开的一系列网络营销与推广，具体采用了哪些网络推广工具？
2. 王老吉此次网络营销的成功关键是什么？

(资料来源：马继刚. 网络营销与策划项目教程[M]. 北京：机械工业出版社, 2013.)

## 归纳与提高

本章主要介绍了 Web1.0 时代的电子邮件营销、搜索引擎营销、即时通信营销、论坛营销和网络会员制营销五种主要网络营销方式的概念、特点、功能、应用模式与策略，并对其中蕴含的病毒营销、网络事件营销、网络软文营销、网络口碑营销等网络营销理念与方法做了简要阐述。

## 习题

### 一、选择题

1. 利用 e-mail 进行营销的首要任务是(　　)。
   A. 发送 e-mail　　　　　　B. 订阅 e-mail
   C. 获取客户 e-mail 地址　　D. 设计 e-mail 内容
2. (　　)是根据一定的策略，运用特定计算机程序从互联网上搜集信息，在对信息进行组织和处理后，为用户提供检索服务，将用户检索相关的信息展示给用户的系统。
   A. 搜索引擎　　B. 网站　　C. RSS　　D. 博客
3. Google 推出 Gmail 时采用的是(　　)。
   A. 电子邮件营销　B. 论坛营销　C. 病毒营销　D. 即时通信营销
4. 根据 e-mail 地址的所有权，可将 E-mail 营销分为(　　)。
   A. 内部 e-mail 营销　　　　B. 外部 e-mail 营销
   C. 许可 e-mail 营销　　　　D. 未经许可 e-mail 营销
5. 搜索引擎在网络营销中的作用体现在(　　)。
   A. 网站推广　B. 网络品牌　C. 网上销售　D. 网上调研
6. 下列哪些属于论坛营销的功能？(　　)
   A. 网上销售　B. 网上调研　C. 网站推广　D. 网络品牌
7. 网络会员制营销系统的组成部分有(　　)。
   A. 会员　B. 网上顾客　C. 网上销售商　D. 会员制解决方案提供商

### 二、复习思考题

1. 当前电子邮件营销面临的主要困难是什么？如何解决和改善？
2. 什么是病毒营销？病毒营销与口碑营销有何关系？
3. 简述网络会员制营销的运作过程。

### 三、技能实训题

1. 试用主流的即时通信工具，比较其特点、使用人群和营销价值。
2. 访问 3～5 个热门的网络营销论坛，浏览其中的营销软文，并分析其写作特点。

# 第五章　Web2.0 时代的网络营销

**学习要点及目标**

理解 Web2.0 的含义与特点，了解博客、RSS、播客、Wiki、SNS、微博等 Web2.0 营销工具的使用方法，在实际操作中能够综合利用博客、SNS、微博、网络视频等开展网络营销推广活动。理解社会化网络营销、知识营销、实时营销、湿营销、植入式营销等 Web2.0 营销理念与方法。

**引例**

### 微博火爆背后的真相

在互联网发展历史上，微博是发展较快的网络应用之一。2009 年 9 月新浪微博开始邀请注册，进入了国内微博应用的快速发展时期，仅仅两年多的时间，到 2011 年年底，我国微博用户数量已经突破 2.5 亿人，使用率达到 48.7%，微博几乎成为每个活跃上网用户不可缺少的应用之一。每一天，当你进入自己的微博页面更新自己的微博信息的时候，是否特别想体验一呼百应的感受呢？你一定很好奇，为什么对面那个其貌不扬的家伙在微博世界里有那么多的忠实的粉丝，为什么他的发言总是能够得以最快速的评论、转发和散播出去，而自己发布的微博怎么一点回声也没有呢？那些散布速度最快、影响最大的微博事件火爆的真相到底是什么呢？你是否考虑过如下这些问题。

- 这些热门微博的内容为什么会得到大家的关注？
- 这些微博是通过哪些渠道转发出去的？
- 这些微博的内容是否在不断地根据市场反应进行快速调整呢？
- 如何控制微博传播过程中不利的言行？
- 如何掌控微博传播过程中的话语权呢？

(资料来源：冯英健. 实用网络营销教程[M]. 北京：清华大学出版社，2012.)

思考以上问题，谈谈微博这一互联网应用在传播信息中有何特点及其与网络营销的关系。

**必备知识点**

Web2.0 的含义与特征　六度分隔理论　著佐权理论　微内容　博客　播客　Wiki　RSS　Tag　SNS　微博　博客营销　知识营销　社会化媒体　SNS 营销　微博营销　湿营销　网络视频营销　微电影营销　植入式营销　UGC

> 拓展知识点

RSS 营销　　百科营销　　问答平台营销　　创意营销

互联网技术的不断发展引发了 Web2.0 热潮。随着以博客、RSS、播客、Wiki、SNS 为代表的互联网新技术的应用，互联网逐渐改变了原有 Web1.0 时代的信息传播方式，出现了微内容的多对多的信息传播方式，同时网民个性化、社区化、互动交流的特性也日益凸显，博客营销、RSS 营销、网络视频营销、百科营销、问答营销、SNS 营销、微博营销等网络营销模式纷纷登场。本章将在介绍 Web2.0 含义、特征、理论与应用的基础上，着重阐述博客营销、SNS 营销、微博营销、视频营销等 4 种 Web2.0 营销方式。

# 第一节　Web2.0 概述

2005 年，以博客、视频分享网站、社交网站等典型 Web2.0 应用的爆发式增长和大众化为标志，互联网正式进入 Web2.0 阶段。Web2.0 是相对于 Web1.0 而言的，它不仅仅只是一个技术术语，更代表着一个新的网络体系，在这个体系中个人成为真正意义上的主体。2006 年，《时代》周刊将年度人物授予"YOU"——互联网上内容的所有使用者和创造者，足以说明 Web2.0 给社会带来的重大变革和影响力。

## 一、Web2.0 的含义与特点

### (一)Web2.0 的含义

Web2.0 的概念始于 2004 年，在美国媒体公司 O'Reilly 和国际公司 MediaLive 召开的一个"头脑风暴"会议中，公司注意到，虽然许多人认为互联网已经"崩溃"，然而，几乎就在同时，很多前所未有的新应用和网站正在出人意料地、有规律地涌现出来，而且那些当初幸免于网络泡沫的公司之间往往都有一些共同之处。随后有观点认为这是互联网公司那场泡沫的破灭标志了互联网的一种转折，即将产生不同于过去的第二代互联网，即"Web2.0"。此后，"Web2.0"一词逐渐流传并开始深入人心。但是，对于 Web2.0 的定义至今仍存在较大分歧，下面将 Web2.0 的一些代表性观点汇集如下。

(1) 互联网协会认为：Web2.0 是互联网的一次理念和思想体系的升级换代，由原来的自上而下的由少数资源控制者集中控制主导的互联网体系转变为自下而上的由广大用户集体智慧和力量主导的互联网体系。

(2) 互联网实验室认为：Web2.0 不单纯是技术或者解决方案，是一套可执行的理念体系，实践着网络社会化和个性化的理想，使个人成为真正意义上的主体，实现互联网生产方式的变革从而解放生产力。Web2.0 的应用元素包括博客(Blog)、RSS(简易聚合)、Web service、开放式 API(开放式应用程序接口)、Wiki(维客)、Tag(分类分众标签)、Bookmark(社会性书签)、SNS(社会网络)、Ajax(异步传输)等等, 底层 XML 是和接口协议, 而这些应用又都是在 Web2.0 体系下的理论和思想指导下形成的, 包括长尾理论、六度分隔理论、社会资本、去中心化等。

(3) Tim O'Reilly(Web2.0 概念的提出者)认为: Web2.0 的经验是有效利用消费者的自助服务和算法上的数据管理, 以便能够将触角延伸至整个互联网, 延伸至各个边缘而不仅仅是中心, 延伸至长尾而不仅仅是头部。

(4) Blogger Don 认为: Web2.0 是以 Flickr、Craigslist、Linkedin、Tribes、Ryze、Friendster、Del.icio.us、43Things.com 等网站为代表, 以 Blog、Tag、SNS、RSS、Wiki 等社会软件的应用为核心, 依据六度分隔、xml、ajax 等新理论和技术实现的互联网新一代模式。

综合上述观点可以看出, Web2.0 并没有一个精确的范畴。但用户普遍认为 Web2.0 是相对于 Web1.0 的新的一类互联网应用的统称, 是一次从核心内容到外部应用的革命。Web2.0 不再是单方向地对用户输出信息, 而是让用户参与到共同建设上来。

## (二)Web2.0 的特点

Web2.0 是以 Web1.0 为基础和条件发展起来的, 在形式与特点等诸多方面都与 Web1.0 有很多的不同, 主要表现在以下几个方面。

### 1. 个人化与去中心化

Web2.0 的最大特点是个人化、去中心化, Web2.0 的绝大部分服务都存在个人标识明确的页面。Web2.0 使每个用户的价值凸显, 每个人在互联网上都可以创造自己的价值。Web2.0 是以"人"为中心, 而不是以信息或内容为中心。在 Web2.0 中, 个人是作为一种主动的主体参与到互联网中, 除了作为互联网使用者之外, 还同时成为了互联网主动的传播者和生产者。

### 2. 参与性与交互性

Web2.0 改变了互联网用户旁观者的地位, 为用户提供了更多参与机会。相对于 Web1.0, Web2.0 更加以用户为主, 注重用户的互动和体验, 让用户自主地去编辑、收集、整理和发布信息, 以简单、快捷多元化的途径(如博客、播客等)将信息上传, 形成充分交互。这种交互, 不仅是用户与网络服务器之间交互, 而且也涉及同一网站不同用户以及不同网站之间信息的交互。例如, 用户可以把在其他网站浏览的内容分享到 QQ 空间和腾讯微博。

### 3. 上传、分享与扩散

Web2.0 使网民从以下载为特征的信息浏览、获取信息的时代进入到了以上传为特征的内容参与创造的时代。Web1.0 以商业公司为主体，通过少数的人将大量的信息编辑、整理、分类，然后通过商业的力量上传到网上，属于网站对个人的单向信息传播模式。而在 Web2.0 环境下，网民通过博客、Wiki、Tag、书签、BBS、SNS、P2P 等应用创造、发布和分享各种信息，构成了典型的多对多的广播式传播，信息传播多方位是扩散的。

### 4. 真实性

Web1.0 时代强调虚拟性，包括 BBS、即时通信软件、个人邮箱、个人主页在内的网络用户所填写的个人信息多数是虚假的，而 Web2.0 时代的一项基本原则就是真实，在隐藏身份的同时，也会失去利用 Web2.0 的便利性。比如，不把自己照片共享，也就不能让朋友通过工作单位等相关搜索找到，而所发布信息的可信度也会大打折扣。

### 5. 可重用的微内容传播

Web2.0 的信息传播是以微内容为基础的。微内容是相对于传统媒体中的大制作、重要内容而言的，它将信息传播对象分解成很小的单位，比如，一个空间、评论、图片、收藏的书签、喜好的音乐列表、想要做的事情、想要去的地方、新的朋友等等。互联网用户所生产的数据大都算是微内容，这些微内容的数量、重要性并不亚于那些正统文章、论文、书籍。对微内容的重新发现和利用，是 Web2.0 开创的平等、开放、自由风气的自然衍生。虽然在 Web1.0 时代，用户也可以创造众多微内容，但 Web2.0 通过结构化(XML)、开放化(API)，使用户在任何地方都能够使用这些微内容，具有可重用的特点。

## 二、Web2.0 的理论基础

Web2.0 的出现和发展有其自己的理论基础和理论支持，这些理论主要包括：长尾理论、六度分隔理论、著佐权理论、150 法则、公共领域理论、后现代主义思潮等。

### (一)长尾理论

长尾理论的基本思想在第一章已有所阐述。很多 Web2.0 应用都体现了长尾理论精神，如博客、SNS、微博等由"尾部"用户产生的总体效益往往会超过"头部"用户。基于长尾理论，Web2.0 环境下的商家们纷纷把目光投向个人博客、小型网站，在其上做情景化广告，这种做法既有利于通过一定广告收入扶持小网站发函，又有利于客户广告渗透到每一个有效的宣传角落里。

## (二)六度分隔理论

六度分隔理论又称小世界理论，该理论指出：你和任何一个陌生人之间所间隔的人不会超过六个，即最多通过六个人你就能够认识任何一个陌生人。"六度分隔"说明了社会中普遍存在的"弱纽带"，但是却发挥着非常强大的作用，通过弱纽带人与人之间的距离变得非常"相近"。将六度分隔理论和互联网相融合便形成了"社会性软件"，博客、SNS 等互联网应用也因而出现。

## (三)著佐权理论

著佐权(Copy left)是一个由自由软件运动所发展的概念，是利用现有著作权体制来挑战该体制的授权方式。在自由软件授权方式中增加著佐权条款之后，该软件除了允许使用者自由使用、散布、改作之外，更要求使用者改作后的衍生作品必须以同等的授权方式释出以回馈社群。著佐权，是补足/辅佐著作权(Copyright，版权)不足的版权授权著佐权。著佐权的应用在保护了著作权的同时便捷了开发者和受众，其在 Wiki 平台的应用最为常见。

## (四)150 法则

所谓的 150 法则是说："一个人不可能与超过 150 个人维持持续稳定的社会关系，社会交流的必需礼仪使我们友谊的范围限制在 150 人以内。如果群体变得太大，就会分出新的群体。把人群控制在 150 人以下似乎是管理人群的一个最佳和最有效的方式。"150 法则在社交和即时通信领域的应用，保证了用户稳定的核心交流圈，在通过交流圈的扩散作用，一个用户的关系网就会按层级扩散开来。比如，你有一个 QQ 账号，账号中有 150 个好友，通过 QQ、QQ 空间和腾讯微博，你就同时拥有了自己的核心好友和多层级关系网。

## (五)公共领域理论

公共领域理论由德国哲学家、社会学家哈贝马斯提出。公共领域是"介于私人领域和公共权威之间的一个领域，是一种非官方公共领域。它是各种公众聚会场所的总称，公众在这一领域对公共权威及其政策和其他共同关系的问题做出评判"。网络的出现，为公共领域的建构提供了新的契机。网络有着信息快速、海量、多媒体以及即时双向互动等传统媒体不具备的先天优势，它扩大了公众利用媒介参与公共讨论的空间。在 Web2.0 时代，网络个体传播代表着新一代传媒力量，形成了一个崭新的公共领域，这个领域中既汇聚着无数个交互作用的个体，同时又起到了组织社会的作用，构建起强大的公众力量。

## (六)后现代主义思潮

后现代主义是指 20 世纪 60 年代以来整个西方以反传统哲学为特征的社会思潮和文化思潮，非中心性、平面性、无深度性、商品性和大众化是这种文化模式的主要特征。Web2.0

时代的网络传播有着鲜明的后现代性，具体表现在表现形态的虚拟性与"超现实"、传播主体的个人化与"去中心化"、表现形态的多媒体化与"视觉快感"等方面。

## 三、Web2.0 的技术应用

Web2.0 的表现形式和技术要素主要包括博客、播客、标签、网摘、RSS、Wiki、P2P、SNS、微博等，下面分别对这些典型 Web2.0 技术应用做简要介绍。

### (一)博客(Blog)

博客(Blog)是 Weblog 的缩写，亦称网络日志，是以网络作为载体，简易迅速便捷地发布自己心得，及时有效轻松地与他人进行交流，集丰富多彩的个性化展示于一体的综合性平台。一个典型的博客结合了文字、图像、其他博客或网站的链接及其他与主题相关的媒体，能够让读者以互动的方式留下意见。作为一种极其简易便捷的网络个人出版形式，博客使得任何一位网民都可以在几分钟之内拥有自己的个人网站，并通过它传播思想、与人交流。

### (二)播客(Podcast)

播客(Podcast)是收音机、博客和宽带互联网的集体产物。播客是一种文字博客之外的是具备声音和图像的"有声博客"。播客与网络电台最大的不同是它采用可以订阅模式，不再是单纯的音频文件，任何 P2P 文件都可以成为播客，任何个人都可以制作节目发布广播，任何拥有 MP3、智能手机的人都可以自由的收听播客节目。

### (三)标签(Tag)

在 Web2.0 环境中，标签(Tag)是指"由网民自由定义的关键词"。也可以用作动词，指网民使用自由定义的关键词标签对网络信息进行协作分类。与传统的信息分类方法如图书馆等的内容分类静止、规范、固定而僵化的特征不同，以 Tag 为主要特征的网络大众分类法则不拘一格，灵活多元，鼓励大众从自己的需要出发用个性化的语言标记网络内容。

### (四)网摘(Bookmark)

网摘又名网页书签，英文原名为 Social Bookmark(社会化书签)。网摘提供的是一种收藏、分类、排序、分享互联网信息资源的方式。使用网摘存储网址和相关信息，使用 Tag 对网址进行索引，使网址及相关信息的社会化分享成为可能。通过群体的参与和知识分类机制，人们挖掘有效信息的成本得到控制，具有相同兴趣的用户更容易彼此分享信息和进行交流，网摘站点呈现出一种以知识分类的社群的景象。

## (五) 简易信息聚合(RSS)

RSS 是在线共享内容的一种简易方式，也叫聚合内容，可以理解为站点摘要。RSS 是一种用于共享新闻的其他 Web 内容的数据交换规范，起源于网景通信公司的"推(Push)"技术，将订户订阅的内容传送给他们的通信协同格式。对内容提供者来说，RSS 技术提供了一个实时、高效、安全和低成本的信息发布渠道；对内容接收者来说，技术提供了崭新的信息接收体验。RSS 通常用于时效性比较强的内容订阅，如网上新闻频道、Blog 和 Wiki。使用 RSS 订阅能更快地获取信息，用户可以在客户端借助于支持 RSS 聚合软件，在不打开网站内容页面的情况下阅读支持 RSS 输出的网站内容。

## (六) 多人协作写作系统(Wiki)

Wiki 一词来源于夏威夷语的"wee kee wee kee"，原本是"快点快点"的意思，在网络应用中指的是一种可在网络上开放多人协同创作的超文本系统。这种超文本系统包含一套能简易创造、改变网页的系统，再加上一套记录以及编目所有改变的系统，以提供还原改变的功能。Wiki 允许任何造访网站的人能快速轻易地加入、删除、编辑所有的内容，因此特别适合团队合作的写作方式。Wiki 最典型的应用是百科全书。例如，成立于 2001 年的维基百科(http://www.wikipedia.org)就是一个基于 Wiki 技术的多语言百科全书协作计划。至今，维基百科已拥有 280 种语言的版本，3700 多万个词条，已经成为全球发展最快、最大的内容开放的百科全书网站。

## (七) 对等网络(P2P)

P2P(Peer to Peer，对等网)是一种分布式网络应用架构。与传统 C/S 网络相比，P2P 网络直接将人们联系了起来，让人们通过互联网直接交流，使得网络沟通变得更容易、更直接。P2P 改变 Internet 以往以大网站为中心的状态，重返"非中心化"，并把权力交还给用户，让用户信息以最直接的方式传递到对方。P2P 在加强网络上人的交流、文件交换、分布计算等方面具有重要作用。

## (八) 社交网络服务(SNS)

SNS 是 Social Networking Service，即"社会性网络服务"的缩写，专指旨在帮助人们建立社会性网络的互联网应用服务。SNS 是 Web2.0 体系下的一个技术应用架构。从技术层面看，SNS 是采用 P2P 技术构建的基于个人的网络基础软件。从应用角度看，SNS 依据六度分隔理论，基于用户共同的兴趣、爱好、活动，通过网络聊天、博客、播客、社区共享等途径，实现个体社交圈的逐步扩大，最终形成一个联结"熟人的熟人"的社会关系网络。

### (九)微博(Microblog)

微博,即微型博客(Microblog),是一个基于用户关系的信息的分享、传播及获取平台,用户可以通过 Web、WAP 等客户端发布 140 字以内的文字信息,在微博中还可以插入表情、图片、视频等多媒体元素并实现即时分享。微博兼具了即时通信工具的个体性、即时性,博客的个人信息发布和分享性、论坛的话题讨论性,以及 SNS 的人际关系纽带性,这使其成为天然的网络口碑传播平台。

## 第二节 博 客 营 销

博客是继 e-mail、BBS、IM 之后出现的第四种网络交流方式,也是社会化媒体网络的重要组成部分。随着博客应用范围的扩大和博客群体的专业化,博客的商业价值慢慢显现出来,博客营销应运而生。博客营销的本质是知识营销,是通过原创专业化内容进行知识分享、争夺话语权,进而建立起信任权威形成个人品牌从而影响读者的思维和购买。

## 一、博客营销概述

### (一)博客营销的概念

博客营销是利用博客来开展的网络营销活动,是一种基于个人知识资源(包括思想、体验等表现形式)的网络信息传递形式。开展博客营销的基础是对某个领域知识的掌握、学习和有效利用,并通过对知识的传播达到营销信息传递的目的。具体来讲,博客营销是个人或者组织利用博客这种网络交互性平台,发布并更新与个人或组织相关概况及信息,并且密切关注并及时回复平台上客户疑问以及咨询,以达到宣传目的的营销手段。

与博客营销有关的重要概念是知识营销。知识营销是通过有效的知识传播方法和途径,将企业所拥有的对用户有价值的知识(包括产品知识、专业研究成果、经营理念、管理思想以及优秀的企业文化等)传递给潜在用户,并逐渐形成对企业品牌和产品的认知,以将潜在用户最终转化为用户的过程和各种营销行为。博客营销与知识营销之间的关系是:博客营销是知识营销的一种具体表现形式,是以互联网为主要传播手段的知识营销;开展博客营销的前提是拥有对用户有价值的、用户感兴趣的知识,而不仅仅是广告宣传。

### (二)博客营销的特点

与其他网络营销方式相比,博客营销具有如下特点。

#### 1. 自主灵活

在门户网站和其他专业网站上进行推广,企业往往需要将文章或者广告交给网站来操

# 第五章　Web2.0 时代的网络营销

作，作为营销人员，自己无法主动掌握这些资源，信息传播内容和方式受较大限制。而博客则由企业自主掌控，可以自己决定文章、图片、视频的发布与编辑，从产品介绍、公关事件策划到与消费者的互动传播都可以运用博客来完成。博客文章内容、题材、形式灵活，信息量可大可小，可以作为企业网站的一个现有补充，也更适合用户阅读和接受。博客使得企业摆脱了媒体的限制，能够自主灵活地进行营销活动。

### 2．细分程度高，广告定向准确

博客是个人网上出版物，拥有其个性化的分类属性，每个博客都有其不同的受众群体，其读者也往往是一群特定的人，细分程度远远超过了其他形式的媒体。而细分程度越高，广告的定向性就越准。

### 3．互动传播性强，信任程度高，口碑效应好

博客在网络营销环节中同时扮演了两个角色，既是媒体(Blog)又是人(Blogger)，既是广播式传播渠道又能集中于某个受众群体，它很好地把媒体传播和人际传播结合起来，通过博客圈的网状联系扩散开去，放大传播效应。与论坛信息发布相比，博客文章更正式，可信程度较高，互动传播性也非常强，因此可创造的口碑效应和品牌价值非常大。

### 4．影响力大，利于长远利益和培育忠实用户

博客作为高端人群所形成的评论意见影响面和影响力度越来越大，容易成为网络"意见领袖"，引导着网民的舆论潮流，他们所发表的评价和意见会在极短时间内迅速传播开来，对企业品牌产生巨大影响。企业可以运用博客口碑营销策略，激励早期采用者向他人推荐产品，劝服他人购买产品。随着满意顾客的增多会出现更多"信息播种机""意见领袖"，企业赢得良好的口碑，长远利益也就得到保证。

## (三)博客营销的主要功能

博客作为一种网络营销工具，发挥的是营销信息传递作用，因此其营销功能主要体现在：企业可以更加自主、灵活、有效和低投入的方式发布信息，实现网站推广、企业产品展示、品牌宣传、客户服务等营销功能。

### 1．带来潜在用户

博客内容发布在博客托管网站上，这些网站往往拥有大量的用户群体，有价值的专业博客内容会吸引大量潜在用户浏览，从而达到向潜在用户传递营销信息的目的，用这种方式开展网络营销，是博客营销的基本形式，也是博客最直接的价值表现。

### 2．降低网络推广费用

网站推广是企业网络营销工作的基本内容。通过博客的方式，在博客内容中适当加入

企业网站的链接,达到推广网站、提高网站访问量的目的。博客推广是极低成本的网络营销方法,降低了企业网络推广费用。

### 3. 增加企业网站的链接数量

获得其他相关网站的链接是一种常用的网站推广方式,但是当一个企业网站知名度不高且访问量较低时,往往很难找到有价值的网站给自己链接,通过在自己的博客文章为本公司的网站做链接则是顺理成章的事情。拥有博客文章发布的资格增加了网站链接主动性和灵活性,这样不仅可能为网站带来新的访问量,也增加了网站在搜索引擎排名中的优势。因为一些主要搜索引擎如 Google 等把一个网站被其他网站链接的数量和质量也作为计算其排名的因素之一。

### 4. 增加用户通过搜索引擎发现企业信息的机会

多渠道信息传递是网络营销取得成效的保证,通过博客文章,可以增加用户通过搜索引擎发现企业信息的机会,其主要原因在于,一般来说,用户习惯用搜索查找需要的内容,而博客在搜索引擎中常常具有较高的排名。当用户利用相关的关键词检索时,博客里有效信息就会传播给使用搜索引擎的客户,这就达到了利用搜索引擎推广网站的目的。

### 5. 低成本聚集客户并对读者行为进行研究

当博客内容比较受欢迎时,博客也成为与相关用户聚集和交流的场所,有什么问题可以在博客文章中提出,读者可以发表评论,从而可以了解读者对博客文章内容的看法,作者也可以回复读者的评论,形成互动。当然,也可以在博客文章中设置在线调查表的链接,便于有兴趣的读者参与调查,同时还可以直接就调查中的问题与读者进行交流,其结果是提高了在线调查的效果,也就意味着降低了调查研究费用。

### 6. 建立权威网站品牌效应

作为个人博客,如果能够建立自己的专业博客或者开设博客专栏,把自身对该领域里的研究成果、市场分析、心得体会认真地写下来,坚持不懈下去,博客所营造的信息资源不仅将为带来可观的访问量,而且会引起该领域重量级媒体的关注和转载。对企业博客也是同样的道理,只要坚持对某一领域的深度研究,并加强与用户的多层面交流,对于获得用户的品牌认可和忠诚提供了有效的途径。

### 7. 让营销人员从被动的媒体依赖转向自主发布信息

在传统营销模式下,企业往往需要依赖媒体来发布信息,不仅受到较大局限,而且费用相对较高。当营销人员拥有自己的博客之后,可以随时发布所有希望发布的信息,只要这些信息没有违反国家法律,并且信息对用户是有价值的。博客赋予每个企业、每个人自由发布信息的权利,如何有效地利用这一权利为企业营销战略服务,则取决于市场人员的

# 第五章 Web2.0时代的网络营销

知识背景和对博客营销的应用能力等因素。

## 二、博客营销的基本模式

不同行业、不同规模企业采用的博客营销模式不尽相同，事实上，博客营销可以有多种不同的模式。从目前企业博客的应用状况来看，企业博客营销有下列 5 种常见形式。

### (一)企业网站自建博客频道模式

许多大型企业都开始陆续推出自己的博客频道，因为大型企业往往拥有丰富的资源，比如，有资深行业的人员、对产品应用特别熟悉的人员。通过自建博客频道的建设，企业能够获得更多潜在用户的关注，与客户交流，增进顾客认知，听取用户意见等。同时，还可以提高员工对企业品牌和市场活动的参与意识，增进员工之间以及员工与企业领导之间的相互交流，并丰富了企业网站的资源。

---

**案例 5.1 直面客户的"戴博"**

戴尔的产品主要是在网络上直销的，因此戴尔公司格外重视和客户的关系。2006 年 7 月，英文企业博客戴尔直通车成立。不久戴尔博客增加了论坛功能。戴尔让客户告诉他们希望公司做些什么。公司还开了 DellShares 投资者关系博客，让投资者可以更直接地和戴尔交流。戴尔开设了很多博客，以英文为旗舰，衍生出多种语言和多个种类以面对不同的客户。各个博客和英文主博客基本同步引进全球性的 IT 技术讨论话题，但在产品和区域策略方面，又有本地化的话题，选用本地的写手。

2007 年 3 月，戴尔公司启动戴尔中文博客网站(www.direct2dell.com/chinese)，许多人称它为"戴博"。到 2009 年，戴博有 428 篇文章，平均每个月 19 篇。这些文章来自戴尔公司管理层、工程技术部、客户关怀部，乃至销售团队的人员，他们以网络博客写手的身份展示戴尔的产品和服务，分享其工作与生活体验，聆听客户的反馈。同时，戴博也欢迎客户提出讨论话题、留言、互动交流。

戴博所有栏目基本是围绕客户设立的，包括中小企业、客户体验、客户服务、支持家庭用户等。戴博也介绍自己，有企业文化、公司战略和业绩、产品等。在社区里，客户发帖门庭若市，浏览量上万至 6 万的主帖比比皆是。

戴博之所以能够在企业博客中能够做得如此出色，是因为戴尔把博客看成一个战略决策。用戴尔的话说"每一个客户对我来说都很重要。""通过和客户一起合作，我们赢得了很多机会来改变这个世界。"比如，和客户一起在全球开展了电脑免费回收项目，使所有消费者都可以享受免费戴尔电脑回收服务；开展"为我种棵树"项目，让戴尔的客户有机会通过捐款植树减少因使用电脑而产生的温室效应。

当一个公司希望和它的每一位客户都保持沟通时，企业博客就成为理想的平台了。

(资料来源：http://www.bianji.org/news/2009/10/327.html，2016-8-9，有删节)

## (二)利用第三方博客平台模式

利用博客服务商(BSP)提供的第三方博客平台发布博客文章,在博客营销初期常被采用。博客运营商能够为用户发表个人网络日志提供空间平台、各种文章编辑、管理功能以及更新、发布模板。这种模式的好处在于操作简单,不需要维护成本,并可共享第三方博客平台已有的用户资源,借助运营商网站的高人气来传播企业的社会影响力,赢得客户。

### 案例5.2 博洛尼盖网络中最高的楼

博洛尼是一个著名的家具品牌。在2008年8月,该公司的CEO蔡明在自己的新浪博客中发表了《中国沙发最终动员令》,邀请广大网友共同来参加"抢沙发"的活动。在活动期间,每一篇博文的第1、2000、4000、6000、8000、10 000位回帖者可以获得真实的博洛尼双人沙发一套,而这些回帖者中最为精彩的帖子可以获得价值11 800元人民币的博洛尼四人位曲尺沙发一套。活动规则如下图所示。

这项活动得到了网友的热烈响应,这个博客邀请创造了博客回帖的奇迹,就在2008年8月8日奥运圣火点燃时,蔡明所发表的这篇文章在1小时之内就获得了1万多的回帖量,在网络上的热度直逼奥运圣火的热度。在之后奥运会的进行过程中,每当中国队获得金牌,蔡明和网友都会在其博客中做出回应,网友们也积极参加抢沙发的活动。8月24日,蔡明在新浪博客中发出了《盖网络史上最高楼祝福中国》的帖子,这个帖子的回复量更是打破了新浪博客有史以来回复最多的纪录,总回复量达到133 131个。在此次的"抢沙发"活动后,博洛尼的知名度迅速上升,而在博客中所"盖的最高的楼"也将博洛尼CEO蔡明的博客推上了新浪首页的推荐博客中,成为名博。在蔡明的博客成为名博之后,有越来越多的人了解了蔡明时尚、崇尚美丽的品位,以及博洛尼的高品位家具品牌。博洛尼在此次的"抢沙发"活动中并没有投入非常巨额的资金，却受到了非常好的宣传效果。

(资料来源：杨立军等. 成功的网络营销方法精选与案例解析[M]. 电子工业出版社，2012)

### (三)个人独立博客网站模式

除了以企业网站博客、第三方博客平台等方式发布信息外，以个人名义用独立博客网站的方式发布信息也很普遍。对有能力维护博客网站的员工，个人博客网站也可以成为企业博客营销的组成部分。不过个人独立博客对知识背景以及自我管理能力要求较高，不利于企业对博客进行统一管理。

### (四)博客营销外包模式

把博客营销作为一种由第三方专业机构提供的服务，实际上属于博客营销的外包模式。将博客营销外包给其他机构来操作，可以认为是网络公关的一种方式。外包模式的优点是：企业不需要投入过多人力，不需要维护成本，而且第三方机构有专业营销人员，提供的服务往往比较专业，有经过精心策划的一些营销活动的配合，往往能取得巨大影响力。例如，可口可乐公司是较早采用博客营销外包模式的企业。2006年年初，作为奥林匹克运动会的长期赞助商，可口可乐在冬奥会期间发布了一个对话交流式的营销网站，叫作"Torino Conversations"，该新型网站上开放有 Podcasting、发布图片、读者评论等功能，付费招募了来自中国、德国、意大利等国家的 6 名大学生，从冬奥会观众的角度，以博客的形式实时报道冬奥会，并宣传可口可乐产品。这个博客团队相当于可口可乐公关部门下的一个团队，但并不属于可口可乐公司的雇员。

### (五)博客广告模式

博客广告模式实际上属于一种付费的网络广告形式，即在有一定访问量的博客网站上投放广告，利用博客内容互动性的特点获得用户关注。其特点是简单快捷，只要为博客广告付费，企业信息即可快速出现在他人博客文章中。在博客上投放广告，应在一些博客内容与自己产品具有相关性的博客上投放广告，这样广告的针对性非常强。

随着博客营销进一步深入，还会有新的博客营销模式产生，究竟哪种模式适合自己的企业，需要根据企业经营思想和内部资源等因素来确定，同时也不排除多种模式共存的可能。

## 三、博客营销的实施流程

无论是企业自己建立博客平台，还是委托博客托管服务商，其博客营销都无法离开制订博客营销计划、选择博客服务平台、选择优秀博客主、定期更新及完善博客内容、协调个人观点与企业营销策略之间的分歧、推广博客以及评估博客营销效果等关键程序，如

图 5-1 所示。

图 5-1 企业博客营销的基本流程

### (一)制订博客营销计划

尽管博客营销具有较大的灵活性和随意性，不太容易严格按照计划来发表信息，但考虑并制订一个中长期博客营销计划仍然是必要的。计划的制订应围绕公司业务与目标市场、目标客户群体、推广对象等方面，包括博客营销主题、博客服务平台名单与选择、人员计划、写作领域与信息整合领域的选择、博客文章的发布周期、博客营销的监控、其他博客资源的利用思路、效果跟踪与评估指标等内容。

### (二)选择博客服务平台

在选择服务平台时，需要注意选择功能完善、稳定，适合企业自身发展的博客营销平台。选择博客托管网站时，可以根据全球网站排名系统等信息分析判断，选择访问量较大且知名度较高的博客服务平台。对于某一领域的专业博客网站，则需要考虑访问量和其在该领域的影响力。同时，企业可以依托官方网站建立博客频道，发布企业动态与产品信息、研究成果、调研报告以及优秀员工日志等方面的内容。

### (三)选择优秀的博主

在博客营销的初始阶段，传播企业信息首要条件是拥有具有良好写作能力的博客主，博客主在发布自己的生活经历、工作经历和某些热门话题的评论等信息的同时，附带宣传企业，如企业文化、产品品牌等，特别是如果该博客是在某领域有一定影响力的人物，其发布的文章就更容易引起关注，吸引大量潜在用户浏览，这样就可以为读者提供了解企业信息的机会。

### (四)定期更新及完善博客内容

要发挥博客的长久价值和应有作用，企业应坚持不断地更新博客内容。因此企业需要创造良好的博客环境，采用合理的激励机制，促使企业博客维护者们有持续的创造力和写作热情。

## 第五章 Web2.0 时代的网络营销

### (五)协调个人观点与企业营销策略之间的分歧

网络营销活动属于企业营销活动，而博客写作属于个人，因此博客营销必须正确处理两者之间的关系。为了获得读者的关注，博客文章不能仅代表公司的官方观点而失去个性特色；同时，如果博客文章只代表个人观点而与企业立场不一致，就会受到企业的制约。因此，企业应该培养一些有良好写作能力的员工，他们写的东西既要反映企业特色，又要保持自己的观点和信息传播性。

### (六)博客的推广

企业可利用各种方式推广博客，如提示网友转摘、提供交换链接、与各大博客网站主编或栏目编辑维持关系，以及为博客设置符合搜索引擎的要求，利用搜索引擎带来流量等。

### (七)博客营销效果的评估

企业可根据事先制订的计划对于博客营销效果评估，如博客访问量统计、所有博客访问总量统计、转载量、外部文章数量、针对媒体的影响状况、参与博客写作的非客户机构内部人员数量、客户咨询、销售转化率、博客营销计划的执行状况等多项指标展开评估，并根据评估结果予以深化或改进调整。

## 第三节 SNS 营销

随着 Facebook、人人网、开心网等 SNS 网站如雨后春笋般出现，互联网刮起了第一波社会化网络的浪潮，吸引了众多的人群。SNS 平台以其庞大用户群、真实的用户资料、人际关系传播的互动机制和强大的口碑营销而受到越来越多企业的青睐，利用 SNS 平台进行营销的潜力非常巨大。SNS 营销的本质是基于真实的网络人际关系进行信息传递，其在提升品牌美誉度、强化客户关系和促进销售等方面具有显著优势。

### 一、社会化媒体与 SNS

#### (一)社会化媒体

社会化媒体(Social Media，也称社交媒体)是常与 Web2.0 相提并论的概念。社会化媒体是一种给予用户极大参与空间，以用户创造内容和信息传播为主要特点的新型交互式在线媒体，是人们用来分享彼此之间的信息、见解、意见、经验、观点的工具和平台。社会化媒体模糊了媒体与传播者、受众之间的区别，并实现了媒体与个人的有机结合。简而言之，它是用户用于信息分享和进行社交活动的平台，它的核心是社交。社会化媒体颠覆了传统媒体的概念，是一种集合了多种功能的在线平台，更是一个足以代替真实感知的超级媒体。

关于社会化媒体的分类，学术界有不同的观点。但一般可以认为，社会化媒体包括博客、微博、播客、IM、论坛、SNS、Wiki、问答网站、评论网站、图片与视频共享网站等形式。由此可见，SNS 是社会化媒体的一种具体形式。

### (二)SNS

在互联网领域，SNS 较为统一地被理解成以下三种含义。

(1) 社会化网络服务：Social Network(Networking)Services，是指支持和帮助人们建立社会性网络的互联网基础服务。

(2) 社交网络软件：Social Network Software，是指采用 P2P 技术构建的社交软件。

(3) 社交网站：Social Network Site，是指基于 Web 网页的社交站点。

以上三种定义各有侧重点，但都有其内在的一致性，即将人的社会化和社会关系的建立与维系当作核心，无论是软件开发、网站建设还是服务供应都离不开这个核心。综合来看，SNS 是通过社交网络软件、社交网站提供用户之间相互交流的社会化网络服务平台。

SNS 作为社会化媒体的一个分支，具有社会化媒体的普遍特征：参与性、公开性、交流性、对话性、社区化、连通性。此外，SNS 作为真实化的虚拟人际交往平台，还具有用户信息真实、用户数量庞大、用户关系亲密、粘黏性强、传播内容碎片化、平台开放性、互动与分享性等特点。SNS 平台的这些特点为营销创新注入了新活力。

## 二、SNS 营销的含义、特点与功能

### (一)SNS 营销的含义

SNS 营销，即社会化网络营销，是利用 SNS 社交平台的分享和共享功能，在六度分隔理论的基础上实现的一种营销模式。通过病毒式的传播手段，信息可以几何级数蔓延，从而让企业的品牌或产品信息被更多的人知道。借助 SNS 社交平台对用户资源进行开发，进而可以进行广告投放、精准营销、群组赞助、整合营销、互动体验营销、口碑营销、虚拟物品买卖等等，形成一个具有多种用途的社会化媒体营销平台。

SNS 营销是一种随着网络社区化而兴起的营销方式。SNS 在中国发展时间虽然不长，但是现在已经成为备受广大用户欢迎的网络社交模式，比较有代表性的有开心网、人人网、若邻网、人脉网等。在 SNS 社交网络中，会形成许许多多大小不同的人际圈，这些人际圈通过关系紧紧联结在一起，用户可以从这个人际圈跳到另外一个人际圈。企业可以在 SNS 平台上全面铺开进行营销，直到整个 SNS 社交平台的大部分用户都传播自己的信息。

### (二)SNS 营销的特点

SNS 营销作为一种全新的网络营销方式，具有如下特点。

# 第五章 Web2.0 时代的网络营销

### 1．用户资源丰富，有利于进行精准营销

SNS 用户规模巨大，人员分布广泛，遍及各国各地、各行各业，又依照一定规则聚合在一起，形成多种群体，这些群体成为营销不可或缺的精准群体。SNS 平台在注册时一般会要求用户留下真实的个人信息，以明确真实身份。甚至有些 SNS 社交平台是采用实名制的(如人人网)，这样，网站数据库就可以掌握个体用户丰富、真实的信息，透过这些信息可以比较准确地分析出用户的行为特点和需求偏好等内容，进而为企业精准营销提供机会。

### 2．用户群体同质性明显，黏性较高，有利于进行分众营销

SNS 中的社交圈子通常基于某种特定的关系(如同类职业、同类兴趣爱好或者同类居住地点等)，是线下交往方式的一个补充。而同质群体往往具有相似的行为模式和价值观念，体现出相似的购物偏好，这些特点有利于商家根据用户的不同特征进行分众营销。

### 3．具有较强的互动性，有利于开展互动式营销

SNS 平台用户之间紧密联系，相互交流的内容和方式也灵活多变。在 SNS 平台，人们可以就自己感兴趣的话题或者当下热点的话题进行讨论，也可以通过发起投票或者提出一些问题来吸引用户参与。商家也可以通过与用户的对话，得到客户需求偏好信息，并针对这些信息对自身产品或服务进行改进，从而提高自身美誉度。

### 4．分享和聚拢功能促成了营销信息的病毒式传播

SNS 最显著的特点就是用户通过熟人的熟人在网络社会中不断扩大人际关系网，而用户之间形成的熟人关系有利于病毒营销的传播。不言而喻，熟人之间的口碑营销不仅成本最低，而且传播效果也是最好的。商家可以先借助病毒营销的方式侵入到用户群体中，然后再促使用户群将其真实化。

## (三)SNS 营销的功能

SNS 的核心思想是关注人本身，对企业而言，无论是内部管理，还是外部推广和营销，人都是最关键的因素。在社会化媒体环境下，企业营销方式发生了翻天覆地的变革，企业越来越关注用户的互动参与和产品的美誉度，并强调企业和用户的交互沟通。SNS 在精准营销、口碑营销和植入式营销方面的价值尤其突出。具体来说，SNS 营销主要具有如下功能。

### 1．客户维系

SNS 营销是建立在六度分隔理论的基础上的，SNS 中的"朋友圈"具有集聚效应，能够聚集大量的具有相同兴趣和爱好的用户。而这些用户很有可能就是企业的潜在客户，企业运用 SNS 平台能够很好地维系和拓展客户，并与他们保持一种良好的客户关系，拓展企

业的营销渠道。

**2. 精准营销**

SNS 平台可以掌握详细的用户信息,然后根据用户信息分析用户的偏好和需求,有针对性地对用户推送定制化的营销活动。另外,SNS 也特别注重与消费者的互动,参与到同一社会化媒体互动中的消费者具有相似的兴趣爱好,并且对于品牌有较高的信任度,对于企业来讲精准性高,营销效果要比传统媒体、门户网站或综合网站好。

**3. 品牌提升**

传统的品牌营销通常都是单向传播且互动性差,而 SNS 营销则强调参与和互动。社会化媒体中的信息通过用户的自传播,以快速复制的方式传向数以万计的目标受众,企业的品牌美誉度借助于这种病毒营销会有较大提升。

## 三、SNS 营销的模式

### (一)SNS 品牌主页营销模式

SNS 品牌主页营销是指企业在 SNS 平台上注册账户,开通品牌主页,通过各种有趣的活动或者发表各种状态来吸引用户关注、与用户对话,从而让用户关注品牌,并利用好友关系网络高效传播对话,以使品牌真正打入用户的社交关系,最终达到品牌营销的效果。

当然,用户也可以在品牌主页群里分享包括产品评价、使用感受、代购、甚至实体店信息等信息。为方便起见,有些企业还会在品牌主页上增加网上商城的入口,在讨论之余,可以让用户直接进入购买通道。通过品牌主页的用户群,用户之间产生了互动,这将会产生更高的黏度并吸引更多的人参与。同时,通过这个群,还可以辨别出包括用户的年龄、性别、学历、收入、阶层等用户属性。这些用户在网上参与投票、参加游戏、参与测试等,也会留下丰富的行为特征,这些特征都给企业提供了很好的用户数据库,为企业做下一次的产品营销,甚至产品的设计方向提供了绝佳的参考。

### (二)SNS 广告营销模式

SNS 广告营销模式是指在 SNS 平台发布各种形式的广告,使产品被用户了解和喜爱并最终促成销售。广告模式主要包括精准营销展示广告、植入式广告、互动型广告三类。

**1. 精准营销展示广告**

精准营销展示广告,是通过用户的注册信息和行为特征,社交网站能掌握用户的年龄、性别、所处地区、受教育程度、兴趣爱好等个人信息,可以使广告主更加精确地定位自己的目标受众群体,并根据不同的目标客户推送不同的营销方案。精准营销展示广告包括黑板报、置顶新鲜事、顶部大通栏广告等形式。

### 2. 植入式广告

植入式广告主要通过将广告主的品牌和产品信息融入社交网站的情景和相关产品中，让消费者在潜移默化中提高对产品的认知，包括电子礼物(E-Gift)、游戏内置广告等。一般而言，被植入的产品或品牌会得到一定程度的突出展示，且用户不容易对其产生抗拒心理，能够不动声色地拉近广告主和用户之间的距离。植入式广告可以巧妙地和网站的某些产品相结合，让用户在不知不觉中强化对该品牌的印象，进而接受产品并产生购买行为。

---

**案例 5.3　建行开心网植入式推广**

自 2009 年 11 月底到 2010 年 2 月初，中国建设银行在开心网进行了植入式推广。活动前期，中国建设银行植入理财方式测试，提供"你与金钱的关系""金钱在你眼里是什么样"等问题，每道题以一系列图片来展示题目内容，通过测试者对看到图片的第一直觉，来测试由性格决定的理财方式。测试活动进行两周后，开心网新组件开心富翁正式上线。该游戏中通过金钱交易买卖土地，因此有大量的银行曝光。中国建设银行在开心富翁上线即以冠名身份出现，用户在游戏过程中，有一定概率会进入"中国建设银行"。每个用户首次进入银行，会出现与前期理财测试相应的联动环节。对于已做过测试的用户，根据测试结果提示其适合的理财方式。对于未做过测试的用户，引导用户参加测试。

游戏中，每次经过他人地盘支付过路费时，均提示用户"使用建行龙卡通支付"。同时，游戏中可在建设银行购买理财产品，理财产品名称与建行真实理财产品对应。用户每次赎回理财产品时均可获得一次抽取真实礼品的机会。

活动期间，建行龙卡通支付曝光次数超过 1.4 亿，建行大楼总曝光次数超过 4000 万，在开心富翁中购买理财产品的次数超过 220 万，建行理财测试参加人数超过 28 万人。

建行植入以两个组件活动联动的方式，前期理财测试初步铺路，后期深度植入再将理财测试引入，二者巧妙配合，为彼此带来了更多关注。真实礼品抽奖环节的加入，是植入开心富翁活动吸引用户参与的亮点。整体活动中参加抽奖活动的用户超过 100 万。此举一方面增加了游戏的趣味环节，同时也让部分用户在参与游戏的过程中得到了意外的收获。

(资料来源：http://blog.sina.com.cn/s/blog_ae9813dd0102w7oq.html)

---

### 3. 互动型广告营销

互动型广告营销需要受众的参与和更加直接的交互，比单纯的点击包含更多的内容。交互式广告的形式多种多样，主要包括游戏、插播式视频、回答问题、Widget box 视频广告、热帖文字链广告、赞助商广告等。在 SNS 网站上，送虚拟礼物也是互动型广告的一种，它不仅是表达人际关系的重要方式，而且也可以在互动中植入品牌广告。

## (三)SNS 活动营销模式

SNS 活动营销是指在 SNS 发起各种活动,通过该活动的趣味性或者奖励性来吸引更多的用户参与,达到打响产品、品牌知名度目的的一种营销方式。例如,可口可乐公司在人人网主页右侧打出的"畅享毕业季,为青春喝彩"、伊利巧乐兹的"浪漫指令季",还有麦当劳"见面吧"等活动营销,一般只占人人网主页右侧一小块地方,并会在下方出现"分享""参与"两个小按键,如果用户点击了"分享"键,该用户的好友就会看到这条动态,受好友的影响,也会参与活动,从而给这则营销起到宣传的效果;若用户点击了"参与"键,则通过链接会把客户带到活动营销的主页,里面会有详细的活动介绍,而且通常都会有奖品。

## 四、SNS 营销的过程

从 SNS 营销实践来看,其过程可以缩写成 TIIAS 的 5 个阶段,如图 5-2 所示。

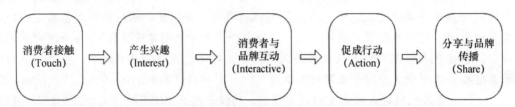

图 5-2　SNS 营销的过程

### (一)接触消费者(Touch)

SNS 平台在满足用户情感交流、互动参与、APP 娱乐、垂直社区、共同爱好人群等需求方面,提供了多种服务和产品,这些服务和产品为广告主接触用户创造了大量的机会。通过精准定向广告可以直接定位目标消费者。

### (二)消费者产生兴趣(Interest)

SNS 平台精准定向的广告创意与用户群的契合会带来更高的用户关注度和满意度,同时来自好友关系链的 Feeds 信息、与品牌相结合具有娱乐性质的 APP 更容易引起用户的兴趣,这些兴趣可能是受广告创意的吸引而产生,并且能刺激用户潜在的消费欲望。

### (三)消费者与品牌互动(Interactive)

消费者通过评论、留言、参与商家活动等方式获得互动的愉悦与满足感。商家也可以通过 APP 植入与消费者进行互动,由于 APP 植入广告具有隐晦、易接受的特点,所以这种互动可以在不影响用户操作体验的情况下传递品牌信息,扩大品牌影响力。

## 第五章 Web2.0 时代的网络营销

### (四)促成行动(Action)

通过消费者与品牌的互动,在娱乐过程中消费者潜移默化地受到品牌信息的暗示和影响,提升了消费者对品牌的认知度、偏好度及忠诚度,从而对用户的线上及线下的购买行为和选择产生影响。

### (五)分享与口碑传播(Share)

用户与品牌互动及购买行为,可以通过 SNS 平台和其他社会化媒体进行分享,而这些基于好友间信任关系链的传播又会带来更高的关注度和传播广度,从而品牌在用户口碑传播中产生更大的影响。

案例 5.4　宝马汽车如何做到 Facebook 互动率最高的汽车品牌?

根据 Socialbakers 的统计,截至 2012 年第一季,汽车产业是在 Facebook 上互动率最高的粉丝专页类别。其中以德国汽车品牌 BMW 的表现最亮眼,除了是规模最大的专页,也是互动率最高的汽车品牌。BMW 的粉丝专页鼓励粉丝发图片和分享他们的驾驶体验,作为对专页的最新消息、资讯,及娱乐的回馈。我们可以从这个在 Facebook 上的产业领先者身上学到什么呢?汽车品牌如何引发粉丝的互动呢?让我们看看 BMW 社交媒体策略中的 5 个诀窍。

1. 创制精彩的图片

汽车品牌通常有较高的预算提供给行销企划和活动运用,所以有能力以精致、高品质的图像、广告、影片等方式,呈现各种车型。Facebook 的时间轴(Timeline)功能的核心就是讲故事;而在社交媒体上,讲故事的核心就是图片。

2. 建立一个坚固的社群共同体(community)

BMW 的目标设定是:利用社交和数字行销、透过最多的矩阵建立社群网络。他们为此推出了数个行动 apps,例如:The Ultimate Drive app(终极驾驶 app)为用户提供行车图,可以在上面标示他们最喜爱的路径、分享秘诀,以及为路径评分等。一般而言,以嗜好(如汽车)为基础的社群忠诚度都很高,而且非常坚定。

3. 监察来自你的社群网络的信息

BMW 还配置了一支客服团队,专门监察来自 Twitter 和 Facebook 的信息。他们会注意与 BMW 汽车问题有关的关键词,并分辨该问题是个别的还是普遍的。然后这个团队就会进一步提醒经销商网络。秘诀:这是一个品牌如何运用社交媒体发现人们针对产品或服务在讨论什么的良好示范。而且,这个做法最棒的地方是,品牌能够比经销商或记者更快速地知道问题所在。

4. 设计富有挑战性的比赛

BMW 在 YouTube 发布的 "0 to Desir3" 影片,鼓励粉丝提交自己 5.9 秒片长的影片,以表达他们在现实生活中有多想拥有一台BMW328汽车。粉丝们可以投票选出最佳影片。至于为什么影片要这么短呢？因为这个车款可以在5.9秒内从0达到时速60公里，而要把这个创意点子运用在一个这么短的时间的影片里也是一个很大的挑战。秘诀：推出一个挑战粉丝的比赛，例如，请他们发出最棒的照片或最有趣的影片。

5. 结合贴文类型和媒介

从各种角度观看一个产品或服务是很有趣的。汽车品牌会为粉丝提供多种内容形态-看到幕后，甚至是整个生产过程。能够看到一个最新车型的草图、内部的细节、新技术或员工工作过程等，就已足够让粉丝感觉你在乎他们，然后所有的事情都变得更人性化。

(资料来源：http://socialbeta.com/t/what-makes-bmw-so-cool-in-social-media)

## 第四节 微博营销

微博自诞生以来，以其便捷性、草根性、背对脸以及强大的传播力等特点，迅速成为Web2.0时代最为活跃的社交媒体。微博改变了媒体和信息传播模式，更给营销带来巨大的想象空间。微博营销已成为企业品牌宣传、客服公关和促销推广必备的网络营销方式。

### 一、微博营销概述

#### (一)微博及其传播特性

**1. 微博的含义**

微博是微型博客的简称，即一句话博客，是允许用户及时更新简短文本(通常少于140字)并可以公开发布的博客形式。微博是一个基于用户关系信息分享、传播以及获取的平台，通过关注机制来实现简短实时信息的广播分享，具有关注、发布、转发、评论、私信、实时搜索等功能。

微博是手机短信、博客、IM和SNS等四大产品结合的产物。与博客相比，微博更便捷和草根；与手机短信、IM相比，微博更开放；与SNS相比，微博的社交圈更广泛。微博一般可按使用者分为个人微博和组织微博。组织微博中的企业微博又包括企业官方微博、分支机构微博、企业高管和员工的个人微博等。

**2. 微博的传播特性**

从信息传播角度来看，微博具备传统传播过程的"5W"要素：Who(谁)—say What(说了什么)—in Which channel(通过什么渠道)—to Whom(向谁说)—with What effect(有什么效果)。但与传统传播方式相比，微博又有自己特色鲜明的传播特征。

## 第五章　Web2.0时代的网络营销

1) 传播者的全民化

微博(140字以内)的低门槛写作方式使普通大众的每个个体都可能成为信息的制造者和传播者。每一个微博用户都可能形成一个自媒体，这标志着全民互联网传播时代的到来。

2) 传播内容的碎片化

基于字数的限制，微博的信息传播只能简单地说，或者分多次说，或者与别人一起说，呈现出碎片化特征。首先，传播的信息随意性较强，有大量没有多少实际价值的信息；其次，传播的信息需要传播者多次发布才能完成；再次，有时也需要多位传播者共同来完成一条信息的传播。碎片化的特性更加容易诱发人们的兴趣，微博的关注度也更高。

3) 发布方式的多样化

随着微博用户数量的飞快增长，微博的发布途径也越来越多，除了较为常用的网页、WAP、APP客户端、手机短信，用户还可以通过皮皮时光机、微媒体、专业版微博、bshare、媒体版微博、微博达人、贴心小秘书、微博通等微博工具发送信息。从发布方式来看，微博正好切合了传播的4A(Anytime，Anywhere，Anyone，Anything)元素，成为一种流动的信息发布装置。

4) 受众亦是传播者

在微博传播中，传播主体和客体的区分不再重要，因为信息传播和接收几乎可以同步完成，传播者、接受者在瞬间就可以进行角色转换。每个人都是信息的生产者、传播者和接收者。每个微博用户既是信息的创造者，同时也在接收所关注人的信息时成为接收者，然后又把接收到的信息通过转发传播给了自己的粉丝，微博用户同时拥有传者和受者的双重身份。

5) 传播效果的裂变化

微博的传播方式既不是传统媒体的线性传播(ONE TO ONE)，也不是网络媒体的网状传播(ONE TO N)，而是一种裂变式传播(ONE TO N TO N)。微博的"一键转发+评论"功能，使它的关注者看到信息后也可以同时成为发布者。微博还设置了"@+"功能，可以通过@+对方网名的方式，将信息传达到对方微博上，实现"一对一""一对多"的信息交流传递方式。此外，通过微博的"群组"功能，用户选择自己喜欢、感兴趣的群组加入后，可以跟不同区域内的人进行交流，真正实现了"零距离""宽范围"的交流。

### (二)微博营销的含义与特质

#### 1. 微博营销的含义

据CNNIC报告显示，截至2016年6月，中国微博用户规模为2.42亿，越来越多的网民通过微博进行互动交往、资源信息共享、获取新闻及各类信息以及社会参与等活动，同时，新闻媒体、社会舆论、企业推广等也更加依赖于微博平台。微博的爆炸性增长，使其成为当今最具影响力的互联网入口和平台，进而带来了巨大营销效应，微博营销从此诞生。

关于微博营销的定义众说纷纭，像许多新兴的概念一样没有公认的定义。一般来说，微博营销是指一种借助于微博平台进行的营销活动，个人或者组织利用微博的传播特性，通过微博这个网络应用工具来推广品牌，进行市场营销或者维护公共关系。

微博营销的主体非常广泛，不应只局限在企业领域，微博营销活动也可以为个人、政府和其他各类组织所利用。李开复的新浪微博是个人微博营销成功的典型例子，他的微博已经发布1.5万条信息，粉丝人数达5000万，转发数和评论数也动辄几千上万；在与粉丝的互动交流中，李开复不仅提升了个人形象，同时也宣传了其创办公司。故宫等公共文化机构也在微博上发布信息，与用户进行交流，回答问题也非常多，沟通效果很好，获得广大网民的喜爱。此外，据统计全国已经有500家左右公安机关开通了微博，广州市公安局通过微博发布治安提示、揭露事实真相平息谣言、解决老百姓问题，服务公众，提升了自身形象。以上案例中，个人或各类组织在微博上进行的活动也属于微博营销的应用范畴。

**2. 微博营销的特质**

微博营销具有信息成本低、精准度高、实时性强、传播门槛低、碎片化、原创性、亲和性、互动性等特点。从性质上说，微博营销从属于网络环境下的病毒营销、整合营销、湿营销、关系营销、实时营销。由于微博比较依赖第三方平台，信息传播不够系统，所以又可以说微博营销是一种补偿性营销。

1) 病毒营销

病毒营销的核心在于借助互联网和受众的口碑相传。微博裂变式的传播模式使得微博在传播过程中呈现出病毒式的特点，而这很好地迎合了病毒营销的条件。转发是微博的重要功能之一，也是实现病毒营销的最好途径，它与病毒营销的分享原理本质一致。

2) 整合营销

由于微博营销的补偿性特点，企业微博营销活动过程中常常需要整合各种资源：一是微博内部资源的整合，即企业官方微博、企业高管微博及员工微博资源的整合；二是微博与其他资源的整合，即与企业官方网站、博客、网站等工具结合起来，以弥补其不足。

3) 湿营销

湿营销是借由互联网上的社会性软件聚合群体，以温和的方式将其转化为品牌的追随者，并赋予消费者力量，鼓励他们以创造性的方式贡献和分享内容，影响商家的新产品开发、市场调研、品牌管理等营销战略。这里的"湿"，强调的是一种沟通，信任的方式，它不是干巴巴、硬邦邦地满足人的生理和心理需求，而是在认可人性的基础上成为社会成员之间情感和心理的纽带。微博营销到如今取得巨大的成功，正是因为它适应了湿营销这条道路。消费者还会发现微博平台上的企业不再如以前一般冷冰冰、高高在上，自己的意见或者建议都会被企业友好地接纳甚至采用，任何一项与企业相关的内容都会成为企业重视的对象。

4) 关系营销

# 第五章　Web2.0 时代的网络营销

从微博的传播特性来看，微博是企业和组织进行关系营销的天然场所。在营销、公关及品牌塑造进一步融合的大趋势下，微博营销在很大程度上就是一种关系营销，其核心概念是"关系"。因此，如何建立、发展和维持营销主体同目标用户及其他相关人员的关系，是微博营销必须重视的问题，也是评价和预测微博营销效果的切入点。

5) 实时营销

实时营销是指根据特定消费者当前的个性需要，为其提供产品或服务，该产品或服务在被消费过程中可自动收集顾客信息，分析、了解消费者的偏好和习惯，自动调整产品或服务功能，实时地适应消费者变化着的需要。微博平台是一个多维、多边、实时的互联网平台，能为企业的产品和服务提供一个直接、即时的展示、沟通机会，因而成为企业有效的实时营销平台。微博营销中常采用的有奖竞猜、打折促销、转发抽奖等促销互动活动都属于实时营销的范畴。

## 二、微博营销的功能

微博营销借助了微博这一媒体作为载体，其营销价值也同样是微博各部分功能的展现。总体上看，微博营销包括以下几个重要功能。

### (一)网上调研

微博的出现为市场调研提供了一个便利高效的调研工具。通过微博，企业可以获取消费者的兴趣和偏好、深入了解市场潜在机会和竞争对手的弱点所在，并以此判断如何正确地为用户创造价值。企业可以对微博平台的粉丝言论进行收集分析，获取粉丝的消费者动态和潜在意识。企业还可以在微博上发起投票和调查，甚至可以针对调查中涉及的问题与用户进行面对面的沟通。企业还可以在特定的时间进行"微访谈"，跟踪和统计用户对企业开展的市场活动的反应，了解用户的看法和想法，并且能够及时对用户的反馈做出回应。例如，2013 年 6 月 7 日，海尔官方微博发布了一条有关空调设计的畅想，受到了众多网友的跟帖评论，众多粉丝的评论留言可以对其产品的研发提供参考。

### (二)产品推广

微博作为一个平台型媒体，广告推广的功能异常突出，可以通过文字、声音、视频、图片、搜索等多种形式展示企业的新产品/服务。据笔者对新浪企业微博观察，很多企业直接将营销产品或者经营活动的信息通过微博发布，用微博向消费者推荐产品。同时，每个企业微博都拥有数量较多的粉丝，这有会造成产品信息的二次或多次传播，有效达到了广而告之的效果，有的企业甚至直接与客户通过私信的方式在微博上完成产品的销售。

从 Twitter 的经验来看，戴尔的微产品便是其中成功的一例。2007 年 6 月，戴尔公司开始了利用推特销售产品的尝试，特设立专门的账户——@DellOutlet，在上面定期发布一些产品信息。

### (三)客户服务

微博的直接性、即时性、便捷性让其具备了良好的服务特性，企业微博客服人员可以提供咨询、售卖、跟踪等贯穿售前、售中、售后全过程的服务。企业还可以通过微博搜索来查看与自身相关的内容和评论，利用、收集大量用户的真实反馈，以及利用微博来进行舆情监控等。另外，企业还可以将一些生活中的碎碎念发布出来，在网友面前展示人性化的一面，拉近与客户的心理距离。

### (四)品牌宣传

对于企业而言，微博是树立和推广其品牌形象的一个良好的途径。首先，当企业在微博上以官方身份出现，事实上就是对自身的曝光和宣传。其次，企业通过微博发布最新的消息，包括企业动态、行业咨询、产品特性、售后服务等信息来进行品牌传播，可以提高品牌的关注度和知名度。企业官方微博与官方博客、官方网站、官方微信公众号、共同构成了企业官方网络信息源，在品牌宣传与公共关系方面具有重要作用。例如，在新浪微博，戴尔先后注册了@戴尔中国官方微博、@戴尔中小型企业、@技术中心社区、@戴尔公益等数个微博直接与消费者进行交流。最后，微博能够实现企业与用户之间面对面的对话，不仅仅能够增加信任，还能够保证对话的质量。微博粉丝之间的分享和口碑传播，则有助于扩大品牌宣传和推广的效果。

### (五)活动促销

企业可以在微博上发起具体的主题活动，吸引粉丝来参加，包括在线活动和线下活动。通过有奖转发、群体公益等一系列活动，引起用户产生关注、认知、好感以及进一步购买的行为。

---

**案例 5.5　凡客诚品微博营销经验启示**

经常有人问：如何利用微博与用户互动、发布产品和品牌信息或组织活动？凡客诚品的经验也许可以给你更多启示。

VANCL 官方微博账号"VANCL 粉丝团"的简介上就明确地写着"VANCL 凡客诚品官方互动交流平台"，如下图所示，这表明他们对微博互动的充分认识。

# 第五章 Web2.0时代的网络营销

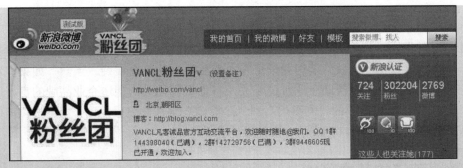

作为最早"安家"新浪微博的广告主之一，VANCL多年培育出来的成熟的电子商务实战技巧成就了其作为广告主"围脖"明星的天然优势。在VANCL的微博页面上，你可以清楚看到这家迅速崛起的企业对待互联网营销的老练：一会儿联合新浪相关用户赠送VANCL牌围脖，一会儿推出1元秒杀原价888元衣服的抢购活动来刺激粉丝脆弱的神经，一会儿又通过赠送礼品的方式，拉来姚晨和徐静蕾等名人就VANCL的产品进行互动。

除此以外，你还能看到VANCL畅销服装设计师讲述产品设计的背后故事，看到入职三月的小员工抒发的感性情怀，对于关注话题中检索到的网民对于凡客的疑问，VANCL幕后团队也会在第一时间予以解答。

VANCL在微博使用初期就动脑筋组织过一次活动，既为自己的"凡客体"做了广告，又为"凡客体"广告的两位主角韩寒及王珞丹做了推广，如下图所示。

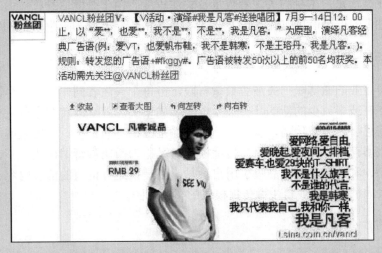

VANCL品牌管理部负责人李剑雄称，虽然从目前来看，微博的营销效果很难评估，但是相应的投入也很少，只要细心经营，微博对企业形象的构建、品牌内涵的宣扬的意义不言而喻。从VANCL官方微博的运营情况来看，更早地使用微博，更清楚的定位，更充分地互动，以及更有创意的活动，都是其他企业可以借鉴的经验。

（资料来源：陈永东. 企业微博营销：策略、方法与实践[M]. 机械工业出版社，2012.）

### (六)危机公关

微博为企业处理公关危机提供了新的渠道。微博的即时性特征可以让企业在危机发生后第一时间给出真相，有效打消因为信息发布滞后导致的公众质疑。当然，如果能够妥善处理危机，微公关还可以帮助企业渡过难关，将危机转化成为塑造企业品牌的良好时机。例如，2010 年，丰田汽车的"刹车门"和"踏板门"事件发生后，该公司通过微博收集民意并迅速做出正确的反应，完成了一次高效的公关危机。

## 三、微博营销的基本形式

尽管微博营销的表现形式具有不规范性，不过，基于不同微博信息传播渠道等要素，我们仍然可以将微博营销归纳为 6 种常见的模式。

### (一)企业自主微博传播模式

利用企业官方微博、分支机构微博、高管及员工微博等与企业相关的博客账户发布信息，通过微博平台直接传递给各相应账户关注者，这是最基本、最直接的微博信息传播模式，可称为自主微博营销模式。这种模式下，企业可自主决定微博的内容、发布时间、重发频率等，且目标用户及传播范围明确，因而通常并不需要更多的资源投入，但营销效果则依赖于企业微博账户本身的关注者数量及关注程度。由于微博信息直接面向自己的关注者，如果有过多的推广信息或者方式欠妥，可能会引起部分用户取消关注等负面效果。

### (二)微博用户传播模式

尽管一个企业的微博账户关注者数量有限，但每个关注者同样也是一个微博信息源，每个用户都拥有或多或少的新的社会关系资源，如果关注者继续转发企业发布的信息，那么这条微博信息将继续被传播，也就是信息传播范围在不断扩大。利用微博用户社会关系传播模式的微博营销，即为微博用户传播模式，又称为微病毒营销模式。不论是发起有奖转发微博活动、利用活动及奖品吸引用户参与，还是策划有价值的信息内容、让用户自愿转发，都极大地扩展了企业自主微传播模式的影响范围。

### (三)微博广告模式

通过微博平台投放硬性广告，如网页横幅广告、推荐类广告、热门话题榜等；或相对隐蔽地植入传播，如模板植入、App 植入、微博链接植入等。这种方式主要是利用微博平台庞大的用户群体和强大的精准掌控能力，实现其良好的营销传播效果。例如，新浪微博在 2012 年 9 月开始推出的"粉丝头条广告"就是微博广告形式的一种。

### (四)微媒体传播模式

微博的媒体属性为微博营销带来很大发挥空间,于是把微博作为媒体运营,当获得较多关注者之后,通过媒体发布一定的营销信息或者转发相关的商业信息,通过"第三方"来传递企业的营销信息,也就成为顺理成章的微媒体营销模式。这种模式与俗称的"草根大号转发"模式具有较高的相似性,拥有众多粉丝的名人转发方式同样也具有微媒体传播的效果。因此,这种"微媒体"包括多种灵活的形式,并不限于行业资讯、专题报道、媒体微博等。

### (五)微博平台推荐模式

无论哪种方式,如果成为热门微博话题获得平台的推荐,无疑对微博传播是有很大推动作用的。但由于微博营销信息本身的商业性,通常并不适合被微博平台在热门话题中直接推荐,因此比较可行的做法是与微博的各种专题活动、分类排行榜、微博信息搜索及开放平台的各种合作开发应用进行合作,获得在显著位置的推荐。当然,这种推荐可能是需要付费或者其他利益分成的。

### (六)微博扩展传播模式

微博营销并不局限于一个微博平台上,还可以有不同形式的扩展。例如,可以利用用户重复度不高的多个微博平台的定位及服务差异,用适当的方式分别传播符合各微博用户特征的信息。同时,也可以利用微博开放平台的应用功能(如新浪微博秀)将微博传播扩展到第三方渠道、其他网站和网络社区。

## 四、微博营销的实施流程

### (一)选择合适的微博平台

互联网上有很多不同的微博平台可供网络营销者选择,如国内的新浪微博、腾讯微博、网易微博、搜狐微博以及国外的 Twitter 等。由于微博应用有显著的锁定效应,企业一旦选择了一个微博平台,就会在这个平台上持续投入、构建和扩充内容,编织自己的关系网络。因此,企业在选择微博平台时必须非常慎重。

选择微博平台需要有一定的标准,企业应根据微博平台的市场占有率、用户的人口统计特征、功能以及运营商的实力等指标对备选微博平台进行综合评价,再结合微博营销的长期战略规划慎重选择。例如,虽然从账号总数上讲,中国新浪微博可能都超过了 Twitter,但如果企业主要从事外销,面对的是国外市场,那么在新浪微博开设企业微博账号就不如在 Twitter 上开设效果好。如果企业规模较大,条件允许,企业当然可以同时在多个微博平台上创建企业微博账号。但这样做可能会带来一些问题,包括运作管理多个账号需要更多的人力投入；不同平台的多个账号之间的协同配合会有一定难度；一些账号间形成竞争，使粉丝分散，不利于形成网络效应等，企业必须对此有充分认识。

### (二)熟悉微博平台提供给用户的各种功能

微博平台的功能繁多，非常复杂。单是微博的发布就不是简单的发帖，而是融入了许多功能，如新浪微博就允许用户自主设定话题、发长微博、发起投票以及特定用户。查看微博也有不少特殊功能可供用户使用，如对微博进行搜索、以特定方式显示微博、转发微博、评论微博、收藏微博等。在微博的发布和查看这两个基本功能之外，微博平台还可以提供其他的应用，而其中许多应用在营销上都能起到重要的作用。例如，新浪微博平台上就有微群、微访谈、微直播、微活动、微任务、微数据、微调研等几十种对营销非常有用的应用。熟练掌握这些微博功能的使用，对微博营销的策划以及实施都有很大帮助。

### (三)选用强大的微博管理工具

微博营销有很多工具可供使用，使用这些工具可以显著提高生产率，节省大量的人力。微博工具非常多样，有在移动终端使用的工具，也有在PC上使用的桌面工具，有功能单一针对特定平台的工具，也有多功能的可以跨平台使用的工具。微博工具可以帮助用户完成很多微博营销任务，如对特定主题(如企业品牌)进行跟踪、定时定期发布消息、多平台多账号管理等。

目前世界上最流行的社会媒体营销工具是加拿大HootSuite公司的HootSuite软件，该软件功能强大，能同时管理多个主流社会媒体平台上的账号，而且支持团队工作，即使是免费版的HootSuite也允许两个人协同工作。企业在挑选微博营销工具时可以先根据专家评议意见以及用户口碑选择几种试用，根据试用结果进行最后取舍。除此之外，企业还要特别注意的工具的伦理倾向，例如，有些工具是专门为减轻网络水军工作量而设计的(如各种刷粉丝工具)，这类工具对企业微博营销帮助不大，而且还可能产生负面影响。

### (四)做好微博营销与其他营销的整合

微博是营销上的多面手，但在完成单一任务方面却可能不及其他的营销方式，这时，就需要微博营销和其他营销方式(如网站营销、传统广告、电子邮件营销、搜索引擎营销、博客营销、在线销售等)配合进行，以实现整合营销的效果。

## 第五节　网络视频营销

随着互联网新媒体的兴起与发展，网络视频越来越受到网友的青睐。YouTube、优酷、爱奇艺等网络视频网站的风靡和流行，使得很多非视频专业性的门户网站、新闻媒体网站

# 第五章　Web2.0 时代的网络营销

也逐渐通过网络视频传播资讯。视频媒体影响力不断加强，网络视频营销市场在近几年也取得了巨大发展。

## 一、网络视频营销概述

### (一)网络视频及其特征

网络视频就是在网上传播的视频资源，是以网络为载体、网络新技术为基础、流媒体为基本播放格式，用于信息交流的多种节目内容的影像。狭义的指网络电影、电视剧、新闻、综艺节目、广告等视频节目；广义的还包括自拍 DV、短片、视频聊天、视频游戏等行为。

网络视频区别于电影电视，它有自身独特的特点。具体总结如下。

(1) 平民化。网络视频制作的限制性较低，只要有基本拍摄功能的介质(如手机、数码相机)作为支持均可以完成网络视频的创作，这就让广大网民都可以参与进来。现在原创型视频网站很多，优酷网、土豆网、56 网等，网民自拍的内容可以上传到视频网站上。

(2) 即时性。即时性在网络视频中体现为内容创作或生产时的即时上传以及网络上即时播放观看。

(3) 用户自主选择性。在网络上播放和观看的视频比起电影院中放映的电影和直播的电视，其用户自主选择性更强。放映的电影和电视不能快进或者选择自己想观看的部分，但是网络视频却可任由互联网用户自由选择。

### (二)网络视频营销及其优势

网络视频营销是组织或个人为了达到营销效果和目的而通过网络视频把最需要传达给目标受众的信息发布出去，传播或宣传组织或个人品牌、产品和服务的营销活动和方式。近年来，除了企业和机构等主要主体，个人也开始使用到网络视频营销，比如，视频简历就是个人推广自己的一种营销手段。

网络视频营销主要具有如下优势。

(1) 传播速度迅速。网络视频营销可借助互联网的超链接特性快捷迅速地将信息传播开去。不仅是网络发布信息快，网民们分享、转发网络视频，也让网络视频传播的速度更加加快。比如，北大宣传片微电影《女生日记》在网络上公开播放后，在很短的时间内视频点击量突破 50 万，微博转发率极高，使得这一宣传片在网络上走红。

(2) 内容趣味性与思想性并重。在使用网络视频进行营销目的的传播时，想让网络视频营销达到预期的效果，高质量的内容则不可缺少。众多成功达到营销目的的网络视频都是趣味性和思想性并重，这样才可能从头到尾抓住观众的眼球。例如，2010 年 11 月青春系列电影《老男孩》，情节过程不乏黑色幽默，结尾又温情感人，让许多观众为之大笑又为之哭泣，广大网友观看后感叹共鸣很深。在短时间内，点击量过亿，《老男孩》轰动大江南北。

(3) 互动性与双向沟通。几乎所有的网络视频网站都开通了评论功能，可以在观看网络视频之后及时发布自己的感想和反馈。互联网还可以传输多种媒体信息的交换，实现更好的双向沟通。反馈的及时和互动的便捷在一定程度上可以提升营销的效率。企业和组织机构可根据受众的反应进行评估营销，进而及时进行调整，让营销的效果影响力更佳。

(4) 传播范围广。网络视频辐射的空间极广，其传播范围远远大于传统视频。即使是地球的另一端也能够看到中国发布的视频。网络"地球村"，让网络营销的辐射面不仅局限于全国，甚至还可扩大至海外。这对于一些出口品牌的网络营销是极为有利的。传播范围之广将有可能带来营销效率之高。

(5) 集中关注性。在网络社会中，有一种"关注限制法"，指的是"随着所有网民大体上都可以在网络中与其他人联系和交流，因为接收者的阅读、收听和观看的时间都用尽，这就出现了关注的限制"。因为有关注的限制，而网络上的内容又繁多，故而一个网民在网上浏览内容时就很难固定或长时间地停留在某个个体内容上。然而，网络视频营销以视频作为载体，一旦吸引了观众的注意就可能获得关观众的更多关注，即网络视频营销具有让消费者/受众对产品信息/宣传视频内容关注较为集中的优势。

## 二、网络视频营销的类型

基于视频内容和种类的不同，网络视频营销也有其自身的分类。根据组织或个人使用网络视频作为载体进行营销行为活动时所选择的视频内容种类，可将网络视频营销分为：微电影营销、网络自制剧营销、网络视频广告营销、音乐电视营销、动画营销等类型。这里主要对前三种类型做简要介绍。

### (一) 微电影营销

微电影(Micro-cinema)是近年来非常流行的新的影像形式。关于微电影的定义，有很多不同的说法。而目前最被业界认可的是一种从微电影特征角度概括的广义上的定义："微电影，即微型电影，是指专门运用在各种新媒体平台上播放的、适合在移动状态和短时休闲状态下观看的、具有完整策划和系统制作体系支持并具有完整故事情节的"微(超短)时"(30～300 秒)放映、"微(超短)周期制作(1～7 天或数周)"和"微(超小)规模投资(几千～数千/万元每部)的视频短片"。微电影的本质是满足"碎片化"休闲时间和观看需求条件下出现的一种投入较少、制作周期较短(相对于传统电影而言)，以互联网作为主要播出平台(如YouTube、优酷等)的短时长电影。由于具有时长短、便捷性、草根互动性、可看性强等特点，微电影一直是网友们最喜欢观看的网络视频形式。

微电影营销这一概念是随着微电影大热而被提出来的。微电影营销有两层含义：一是指企业利用微电影这种形式，采取讲故事的方式，以建立品牌与受众之间情感纽带的营销方式；二是指微电影自身的营销，微电影本身的制作、拍摄和推广都需要采取营销的思维

# 第五章 Web2.0 时代的网络营销

来运作。本书所述的微电影营销，主要指前一概念，即企业以微电影为媒介进行的营销目的活动。

> **案例 5.6 《MINI PACEMAN 城市微旅行》微电影营销**
>
> 2013 年 3 月 16 日，《MINI PACEMAN 城市微旅行》在上海举行首映后，反响空前。是什么让一部微电影的播映得到人们的好评呢？原因在于策划者用这部微电影阐述了一个全新的概念：城市微旅行，即"在繁忙的工作中，就在居住的城市，展开长则数天、短则半日的旅程，发现那些朝夕相处的城市不为人知的美"。
>
> 这并非创作者凭空捏造的概念，而是隐匿在无数都市人群心中却蠢蠢欲动的需求。生活快节奏带来的身心疲倦，对旅行与假期的渴望无疑是都市人群内心的真实表达，而城市微旅行的概念则让人们发现有这样一种方法来满足自己的需求。
>
> 主创团队选择了三座各具特色的城市：北京、上海、杭州。并邀请作家冯唐、酒店控文林、绿茶老板路妍，驾驶 MINI PACEMAN 来行走和发现他们扎根的城市。通过 "MINI PACEMAN-伙伴" "做游客-视角的变换" 这两个关键词，让城市微旅行的概念变得具象而吸引人，就好像有了这台车，每一个人都能摇身成为微电影里发现城市之美的主角。
>
> 为难得的是，这部微电影发布在新车 MINI PACEMAN 上市之前，既为新车上市成功做了宣传铺垫，又让这款全新车型成为城市微旅行的代名词，成为一种生活的态度的代表，自动与其他车型区隔开，创造了独有的消费领域。
>
> MINI PACEMAN 微电影营销的成功给我们的启示是：发现隐匿在消费人群中的需求，在微电影中用一种新的概念唤起消费者这种需求，并使其与所推品牌或产品巧妙联系在一起。
>
> （资料来源：梅花网，2013 年度五大成功微电影营销案例）

## (二)网络自制剧营销

网络自制剧，简而言之，即在以独家定制、独家播出、独家品牌的形式，由播出方和制作方形成制播联盟，共同创作，共同在网络传播平台发行的网剧。而网络自制剧营销即是以网络自制剧为传播媒介进行营销目的活动的一种网络视频营销类型。

网络自制剧营销的特征非常明显，而其特征与网络自制剧的特征是相交叉的，主要包括：低成本、低门槛、篇幅短、节奏快、题材多、互动性等。

> **案例 5.7 《屌丝男士》：互联网的自制内容与"自制"营销**
>
> 搜狐视频自制节目《屌丝男士 3》自开播两周以来就突破 1 亿播放量，并横扫各大排行榜单、社交媒体，连续引起搜索和话题风潮。在前两季覆盖人数超过 10 亿的视频网站自制剧播放纪录基础上，截至目前，第三季又以新增总播放总量 1.3 亿，平均单集播放量 4333.3 万次拔得头筹，同时也是最快过亿的互联网自制剧集。

对于视频网站来说，自制剧不仅能塑造品牌、提升流量、节省版权购买成本，更重要的是对于营销的"自制"更加方便快捷。众所周知，对于购置的版权剧，视频网站能够售卖的广告形式较为单一，比如：贴片广告、中插广告、页面banner等基本形式，而对于自制内容，视频网站可以把控的地方更多，可以说，视频网站可以就自制剧的广告形式进行"自制"。

(1) 自制植入广告。在《屌丝男士2》中，大鹏在专卖店不小心将联想的Yoga笔记本翻转过来，他留下钱逃跑后店员却毫不费力地将笔记本重新"掰过来"。这让消费者会心一笑的同时，深刻了解到联想这款产品的特性。在搜狐视频与联想合作营销过程中，搜狐视频"自制"了这种植入的形式，成功让联想Yoga成为《屌丝男士2》剧情发展的推进元素，甚至成为一个笑点，打破了植入总在剧情之外的俗窠。

(2) 自制合作形式。作为《屌丝男士3》的首席赞助商，真功夫的消费群体主要是都市白领，和《屌丝男士3》的目标观众群体高度重合又略有不同。根据真功夫官网的数字，真功夫在中国各大城市已有近570家直营店，客流量巨大。《屌丝男士3》与真功夫的合作也使得两个品牌可以覆盖到线上线下、午间晚上的多个时段。增大品牌双方的影响力。未来，真功夫还会推出"屌丝"套餐，与《屌丝男士3》更好结合。

(3) 自制播出策略。在张朝阳主打的移动端战略下，《屌丝男士3》移动端首发早于PC端一天。节目因此吸引到了华润怡宝的青睐，旗下火咖品牌成为《屌丝男士3》联合赞助商，以移动端投放为中心，捆绑《屌丝男士3》开展了一场创新型的娱乐精准化营销。以移动端硬广投放为中心，并辅以微博、微信社交平台进行软性内容捆绑推广。

(资料来源：艺恩网，http://www.entgroup.cn/news/markets/2119856.shtml，有改写)

### (三)网络视频广告营销

网络视频广告是以互联网为投放发布平台，以视频为载体、广告为形式、传送主体的信息为内容的一种网络视频营销类型。网络视频广告有着很多特征，有些是传统广告具备的，有些则是区别于传统广告的。

(1) 商业性。无论是传统的视频广告，还是网络视频广告，它都是具有商业性的。商业性也是实现此类型营销的基本特点。

(2) 创意性。这是从内容方面来说的，虽然传统和网络视频广告都需要具有创意性，但是这一点在网络视频广告身上体现得更加明显。网络商业市场的特点、受众的接受度和满意度都要求网络视频广告不得不具有创意性，否则没有创意性的视频广告就将没有观众。

(3) 网络性。网络视频广告是以网络为主要的发布平台，所以在创作和传播过程中，也可以利用网络的特性设计方案。

(4) 播放形式多样化。网络视频广告不像电视广告，只能定向地在电视中播出，它可以根据网页的设置在电脑屏幕的不同地方播放，又或者可以是以超链接的方式播放。它还能与其他网络视频营销模式相结合，比如，以贴片广告的形式出现，在各大视频网站播放。

# 第五章　Web2.0时代的网络营销

## 三、网络视频营销的模式

网络视频营销模式是指企业、组织机构、个人或视频网站自身在网络中使用视频作为载体进行营销行为活动时，营销行为活动有规律的样式和方式。

### (一)病毒式视频营销

病毒式视频营销属于病毒营销，也就是使用视频作为媒介进行病毒营销。需要说明的是，并非所有的网络视频都可以成为病毒式视频的。有些视频成为病毒式视频也是让人意想不到的，网络视频不恰当的病毒营销可能反倒会导致品牌的病毒化。

网络上的病毒式视频营销具有它自身的特点。

一是口碑相传性，网民自己观看后评论、公开分享或分享给朋友，让视频得以二次传播。

二是视频标题党，像病毒一样的视频标题往往异于正式的视频作品名称，常以吸引人们注意的网络流行语来命名视频，比如，"感动千万人的视频""不可思议的 XX""看到 2 分 41 秒时碉堡了""瞬间飙泪有木有"，网友看到后往往因视频标题的别致而点击观看视频。

三是高分享性，病毒式视频不仅局限于视频网站，更多的时候它是依靠微博、SNS 等社交媒体进行传播的。视频网站几乎都有分享链接的功能，点击分享后，在社交媒体上也可以直接浏览。视频网站的易分享和社交网站的易转发特性使得病毒式视频传播速度更快。

四是传播覆盖面广，因视频网站和社交网站的用户群庞大，用户地域不一，因此病毒式视频能将传播渗透到不同地区的网民和不同阶层、身份的目标受众中。

### (二)视频贴片广告

贴片广告是指在视频的片头片尾或插片播放以及背景广告等等，也叫"随片广告"。在网络视频中也有贴片广告的存在，而且贴片形态更是多种多样。"贴敷"在网络视频上的广告既可以是动态的视频广告，也可以是静态的平面广告，还可以是动图。贴片广告播放的时间也不一，可以是在视频广告播放之前，也可以是在视频广告播放结束之后，还可以是在视频播放的过程出现缓冲时播放。

> **案例 5.8　乐视网的视频贴片广告形式**
>
> 乐视网是中国第一影视剧视频网站，是中国领先的互联网电视服务提供商之一，致力于打造"平台+内容+终端+应用"的业务体系，是国内最早购买影视剧版权的视频网站。该网站的贴片广告主要分为以下几种。
>
> (1) Flash 贴片广告。主要是在片头或者播放暂停的时候自动出现在屏幕中。而乐视网的网络游戏广告都有"了解详情"按钮，可超链接到网游网站。
>
> (2) 字幕贴片广告。主要是在视频的下方，以信息内容的字幕出现。乐视网的字幕信

息内容主要还是乐视网自身与合作商协办的活动链接。以新闻式的标题而亮出字幕作为活动或视频主页推广。它出现的时间不定，会在视频的开头出现，也会在视频的中间出现。

(3) Logo 贴片广告。Logo 广告主要贴在视频画面上。在视频播放的时候偶尔出现几秒。而 Logo 则具有一定的设计性，主要在视频的右下方出现。出现的时间自由性比较大，在视频开头和结尾都会出现。一个视频播放时还有可能出现多次。

(4) 静态图贴片广告。静态图片的贴片广告较为简单，就是平面图广告，广告的企业信息、活动都展示在上面，有一定的停留时间，让观看者可能注意到它。出现的时间主要是在片头，也有在暂停播放时出现。

(5) 视频环绕贴片广告，也可称作"浮层广告"。主要是在视频以普通模式出现时，浮层广告环绕在视频的左右两方或者浮在上方。这些广告内容多为企业产品广告或乐视网自制网剧的海报，如 2013 年 3 月就主要出现了乐视网网剧《我叫郝聪明》的广告。

以上为专业影视剧视频网站乐视网的视频贴片广告的主要几种形式。

(资料来源：姜丽. 网络视频营销的模式、类型和策略研究[D]. 华中科技大学，2013，有删节)

### (三)植入式视频营销

植入式视频营销也可称为视频植入式营销。从广义来讲，植入式营销(Placement Marketing)，或称为产品植入(Product Placement)，是指刻意将营销事物以巧妙的手法植入既存媒体，以期借由既存媒体的曝光率来达成广告效果。营销事物和既存媒体不一定相关，一般受众也未必能察觉。植入式视频营销即是以网络视频为载体的植入式营销，主要将产品或品牌及其代表性的视觉符号融入至视频中。由于网络视频类型较为广泛，故均可以出现在电视剧、电影、电视节目等内容之中。

### (四)UGC 视频营销

UGC(User Generated Content，用户生成内容)是伴随着提倡个性化的 Web2.0 的概念兴起的，是一种用户使用互联网的新型方式，即由原来的业务或服务内容主要是由网络企业或机构生产，变为由广大网络用户自己来加工制作，进而促使用户上传自己制作的内容，由原来的以下载内容为主转向于下载和上传并重。UGC 视频营销主要是网络用户自制创作或加工制作视频上传，从而达到营销的目的。例如，YouTube、优酷网、土豆网都属于 UGC 视频模式。UGC 视频营销的首要特点就是原创性，加之广大网友均可参与，因而具有平民性。对于企业而言，选择 UGC 视频进行推广或宣传，是一种低成本的营销方式。

### (五)体验式视频营销

体验式视频营销是以网络视频为载体所进行的体验式营销，通过看、听、参与等方式，充分刺激和调动观看者的感官、情感、思考、行动、关联等感性因素和理性因素，从而将

# 第五章　Web2.0时代的网络营销

产品信息和形象有效传播和推广至观看者。体验式视频营销在一定的技术支撑下，注重观众的视频体验和观众互动参与渠道的开发，虽然在网络上得到青睐，但是真正使用这种模式的视频营销还需进一步探索。

## 四、网络视频营销的策略

梳理了不同的网络视频营销类型和模式之后，如何有效地运用这些视频类型与模式进行营销，使营销效果达到最大化，就显得格外重要。这也就是网络视频营销的策略。

### (一)网络视频的整合营销

网络视频的整合营销是以网络视频为媒介整合多种形式与内容，达到立体统一的传播。不同的网络视频模式和类型随机组合，均可以形成一个整合方案。比如，微电影植入营销，在微电影中植入广告。动画式贴片广告，依附在网络视频上。将邀请广大网友以UGC的方式制作网络自制剧，把网络自制剧以病毒式的方式传播开去。而这样的两两组合，其实就是整合营销传播的一种策略形式。此外，在视频发布与分享上，整合不同的视频网站资源，与搜索引擎网站合作，实现有点有面、辐射面广的化系统传播。

### (二)创意营销

在多元化的网络营销环境背景下，如何在利用网络视频进行营销的时候脱颖而出，创意营销十分重要。创意营销是通过营销策划人员，思考、总结、执行一套完整的借力发挥的营销方案。带来销售额急剧上升，一分投入十分收获，创意营销给广告主带来意想不到的收获。市场往往会突飞猛进地发展，让企业利润倍增。对于网络视频营销来讲，创意营销的策略则是在网络视频创作和传播时，创作和传播创意内容和形式的方式方法。

### (三)互动体验营销

首先，要展开互动体验营销策略，就必须要有互动渠道作为基础支撑。而往往网络营销视频的投资方和制作方较难开设互动渠道。互动渠道主要是视频投放的网络平台所决定的。制作方至多可以实现在视频本身中开设互动渠道。所以想要更多的网民参与互动，提升影响力，则需要选择有多样化的互动渠道的视频网站、门户网站或新闻网站去发布视频，再通过社交网站宣传推广视频。也有些企业品牌在自己的官方网站用技术自己开发互动渠道。

其次，为了与受众更好地沟通，建立更加密切的关系，网络视频的体验也极其重要。体验可以分成很多方面：视觉体验、听觉体验、心理体验、互动体验等。

最后，当利用网络视频进行营销时，在传播和上线的过程中，都可以采用多元化的互动形式。比如，在视频网站中，主要是有喜欢(顶)或踩、收藏、转发、分享、评论等互动功能；而在社交网络中，有留言、分享、转发、赞等互动形式。在营销传播特别是在企业官方发布视频时，要注意选择有多元化的互动形式的目标网站，让观众能够及时表达自己的意见。

### 案例分析

#### 上海大众汽车基于Web2.0的网络营销

**一、案例背景介绍**

上海大众汽车公司(简称上海大众)，成立于1985年，是中国最早的轿车生产合资企业之一。为满足不同细分市场的需求，基于大众、斯柯达两大品牌，上海大众拥有经济型到中高档轿车的全系列车型。其中，大众品牌产品包括桑塔纳、帕萨特、POLO、新途安等；斯柯达品牌车型有明锐、晶锐、昊锐等。2009年，上海大众全年累计销售72.9万辆，同比增幅达到45.6%，问鼎中国汽车行业销量总冠军。上海大众之所以能取得这样的成绩，网络营销在其中发挥了积极的作用。

**二、Web2.0环境下上海大众的网络营销策略**

在Web2.0环境下，上海大众紧紧跟随Web2.0新技术的发展，在营销方式上先人一步，充分利用Web2.0的博客、播客、网络社区和其他营销手段，结合热点事件，形成面向用户的立体整合营销体系，同时也通过这些工具建立了与用户之间的直接沟通渠道，具体如下图所示。

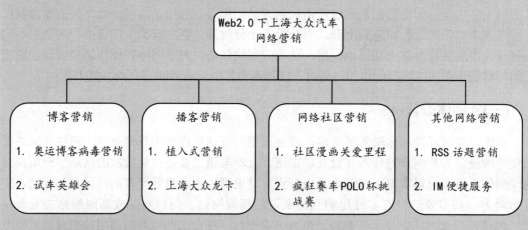

(一)博客营销

1. 奥运博客病毒营销

撰写奥运火炬传递的博客，如果文章中加入上海大众的官方火炬传递专页的链接，就可以得到一个"博客鸣响喇叭"，加在博客页面中，博客的阅读者可以点击喇叭，表示对奥运的支持。吸引最多人来鸣喇叭的博客主获奖励，奖品包括奥运会的开闭幕门票和大众汽车一年的免费使用权等。

2. 试车英雄会

上海大众通过有效利用博客资源，聚集了众多消费者来参与，满足条件的博客主能够获得上海大众汽车的试驾行。

3. 博客圈营销

登录新浪博客圈导航的"汽车"一栏，将会看到很多汽车有关的圈子，上海大众也建立了自己的博客圈。上海大众调动车主以博客的形式来交流自己对爱车的看法和使用心得。更多的人也愿意走进这些博客圈，看看自己心爱的车型有什么新动态。

(二)播客营销

1. POLO 植入式营销

上海大众 CROSS POLO 汽车与《大灌篮》的合作，充分显示出上海大众对植入式营销的准确把握。这部影片所表现的那种年轻人在叛逆与不羁中永不服输、奋勇当先的精神与 CROSS POLO 天生不羁、酷越无限的气质不谋而合。

2. 上海大众龙卡《大话西游》

上海大众与中国建设银行合作推出龙卡，以幽默的后现代主义方式，以《西游记》故事为蓝本，推出视频故事集《大话西游》。

3. 其他

除将传统的电视广告转嫁到视频博客网站外，上海大众将部分产品线曝光，利用博客让更多网民亲自目睹上海大众的高科技生产流程。

(三)网络社区营销

1. "领驭奥运关爱里程"主题活动

为了提高品牌美誉度，上海大众联手联合国儿童基金会、搜狐以及中国移动共同开展了奥运主题公益慈善活动——"领驭奥运关爱里程"，活动前后历时一年多。

2. 疯狂赛车 POLO 杯挑战赛

上海大众携手盛大网络《疯狂赛车》具备的"疯狂赛车 POLO 杯挑战赛"，一经推出就引来了数万玩家的追捧。上海大众专门为《疯狂赛车》制作了一辆可在游戏中使用的道具车，营造出上海大众 POLO 轿车为主题的游戏环境。

(四)其他网络营销

1. RSS 话题营销

上海大众积极制造话题，利用 RSS 发布新车消息、降价促销活动、自驾游活动等一系列新闻话题，吸引消费者的注意力。

2. IM 便捷服务

上海大众在各个地方组建 QQ 服务群，让上海大众的消费者或潜在消费者了解上海大众各款车型、技术性能，发挥社群的功能。同时，在消费者需要的时候，提供及时便捷的服务。

**3. Wiki 词条编撰**

上海大众在中国的各个网络百科全书(如维基百科、百度百科等)中，主动编辑上海大众的相关词条，让消费者或者潜在消费者全面快捷了解上海大众的相关资讯。

**三、案例总结**

Web2.0下上海大众汽车网络营销的成功，是Web2.0营销模式的一次成功的实践。其营销策略的实施，具有典型的Web2.0营销的特征。而同时，这种活动又与网下的活动结合起来，形成全方位的立体的营销。

(资料来源：乐承毅. 网络营销案例分析[M]. 西南财经大学出版社，2011)

 **归纳与提高**

本章首先简要介绍Web2.0的含义、特征、基础理论和典型应用，着重阐述了博客营销、SNS营销、微博营销、网络视频营销等Web2.0营销方式的含义、特点、功能、应用模式与策略，对其中蕴含的社会化网络营销、知识营销、实时营销、湿营销、植入式营销等网络营销理念与方法做了相应论述。

 **习题**

**一、选择题**

1. 下面属于Web2.0技术的是(    )。
   A. 博客(Blog)　　　　　　　　　B. 社交网站(SNS)
   C. 网络百科全书(Wiki)　　　　　D. 电子邮件(e-mail)
2. 关于博客营销，下列说法错误的是(    )。
   A. 博客营销的优点是信息量大且内容形式灵活
   B. 只有以企业的名义发布博客文章才是博客营销
   C. 博客营销是内容营销的一种形式
   D. 企业网站频道常见于大型企业网站
3. 社会化网络营销的核心是(    )。
   A. 通过人的社会关系网络资源传播　　B. 基于网络热点话题的信息传播
   C. 基于个人知识资源的网络信息传播　D. 以网络炒作为代表的信息传播
4. 以下对企业微博的描述，你认为正确的是(    )。
   A. 企业微博是官方信息发布的渠道之一　B. 企业微博不包括企业员工个人微博
   C. 企业微博可以在一定程度上替代官网　D. 微信和微博是可以互相替代的
5. 博客的营销价值主要体现在(    )。
   A. 带来潜在用户　　B. 降低网站推广费用　　C. 增加企业网站的链接

# 第五章 Web2.0 时代的网络营销

D. 建立权威网站品牌效应  E. 收集网民资料和顾客反馈信息

6. 下列属于微电影特征的有(　　)。

A. 微(超短)时放映  B. 微(超短)周期制作

C. 微媒体(微博、微信等)传播  D. 微(超小)规模投资

## 二、复习思考题

1. Web2.0 与 Web1.0 的信息传播模式有何不同？
2. 比较微博营销与博客营销的异同，谈谈在网络营销中两者如何有效结合。
3. 简要论述 SNS 营销的优势与不足。

## 三、技能实训题

1. 以新浪微博为例，试用和体验微博的各项功能，分析其在网络营销中的作用。
2. 分析 Youtube、优酷等网络视频分享网站的广告形式及盈利模式。

# 第六章　基于企业网站的网络营销

> **学习要点及目标**

了解企业网站在网络营销中的地位和功能；掌握营销型企业网站运营与推广的方法，掌握基于企业网站营销活动的实施；熟悉网站营销与电子邮件、虚拟社区、线下营销等无网站营销的配合。

> **引例**

**企业网站营销的困惑**

小王是一名刚刚毕业的大学生，目前在一家主营皮鞋销售的小型企业工作。有一天，经理在食堂吃饭的时候和她聊起公司网站的事情。经理介绍，公司的网站是去年刚刚找专业的软件公司按照时下最流行的风格设计的，界面精美、内容丰富、功能强大，不仅可以实现基本的信息发布和管理功能，还可以通过留言、QQ 方便地实现与客户的沟通交流，甚至还专门建设了一个网上皮鞋销售平台，客户足不出户，就能很方便地下单、支付，可以选择到店取货，也可以选择物流公司送货上门。

但经理的困惑是，网站改版一年多了，网站的开发进行了数目非常可观的前期投入，负责日常的维护和运营的工作人员也尽心尽责，每周都更新企业动态和皮鞋新品，但是一年来，网站的到访客户不到千人，实际的成交数量更是少之又少。经理听说小王学过网络营销，希望她能够帮助分析一下原因，提供一个适合的方案，以解决当前企业网站营销中的困境。

如果你是小王，你会怎么办呢？

> **必备知识点**

企业网站的营销地位　企业网站的营销功能　企业网站的类型　企业网站的运营　企业网站的推广　企业网站的营销活动　网站营销与无网站营销的配合

> **拓展知识点**

企业网站的发展方向　网站运营管理工具　营销网站的推广技术　企业网站的改版

## 第一节　企业网站的营销价值

在许多人的眼里，电子商务就是建设企业网站，网络营销就是利用企业网站从事营销

# 第六章 基于企业网站的网络营销

活动,尽管这一看法过于简单化,但这也从一定程度上说明了企业网站在电子商务和网络营销中所具有的特殊的地位。基于企业网站的网络营销的基本内容就是建设网站、推广网站、基于企业网站开展各类营销活动以及把网站营销与无网站营销相互配合,开展线上线下相结合的营销活动。

## 一、企业网站在营销中的地位

### (一)企业网站是网络营销信息传递的重要渠道

网站(Website)是在互联网上拥有域名或地址并提供一定网络服务的主机,其形式上通过包括主页和其他具有超链接文件的页面。从网络营销信息传递的模型来看,网络营销的传播需要信息源、信息的传递渠道、信息的接收者,还会受到噪声和屏障的干扰。在信息源、信息传递渠道、信息接收者之间信息是双向流动的,信息双向流动具有较为明显的不对称现象,一般来说由信息源传递给信息接收者的信息流量要远大于信息接收者反馈给信息源的信息量,如图6-1所示。

图6-1 基于企业网站的网络营销的功能

网络营销的信息源主要是指企业希望通过互联网向用户传递的各个信息组成的资源。网络营销信息传递渠道主要是以企业网站、电子邮件、搜索引擎以及其他网络营销服务商的资源作为信息的载体向最终客户传递信息。在所有的营销信息载体中,企业的网站是包含信息量容量最大,也是最容易被信息发送者控制的,因此,企业网站是最重要的信息传播渠道。因此在整个网络营销体系中,特别强调企业网站的网络营销价值,并将网络营销导向的企业网站建设作为网络营销的基础。

网络营销的信息接收者主要是企业的客户和潜在客户。在双向信息传递模型中,信息的接收者同时也是信息的发送者,因此网络营销重视信息在传递过程中的交互。网络营销中的噪声和屏障主要是指影响网络营销信息传递的因素。如果在网络营销的过程中噪声过高会影响到信息传递的质量,从而损害企业品牌的价值。

### (二)企业网站是连接线上线下营销活动的重要阵地

企业网站侧重解决企业商务活动的电子化,它是企业发布商务活动,对企业品牌进行宣传推广，实现商务管理和在线交易的重要阵地。企业网站的网络营销就是企业网站为基础，利用网站主导开展各种网络营销活动的过程。每个企业网站都有一个主页，文件名一般为 index 或者 default，扩展名可能是 html、htm、asp、jsp、php、aspx 等中的一种。企业的网站主页是整个网站入口，因此，主页是网站中访问量最大、使用最频繁也是最重要的页面。企业要积极利用首页的高曝光率，配合电子邮件、虚拟社区、电商平台、在线百科等无网站营销手段以及传统的线下营销方法开展各种营销活动。网站借助自己在后台数据的信息优势，可以较为方便地联结线上营销和线下营销(如图 6-2 所示)，开展各类宣传、直销和服务活动，因此，网站是连接线上线下各类营销活动的重要阵地。

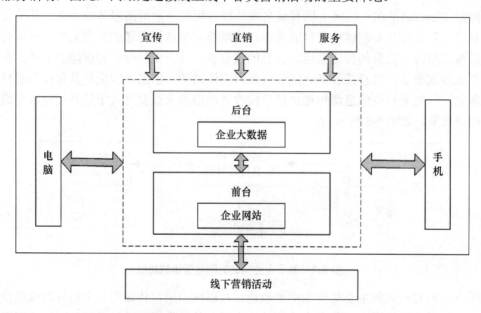

图 6-2　网站连接线上线下营销活动示意图

## 二、企业网站的网络营销功能

企业网站的网络营销价值是通过一些具体的表现形态而体现出来的，一个具备网络营销的企业网站，才能称为综合性网络营销工具。根据冯英健对企业网站的研究，企业网站的网络营销功能主要表现在 8 个方面，即信息发布、网络品牌、产品/服务展示、在线顾客服务、在线顾客关系、在线调查、营销资源积累和网上销售(如表 6-1 所示)。

# 第六章　基于企业网站的网络营销

表6-1　企业网站的网络营销功能

| 网络营销功能 | 表现形式及实现方式 |
| --- | --- |
| 信息发布 | 企业介绍、企业新闻、产品知识、新产品促销、专题活动、企业博客等信息。内容创建及发布,通过网站的信息发布功能来实现 |
| 网络品牌 | 网站域名与品牌的一致性、品牌形象展示、企业资信证明、网站建设专业度、网站在同行中的领先水平、网站的可信度、网站访问量排名等 |
| 产品/服务展示 | 通过产品发布与管理方式实现的符合网站规范的产品图片和文字描述、规格、技术文档等相关资料 |
| 在线顾客服务 | 以网页浏览方式发布的常见问题解答、博客;回答用户提问的网络工具如电子邮件、在线表单、即时通信工具、微博、微信互动交流等 |
| 在线顾客关系 | 以维护长期顾客关系为目的的各类服务活动,如网络社区、电子刊物、即时信息、企业博客、微博、微信群等 |
| 在线调查 | 通过网站上的在线调查表,或者通过电子邮件、论坛、实时信息、微博、微信等方式征求顾客意见,获得有价值的用户反馈信息,实现一定的在线调查功能。大型知名企业网站的在线调查通常更为有效 |
| 营销资源积累 | 站内网页内容资源以及推广资源是企业网络营销资源的基础;通过相关网站之间的互换广告、链接及内容合作等方式实现网络营销资源互换是基础的网络营销资源的积累;获得用户注册和长期访问/购买及向更多用户的推广,是深层次的网络营销资源积累 |
| 网上销售 | 具备在线交易功能的企业网站本身就是一个网上销售的渠道,越来越多的网站通过官方网站开设网上商城直接销售本公司的产品。企业网站网上销售流程的完备程度可以用电子商务来描述,这一指标在一定程度上也反映了企业网络竞争的实力 |

通过对企业网站营销功能的梳理可以看出,企业网站是企业开展网络营销的基础,企业网站的建设和运营维护是企业网络营销的基本内容。同时,也应该看出,企业网站本身并没有自带网站推广的功能,企业网站建成之后,并不一定会带来很高的访问量,需要借助其他的网络推广工具来实现网站推广的目的。

## 三、企业网站营销的利弊

尽管长期的网络营销实践经验表明,在所有的网络营销工具中,企业网站是最基本、最重要也是最为活跃、最有价值的综合性网络营销工具。没有企业网站,许多网络营销方法将无用武之地。但值得说明的是,并非任何一个企业网站都能成为有效的网络营销工具,也并非任何一家企业都需要建设网站来开展网络营销活动。因此,企业在建设企业网站和利用企业网站开展营销活动之前,有必要对企业网站营销的利弊进行分析。

## (一)企业网站营销的益处

企业网站千变万化，不管多么复杂或者多么简单，但至少具有企业基本信息介绍、企业品牌形象展示、产品和服务的介绍、产品和服务的在线销售、产品常识和常见问题解答、企业新闻动态、人才招聘等信息。由于企业网站具有权威性、完整性、主动性、灵活性和可控性等特征，使得利用企业网站进行营销活动具有如下好处。

(1) 企业网站是企业在网络上对外宣传的根据地，是企业进行信息发布的重要渠道。
(2) 企业网站可以有效地收集访问者的资料，以便企业进行数据分析和挖掘。
(3) 企业利用网站可以方便地开展双向的信息交流和客户服务活动。
(4) 企业网站可以定期或者不定期更新信息，企业网站具有严肃性、权威性和灵活性。
(5) 企业网站发布的内容都是可控制的，网站的编辑必然要遵循一定的管理规范。
(6) 利用企业网站开展在线销售业务可以实现商务活动全程无纸化，并且较为容易地保存了相关购买记录信息。
(7) 企业网站可以支持无网站网络营销、网络广告和线下的营销活动。

## (二)企业网站营销的弊端

利用营销网站开展营销活动，并不是所有企业都普遍适用，企业在建设网站之初就应该认真思考，因为网站营销为企业带来的不全是利益，也会带来一些麻烦。

### 1. 企业网站的建设本身就需要数目可观的投资

网站的需求分析、数据设计、内容整理、程序设计、运营维护都需要大量的人力、财力来支撑，而这些投入在短时间内不会变现带来持续稳定的收益。很多企业由于缺乏相应的技术人才，企业的网站疏于管理，网站的功能不完善，技术不过关也导致了大量的企业网站建成之后就变为"僵尸网站"，不仅不能实现预期的目标，还对企业的品牌形象造成损害。

### 2. 企业站点成为商业信息的泄露源泉

由于网站是一个相对开放的信息平台，信息的获取和收集不仅对于企业的顾客和潜在顾客是有益的，对于企业的竞争对手来说，商业信息的获取也变得相对容易。例如，福建永春县的蓬壶永光工艺蜡烛有限公司是一家从事蜡烛生产10多年历史的企业，客户遍布欧、亚、非20多个国家，由于产品竞争力主要来自于工艺蜡烛的造型，出于对竞争对手的考虑，永光从来不敢把最新的产品信息搬上网络。事实上许多制造业、服务业都有这样的顾虑。

案例6.1 企业网站建设的误区

现在许多企业都把建站的工作外包，因为网站的建设涉及前台视觉优化、程序的编写、数据库处理等具体的技术性工作，这显然不是一个人能够完成的，但是为了一次性工作去雇佣一个团队明显又是不必要的，所以网站外包才变得如此流行。不论网站外包也好，自己开发也好，都存在这样的建设误区。

1. 重设计而轻产品

许多网站开发团队可能在网站视觉和功能的理论上非常先进，但是对产品的性质并不熟悉，由于开发方和企业双方沟通不足，相互妥协，反而导致了开发之后的网站很华美，功能也很强大，但是对于客户需求、对于产品本身的表达有缺失。这也造成部分网站专业测试分数很高，但实际效果并不好。

2. 企业网站栏目设计过于复杂

很多企业认为企业网站承担着很重要的宣传功能，既然开发了一个网站，企业各个部门都要来分一杯羹。这样企业网站的内容很丰富，栏目很复杂，什么内容都要放在里面，从总裁致辞到企业文化，从人才招聘到内部考勤，这样的做法一方面会导致页面混乱，另一方面又增加了后台维护的成本，由于更新不足，也会使得企业网站失去活力。

3. 网站的设计元素过多

许多企业家会在首页放一个导入的 Flash 动画，认为很炫很酷，可事实上用户对这些动画根本不感兴趣。甚至会因为网速慢，动画加载时间过长而严重影响浏览的体验。还有很多企业喜欢使用很多元素、很多颜色、花纹来对页面进行装饰，使得浏览者的感受降低。

4. 画蛇添足的会员系统

很多企业网站并不需要开展很多的会员活动，但是出于对用户信息采集的目的还是单独开发了会员系统，会员系统的维系需要大量的精力，用户数据的采集、分析、反馈、调整、维护都需要专业的人员来处理。很多企业并没有这样的实力。会员即使登录了也没有太多的实际内容和功能，从而使得会员系统成为网站中的"鸡肋"。

(资料来源：张兵. 网络营销实战宝典：知识. 策略. 案例[M]. 北京：中国铁道出版社，2015.)

## 第二节　企业网站的建设与推广

随着网络营销在各个行业的渗透，网站建设已经成为现代企业经营管理的一个重要组成部分。由于行业不同，企业的规模和技术实力也千变万化，网站建设的目的也不尽相同，因此有必要对企业网站建设中的利益相关者进行分析。

### 一、企业网站建设中的利益相关者分析

许多企业在网站的建设过程中更加注重网站建设的直接目标，认为只要目标清晰，企业网站的内容问题就可以迎刃而解。事实上，在实际中，这样的思路过于简单。例如：一个家电上市公司建设了在线商城，以扩大销售、提高利润为目标。企业在网站的建设过程

中提供了非常详尽的产品信息、良好的服务和非常有吸引力的折扣。但是首先引起了经销商和代理商的不满，因为直销会严重影响传统渠道的销售业绩，从而导致经销商集体抵制企业产品，造成企业管理上的被动。

在实际中，我们还看到这样的案例：某陶瓷工艺品制造企业已经有近百年的传承，客户分布在欧洲、亚洲、美洲、非洲、澳洲近 60 多个国家和地区。陶瓷工艺发展到今天，生产造作工艺已经不算太复杂了，产品的核心竞争力主要来自于新颖的造型和创意。20 世纪 90 年代以来，同县和临近几个县陶瓷工艺制作企业一下子冒出了近 1000 家，企业也非常希望通过网站来销售更多的产品，由于顾虑自己产品一放在网站上，竞争对手不出几天也可以生产出相同的产品，加之陶瓷工艺品对物流配送要求较高，该企业至今没有建设网站。企业的顾虑非常有道理，因为竞争对手可以从企业网站收集到第一手的情报。

目前，国内的企业网站更加侧重于企业文化、企业产品的宣传，较少地考虑客户的需求。当然，我们必须看到，经常浏览企业网站的人中，不仅只有客户和潜在客户，还有公司股东、企业管理者、竞争对手、上下游供应商、所在社区各类人群、员工、求职者、媒体、网络黑客等。这些人抱着各自的目的光临网站，这些人群都叫作企业网站的利益相关者。

企业网站在建设过程中必须要考虑不同利益相关者的利益诉求，从而对症下药，提供不同的解决方案。自 1984 年爱德华·弗里曼(R.Edward Freeman)教授《战略管理：利益相关者分析》一书问世以来，人们对利益相关者进行了较为深入的研究。利益相关者(Stakeholder，SH)主要是指所有能够影响公司决定、政策和运作或者受公司决定、政策和运作影响的个人或人群。因此企业和利益相关者是互相影响、互相依存的关系。每一个利益相关者都可以对企业起到正反两方面的作用力。当利益相关者的期望得到满足，它就是企业发展的推动力；当利益相关者的期望落空时，它就是企业发展的破坏力。国际对企业利益相关者分类的方法比较通用的有多锥细分法和米切尔平分法。

米切尔平分法由美国学者 Mitchell 和 Wood 于 1997 年提出，借鉴米切尔平分法和国内其他学者的研究，从利益相关者合作性与威胁性两个方面入手，可以将利益相关者分为 4 类：支持型利益相关者、混合型利益相关者、威胁型利益相关者以及边缘的利益相关者，如表 6-2 所示。

表 6-2 企业网站必须考虑的利益相关者

| 类型 | SH | SH 访问企业网站目的 | SH 影响企业的方式 | 企业对 SH 的态度和策略 |
| --- | --- | --- | --- | --- |
| 支持型 | 股东 | 了解公司经营动向；为公司决策提建议 | 行使表决权和检查公司报表的权利 | 支持他们参与企业治理,利用网站给其提供充分支持 |
| | 员工 | 测试网站，在后台工作并取得支持 | 积极工作、散布消息、罢工、跳槽 | 为员工提供舒适的工作平台利用内部网络提供培训机会 |
| | 顾客 | 在产品周期各阶段取得支持，与其他顾客分享经验 | 传播购物检验、转向竞争对手或投诉 | 全生命周期进行顾客管理,提供优质的服务并保护顾客隐私 |

# 第六章　基于企业网站的网络营销

续表

| 类型 | SH | SH 访问企业网站目的 | SH 影响企业的方式 | 企业对 SH 的态度和策略 |
|---|---|---|---|---|
| 支持型 | 商业伙伴 | 进入外部网络实现数据即时共享 | 终止合作，转向与竞争对手合作 | 精诚合作，通过供应链管理实现双赢 |
| 混合型 | 所在社区 | 了解公司动态和用人信息 | 中断往来，游说政府规范企业 | 为社区发展提供服务，建立友好关系，取得支持，关注公益事业 |
| 混合型 | 竞争对手 | 获取竞争情报，寻求合作机会 | 竞争或者合作 | 防范和争取相结合，积极寻求合作机会 |
| 威胁型 | 网络黑客 | 盗取公司机密、获得非法经济利益、删改甚至损毁网站内容 | 非法侵入企业网站后台系统，篡改数据 | 采取安全措施，加强自我保护，采取措施降低网站对黑客的吸引力 |
| 边缘型 | 公众媒体 | 偶然光顾，了解公司动态信息 | 媒体宣传、游说政府部门规范企业 | 和平共处，关注公众态度的重大变化 |

(资料来源：刘向晖．网络营销导论(第 3 版)[M]．北京：清华大学出版社，2014．)

企业应该用利益相关理论来指导企业网站的建设，首先要对企业的利益相关者进行识别，分析各利益相关者的要求、判断他们的合理性、合法性并分析各利益相关者的类型；其次判断将不利因素转变为有利因素的可能性，采取措施促进转变；最后应该有优先、有平衡地满足各利益相关者的正当要求，争取利益相关者最大程度的支持。

## 二、企业网站建设中的一般流程

网站建设规划方案是网站建设的指导纲要，当网站策划方案完成之后，接下来还有一系列的网站建设实施工作。根据中国互联网协会发布的《企业网站建设指导规范》，企业网站建设应包括以下几个环节。

(1) 制定网站规划方案。包括网站预期目标、行业竞争状况分析、网站栏目结构、用户行为分析及内容规划、网页模板设计、网站服务器技术选型以及网站运营维护规范等内容。

(2) 网站程序开发和网页设计。

(3) 网站测试。包括功能测试、安全测试、压力测试、用户体验测试、备份及恢复测试等。

(4) 网站内容发布及网站运营维护。

按互联网协会的指导规范，可进一步把网站建设的流程进行细化，并对每个阶段涉及的重要问题进行归纳，把网站建设的流程归纳为 4 个阶段：准备阶段、开发设计阶段、测试阶段和运营维护阶段,如图 6-3 所示。

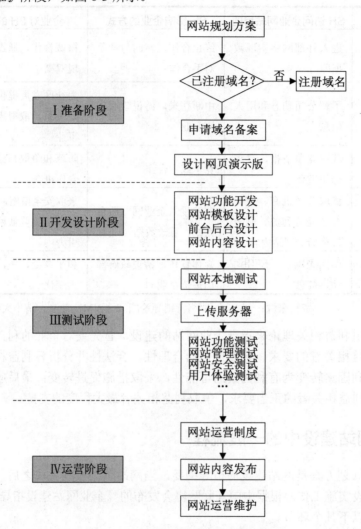

图 6-3　电子商务网站建设规划流程

## (一)准备阶段

由于现代企业网站建设往往是一个比较大的管理信息系统项目,在网站建设准备阶段要完成大量的分析规划工作。如:可行性分析、资金、环境、人员的准备、域名的注册和备案、网站功能需求分析、企业网站规划书的撰写等工作。

**1. 企业网站建设可行性分析**

由于企业网站建设需要投入大量人力、财力,所以有必要进行可行性分析。主要包括:

宏观环境分析、市场分析、技术分析、经济分析、风险分析和人员分析等。

**2．网站开发计划**

企业网站的开发计划一般都是按照信息系统项目开发管理的要求来制定和执行的。目的是为了保证项目建设顺利进行，避免项目工期拖延、预算超支，甚至整个网站开发的失败。

在企业网站开发中，一般使用微软公司的 Microsoft Project 来对项目开发计划与工程进度进行管理。

网站开发计划一般包括以下内容。

(1) 确定网站建设的总体目标、制定网站建设的策略。
(2) 各阶段的开发工具和开发方法的选择。
(3) 网站建设的费用预算控制计划，包括设计、编程、测试、维护成本的估算。
(4) 网站项目任务的分解及计划安排，包括各子项目的具体内容、人员配备、各项目的开发顺序以及项目团队成员间的交流、讨论和协调等。
(5) 制定详细的开发时间表，包括各项规划任务的开始日期、完成时间、负责人等。
(6) 项目质量管理控制计划，包括项目各阶段的成果检查、验收计划和风险控制等。

**3．资金、环境和人员的准备**

企业网站开发计划制定以后，就开始着手进行网络建设前的准备工作。一般包括：网站建设资金准备、网站开发环境准备和人员配置准备。值得注意的是，人员的准备，要充分考虑到信息系统项目管理师、系统分析师、内容设计师、美工设计师、软件工程师等人员的配备。

**4．域名的注册和备案**

实际上这两项工作不受网站建设时间的限制，应该尽早办理以备使用，所以一般在准备阶段来完成。网站的域名是网站的重要组成部分，企业网站域名建议选取主流域名后缀，如.com、.cn、.com.cn 等，英文站点建议为.com 后缀，中文企业站点一般为.cn。多语言的电子商务网站，可选择.com 或者目标客户国家的域名后缀，如.jp(日本)、.ca(加拿大)、.uk(英国)等。企业的电子商务网站可以同时注册多个域名。

域名的备案是根据工信部的规定，对非经营性互联网信息服务实行备案制度。因此企业网站必须备案登记，获得 ICP 备案登记证号后才能开通网站。首次域名备案的时间通常要 1 个月以上。

**5．网站功能需求分析**

企业网站项目的功能需求往往来自于客户的实际需求或企业自身发展的需要。要想准确了解客户对网站的功能需求，首先就需要对客户进行需求调研，以便客户提供完整的需求说明。在进行需求调研分析时，因为很多客户对自己的需求并不是很清楚，就需要系统分析员不断引导、耐心说明，仔细地帮助分析，挖掘出客户潜在的、真正的需求。最终配合客户写出一份详细的、完整的《网站功能描述书》，并让客户满意，签字认可。

### 6．电子商务网站规划书的撰写

企业网站规划书的撰写是准备阶段的重要成果。规划书一般要包括以下内容：建设网站前的市场分析、网站建设的目的与功能定位、技术解决方案、网站内容及实现方式、网页设计、费用预算、网站测试、网站运营维护、网站的推广等。不同行业、不同规模的企业可以视具体情况来调整。

## (二)开发设计阶段

企业网站开发设计阶段的主要内容是根据网站规划书的要求和网站功能描述书的内容对网站的前台界面、后台数据库及功能性内容的程序实现。一般是根据企业网站的作用、功能和内容来确定是采用现在的标准方案还是自行研发。目前主流的网站开发的技术有 CGI、ASP、JSP、PHP 和 ASP.net 等；客户端交互技术有 ActiveX、Java Applet、AJAX、ActionScript 等；客户端的脚本语言有 JavaScript、VB Script 等。

## (三)测试阶段

经过开发设计阶段，当企业网站的基本功能都已经完成就可以进入本地测试阶段。测试阶段应该按照网络策划书的要求进行测试，其主要内容有：用户前台访问流程的测试、浏览器兼容性测试、用户体验测试、网站管理员后台功能测试、手机浏览效果测试和其他专业的技术测试。

### 1．用户前台访问流程测试

主要测试的内容有网站首页、各栏目首页、内容页是否正常，导航、图片、文本档、登录按钮是否与设计效果图一致；网页的内容标题、META 是否规范；导航链接是否正确，层次是否清晰；内部链接是否有错误链接、超链接的鼠标悬停、单击后的色彩是否符合策划要求；网页垃圾代码是否过多等。

### 2．浏览器兼容性测试

主要测试网站在不同的浏览器的显示效果，例如，在 IE7、IE8、IE9、IE10、IE11 下是否都能够很好地显示，在 Firefox 浏览器下是否有错位；谷歌、傲游、360 浏览器等用户使用较多的浏览器也需要测试。网站还应在不同的显示器下进行观察，窄屏、宽屏，不同尺寸不同分辨率的显示器是否显示正常。

# 第六章　基于企业网站的网络营销

### 3. 用户体验测试

用户体验测试除了前面提到的测试，还有网站访问速度测试、用户后台功能测试、网站易用性测试和网站可信度测试等内容。

### 4. 网站管理员后台功能测试

主要测试内容发布功能、用户管理功能、流量统计功能、运营管理系统、订单管理、支付管理、物流管理等内容是否正常。

### 5. 手机浏览效果测试

随着移动商务的兴起，手机上网已经非常普及。对普通的企业网站进行手机浏览测试是必要的。选择市面上常见的智能手机(安卓系统、苹果系统等)直接在手机浏览器输入企业电子商务网址，测试导航和文字内容是否正常显示，进行必要的移动端的优化。

### 6. 其他专业技术测试

此项属于网站开发及测试工程师的工作范畴，主要对系统功能、安全性、稳定性、数据库备份及恢复测试、用户同时在线数量测试等。

## (四)运营阶段

企业网站成功实现并推出后，就开始了长期的管理和运营维护工作，主要内容包括：网站内容的及时更新和调整、服务器及相关软硬件的维护、网站宣传推广等。

 小资料

**企业网站域名备案**

现在企业建设自己的网站，域名备案是一个重要的环节，企业网站域名备案所需要的材料有企业营业执照复印件(需要加盖企业公章)、网站负责人身份证复印件(加盖企业公章)、网站负责人半身相(需要负责人前往指定地点拍照)、网站备案信息真实性核验单、域名证书、审核机关要求的其他材料。

企业网站域名备案的流程如下。
1. 在线填写提交备案信息，上传营业执照、网站负责人身份证复印件正反两面；
2. 上传带有标识的幕布作为拍照背景的网站负责人清晰半身照，身份证扫描件和网站信息安全协议书(一般还需要最新年检的营业执照电子版)；
3. 递交网站备案信息真实性核验单及备案材料至备案管理系统审核；
4. 经接入单位初审核后，将核验材料邮寄到相应省通信管理局审核；
5. 经通信管理局层层审核通过后，下发备案号，备案成功。

## 三、企业网站的推广方法

企业网站推广是实现营销价值的基本工作，无论是新建的企业网站，还是正在运营的网站，都需要持续地、系统地进行网站的推广，否则企业网站可能最终陷入无人关心、无人访问、无人管理的境地，也就失去了存在的意义。

企业网站的推广是一个综合性的工作，常用的方法几乎涵盖了网络营销推广的所有方法，尽管网络推广的范围比网站推广更为广泛，但在实际工作中，为简单起见，并没有严格区分网站推广和网络推广，因此基于这一点考虑，本教材中把让用户通过常用的网络渠道更为方便地获取企业网站信息的方法，都称为网站推广方法。

针对用户当前获取信息的主要渠道：搜索引擎链接、网络新闻、网络社区、电子邮件、网络广告等方式，我们可以针对不同的网络渠道构造不同的网站推广策略。我们也可以根据网站推广采用的不同的工具，把网站推广分为：搜索引擎推广、电子邮件推广、博客推广、微博推广、微信推广、广告推广、B2B 平台推广等不同的类别。事实上，网站推广的方法之间并不是孤立的，同一个网站，我们一般将会采用多种组合方法对企业网站进行推广，以便达到网站推广的目的，提高其营销价值。

本教材参考冯英健(2013)提出的信息传递角度的网络营销方法体系，结合目前常用的网络推广工具，将常用的网站推广方法进行了归纳，如下表 6-3 所示。

表 6-3　企业网站推广的常用方法

| 网站推广方法 | 主要内容 | 适用范围及特点 |
| --- | --- | --- |
| 网站内部优化法 | 网站用户体验、易用性、可信度、安全性、美观度等全方位的优化 | 网站建设中一项长期而细致的工作，也是网站推广的逻辑起点 |
| 内外链接推广法 | 利用站内链接和站外链接对网站进行推广 | 网站地图和高质量的丰富外链接 |
| 搜索引擎推广法 | 登录分类目录、自然检索、关键词和付费的搜索引擎广告 | 搜索引擎是目前最广泛的网站推广方法，可采用关键词广告 |
| 网站广告推广法 | 顾名思义利用网络广告进行网站推广 | 网络广告是目前最活跃的方法 |
| 交换链接推广法 | 交换链接是资源共享实现多方推广的方法 | 成熟性网站，高质量的外链 |
| 电子商务平台推广 | 在各类行业信息网站，B2B、B2C 类电子商务平台进行信息发布 | 一般需要注册会员才能发布信息，在同一平台有同质化的现象，有些平台还需要付费才能发布信息 |
| 电子邮件推广法 | 利用会员信息列表进行邮件推送或者进行许可电子邮件营销 | 企业网站用户较为集中，拥有客户的电子邮箱，多见 B2C 类企业网站 |
| 关联网站推广 | 企业官方网站及企业产品相关联的一系列网站组成的网站集群 | 适合产品较为丰富、竞争较为激烈的企业网站 |

续表

| 网站推广方法 | 主要内容 | 适用范围及特点 |
| --- | --- | --- |
| 博客推广法 | 通过企业博客、个人博客、第三方博客进行信息发布和网站推广 | 可以使网站在较大范围内快速传播，兼有客户管理等功能 |
| 微博、微信推广 | 通过微博、微信等工具进行网站的推广 | 具有 SNS 人际网站性质，传播速度快，适合所有企业网站，成本较低 |
| 病毒营销推广 | 免费电子书、免费电子邮箱、免费软件、网络游戏等形式开展用户间的主动传播 | 需要准确把握用户的需求热点，以为用户提供具有价值的免费服务为基础，需要一定的资源投入 |
| 网络联盟推广 | 通过网络联盟的形式按效果付费模式进行的网站推广服务，典型的有按销售业绩分成、按点击次数进行分成和按注册用户分成等 | 适合具有较高品牌知名的网站，网络联盟可以短时间把推广信息发布在数量众多的加盟网站上进行推广 |
| 热点事件推广法 | 通过事件营销的炒作，来达到网站推广目的 | 通过创造热点事件或者借助热点事件进行网站品牌推广，周期较短 |

由于表中涉及的网站推广方法在教材的其他章节均有涉及，本节主要从企业网站自身内部优化的角度来梳理企业网站的推广。网站优化主要是指企业网站的系统性优化，基本的方法是通过对网站的功能、网站的结构、网页的布局、网站的内容和服务等关键要素进行合理设计，可以充分表现为网站的网络营销功能，实现顾客价值发挥作用。网站的优化可以从用户优化、环境优化和维护优化三个层面进行讨论。

### (一)企业网站的用户优化

企业网站的用户优化其核心思路是以企业网站的用户为中心，为用户提供有价值的信息和服务，方便用户浏览和使用网站的各类服务。如站内搜索、评论、订单管理、翻页、在线服务、在线帮助、不同语言版本等，从而获得用户的信任。网站的用户优化与平常所说的用户体验、网站易用性等有一定的交叉，不过在重视形式的同时，用户的优化更在于注重为网站的用户提供价值，如及时有效的网站资讯、用户关心的产品详细资料、高效的在线服务等。一般而言，丰富的内链可以提供信息资源的有效传播，如网站地图、站内的导航菜单、站内文章列表中所包含的超级链接、文章中的关键词链接、内容推荐链接等。关键词链接在为用户引导信息时，也对网站的搜索引擎优化发挥明显作用。

### (二)企业网站的环境优化

在网络营销过程中，创建有效的网络信息传播渠道是其基本工作，而此类的传播渠道多是第三方互联网的服务。也就是属于企业网站外部的因素，而不是企业内部资源所能够决定的，因此只有将网站内部资源和外部环境结合起来，全盘考虑才能实现企业网站的有效推广。如搜索引擎营销、网络广告、微博、微信、博客、合作网站等都是属于网络环境的范畴。

目前来看，搜索引擎营销和基于 SNS 的营销是网络环境优化的主要因素，因此在企业网站的推广过程中要引起高度的重视，有些学者偏执的将搜索引擎营销作为网络营销的全部内容，明显是不合适的，只有在全局的角度，系统地分析网站的优化思路下，才能真正实现全面可持续的企业网站环境优化。

### (三)企业网站的运营维护优化

良好的企业网站背后，都有一群为之辛勤工作的运营团队，用户看到的往往是前台的表现，而后台的信息发布、产品管理、栏目管理、订单管理、用户管理、服务管理、广告管理、图片管理等内容都需要相应的工作人员来维护。企业网站建设规划中往往会详细地规划企业网站的运营管理维护系统，一个专业的、高效、灵活的企业网站后台管理系统可以使得企业网站的运营维护方便、快捷。

网站的运营维护是用户优化和环境优化的基础，例如，如果后台管理系统没有网页内容标题和 META 标签的管理功能，搜索引擎优化也就无从谈起。如果后台没有广告、友情链接等管理模块，网站内外部链接、网站广告等推广方法也就成了空中楼阁。企业网站的运营维护优化贯穿网站生命整个流程，是一个持续完善的过程。

## 第三节　基于企业网站的营销活动

企业网站的网络营销价值是通过一些具体的表现形态体现出来的，企业网站是企业在网络上发起营销活动的重要基地，企业对众多企业网站的研究，企业网站的网络营销功能主要表现在三个主要的层次上，即网站信息发布、网站在线销售、网站顾客服务。

## 一、网站信息发布

企业建设网站一个主要的目的就是将企业的产品、服务、品牌展示给需要的客户，从这一点来看，信息发布是企业网站最基本也是最重要的功能。那么，企业网站需要什么样的信息？网站信息应该如何表现出来？为了说明这个问题，我们运用案例分析的方法来研究一下企业网站信息发布的问题。

**案例6.2　四川长虹电子集团公司企业网站内容的演变**

四川长虹电子集团公司创立于1958年，从军工立业、彩电兴业，到信息电子多元发展，已经成为集军工、消费电子、核心器件研究与制造为一体的综合型跨国企业集团。2016 年

# 第六章 基于企业网站的网络营销

长虹的品牌价值达 1208.96 亿元人民币,居中国电子百强企业第六位,居中国制造业 500 强第 64 位。长虹也是较早上网的中国企业之一,长虹网站在不同时期的内容和表现形式具有一定的代表性。

从下表 6-4 可以看出,自 1999 年至 2004 年,长虹网站内容基本处于企业介绍和产品介绍阶段,信息和功能相对简单,产品主要为家庭影院和长虹 DVD 播放器。不过整体的信息处于不断发展过程中,在线调查、网站链接、在线招聘等不断丰富完善。

表 6-4  长虹不同时期的企业网站基本内容

| 时　期 | 网站主要结构和一级栏目 | 首页的主要信息 |
| --- | --- | --- |
| 1999 年 10 月 | 公司简介、长虹新闻、企业文化、长虹产品、服务支持、合作伙伴、加盟长虹、股东信息 | 首页标题为"长虹主面"<br>首页主要信息:公司简介、产品列表 |
| 2000 年 10 月 | 公司简介、长虹企业文化、长虹产品、服务支持、商务信息、加盟长虹、股东信息 | 首页为 frame 结构,有弹出窗口调查<br>企业新闻列表、最新产品列表、在线调查、网站 LOGO 链接 |
| 2001 年 6 月 | 网站结构和栏目同上,布局略有调整 | 首页增加长虹股票的实时行情 |
| 2004 年 3 月 | 了解长虹、新闻中心、产品中心、客户服务、渠道服务、采购中心、人才中心、长虹俱乐部、合作中心 | 产品分类导航、站内检索、企业新闻、股东公告、在线服务、网上订购、会员注册和登录、产品介绍、友情链接 |
| 2006 年 11 月 | 产品与服务(产品索引、如何购买、客户服务)、商务合作(供应商、代理商、其他合作伙伴)、关于长虹 | 最新产品列表、客户服务、企业新闻、媒体报道等 |
| 2012 年 12 月 | 关于长虹、新闻中心、子公司网站、产品中心、服务专区、我的长虹 | 首页主要包括产品展厅、媒体动态、主题信息、网上商城等 |
| 2016 年 8 月 | 关于长虹、新闻资讯、子公司网站、产品中心、服务专区、长虹社区、网上商城 | 首页产品展厅(突出电视、冰箱、手机、空调、电池)、英文官方网站上线、微信官方平台上线 |

2012 年之后,长虹公司出现了网上商城的链接,从链接的销售渠道来看,包括长虹官方商城、彩电淘宝旗舰店、冰箱淘宝旗舰店、空调淘宝旗舰店、手机淘宝旗舰店和新能源公司淘宝旗舰店。可见,长虹各主要产品线都开设了自己的在线销售渠道。

2016 年,长虹公司英文官方网站上线和微信平台的上线,反映出长虹的全球化战略和对全民社群营销的一些思考。

(资料来源:冯英健. 网络营销基础与实践(第 4 版)[M]. 北京:清华大学出版社,2013,有改写)

从上述长虹公司的企业网站案例可以看到,同一个企业在不同时期的内容、服务和功能是在不断变化的,这反映出企业对网络营销的认识和实际需求在不断地变化,不同时期的网站内容和信息发布的要求有很大差别。事实上，在同一时期，处于不同发展阶段的不同的企业对于网站信息发布的内容和要求也是差别巨大。企业网站信息发布的内容与两方面的因素相关，一是企业当时的生产经营状况；二是行业内竞争企业的网络营销发展状况。

从中国网络营销发展的实际来看，在1999年之前，企业对于网站的理解基本处于"企业主页"的阶段，相当于现在的企业黄页和发布在B2B平台的企业简介，网站主要提供企业简介、产品简介和联系方式。而现在的企业网站都是指具有独立空间、独立域名的企业网站。

根据企业网站信息的作用，企业网站在规划建设的过程中有参考的栏目内容主要有企业信息、产品信息、服务信息、销售信息和公众信息等。

### (一)企业信息

企业信息主要是为了让新访问的客户对公司状况有初步的了解，过去企业网站建设的意义就在于宣传自己，所以这部分的内容最重要也是最基本，一般放在主页的关键位置和导航栏目的第一条，随着近年来"以顾客为核心""以产品为导向"等理论和观念的兴起，很多企业已经将企业信息，特别是关于企业自身的简介都放在了导航的最后。一般来看，企业信息主要包括：公司概况、发展历程、公司动态、媒体报道、公司理念、主要业绩、战略规划、企业主要领导人和高管的介绍、公司的组织架构、领导人寄语、企业文化等。

例如，华为公司的介绍就从华为是谁？华为为世界带来了什么？华为坚持什么？华为的最新动态、价值主张、财务概要、公司治理、研究开发、开放合作共赢、网络安全、发展历程、质量方针、高管信息、投资关系、可持续发展、公司刊物、公司年报等多个维度、多个层次进行了介绍，具有一定的参考性，如图6-4所示。

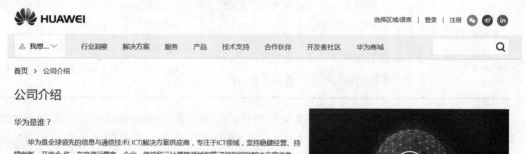

图6-4 华为官方网站的公司介绍(部分)

## (二)产品信息

企业网站提供的产品信息要全面反映企业所有系列和各种型号的产品,对产品进行详尽地介绍,除了文字介绍,还要有图片介绍、视频介绍。如果公司的产品种类较多,无法在简单的目录中全部列出,产品信息首先应该分类区别出不分的栏目,用户可以方便地找出所需要的产品,设计产品搜索功能是非常必要的。如图 6-5 所示,华为公司的产品首先分为个人用户和商用两大类,个人产品又包含手机、平板电脑、智能穿戴、移动宽带、智能家居、配件等。商用又分为运营商产品和企业产品,运营商和企业产品又按不同的分类标准进行了分类。以个人产品手机为例,华为商城还对屏幕尺寸、功能亮点、摄像头像素、系列类型进行方便地筛选,用户还可以方便对商城中的 3 款自己中意的手机进行产品性能比较,供用户决策。

在产品信息中,对于一些通用产品及价格相对稳定的产品应该留下产品价格,有些产品的价格可能不便于在网络上公开,也应尽可能留下相关的咨询电话、联系方式,为客户提供补偿。

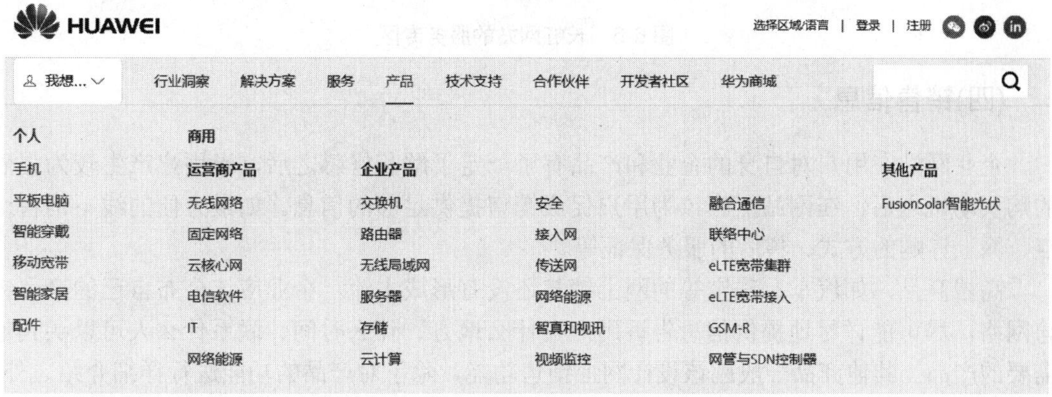

图 6-5　华为官方网站的产品分类介绍

## (三)服务信息

企业网站根据自身的产品和不同的发展阶段,所能提供的服务有巨大的差异。一般来说,价格昂贵的产品使用较为复杂,产品性能较多,往往需要提供较多的服务信息才能满足顾客的需要,而一些标准化商品,如生活日用品之类服务就要简单一点。网站的服务信息常见的有使用常识、产品说明书、在线问答等。企业网站的在线服务往往都是公司客户关系管理的重要组成部分,一般要涉及网络跟踪文件、网络日志分析、数据挖掘、协同过滤、来往邮件、终端数据跟踪等途径来实现个性化的服务,如图 6-6 所示。本节内容只做服务信息层次的讨论,相关深入学习可以参考关系营销、数据挖掘、客户关系管理等书籍。

# 网络营销理论、方法与实践

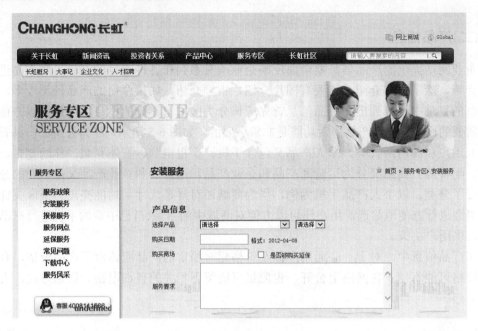

图 6-6　长虹网站的服务专区

### (四)销售信息

企业网站在用户对自身的企业和产品有了一定了解和好感之后，当用户产生较为强烈的购买动机之后，在网站上应该为用户促成销售提供足够的信息。如最方便的线下销售地点、网上订购的方式、售后的服务保证等。

高档商品，如汽车、珠宝等的网上销售还没有形成主流，企业应该公布自己的产品销售网络，尽可能详尽地提供信息告诉用户在什么地方、什么时间、联系什么人可以买到他需要的产品。其他商品一般应该设计网上销售功能，除了对产品的功能进行详细介绍之外，还要对产品的评价、包装、安全、资金支付进行必要的说明。

### (五)公众信息

公众信息主要是针对非用户身份对公司进行了解的信息，如投资人、媒体记者、研究人员等，这些人员尽管不以购买为目的，但对公司的影响具有不可低估的作用。对于上市公司或者知名企业，要引起足够的重视。公众信息包括投资结构、股权信息、企业财务报告、企业文化、公益活动、公关活动等。

**案例 6.3　桂林某企业网站后台信息发布功能**

不同的企业网站所使用的后台功能有很大的差异，但是信息发布和栏目管理的功能都是不可缺少的。常见的网站后台的信息功能主要还有新闻管理、产品管理、会员管理、订单管理、邮件列表、论坛管理、在线帮助、站内检索、广告管理、在线调查管理、流量统计、网页静态化管理、模板管理等。

作者以 2015 年为桂林某企业开发的官方网站为例，从图 6-7 所示，该企业网站后台的主要功能包括：基本管理、文章管理、会员管理、数据库管理 4 大类。基本管理主要是网站信息的配置，如企业的名称、企业的域名、网站的服务器，安装的目录、网站上传的路径、网站的关键词、网站的描述、网站的风格、联系方式、不良数据过滤、留言的审核、图片的水印、广告的设定、链接的管理等。文章的管理主要是网站栏目的管理和对文章的管理。会员管理主要是注册会员信息的审核、等级的划分、权限的设定等。数据库管理则主要分析网站空间的占用情况、数据库的备份、恢复、数据库的压缩等功能。

图 6-7　桂林某企业网站后台管理主要功能界面

该企业的信息发布功能与很多博客的后台管理相类似，只是从搜索引擎优化的角度，除了文章标题之外，还加入了关键词设计、信息发布的作者、信息的来源、信息发布的栏目、转向链接、浏览次数、文章的缩略图、信息发布的时间设定、文章的主要内容、是否固顶、推荐、是否自动分页、分页的字数设定等，如图 6-8 所示。文章主要内容的编辑与 Word 功能非常相似，除了常用的功能之外，还可以直接导入编辑好的 Word 文件，导入 Excel 文件，上传图片、Flash 动画、视频文件和各类附件，支持后台编辑人员代码编辑、设计编辑、文本编辑和直接在网页预览的功能。

如果同学们对企业网站信息发布功能需要有更多的了解而没有合适的企业后台可以使用或者参考的，建议各位可以选择网易博客、新浪博客、百度空间等大型博客平台开设自己的博客，可以学习之用，也可以成为日后长期使用的博客。尽管网站后台信息发布的功能比较简单，但是在实际工作中，不同的企业对于网站信息的发布有着较为规范的制度，比如，字体、字号、字数、是否加粗、是否变色、行间距、图片大小、尺寸、标题内容、标题字数、关键词的设置都有非常严格的规定，各位同学也可以在公司实习的时候加以了解。

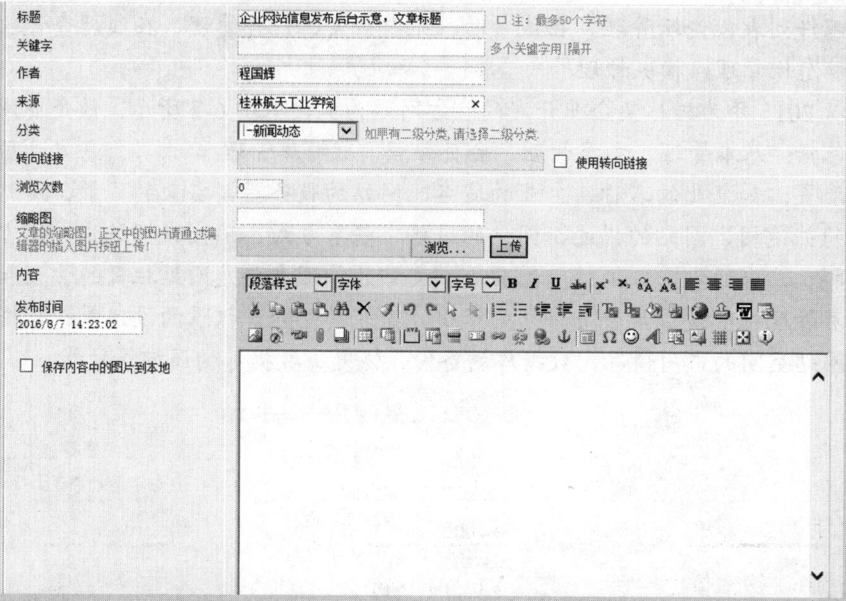

# 网络营销理论、方法与实践

图 6-8　桂林某企业网站后台信息发布功能界面

(资料来源：笔者撰写)

## 二、网站在线销售

网站在线销售主要是指通过企业网站向最终消费者销售有形产品或者服务的过程。在线销售是电子商务的重要组成部分。根据 CNNIC 最新的调查数据，截至 2015 年 12 月，我国网络购物用户规模达到 4.13 亿，网络零售总额达到 3.88 万亿元，其中 B2C 交易额为 2.02 万亿元。从交易活跃度来看，2015 年全年交易总次数为 256 亿次，人均交易 62 次。从全国网络零售市场 B2C 交易的渠道来看，市场集中度非常高，天猫占 65.2%的市场份额，京东占比 23.2%，苏宁易购占比 5.3%，三家合计占比达 93.7%。尽管网站在线销售近年来发展极为迅猛，但企业在进行在线销售的过程中，需要冷静思考几个问题：企业的产品是否适合在线销售，在线销售的产品定价问题和网上直销的利弊得失。

### (一)企业在线销售的产品

从 1994 年，贝索斯开创亚马逊时就认真考虑过什么商品适合在网上销售的问题，最后他从几十种可能的商品中选择了图书作为亚马逊的主营品种。当 2005 年，PPG 上海服饰开始在网上销售衬衫时，国内网络营销界还在为服装到底是否适合网上销售而引发讨论。今天在线销售的市场一片繁荣，从吃的、穿的、用的，凡是消费者需要的，几乎都可以买到。更有意思的，时过境迁，我们网络营销界又一次反思的时候发现，此时讨论什么产品最适合网上销售已经意义不大了。

综合中国互联网信息中心 2013—2015 年的调查数据，如表 6-5 所示，服装鞋帽已经成为网上销售火爆的品种之一，而就我国的具体情况而言，中国网民读书习惯逐渐养成，加上网络渠道压缩利益空间，较低折扣的吸引，书籍音像制品上升至第三位。日用百货始终保持在第三位，家用电器、电脑、通信数码产品及配件也有不错的表现。

表 6-5　2013—2015 年中国网购品类前五名

| 名　次 | 2013 年 | 2014 年 | 2015 年 |
| --- | --- | --- | --- |
| 1 | 服装鞋帽 | 服装鞋帽 | 服装鞋帽 |
| 2 | 日用百货 | 电脑、通信数码产品及配件 | 日用百货 |
| 3 | 电脑、通信数码产品及配件 | 日用百货 | 书籍音像制品 |
| 4 | 充值卡、游戏点卡等虚拟卡 | 充值卡、游戏点卡等虚拟卡 | 电脑、通信数码产品及配件 |
| 5 | 手提包、箱包 | 家用电器 | 家用电器 |

如何思考在线销售的品种，汉森(Ward Hanson)等人曾提出 iPACE 框架具有一定的参考价值。iPACE 的含义是信息(information)、价格(Price)、品种(Assortment)、便利性(Convenience)、娱乐性(Entertainment)5 个部分。

从信息的角度来看，搜索商品比体验商品更容易在网上销售，特别是那些容易数字化的产品，比如，机票就属于搜索商品，一张机票的所有信息，比如，飞机机型、起飞时间、到达时间、乘客、舱位信息、中转地等所有信息都可以用一串含义特定的数字来表示，甚至条形码、二维码都可以，但是鲜活类食品的特征的描述、饮料的口感的描述等就比较困难。

从价格的角度来考虑，网上销售商品的价格包含了商品本身的价格以及运输成本、可能的退货成本。如果网上销售模式所带来的节约成本大于运输成本和可能的退货成本，这类的商品才适合网上销售。数字产品运输成本最低，有形产品次之，鲜活类农产品运输成本最高。

从品种来看，网上销售的商品的品种会更多，特别是图书、计算机、服装等，因为实体店空间的原因，不可能把所有的图书、服装都展示出来。

从便利性而言，网上销售通常会比传统渠道更为方便，因为消费者可以省去购物过程的很多麻烦。当然，网上购买的主要麻烦在于搜索、比较商品、判断商家的信用等级以及网上支付等流程。另外，网上购买更加容易形成回头客，因为重复购买时无须填写个人信息和判断商家信用，甚至直接购买同一品牌同款产品即可。

从娱乐性考虑，网上购物的乐趣比不上传统购物，这也是女性更喜欢逛街的理由之一。当然，不同的网站也在采用很多方法来增强网上购物的乐趣，如拍卖、秒杀、团购，甚至虚拟社区、晒单奖励等，随着互联网宽带速度的进一步提高和网络技术的发展，网上购物的娱乐性将得到进一步的增强。

需要指出的是，iPACE 框架是西方学者根据西方网络用户的消费者行为特点和西方社会经济发展提出来的，中国的情况更加复杂。比如，家电产品的网上购物在京东、苏宁崛起之后，和电脑、数码产品一样迅速占领较大市场份额。按照传统理念，白色家电产品的配送成本是较高的，价格也相对较高，性能指标也较为复杂。所以在选择在线销售品种时，一方面要明确网络营销的基本理念，比如，一些奢侈品、鲜活产品目前来看还不太适合进行网络销售。另一方面，与其相信理论，不如相信市场，销售品种是否合适，只要在我国法律法规许可的前提下，不妨让市场来判定。

### (二)在线销售的定价问题

在线销售有两种基本的定价方法：固定定价和动态定价。顾名思义，固定定价就是明码标价，动态定价则是价格具有一定的灵活性，可以动态上下波动。

根据 CNNIC 的调查数据显示，中国网民对于价格的考虑已经不是最重要的因素，而绝大多数网购用户在决策时品质和价格折中考虑，如图 6-9 所示，还在对一项"90 后"和"00 后"的年轻网购群体的调查发现，年轻一代更加看重网络口碑、商家信誉、产品品质、品牌美誉，对于价格的考虑占比则相对靠后。

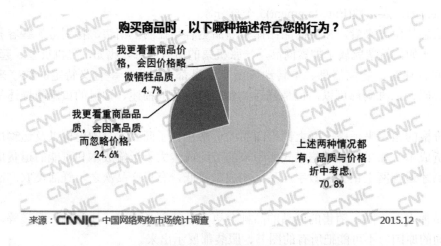

图 6-9　CNNIC 调查网络购买商品决策时在品质和价格考量上态度

自亚马逊 2008 年 9 月启动著名的差别定价模式失败之后，亚马逊承诺"无论过去、现在和将来，都不会用客户的人口资料进行动态定价"。差别化定价实验以亚马逊公开道歉而失败落幕。但是随着信息技术的发展，越来越多的网络购物平台正在事实上使用动态定价的方法。

一方面，信息技术的发展使得动态定价的成本几乎可以忽略不计；另一方面，尽管网络市场使得商品价格信息变得非常透明，但是商品品种的极大丰富，同一产品不同款式型号配置也使得商品定价变得复杂化，普通用户很难分辨其中的秘密；同时定制化生产，也使得固定定价正在失去原有的意义;最后,从利益的角度,动态定价无疑可以给电商平台或者生产企业更高利润空间的可能性,如果经济条件好的顾客愿意支付较高的成本,而条件较差的顾客也能以较低的价格获得商品。因此在实际的网络市场条件下,商家更乐意主动获取消费者支付意愿等信息,并依据此来进行动态定价。

### (三)网上直销的利弊

#### 1．网上直销的优势

网上直销最大的优势并不在于中间环节短而节省了部分销售费用,事实上在我国,网络销售的主要渠道被阿里系、京东系所占领,直销的成本是较高的,而不使用这些主流渠道来进行网络销售可能将会面临更高的成本。不过网络销售可以让企业更准确、及时地把握市场的脉搏,从而针对市场开发新的产品和改变其营销策略。另一方面的好处在于企业可以根据顾客的订货来采购原料和安排生产,降低库存,提高周转率,这点对于手机制造企业、计算机行业和一些传统制造企业都有较大的启示。

#### 2．网上直销的弊端

网上销售最大的不足可能会引起渠道冲突,一个企业如果主要前期通过渠道商、代理商来销售产品,那么直销势必会影响渠道商的业绩。所以很多企业在线的直销会受到传统渠道商的抵制。对于一些企业来说,这些抵制有可能将会是致命的。另一方面,很多企业认为网上直销是低成本的,事实上在网络市场竞争日渐白热化的今天,很多行业直销的成本并不见得比传统渠道要低。因此企业在选择网上直销前,还要认真考虑。

## 三、网站顾客服务

企业网站的服务内容和形式多种多样,网站顾客服务是企业顾客关系管理的重要组成部分,也是保留好顾客的关键之所在。好的顾客服务可以吸引新顾客,保留老顾客,老顾客往往都是好顾客,老顾客可以带来新顾客。因此网站的顾客服务是非常重要的环节。常见的网站顾客服务主要有以下几种。

产品采购和知识:主要是利用网站提供尽可能详尽的产品知识来培养消费者。

产品说明书:除了随产品附送说明书之外,在网上发布详细的产品说明对于用户来说有积极的意义,另外,与产品有关的软件,比如,驱动、应用程序、操作系统等也应该提供下载。

常见问题解答:将用户在使用网站服务、了解选购产品、使用过程中、售后过程中可能遇到的问题汇集整理为常见问题解答,并根据用户的实际增加和完善这个 FAQ,不仅可以方便用户迅速解决问题,对于提高顾客服务效率和降低服务成本也有很好的帮助作用。

在线咨询:如果用户的问题不在 FAQ 范围之内,或者用户不具备在 FAQ 中查找问题答案的能力，需要专门给予回答，开设这样的在线咨询业务是必要的。这样的功能也可以通过即时通信工具QQ、微信、电话等来实现。

会员制度：定期向注册的用户发送有价值的信息和提供个性化的服务，如生日祝福、优惠券、组织线下活动等。

会员社区服务：为用户提供一个发表自己观点及与其他用户相互交流的空间，容易形成企业最忠诚的粉丝。

免费的研究报告：如果企业有实力提供重要的信息资源，可以定期为用户提供有价值的研究报告。

RSS订阅：如果网站为企业提供RSS订阅，通过电子邮件为会员发送更新的有价值的信息。

## 第四节　网站营销与无网站营销的配合

很多人认为，网络营销就是做好网站自身，不断地优化自己的产品，提升网站的系统性、完整性、友好性、简单性和适应性。只要做好站内链接、提升网站内容的价值就可以了。事实上，设计精美、功能先进、投资巨大的企业网站如果运营、推广不好，也会变成僵尸网站，丧失它存在的意义。因此把网站营销看成网络营销整体的一个组成部分，积极将网络营销与无网络营销配合起来，才能实现更好的价值。

### 一、与电子邮件营销的配合

电子邮件营销是发展最早，成本最低，效果较好的一种网络营销方法，电子邮件特别是电子刊物可以给网站带来流量。企业网站可以采用定期向访问者通报网站的更新内容，或者提供电子期刊的校刊，鼓励消费者主动订阅电子刊物。企业可以在网站的显要位置放置RSS订阅框，其他需要发送给用户的电子邮件的关键位置也要旋转电子杂志的订阅框，这样顾客只要一点鼠标就可以完成订阅。

当然，企业还可以通过电子邮件列表的形式主动发动有偿的调查问卷、产品使用反馈单，或者免费向顾客提供最新的产品信息、文件的下载页面和论坛的注册页，以吸引客户主动链接到企业网站中来。

最后，在使用电子邮件营销的过程中，要注意保护消费者的隐私，提供许可的电子邮件营销方式，也就是要允许客户可以取消订阅，并将取消订阅的客户放置在专门的客户列表中，不再向其发送订阅信息。

### 二、与搜索引擎营销的配合

搜索引擎营销已经成为一种主流的网络营销方式，而且还是最重要的一种网络营销方

# 第六章 基于企业网站的网络营销

式。企业网站的推广必须要与搜索引擎营销结合起来，才能发挥更大的作用。搜索引擎营销在第二章已经进行了较为详细的讲解，这里主要就网站营销与搜索引擎营销如何配合进行说明。

企业网站自建设完成运行开始，就应该把网站主动登录到谷歌、百度、搜狐等主流的搜索引擎数据库中。当然也不要忽视较小的免费分类目录网站，认为它们对增加网站流量的作用意义不大，事实上，积少成多，被次要的收录引擎收录可以增进网站的热门程度，从而提高网站在主要搜索引擎上的排名。

很多企业网站在建设好之后就加入付费的搜索引擎系统，购买网站关键词等来吸引流量。京东创始人刘强东 2011 年在微博披露，京东每年给百度交 500 万元以上的广告费，目的就是令"京东"两个字可以搜索到京东商城的网站。付费推广的优势在于在百度搜索引擎中，输入"京东"两个字，京东官方网站、京东商业推广不仅排在第一位，而且还占有巨大的篇幅，如图 6-10 所示。

图 6-10　京东商城在百度搜索引擎推广的效果图

企业网站除了花钱做付费推广、关键词广告、竞价排名之外，还可以做搜索引擎的优化，搜索引擎的优化是一个较为复杂的过程。一般而言，专家们常用的搜索引擎优化方法主要有优化网站标题标签、优化描述元标签、优化关键词标签、优化段落标题标签、优化页面内关键词、优化内部链接结构、页面内的 SEO 手法等。

## 三、与线上社交营销的配合

企业网站与社交营销相结合将会产生巨大的协同溢出效应。线上社交营销主要指利用在线的虚拟社区、社交软件、社交平台来进行营销的活动，传统意义的新闻组、电子公告板、聊天室、QQ、微信、微博，甚至人人网、开心网之类的平台都属于此类范畴。

线上社交营销与网站营销可以实现互利共赢，首先网站的存在可以给成员提供更加便利的渠道，很多网站也建设了自己的虚拟社区，大家具有共同的产品话题、兴趣和关注点，可以使虚拟社区更有活力。同时，网站的各类推广活动、促销活动、在线的交流活动可以拉近消费者与企业之间的关系，方便消费者及时反馈产品信息，虚拟社区甚至可以产生合作经济，虚拟社区的互动还可以给网站增添大量新鲜的内容，增加网站的吸引力。当然，有虚拟社区、QQ群、微信圈的客户群体会在网站上停留的时间较长，带来更多的重复访问，增加网站的黏性。总之，线上的社交活动和企业活动可以相辅相成，进入一个良性的发展循环。

值得注意的是，企业网站要指定专门的工作人员加强与线上社交平台、虚拟社区的管理和互动。特别是有关企业产品恶意的、负面的评论，要有针对性地去引导，以免在自媒体时代引发更大范围的事件，从而对自身的产品、品牌形象有所损害。

## 四、与线下传统营销的配合

企业网站做好线上与线下的配合，网络营销与传统的配合，这种配合的重要性已经取得了网络营销界的共识。如专营办公用品的思达普斯就曾经把网上的口号"是的，我们这儿有"改为"思达普斯，就是方便"，强调线上和线下，店面和网站的协同购物。

顾客可以通过网站访问产品目录，通过终端订购可以在商店的收银台付款而直接得到收据和发票。为了平衡线上线下的竞争，在定价上，保证网站上的价格和店面的价格是一致的。通过这样的整合，思达普斯实现了线上线下同步增长的良好形势。

在网络营销的大趋势下，企业高管和网络营销的研究者必须冷静地看到网络营销有它独特的优势所在，而传统营销也有其存在的必然价值。比如，在物流不发达地区，在产品较大，不宜配送的情况下，如汽车产品等，也许去店面互动的优势会更加明显。

目前来看，线上与线下相结合的模式，已经在酒店、旅游、机票、餐饮等很多行业拓展开来，这些行业特点就是线上服务必须要通过线下服务来完成。比如，看电影，你在网上订了票，还要在电影院去才能看到电影。因此，网站营销必须要和线下的传统营销相配合，有的影院为鼓励消费者通过线上购票选座，专门在企业网站上开发了自己电影院的选座在线购票支付系统，在线下放置电影票自助打印设备，消费者还可以凭借线上支付的二维码免费领取爆米花一袋。线上线下数据交流的问题已经基本得到了解决，企业需要考虑的是，如何更好地把线上线下营销的中间环节打通，从而让消费者更加方便、更加快捷，这样也有助于提高企业在同行业中的竞争力。

## 案例分析

### 苏宁的自营O2O模式

苏宁创办于1990年12月26日，总部位于南京，是中国商业企业的领先者，经营商品涵盖传统家电、消费电子、百货、日用品、图书、虚拟产品等综合品类，线下实体门店1600多家，如图6-11所示。苏宁易购，是苏宁云商集团股份有限公司旗下新一代B2C网上购物平台，苏宁易购位居国内B2C前三。

图6-11 苏宁的线下门店

2012年3月，苏宁云商董事长张近东在北京两会期间提出，苏宁的目标是要做中国的"沃尔玛+亚马逊"，苏宁的O2O模式就此开启。同时这一年也被称为苏宁的O2O元年。

2013年2月，在苏宁2013年春季工作部署大会上，张近东表示，苏宁要为中国零售业的春天做出贡献，做线上线下的零售服务商，"店商+电商+零售服务商"，以互联网技术为基础，整合苏宁前台后台、融合苏宁线上线下，服务全产业、服务全客群。这就是苏宁倡导的中国互联网零售模式，同时也是苏宁"沃尔玛+亚马逊"战略的升级。

2013年6月8日苏宁实现了全产品全渠道的线上线下同价，标志着苏宁O2O模式的全面运行。从苏宁的角度来说，"线上线下同价"的实现，帮助苏宁打破了实体零售在转型发展中与自身电商渠道左右互搏的现状，推动了零售行业的创新和发展。一方面，苏宁未来的实体店的功能要发生转变，除了销售外，着重增强展示、体验、服务等。另一方面，它的运营方式也是互联网化的，用本地化的营销，社交化的传播，推动两个渠道的融合。

O2O模式下的苏宁实体店不再是只有销售功能的门店，而是一个集展示、体验、物流、售后服务、休闲社交、市场推广为一体的新型门店——云店，店内将开通免费Wi-Fi、实行全产品的电子价签、布设多媒体的电子货架、利用互联网、物联网技术收集分析各种消费行为，推进实体零售进入大数据时代，如图6-12所示。

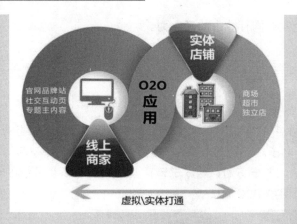

图 6-12 苏宁的 O2O 逻辑

2013 年 11 月 8 日，苏宁首届 O2O 购物节将正式启动，抢占 11 月京城零售消费市场。

苏宁在为期四天四夜的购物节中引入诸多 O2O 元素，如线上线下商品的通卖和促销统一、推出社交与游戏深度结合的"拉帮结派"等活动。而刚刚收归苏宁旗下的 PPTV 也将助力 O2O 购物节，实现 OVO(online video offline)互动视频购物。

整个"双十一"期间，苏宁线上和线下渠道销售均实现了大幅度增长，仅仅在 11 月 8 日活动第一天，整体销量就超过了去年整个"双十一"，而 9～11 号随着周末的到来，每天销量呈 30%以上递增，2013 年"双十一"期间苏宁易购销量为 2012 年同期 8 倍以上。可以说，苏宁的 O2O 战略初见成效，如图 6-13 所示。

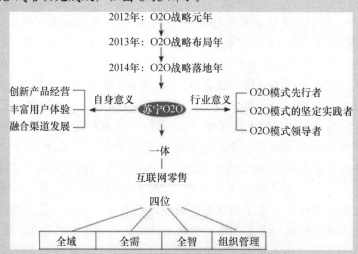

图 6-13 苏宁的 O2O 改造的路线图

2014 年 2 月，为推动 O2O 融合，苏宁对组织架构进行了又一次深入调整，原来负责线下实体门店经营的连锁平台经营总部和负责线上苏宁易购经营的电子商务经营总部统一整

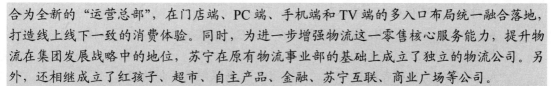

合为全新的"运营总部",在门店端、PC端、手机端和TV端的多入口布局统一融合落地,打造线上线下一致的消费体验。同时,为进一步增强物流这一零售核心服务能力,提升物流在集团发展战略中的地位,苏宁在原有物流事业部的基础上成立了独立的物流公司。另外,还相继成立了红孩子、超市、自主产品、金融、苏宁互联、商业广场等公司。

苏宁易购O2O的探索才刚刚落地,以后的路还很长,让我们拭目以待。

(资料来源:作者根据苏宁网站等数据撰写)

##  归纳与提高

本章首先从企业网站的营销价值的角度出发,认为企业网站是网络营销中最基础性的工具,企业网站是网络营销信息传递的重要渠道,是联结线上和线下营销的重要阵地。企业网站的网络营销功能主要表现在8个方面,即信息发布、网络品牌、产品/服务展示、在线顾客服务、在线顾客关系、在线调查、营销资源积累和网上销售。企业在建设网站,利用网站开展网络营销活动前要根据企业实际慎重考虑利弊。

企业网站的建设首先要考虑网站利益相关者的问题,一般将利益相关者划分为:支持型利益相关者、混合型利益相关者、威胁型利益相关者以及边缘型利益相关者。网站建设的流程可以归纳为4个阶段:准备阶段、开发设计阶段、测试阶段和运营维护阶段,每个阶段都有具体的任务。企业网站的推广是一个综合性的工作,常见的外部推广方法有:搜索引擎推广、电子邮件推广、博客推广、微博推广、微信推广、广告推广、B2B平台推广等。除此之外,网站推广的内部优化可以从用户优化、环境优化和维护优化三个层面着手。

基于企业网站的网络营销功能主要表现在三个层次上,即网站信息发布、网站在线销售、在线顾客服务。网站信息发布主要涉及企业信息、产品信息、服务信息、销售信息和公众信息等;网站在线销售分析了适合在线销售的产品、网上产品的动态定价以及网上直销的利弊;在线顾客服务则从产品采购和知识、产品说明书等8个层面列举了常见的网站顾客服务内容。

网站营销与无网站营销的配合则重点讨论了网站营销与电子邮件营销、与搜索引擎营销、与社交媒体营销、与传统线下营销相配合的问题。

##  习题

### 一、选择题

1. 企业网站建设的误区主要有( )。
   A. 栏目过于复杂　B. 元素过多　　　C. 功能强大　　　D. 导入动画
2. 下列哪项不是企业网站的推广方法?( )
   A. SEO　　　　　B. 网站联盟　　　C. 网络广告　　　D. 网站改版

3. 下列哪些属于保留顾客策略？（　　）
   A. 虚拟社区　　B. 忠诚顾客技术　　C. 拉式技术　　D. 个性化网站技术
4. 搜索引擎优化的作弊行为有（　　）。
   A. 隐藏的文字或者链接　　　　B. 容易误解或堆积的词汇
   C. 伪装的网页　　　　　　　　D. 复制的网站或网页
5. （　　）是网站链接推广的常见形式。
   A. 互换链接　　B. 循环链接　　C. 轮辐式链接　　D. 链接联盟
6. 宝洁公司的关联网站属于哪种类型？（　　）
   A. 品牌关联　　B. 产品关联　　C. 服务关联　　D. 营销关系
7. 哪些属于第三方网站的推广平台？（　　）
   A. 百度百科　　　　　　　　　B. 百度搜索引擎关键字
   C. 网易博客　　　　　　　　　D. 企业官网
8. 企业网站营销的主要功能有（　　）。
   A. 信息发布　　B. 在线调查　　C. 技术管理　　D. 网上销售

## 二、复习思考题

1. 以汽车为例，思考如何开展线上和线下互动的营销活动。
2. 企业网站推广的主要方法和工具。
3. 谈一谈企业网站可以实现哪些网络营销功能。

## 三、技能实训题

1. 对自己所在学校(如桂林航天工业学院)的网站(如 www.guat.edu.cn)进行分析，从网站推广的角度说明此网站还有何可以改进的地方。
2. 桂林环城路上有一个花鸟市场，请结合所学讨论一下花卉是否适合在网上销售。
3. 以服装销售为例，探讨网站营销与非网站营销如何配合。

## 四、案例分析题

结合本章末的苏宁自营O2O改造的案例，说明苏宁这样的改造能取得初步成功的关键因素有哪些？在O2O模式下，未来苏宁的门店要进行怎样的改造？苏宁易购网站在顾客服务方面还有哪些可以改进之处？

# 第七章　移动网络营销

**学习要点及目标**

了解移动网络及其营销价值，掌握移动网络营销的概念、特点、模式和策略；熟悉微信营销的主要模式、微信公众号的推广与运营；了解 APP 营销和基于 APP 的营销活动；熟悉移动广告概念、特点、分类和测评；理解二维码、LBS 与移动营销的作用，熟悉移动 O2O 营销的应用模式。

**引例**

### 移动终端的广告价值

2012 年 6 月初，在百度联盟峰会上，百度 CEO 李彦宏表示："移动终端的广告价值会减退，因为手机屏幕比 PC 小很多，人们使用移动终端碎片化，使其广告空间也小很多。"此观点一出，即刻激起千层浪，业内人士甚至揶揄道："百度在移动互联网上发展的相对滞后让李彦宏害怕移动营销对百度传统收入带来的颠覆，反而从某种意义上说明移动营销的巨大潜力。"

移动广告公司 Joule 创始人 Michael Collins 认为："我们对手同移动营销的理解不是以媒体形态和手机机型为导向的，而是去看它能不能带来更加精准的互动营销。手机营销的最大价值在于精准，能够在合适的时间发送合适的内容给合适的人。没有任何一个用户会说自己喜欢商业广告，90%以上的商业跟用户个人没有任何关系，而借助手机的精准匹配，品牌才能给用户更加和谐的体验而不是打扰。"Michael Collins 认为，相对于 PC 等传统投放渠道，手机的一个独特优势是 LBS 的功能，通过地理位置定位，营销将向精准再次大大迈进。例如，用户在机场、工作或者接孩子，不同的场景会有不同的需求，这个时候基于位置和场景的更加个性化的广告就会收到更好的效果。

对于手机屏幕太小不适合营销的观点，也有人认为，手机屏幕相对于 PC 确实是比较小，但换一个角度，对于营销来说，这也是手机的优势，用户在使用手机的时候会比使用 PC 的场景会更多样，会比使用 PC 的时候更专注，而能够吸引用户多少注意力本身就是营销需要追求的。而认为手机屏幕过小明显是一种 PC 时代的广告思维，屏幕大小与广告价值之间其实并没有太大的必然联系。据广告研究机构 Jumptap 在 2012 年第一季度分析了从 10 英寸的 Samsung Galaxy Tab 到 2.5 英寸的 Sony Xperia Mini 等 8 款代表性的移动终端，结果发现屏幕尺寸大小并不决定广告点击率，屏幕最大的 Samsung Galaxy Tab 的点击率只有 0.53%，而 7 英寸的 Kindel Fire 广告点击率却高达 1.02%。

屏幕的尺寸不仅没有缩小移动终端的营销空间，同时智能手机的一些特性却与营销有着天然契合性，如智能手机普遍具备的摇一摇、吹一吹、扫一扫等特性，不仅启迪着 APP 开发者的智慧，同时也让移动营销变得更加具有趣味性。

以智能手机为代表的移动互联网正在引发一场移动营销的变革，无论是营销效果还是用户的使用时长，手机都呈现出超越 PC 的趋势。尽管如此，移动营销还有很多问题值得不断探索，深入思考。

**必备知识点**

移动互联网的营销价值　移动营销的特点　移动营销的分类　微信及微信营销　APP 营销活动　移动广告的分类　移动广告的效果测评　二维码与移动 O2O　LBS 与移动 O2O

**拓展知识点**

移动营销的模式和策略　微信公众平台的推广与运营　APP 的设计和推广　移动广告的程序化购买　移动 O2O 营销的应用

## 第一节　移动网络营销概述

移动网络营销是网络营销一个新的分支，但是从应用角度来看，它的发展是对传统互联网的整合和发展，是网络营销发展的新形态。随着移动网络营销的快速发展，商家可能将市场目标定位到个人，而传统的基于互联网的营销只能将市场细分到一个小的群体，比如，一个家庭或者一台计算机。这一点来看，移动网络营销是网络营销的高级形式。

### 一、移动互联网及其营销价值

#### (一)移动互联网的发展历史

截至 2016 年 6 月底，中国网民规模为 7.10 亿，其中手机网民为 6.56 亿，网民中使用手机上网人群占比 92.5%，而通过台式电脑和笔记本电脑接入的人群占比 64.6%和 38.5%，平板电脑上网使用率为 30.6%，电视上网为 21.1%。从 2014 年手机上网规模首次超越 PC 端以来，手机上网占比一直在高位运行。网民上网的设备进一步向移动端集中，这主要得益于移动互联技术的飞速发展和创新类移动应用的深入渗透。目前来看，移动类的应用已经包罗万象，从移动办公、移动交易、移动门户、移动娱乐、移动视频等，应有尽有。

移动网络营销尽管与传统网络营销有类似之处，但同时也表现出一些新的特点以及移动网络营销专有的方法。移动网络营销是以移动通信网络数据传递为基础发展过来的，到目前为止，移动通信网络大致经过了几个阶段：短信息、WAP 手机上网、2G 网络、GPRS 网络、3G 网络和 4G 网络。每种阶段的数据传输模式都产生了相应的营销方法，可见的是

# 第七章 移动网络营销

数据传输速度最快的 4G 无线网络已渐成为主流模式。

第一代移动网络营销的主要表现是使用短信为基础，通过输入指定命令实现用户与商家的沟通。这种技术最大的不足就在于成本较高，实时性较差，查询请求不能实时反馈。同时，由于不同平台短信长度的限制不同，使得一些查询无法得到一个完整的答案，分成了许多条短信来回复，有些还在传输过程中丢失。这些糟糕的用户体验使得这一时代迅速终结。

第二代移动网络营销是以无线应用通信协议(WAP)为基础的，WAP 可以将 Internet 中丰富的资源引入到移动电话等无线终端，由于 WAP 协议本身不要求移动通信协议做任何改动，所以可以广泛用在 GSM、CDMA、TDMA 等。不过这种技术的缺陷也很明显，就是通过翻译网页得到的 WAP 页面交互能力很差，加上当时移动通信网络速度的不足、网络安全性差等，使得其在金融、证券等领域难以满足用户的要求。

第三代网络营销是以面向服务的体系架构(SOA)、智能手机、3G 网络、4G 网络为基础发展起来的。随着信息技术的革命，硬件、软件技术突飞猛进，基于 SOA 架构的 Webservice 已经使得电子商务系统的安全性和交互能力有了相当大的提高，同时借助 3G 网络、4G 网络的高带宽、移动 VPN 等手段，使得企业可以将 ERP、CRM、HR 等异构的数据应用集成在移动终端上，为网络营销人员从事安全、快速的商务活动，移动贸易、移动物流和在线支付等活动也给移动网络营销提供良好支撑，各阶段主流技术的带宽如表 7-1 所示。

表 7-1 各阶段蜂窝式陆地通信系统速度对比

| 蜂窝制式 | GSM (EDGE) | CDMA 2000 (1x) | CDMA 2000 (EVDO RA) | TD-SCDMA (HSPA) | WCDMA (HSPA) | TD-LTE | FDD-LTE |
|---|---|---|---|---|---|---|---|
| 下行速率 | 236kbps | 153kbps | 3.1Mbps | 2.8Mbps | 14.4Mbps | 100Mbps | 150Mbps |
| 上行速率 | 118kbps | 153kbps | 1.8Mbps | 2.2Mbps | 5.76Mbps | 50Mbps | 40Mbps |

## (二)移动互联网的营销价值

随着 iPhone、iPad、Android 手机等移动终端的火热，用户的构成和行为习惯的改变以及新应用程序的大量涌现，移动互联网开始成为新的营销信息传播载体。毕竟移动互联网营销有什么魔力，能够得到如此快速地扩张？移动互联网营销的价值更多地体现在社交性(Social)、位置性(Location)和移动性 (Mobile)三个方面。

### 1．社交性

移动互联网的终端一般为手机，其本身最核心的功能就是通信。移动与互联网的结合，特别是具有个人身份性的手机(手机使用的 SIM 卡是与个人的身份证 ID 绑定，具有唯一性)与互联网社交平台的结合，构建了移动互联网的人本化社交系统，将互联网中的匿名性的弱关系网络延伸到实名性的强关系网络。如超过 7 亿人使用的手机应用软件，微信在很大程度上方便了熟人朋友之间的信息分享和交流互动，将线下私密型的社交活动线上化和计算化，使企业有机会借助和利用这些可计算、可观察和可交互的社会资源进行营销活动，起到事半功倍的作用。

另一方面，移动社交平台的普及和应用，使消费者获取、分享信息的模式发生了重大转变，消费者将越来越依赖熟人间的信息分享和推荐，而减少对商业化信息的获取和采信。这也客观上大大弱化了电视等传统媒体商业广告的可信度，使得品牌的口碑对过去任何一个时代都更加重要。移动互联网时代，企业营销策略需要转型以适应社交性带来的机遇和挑战。

### 2．位置性

位置性是基于位置来提供服务的，它一般可以从两个方面来实现，如通过电信移动运营商的无线电通信网络，利用三角定位原理来计算出客户的实际位置，当然也可以借助外部的定位方式，主要是 GPS 来获取终端用户的位置信息，在地理信息系统平台的支撑下，就可以掌握客户的实时地理坐标。

移动终端的消费者用随身携带的移动设备随时接入互联网来获取和分享信息，从而实现线下、线上的实时关联。如消费者利用扫描二维码可以很快连接到线上获取信息和下达订单，然后可以在线下实现货物提取和服务，实现线上快捷便利的购买决策、交易支付及线下的及时安全的货物传递。移动互联网的位置性，使消费者可以从容在线下、线上无缝切换和对接，消费者购买决策更加主动和灵活。很多基于位置的生活服务模式产生和发展起来，主要有周边生活服务搜索、旅行服务、同城交友服务等。移动互联网位置性的特点是企业将线上信息服务和线下体验服务有机结合起来的重要机遇。

### 3．移动性

移动性是指消费者可以随时随地接入互联网享受各种服务和体验。借助移动性，消费者可以利用碎片时间进行碎片化的活动，比如，消费者在等待时间、乘车时间和上床休息时间见缝插针式进行信息分享和快速交互活动。有效地利用消费者使用行为的移动性和时间的碎片性，是适应移动互联网特点的关键之一。

移动互联网的移动性是真正意义上消除了信息传播的时空限制。电视可能需要在客厅观看，电脑需要在卧室、办公室使用，车载电脑需要汽车等场景。移动互联网的信息发布与接收之间的时间差更小，基本做到即时发布、即时接收。例如，手机不仅可以实时获得信息，同时也可以实时向别人传递信息。

有研究数据表明，在美国，43%的 Twitter 用户通过移动设备使用 Twitter，34%的 Facebook 用户通过移动设备使用 Facebook。在中国，新浪微博数据显示，超过 50%新浪微博用户来自来移动手机端。

除了上述三大特点,如图 7-1 所示,移动互联网还有很多明显的优点,可以应用到营销活动之中来。正是因为移动互联网的上述特点,"任何时间、任何地点、任何对象、任何信息、任何方式"的营销传播成为现实。在移动互联网时代,营销正在向"在最正确的时间,在最正确的地点,把用户最需要的信息,传递给最正确客户的正确的屏幕上"发展。总之,在移动互联网的世界中,人与智能终端其实已经融为一体,共同成为移动网络上的一个节点。这就使得每个节点之间更容易形成精准快捷的信息交互,更好更便捷地满足人们的信息需求。如一条广告,针对不同位置的顾客可以有成千上万个定制版本;一家媒体,针对即使同一位置的顾客也可以有成千上万个定制的服务。

图 7-1　移动互联网的特性与其营销价值

当然智能手机技术的不断发展以及互联网标准的不断升级创新,移动互联网已经消除了不同媒介之间的隔断,人们可以借助文字、图片、音频、视频的任何一种组合或者几种组合来表达,移动媒体、移动广播、移动电视、移动网站、移动社交、移动电子商务等不同的传播形态实现新的跨界融合。

## 二、移动网络营销的概念和特点

移动网络营销涉及移动通信技术和市场营销,它是指以市场营销为基础,在移动通信网络上实现的营销活动。移动网络营销是网络营销的延伸,可以实现个性化、精准化的营销,其目的主要是进行移动电子商务调查;分析消费者行为;辅助营销策略制定;提高产品的品牌知名度;收集客户资料进行管理;改进客户信任度和增加企业收入。

可以说从 2G 时代开始,就可以利用移动通信终端来访问互联网,开启了手机上网的时代。以智能手机为例,在浏览网页和使用常用的互联网应用时与个人电脑上网在客户层面上并没有太大的差异。如搜索引擎、电子邮件、QQ 聊天、微博互动等。与传统的网络营销相比,移动网络营销有其自身的特点(如图 7-2 所示)。

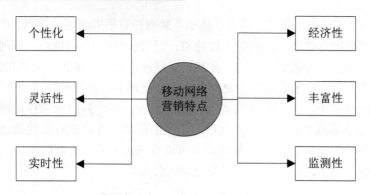

图 7-2 移动营销服务的特点

1．个性化

由于人们在接入移动通信网络时，每个手机对应一个用户。因此，营销人员可以根据用户的年龄、爱好、兴趣、收入、上网习惯、消费行为、浏览记录来向用户推荐不同的商品，实现有针对性的个性精准营销，提高营销的效率。

2．灵活性

在移动网络营销环境中，人们可以不再受时间和地域的限制，可以随时随地通过终端进行支付和发起交易，并进行评价反馈。这种灵活性可以使企业随时随地了解市场动态，了解客户的真实需求，为他们提供最优质的服务。

3．实时性

手机在交互性方面有传统媒体无法比拟的优势。手机的互动性在效率、速度和灵活性上都要更胜一筹，特别是智能手机的飞速发展，使得手机的用户体验更加优良。企业可以与客户之间展开双向互动和沟通，有助于改善企业客户关系管理。

4．经济性

移动营销能通过数字信息向用户进行商品和服务的宣传和推销，所花费的营销成本又远远小于传统营销手段，如节省了巨额的电视广告的费用、印刷媒体的实物成本、报纸的版面费用、影视明星的代言费用。

5．丰富性

移动营销广泛使用多媒体技术，企业可以将产品信息以图片、声音、文字、视频的形式展现出来，用户可以通过手机直接浏览这些内容。

6．监测性

移动网络营销的效果可以通过相关的工具来监测，企业可以实时看到回复率和回复时

# 第七章　移动网络营销

间、用户是否浏览信息、用户是否购买产品等。这种监测能力在市场调查、行为分析等方面具有非常重要的意义。

当然，由于移动终端，特别是手机有着天然的随身性，实用有趣的手机应用消耗了绝大多数年轻人的碎片时间。等车在玩手机、坐车在玩手机、吃饭在玩手机、睡觉前要玩手机、睡醒了更要玩一下手机已经成为生活的普遍现象。移动网络天然的黏性，给了市场无限的想象空间。

### (二)移动网络营销的运行模式

目前，移动网络营销的运行模式主要有三种：Push 模式、Web 模式和内嵌模式。

#### 1. Push 模式

Push 模式是指企业直接向用户发送短信、彩信和广告，进行商品营销的形式。Push 模式中应用最广的就是短信息营销方法，其优点在于价格低廉，潜在用户巨大。不足在于容易引起客户反感。因此采用 Push 模式进行市场营销时，应学习许可 e-mail 营销机制，建立客户许可和退出机制。当然最近几年移动网络广告的程序化购买已经形成，成为更加精准、专业、高效低成本的 Push 模式，程序化购买将在本章第四节移动广告进行详述。

#### 2. Web 模式

Web 模式是企业通过建立 WAP 网站或者与其他移动网站合作进行企业品牌宣传与推广的模式。自建移动网站优点是自由度较大、灵活方便、便于管理和内容控制。不足在于成本较高。目前移动平台上的网站功能已经非常强大，如与手机新浪、手机百度、移动梦网、3G 门户等合作进行广告投放，或者采用搜索关键字竞价的方法进行营销活动。

#### 3. 内嵌模式

内嵌模式是指产品的信息直接嵌入到手机内，早期主要是通过屏保、铃声、游戏、软件等多种形式进行，也可以在手机出厂之前直接植入手机硬件内部，通常以买断的形式，在某个品牌的手机里投放广告。这种方式尽管有效，但由于推广成本较高，内嵌广告容易引起手机用户不满等原因，并不一定适合所有的产品和品牌。但是，最近几年，内嵌主要是以 APP 的形式展开，移动互联网的快速发展，催生了巨大的 APP 开发市场，开放的平台，强大好玩的功能，使得 APP 有了非常可观的需求量，智能手机的娱乐性主要是由其安装的 APP 的功能所决定的，所有 APP 软件内嵌商品信息或者广告已经成为移动广告的主要形式之一。

> **案例 7.1　肯德基的"摇出我的料"**
>
> 2012 年 8 月，肯德基中国推出了夏日酷饮第 2 杯半价的营销活动，推广雪酷黑加仑红茶、雪 Q 布丁奶茶等 7 款新品饮料。为配合这次营销活动，移动广告公司 Joule 就为肯德基

策划了一次"摇出我的料"的移动营销活动。

当用户进入活动的手机网站，随机显示新品中的任意一杯饮料，杏桃果汇圣代、雪Q布丁奶茶、雪酷黑加仑红茶等，当用户摇晃手机随机出现3种可能：什么也没有，谢谢你的参与，继续摇；扔出饮料中的成分(如"你摇出了布丁，果然有料！快分享给你的好友吧，到KFC一起分享第二杯半价吧！")(见图7-3)；摇出饮料中的添加成分，并获得一个好料，一般都是笑话或者资讯，也是一些夏天防暑的知识。

图7-3 肯德基"你摇出了布丁"示意图

这种摇一摇伴随小折扣的移动营销活动一经推出就立即受到年轻用户的喜爱，就在游戏娱乐的过程中，肯德基夏日酷饮的几种新品信息也随之印入到了用户的脑海之中。

(资料来源：陈志浩. 网络营销(第2版)[M]. 北京：华中科技大学出版社，2013. 有删改)

## 三、移动网络营销的内容、方法以及发展趋势

### (一)移动网络营销的内容及方法

移动网络营销早期主要是基于短信息的广告模式，随着基于3G、4G网络的移动互联网和智能手机的兴起，手机操作系统和浏览器功能不断强大，专门用于手机的APP应用开发也形成规模，因此移动网络营销的研究和应用的重点也将不断发生变化。冯英健老师在考虑移动网络营销时认为，由于手机终端的差异，移动网络营销研究首先要区分手机的类别，然后才能研究针对各种类型手机适用的网络营销方法。但考虑手机本身的更新换代速度远快于数据网络的发展，因此在研究过程中，并不针对手机的品牌、手机的操作系统。参考冯英健老师对于移动互联网营销方法的分类，移动网络营销大体可以分为：基于许可短信、信息发布、搜索引擎、移动广告、手机微博营销、手机微信营销、病毒营销、APP营销、LBS营销、移动网站营销等，如表7-2所示。

# 第七章 移动网络营销

表 7-2 移动网络营销的内容和方法列表

| 序号 | 移动网络营销方法 | 是否专有 | 操作方法简要说明与评价 |
|---|---|---|---|
| 1 | 许可短信息/彩信 | 是 | 这是最早也是沿用至今的移动网络营销方法之一,通常是用户注册为会员时接受短信许可,或者主动订阅相关的手机信息,如手机报、手机天气 |
| 2 | 信息发布法 | 否 | 与传统网络营销类似,企业可以在移动网站、B2B 网络平台、第三方平台如 wiki、blog 等发布信息 |
| 3 | 搜索引擎营销 | 否 | 与传统网络营销类似,可以采用搜索引擎优化、搜索引擎广告、竞价排名等方式来展现自己的移动网站和商业信息 |
| 4 | 移动广告 | 是 | 与传统网页展示类广告有较大差异,不论是从制作、设计上,还是广告投放架构上都发生了巨大变化,移动广告更加强调精准性,方法上多采用程序化购买的方式,设计上更追求对用户的价值理念和个性化 |
| 5 | 手机微博营销 | 否 | 手机微博应用广泛,与传统微博营销的功能基本一致,差别就在于输入终端不同,所以手机微博输入的字数更少,图画更多 |
| 6 | 手机微信营销 | 是 | 基于腾讯专门为移动端开发的微信软件,适用于建立和维护顾客关系,做移动客服,和基于 LBS 的营销,伴随着微信功能的不断强大,微商的兴起,朋友圈广告的不断刷屏,微信营销正在不断改写着手机微信营销的自身概念与内涵 |
| 7 | 病毒营销 | 否 | 与传统病毒营销类似,同样也非常适合移动网络营销,移动终端的黏性和便携性,更加加剧了病毒营销的便利程度 |
| 8 | APP 营销 | 是 | 大量 APP 应用可供智能手机下载安装,通过与 APP 开发服务商的合作,或者通过程序化购买的方式,在 APP 终端植入某些形式的广告,也是移动网络营销的主要形式 |
| 9 | LBS 营销 | 是 | 通过手机的定位服务,商家可以为用户发送各种服务信息,各类 APP 软件、地图软件、支付软件、社交软件都内置了 LBS 服务,LBS 颠覆了客户满足消费需求的入口,具有非常广阔的空间 |
| 10 | 移动网站营销 | 否 | 与传统的基于网站的营销类似,差别仅在于使用的技术手段和表现手法上有较大的差异性 |

## (二)移动网络营销发展趋势

### 1. 移动网络营销常态化

随着移动终端已经接近上网用户的 100%,现在已经没有人再否认移动网络营销的重要价值，移动网络营销已经进入常态化。对于品牌而言已不是要不要做移动互联网，而是要如何把它做得更精准，更具价值。这也意味着移动网络营销将成为企业必须要适应移动界面和与用户沟通的触点，如何制定出精准的移动营销策略，将会成为品牌主所需要思考的问题。而那些已经拥有大流量入口的百度移动、豌豆荚、有道词典、搜狐等，其移动营销价值都亟待广告主来掘金。

移动互联网成为连接营销的主要界面，我们可以看到今天人们对于移动应用的依赖性，人们会用移动互联网连接社交，例如，QQ、微信、陌陌等社交应用成为人们生活的日常；用移动互联网连接信息，很多人已不再看报纸看新闻资讯，会通过像网易新闻这样的客户端进行阅读。线上线下渠道的融合，利用手机作为介质将线上线下打通，使手机能够与电视形成连接。从2015年摇红包以来，手机与电视的互动成为重要趋势。

**2．技术创新驱动移动网络营销进化**

技术创新正不断地驱动移动互联网，帮助企业解决更多新的需求，尤其在移动的小屏上，如何将更好的技术应用于移动互联网营销成为各家公司都在思考的问题。既可以像多盟、指点传媒、力美广告平台等互联网广告技术切入，也通过程序化广告购买升级互联网广告交易平台。很多互联网公司已经开始利用LBS位置定向来完成移动分众的定向，除了模式上考虑，同时，在技术的推动下，产品对于用户的服务也在不断升级，升级产品的同时也为营销带来更多可能性。例如，有道词典可以更为精准的完成翻译工作，同时搭建在线教育平台，增加用户黏性，提升广告价值；科大讯飞可以不断延展语音的使用功能，推出情景化广告内容；豌豆荚可以从APP的使用兴趣来为广告主提供服务用户，实现兴趣定向营销；全景则可以通过图片进行社交、分享、互动，甚至是购物等新的技术，将图片变成媒介。

**3．重度垂直应用将引爆移动网络营销**

所谓重度垂直，就是瞄准一个细分垂直领域，在线下构筑重度运营体系，在线上运用IT系统形成O2O闭环。有了移动互联网后，由于人们关系信息可以更好地连接，移动互联网将人们切分成更为细分的族群。所以今天这个时代，品牌营销要做的更具价值，一定不是大而全，而是小而美，中而美，要做到更加地垂直和细分化。如妈妈网就属于重度垂直于母婴市场，可精准地画出母婴用户人群图谱；有道词典专注于英语学习和翻译，基于词典的翻译需求，规划出了旅游、海淘、学习，以及办公4大场景，这些垂直应用的场景都可以为广告主带来更加匹配和深度与消费者沟通的营销机会。

在移动互联网时代，影响大众人群消费选择的不一定是大众本身，而是那些精众和小众人群，同时，这些人群多数为重度垂直应用的使用者。因此未来的创业趋势也好，移动APP的开发也好，重度垂直应用必将引爆移动网络营销。

## 第七章　移动网络营销

**4. 移动社交广告独领风骚**

在移动互联网时代，社交网络已经成为人们依赖手机的重要理由。例如，微信、QQ 等社交平台已成为人们花费时间最长的应用平台，腾讯已经把社交大数据是作为移动广告程序化购买的关键。而且从全球的发展来看的话，Facebook 现已成为基于熟人朋友圈的广告精准投放平台。

现在通过用户的社交属性，可以更为精准地判断出用户的消费需求与消费行为，从而可以实现品牌与用户在节点上的连接。当然，移动社交平台对于企业而言，也是最好的会员的服务，粉丝运营与变现交互性、实时性、精准性最强的平台。所以移动社交广告在今后的一段时期很可能将有更加广阔的发展空间。

**5. 移动跨屏化探索将成为必然**

如何能更精准地营销，真正地实现广告主按效果付费，同时消费者也愿意去看广告，成为每个企业都在关注的问题。捕捉更为精准化的营销场景，为品牌推广塑造了直达用户的快速通道。在碎片化满天飞的移动互联网时代，营销必然呈现出跨屏化趋势，如《2015年中国互联网电视研究发展报告》中指出，未来中国家庭的 50 寸互联网电视大屏，将成为营销的蓝海市场，同时，伴随着智能终端的不断进步，手机也成为控制电视的工具，这也就意味着，跨屏技术的融合度在提高，移动互联网和大屏的互动有将更多的探索性。

当然在移动互联网时代，同一个消费者，可能有多个手机和若干笔记本、平板电脑、台式机、智能电视机，如何推出跨屏互动广告，提供全新的数字营销闭环也是新的研究课题。所以，我们有充分的理由相信，移动跨屏化探索将将成为必然，这一进程正在快速实现。

## 第二节　微 信 营 销

微信是一个拥有 7 亿用户的互联网社交软件，就目前发展来看，微信已经基本上实现了把商家和消费者在微信上进行对接，达到在自身系统中实现价值链闭环的目的。经过笔者观察，微信公众平台提供了企业塑造品牌的舞台，微信小店实现了用户购买商品的功能，微信广告系统带来了流量渠道，整个微信软件，事实上是以社交绑定消费，希望作为最大的移动电商平台出现在公众的视野之中。可见微信平台志向远大，学习微信营销十分重要。

### 一、微信与微信营销

微信(WeChat)是腾讯公司于 2011 年 1 月 21 日推出的一款为智能终端提供即时通信服务的免费应用程序，微信支付跨通信运营商、跨平台操作系统可以通过网络快速发送免费语音短信息、视频、图片、文字(消耗网络流量较少),后期微信开发团队还开发出了基于位置的社交插件"摇一摇""漂流瓶""朋友圈""公众平台""语音记事本"等服务。

微信自推出以来,就得到了市场的极大认可,2012年3月29日,微信用户突破1亿,只用了433天;再过了不到6个月,微信用户突破2亿;2013年1月,微信用户突破3亿;2013年7月,微信用户突破4亿,截至目前,微信拥有活跃用户7亿以上,微信已经覆盖中国90%以上的智能手机用户,用户覆盖200个国家,超过20种语言,各品牌的微信公众账号在800万以上,移动应用对接量10万以上,微信支付用户超过4亿。

### (一)微信的功能

聊天:支持发送语音短信、视频、图片(包括表情)和文字,是一种聊天软件,支持多人群聊。

添加好友:微信支持查找微信号(具体步骤:点击微信界面下方的朋友们—>添加朋友—>搜号码,然后输入想搜索的微信号码,然后点击查找即可)、查看QQ好友添加好友、查看手机通信录和分享微信号添加好友、摇一摇添加好友、二维码查找添加好友和漂流瓶接受好友等7种方式。

实时对讲机功能:用户可以通过语音聊天室和一群人语音对讲,但与在群里发语音不同的是,这个聊天室的消息几乎是实时的,并且不会留下任何记录,在手机屏幕关闭的情况下也仍可进行实时聊天。

朋友圈:用户可以通过朋友圈发表文字和图片,同时可通过其他软件将文章或者音乐分享到朋友圈。用户可以对好友新发的照片进行"评论"或"赞",用户只能看相同好友的评论或赞。

语音提醒:用户可以通过语音告诉他提醒打电话或是查看邮件。

通信录安全助手:开启后可上传手机通信录至服务器,也可将之前上传的通信录下载至手机。

QQ邮箱提醒:开启后可接收来自QQ邮件的邮件,收到邮件后可直接回复或转发。

私信助手:开启后可接收来自QQ微博的私信,收到私信后可直接回复。

漂流瓶:通过扔瓶子和捞瓶子来匿名交友。

查看附近的人:微信将会根据您的地理位置找到在用户附近同样开启本功能的人。

语音记事本:可以进行语音速记,还支持视频、图片、文字记事。

微信摇一摇:是微信推出的一个随机交友应用,通过摇手机或点击按钮模拟摇一摇,可以匹配到同一时段触发该功能的微信用户,从而增加用户间的互动和微信黏度。

群发助手:通过群发助手把消息发给多个人。

微博阅读:可以通过微信来浏览腾讯微博内容。

流量查询:微信自身带有流量统计的功能,可以在设置里随时查看微信的流量动态。

游戏中心:可以进入微信玩游戏(还可以和好友比高分),例如,"飞机大战"。

微信公众平台：通过这一平台，个人和企业都可以打造一个微信的公众号，可以群发文字、图片、语音三个类别的内容。

微信支付：微信支付是集成在微信客户端的支付功能，用户可以通过手机完成快速的支付流程。微信支付向用户提供安全、快捷、高效的支付服务，以绑定银行卡的快捷支付为基础。微信公众平台支付、APP(第三方应用商城)支付、二维码扫描支付、刷卡支付，用户展示条码，商户扫描后，完成支付。

2016年4月，微信又推出"企业微信"，可以统一企业通信录，贴合办公场景的沟通方式，可以实现沟通、会议、考勤、文件管理等功能。

### (二)微信营销

微信营销是移动互联网场景下利用微信软件来开展各类线上线下的营销活动的过程。微信营销严格意义上来讲是一种区域性的定位营销，主要针对的客户群体一般是强关系群体，商家可以通过微信公众平台、微官网、微会员、微推送、微支付、微活动来开展各类活动，目前已经成为线上线下互动的移动网络营销方式。

微信之所以可以用来开展营销，一方面得益于其庞大的用户群体，这些群体都是真实的，私密的，有价值的，相对博客营销、微博营销中的僵尸粉丝，有着天然的优势；另一方面得益于其强大的功能。微信开发团队的张小龙一直将微信视为"一个生活方式"，他试图将传统行业原有的商业模式"移植"到微信平台，这就使得微信具备了移动电商入口、用户识别、数据分析、支付结算、客户关系维护、售后服务和维权、社交推广等一系列的功能。微信还设计了微信打车、微信交电费、微信购物、微信医疗、微信酒店、微信学院等微信智慧生活的各行业解决方案。

微信营销的优势在于其信息100%的到达率、高曝光率、高接受率和高精准度。由于微信本身就是一款聊天工具，这和群发邮件、群发短信不同，不会被拦截和过滤，公众号推送的信息能够100%的送达，这是所有营销工具都需要考虑的。同样由于其聊天属性，收到的信息也有很高的曝光率。高接受率是因为微信有非常广泛的用户基础，不容易被排斥，一般公众号都是用户自己订阅的，主动获取的信息，容易接受。高精准度是得益于移动终端本身，微信的背后都是活生生的人。

微信营销的弊端也是存在的。除了前段时间主流的电视媒体广泛报道了朋友圈广告代理类似传销事件给微信朋友圈广告带来较大的负面影响之外。由于微信是基于强关系的网络，朋友圈中都是熟悉的人，如果不顾及他人的感受，高频度强行推送朋友圈广告，而且这种广告并不吸引人的时候，往往会引起用户的不满。当然，利用微信诈骗、传销、刷票等不法行为，也给微信营销造成了伤害。从本质上讲，微信是一个即时通信工具，而不是一款专门用来营销的软件，它是作为"相对封闭"的朋友圈而存在的，如果企业在微信营销中，不回到是与一个正常的人沟通交流的层面上，这样的微信营销必然是失败的。

## 二、微信营销的主要方法

微信营销的方法有很多,下面进行简单的介绍。

### (一)附近的人

微信中基于 LBS 功能插件"查看附近的人",利用好名称、头像、签名就可以让更多陌生人看到这种强制性的广告。这样的营销模式是免费的,只需要营销人员在人员最旺盛、潜在顾客最喜欢出没的地方附近,24 小时后台运行微信,如果"查看附近的人"足够多的话,这个广告效果可以随着人数上升而上升,从而变为"免费的黄金广告位"。当然这样的方法与线下广告相结合,效果会更好,如图 7-4 所示。

图 7-4　附近的人营销方法

### (二)微信推广

可以利用腾讯社交广告的广点通产品,依托于腾讯海量优质流量资源,给广告主提供跨平台、跨终端的网络推广方案,并利用腾讯大数据处理算法实现成本可控、效益可观、智能投放。微信广告推广具有海资源、高效投放、数据可控等特点,如图 7-5 所示。

### (三)漂流瓶

微信官方可以对漂流瓶的参数进行更改,使得合作商家推广的活动在某一时间段内抛出的"漂流瓶"数量大增,普通用户"捞"到的频率也会增加。加上"漂流瓶"模式本身可以发送不同的文字内容甚至语音小游戏等，如果营销得当，也能产生不错的营销效果。而这种语音的模式，也让用户觉得更加真实，但是如果只是纯粹的广告语，还是会引起用户反感的。

图 7-5　微信广告推广

### (四)摇一摇、扫一扫

微信的摇一摇和扫一扫都可以作为营销手段。移动应用中加入二维码扫描这种方式早已普及开来，坐拥上亿用户且活跃度足够高的微信，价值不言而喻。扫一扫一般可以结合优惠券一起使用效果更好。而摇一摇主要是通过摇一摇的线上互动，可以摇出很多品牌的优惠券、会员卡、红包、小礼物，再把这些植入线下消费，从而将弱关系变为强关系，推动传播的一种方式，详情可见图 7-6 所示。

### (五)朋友圈营销

微信可以通过朋友圈发软文、发广告、发好评等方式来进行品牌传播。微信推广广告是需要付费和满足一定条件的。可朋友圈广告是用户主动发起的免费行为。他就是你身边的一个最真实的人，来分享一个故事和内容。这样可以让产品、内容、服务更加贴近生活。朋友圈营销倾向于个人，现在许多中小卖家也在研究，用来向朋友卖货，通过"熟人"关系的购买率十分高，也被称为"熟人经济"。

图 7-6 微信摇一摇线上线下对接

### (六)公众平台推广

微信公众平台倾向于企业,用来做品牌和推广,维护老客户,吸引粉丝,从而发掘新客户。微信公众平台的推广和运营将在下一节详细说明。微信公众平台内容更加丰富,功能更加强大,可以将微官网、微会员、热门活动、产品知识、产品展示等模块都整合一起,还可以定期主动推送有趣的内容,如图 7-7 所示。由于微信公众平台先天是一对多的模式,也就是微信公众号是服务于多用户的,而微信主要是点对点的,从这一点来看,公众平台的传播价值更高,公众平台的运营主体可以是企业、政府、媒体、公益组织,当然也可以是个人。

图 7-7 微信公众号推广

## 三、微信公众号的运营与推广

2012 年 8 月 20 日对微信来说是一个值得纪念的日子,因为这一天,微信添加了微信公众平台的功能。于是一大堆明星、媒体开始入驻微信公众平台。所谓微信公众平台是微信的一个功能模块,通过这个平台,个人和企业都可以打造一个微信的公众号,可以群发文字、图片、语音三种类别的内容。支持 PC、移动互联网网页登录,并可以绑定私人账号进行群发信息。

微信公众号目前有三种类型,订阅号、服务号、企业号。订阅号每天群发信息 1 条,显示在订阅号列表,可以自定义菜单,适用于个人和组织。服务号不适合用于个人,每个月可以群发 4 条信息,显示在会话列表,有基础消息接口和高级接口,如招商银行、南方航空等在使用,服务号会保存在订阅用户的通信录中,服务号也可以申请自定义菜单。企业号是专门设计出来给企业用的,粉丝关注需要验证身份且粉丝数量有上限,群发消息无限制。

### (一)微信公众号的注册

首先登录到 http://mp.weixin.qq.com,进入微信公众页面,在右上角点击"立即注册"链接,进入公众平台的注册页面。微信公众号的注册有 5 个步骤,分别是录入基本信息、邮箱激活、选择公众号类型、信息登记和公众号信息,如图 7-8 所示。

图 7-8　微信公众号注册

只要电子邮箱可以确认邮件,用于激活账号,注册流程比较简单。本书以个人身份注册订阅号为例进行示范,其他类型可以参考相关帮助说明。由于微信目前个人注册公众号,只需要提供个人身份证号,并使用绑定银行卡的微信进行扫码认证,填写手机验证码即可,这些步骤不再赘述。最后填写公众号信息,提交即可,如图 7-9 所示。

图 7-9 微信公众号信息录入

微信公众平台注册成功之后就可以进行基本的设置，设置头像、撰写功能介绍，设置微信号(微信号不可更改)。如果是企业用户可以直接将企业 LOGO 上传来设置头像，如果是个人用户可以根据自己公众账号的定位来设计一个头像。公众账号的微信号必须在 6 位字符以上，填好是不可以修改的，尽量避免使用下划线、减号、数字 0、字母 o、1 之类，以避免用户输错。

### (二)微信公众号的运营

微信公众号审核通过之后，就可以开始进行运营了。运营中重要的功能之一就是信息发布。信息发布就是信息的群发。当微信公众号通过审核之后，可以群发文字、图片、语音、视频等类别的内容，如图 7-10 所示。当然认证的账户，权限更高，能发送更漂亮的图文信息。

图 7-10 微信公众号信息群发功能示范

公众平台左侧导航一共有 6 个子栏目：功能、管理、推广、统计、设置、开发。功能子栏目主要是群发功能、回复功能、投票功能、高级功能等。管理子栏目主要是消息、用户、素材的管理。推广子栏目目前主要是广告主和流量主两种推广方式。统计子栏目包括用户分析、图文分析、菜单分析、消息分析、接口分析、网页分析等内容。设置子栏目包括公众号设置、微信认证、安全中心、违规记录等。开发子栏目包括基本配置、开发者工具、运维中心、接口权限等。微信公众号被关注后的界面如图 7-11 所示。

图 7-11　微信公众号被关注后的界面

### (三)微信公众号的推广

微信公众平台运营面临最大的问题就是如何吸引粉丝。微信公众平台的影响力大小主要取决于这个平台的粉丝数，吸引粉丝可以从以下几个方面考虑。

#### 1. 公众号定位

微信公众号运营，定位就是一个账号运营方向，运营方向也决定着一个账号吸引来的用户群体。因此，第一步"定位"很重要。比如，某公众号是做"微营销"方面的公众号，那么来关注的用户肯定是对这方面感兴趣的。那么这一部分人就是他要针对的用户，就是他要营销的对象。当然如果是企业用户，情况会稍有复杂，微信作为一个移动的自媒体，很多时候我们要用来获取知识，所以首先确定你的目标群体的属性足够精准，是哪个地区、什么爱好、多大年龄等？微信营销的时候，要尽可能向精细化发展。

#### 2. 提供价值内容

现在做运营讲究内容为王，用户之所以关注你，是因为在你这能得到他想要的价值内容。用户才是营销的基础，所以做好内容很关键。这里最好要使用专业的编辑人群，要有一流的协作和编辑能力、社会化媒体的参与能力、数据分析的能力。

### 3．推送内容如何选择

推送的内容要与账号运营所属搭边。运营"微营销"方面的公众号运营，却推送一些与"微营销"完全无关的内容，用户从你这里获取不到想要的内容，自然就会取消关注。推送的内容要好看，要显示出你的价值，体现品牌的精神，了解客户的痛处。比如，因为职业和爱好的关系，笔者对网络营销行业的信息有所关注，对其他方面的信息关注就很少，并不是因为其他方面的信息内容写得不好、不精彩，而是因为客户的需求点并不在那里。

### 4．通过优惠活动来提高转化率

吸引粉丝的目的是为了帮你创造更大的价值，实现营销目的。如果上来就跟用户介绍产品，客户自然没有兴趣。平台需要一个切入点，那就是"优惠活动"，通过进行一些能给用户带来优惠或者利益互动的活动，引导到线下实体店进行消费，从而达到最终的目的。

当然公众平台的推广是一个复杂的工作，在公众平台，腾讯也给出了两个推广工具，广告主和流量主。广告主是指网上销售或者宣传自己的商家，是营销广告的提供者，广告主主持在微信朋友圈和公众平台上进行推广和服务。流量主主要是一个盈利工具，当你的粉丝足够多(超过 1 万以上)，只要用户点击指定位置的广告就可以获取利润。

当然微信公众平台除了做好自己、修炼内功之外，使用广告主推广，还可以使用传统网络营销的推广方法，如搜索引擎推广、电子邮件推广、博客推广、微博推广、广告推广、B2B 平台推广等不同的类别。事实上，推广的方法之间并不是孤立的，同一个平台，一般将会采用多种组合方法对公众平台进行推广，以提高其营销价值。

## 第三节 APP 营 销

随着 iPhone 等智能手机的流行，APP 的数量也越来越多，一开始 APP 是作为一种第三方应用的合作形式参与到互联网商业活动中去的，随着互联网越来越开放化，APP 作为一种萌生于 iPhone 的盈利模式开始被更多的互联网商业大亨看重，如淘宝开放平台，腾讯的微博开发平台，百度的百度应用平台都是 APP 思想的具体表现，一方面可以积聚各种不同类型的网络受众，另一方面借助 APP 平台获取流量，其中包括大众流量和定向流量。APP 的流行，带来一种新的营销方式——移动 APP 营销。

## 一、APP 及其 APP 营销

APP 是英语 Application 的缩写，一般是指手机软件。随着科技的发展，手机功能越来

第七章　移动网络营销

越强大，手机软件也和电脑软件一样，琳琅满目。当然，手机软件的下载，首先要判断手机使用的操作系统。早期智能手机主要的操作系统有：Symbian、Research in Motion、Windows Mobile 等，2007 年以后，手机操作系统的主要市场份额被苹果公司的 IOS 和谷歌公司的 Android 操作系统占领。所以绝大部分 APP 软件也都在基于这两个平台所开发。

APP 营销是指在移动互联网的条件下，利用手机 APP 进行营销活动的过程。随着移动通信应用技术及移动智能终端设备的不断发展，APP 营销是企业发展的必然产物。APP 营销不断发展的主要动力源自于企业对客户移动端营销的逐步重视，如今各大公司纷纷都开发并推出 APP 应用程序，从中不难看出，APP 营销正在逐步引领并开创移动营销的新时代。

奇虎 360 的 APP 应用程序一度在"苹果"的在线商店下架，之后引发的该公司股价大跌以及各方口水战的不断升级也从侧面生动反映出企业 APP 应用程序的重要性。在当今的移动互联网时代背景下，哪家企业先切入占领用户的手机桌面，谁就是明日市场的霸主。与传统移动媒体营销相比，APP 营销有着无可比拟的优势。

在传播方式方面：传统移动媒体主要是企业通过主动推送短信、电子邮件、EDM 等各类形式的信息让客户被动接收品牌或产品信息，这样往往容易产生反效果；而目前市场上主流的 APP 营销，就是把企业的品牌或产品信息根植于 APP 应用程序的制作，通过客户主动下载并通过其进行互动，在使用 APP 应用程序的过程中更加容易达到营销及信息传播的作用。

在传播内容方面：传统移动媒体传播的品牌或产品信息只在字面上做文章，客户对接收到的品牌或产品信息不能产生全面的感知；而企业 APP 应用程序中则可以包含文字、图片、视频、客户评价等诸多元素，客户可以通过 APP 应用程序全方位地感受企业品牌或产品。

## 二、APP 的设计与推广

### (一)APP 的设计

APP 的开发设计是一个较为复杂的过程，APP 的开发设计也属于信息系统项目范畴，因此类比第六章网站的项目开发，也可以简单地把 APP 的设计的流程归纳为 4 个阶段：准备阶段、开发设计阶段、测试阶段和上线阶段。

准备阶段主要是首先要有 APP 的创意，也就是说你要开发什么样的 APP，是媒体类、购物类、还是休闲类、知识类、游戏类，理清开发 APP 的背后逻辑，分析其可能的盈利模式和推广方式，并对 APP 的主要功能和大概的界面进行构思。准备阶段要撰写相应 APP 的开发说明书，明确项目的可行性，定义主要的功能，规避可能的风险。项目经过评估之后，产品经理会根据商定好的功能进行价格和工期的评估，确立一个初步的项目进度表，得到客户的认可之后，签订 APP 开发合同。

开发设计阶段可以分为两个部分。首先，经过前期准备，项目小组开始各个部门的碰头会议，设计部门根据需求开始设计产品界面(UI)和用户体验(UE)，针对产品开展创意设计，形成初步的效果图，经过客户的确认。在根据各方面讨论的具体结果进行二次修改，最终与客户确认高保真视觉图，开始进入设计第二阶段。设计的第二阶段主要是程序设计和功能性实现，经过软件工程师的一段时间研发，产品基本成型。

测试阶段主要是开展全方位的各类测试，首先是功能性测试、BUG 测试、压力测试、安全性测试等。测试合格，确认没有 BUG 后可以与客户进行沟通，进行验收。由客户再进行测试，提出修改意见。客户验收合格满意后，开发者会将 APP 程序和文档交付客户，客户根据 APP 预估的访问量、用户数量等来进行服务器的选择，服务器可以自己购买管理，也可以购买后托管，也可以直接租赁。

上线阶段就是客户在选定好服务器以后，APP 就可以正式上线。当然上线要首期预留一定的时间，主要看在哪些平台上线，比如，苹果的 APP store 审核周期一般在一周左右，安卓平台的审核相对较快，大约也在 3 天左右。上线的平台尽量选择主流的大平台，如安卓市场、安智市场、豌豆荚、应用汇和机锋市场等等。一些不出名的市场会从大型市场上抓取部分应用，所以发布不必涵盖所有市场。

上线所需资料如果为公司开发者要上传营业执照扫描件(已年检)、个人开发者上传个人有效身份证的正反两面扫描件、开发者提供的联系人、联系电话将作为手机应用市场与开发者联系的渠道，需真实有效。上传 APP 的资料软件名称、文字介绍及截图不能违反国家相关规则，软件介绍里有网址的，必须与软件开发者或者内容相关，不得有其他无关内容，软件图标、截图必须来源于上传软件且内容清晰，与当前版本对应。之后就可以发布 APP 下载页，生成下载二维码，提供 APP 的应用手册。

(二)APP 的推广

APP 的推广，需要从 APP 内部和外部两方面来努力。

从 APP 内部来言，首先，确保你要推广的 APP 对客户而言是有价值的。在移动互联网时代，企业已经不能再靠一味地向客户进行单向灌输理念就能轻易达成交易目的。企业最需要注重的是与客户深入地对话及沟通。企业在考虑自身的产品特点是否符合用户需求的同时，还需要思考什么样的产品特点才能真正满足客户生活或者心理诉求，引起客户的共鸣。企业只有深入挖掘客户内在需求与喜好，用收集到的客户历史数据和研究结果来做支撑，根据客观的分析结果来总结出客户的需求与喜好，才能准确把握客户所想、所求，真正的引发客户心理互动，并将这种心理互动与 APP 设计进行整合，才能开发出有价值的 APP。

其次，确保你要推广的 APP 是具有良好用户体验的。企业应该从客户体验的角度进行充分考虑。企业的 APP 应用程序不仅要全面展现企业形象，更重要的是设计并制作出来的 APP 应用程序要符合目标客户的口味及偏好，企业能够将自身的品牌或产品通过 APP 应用程序进行合理地展示，做到精准把握客户的内在需求并为其量体裁衣，而不要像一些企业仅仅是将原有的网站转化成一个APP应用程序进行宣传或营销。

从APP外部而言，APP的推广需要多方面的努力。首先要了解各个APP平台的排名规则，通过各种优化方法，争取让自己的APP排名靠前。如果APP的产品质量比较好，可以把APP的推广发行工作交给代理商来完成。其次APP的信息可以借助传统的网络营销方法如论坛营销、博客营销、微博营销、微信营销来推广，当然也可以到各个门户类网站发APP广告，找公关公司进行软件推广。最后，如果企业的实力较强，可以联合腾讯、百度等用户量较大的互联网公司一起推广运营。

## 三、基于APP的营销方式

APP营销的主要方式有三种：广告植入模式、用户营销模式和购物网站模式。

### (一)广告植入模式

广告植入模式是最基本的模式，特别是功能性APP和游戏类APP中，广告主通过植入动态广告栏链接进行广告植入，当用户点击广告栏的时候就会进入指定的界面或链接，可以了解广告主详情或者是参与活动，这种模式操作简单，适用范围广，只要将广告投放到那些热门的、与自己产品受众相关的应用上就能达到良好的传播效果。

如图7-12所示，"疯狂猜图"就是很好的内容植入的成功案例，该游戏融入广告品牌营销，把Nike，可口可乐之类的品牌作为关键词，既达到了广告宣传效果，又不影响用户玩游戏的乐趣，而且因为融入了用户的互动，广告效果更好。所以企业最好是接与自己应用用户群贴近的广告主，这样的广告既能给用户创造价值，又不会引起用户反感，而且点击率会比较高，因此能获得较高的收益。

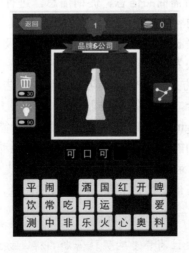

图7-12 植入式游戏APP广告

同样，人人网开发的人人餐厅这款 APP 游戏中，将伊利舒化奶作为游戏的一个道具植入其中，让消费者在游戏的同时对伊利舒化奶产品产生独特诉求认知与记忆，提升品牌或产品知名度，在消费者心中树立企业的品牌形象。同时 APP 的受众群体较多，这样直接的道具植入有利于提升企业品牌的偏好度。

### (二)用户营销模式

用户营销模式的主要应用类型是网站移植类和品牌应用类，企业把符合自己定位的应用发布到应用商店内，供智能手机用户下载，用户利用这种应用可以很直观地了解企业的信息，用户是应用的使用者，手机应用成为用户的一种工具，能够为用户的生活提供便利性。这种营销模式具有很强的实践价值，让用户了解产品，增强产品信心，提升品牌美誉度。如通过定制《孕妇画册》应用吸引准妈妈们下载，提供孕妇必要的保健知识，客户在获取知识的同时，不断强化对品牌的印象，商家也可以通过该 APP 发布信息给精准的潜在客户。

用户营销模式相比植入广告模式，具有软性广告效应，客户在满足自己需要的同时，获取品牌信息、商品资讯。从费用的角度来说，植入广告模式采用按次收费的模式，而用户参与模式则主要由客户自己投资制作 APP 实现，相比之下，首次投资较大，但无后续费用，而 APP 营销效果取决 APP 内容的策划，而非投资额的大小。

### (三)购物网站模式

商家开发自己产品的 APP，然后将其投放到各大应用商店以及网站上，供用户免费下载使用。该模式基本上是基于互联网上购物网站，将购物网站移植到手机上面去，用户可以随时随地地浏览网站获取所需商品信息、促销信息，进行下单，这种模式相对于手机购物网站的优势是快速便捷，内容丰富，而且这类应用一般具有很多优惠措施。

如"汇搭"通过为消费者提供实实在在的搭配技巧，吸引有服饰搭配需求的用户，并向其推荐合适的商品，这不失为一种商家、消费者双赢的营销模式。

除了以上三种 APP 营销方式，APP 营销可以与传统广告、视频营销、店面促销、事件营销等独立营销方式进行整合，形成整体协同效应，达到最大化营销效果。LBS 位置服务、手机身份识别、增强现实(Augmented Reality)、重力感应(智能移动终端内置重力摇杆芯片，支持摇晃切换所需的界面和功能，甩歌甩屏，翻转静音，甩动切换视频等)、陀螺仪(通过小幅度倾斜、偏转实现菜单、目录的选择和操作的执行)等新技术的不断出现，让 APP 营销可以通过多方技术整合拥有以前很多营销不能实现的技术特征，引爆客户眼球。

**案例 7.2　杜蕾丝的 APP 营销 Durex baby**

为了劝服消费者尤其是男性消费者购买杜蕾斯品牌，防止不戴安全套而带来的意外怀孕的风险，杜蕾斯开发了一款手机 APP，手机用户下载该程序之后，将自己手机与他人手

# 第七章　移动网络营销

机屏幕摩擦，模拟产生一个婴儿。这个模拟程序会像真小孩一样：会啼哭，要喂奶，要逗他玩，要哄他睡觉，需要拥抱，手机用户需要哄这个婴儿停止哭泣，而每次关闭程序的时候，会显示"Durex"的提醒，还会自动更新用户的Facebook状态"我当爹啦"，各种婴儿相关活动的邀请也会随之而来。与此同时，杜蕾斯产品的盒子上印了个二维码，用手机拍下二维码之后手机会连接到杜蕾斯"防小人"APP下载地址，下载这个程序之后，世界就清净了。

在该案例中，年轻的男性消费者通过模拟当爸爸，体验到当爸爸的辛苦和责任，在各种麻烦中感觉到一个头两个大。这一案例也是情绪体验的一大运用和体现，每天被婴儿的啼哭声吵醒、在路人怪异的眼光中拥抱手机这些当时恼怒和尴尬的情绪，每当被提醒到"想当爸爸么"的时候就自然地再次浮现，而更情愿选择戴安全套。值得注意的是，除了手机APP之外，杜蕾斯还结合了Facebook、二维码等一系列当下流行的新媒介形式，非常贴合年轻人的生活习性。

现在年轻消费者基本都是智能手机消费的主体，而品牌通过APP推广也成为一种趋势，推广形式可以包括产品展示、在线商店、小游戏和视频等。像宜家、可口可乐、肯德基、D&G、星巴克、立邦等一些品牌，都已经走在APP营销的前端。

(资料来源：来源于网络，有改写)

## 第四节　移 动 广 告

### 一、移动广告基本概念

#### (一)移动广告的概念

移动广告是网络广告的一种。在大多数人的记忆中，第一次所谓的移动广告或者称手机广告可以追溯到2001年的"短彩信广告"，当时手机广告投放的载体是基于运营商通信管道的增值业务，包括了媒体和运营商合办的大大小小的短信手机报，以及大量以数据库营销或会员服务为主的短彩信推送业务。

尽管，短彩信广告非常成熟，也取得了一定的效果，但过度的使用和推送会让消费者感到厌倦，随着LBS和AR技术的日渐成熟为移动互联网广告的发展带来了可能。移动广告的概念主要是指通过移动设备开展一系列企业营销活动，主要指短信广告、移动终端访问APP或者网页时显示的广告。

移动应用商店中可供下载的APP数量激增，移动APP营销已经成为前沿阵地。与此同时，几乎所有的互联网腾讯、阿里、新浪、凤凰、百度都转战移动互联网，建立起了移动手机网站，数以亿计的消费者正在使用手机去搜索、了解和比较产品的品牌和服务信息，加上之前较为成熟的短信营销，因此也有人把短信、手机网页和APP称为移动网络的三大广告形式。但笔者认为，短信目前主要用于验证功能，由于各类垃圾信息、诈骗信息的侵蚀，短信营销的影响力已经越来越小了。

## (二)移动广告的特点

### 1. 精准性

相对于传统广告媒体，移动广告在精确性方面有着先天的优势。它突破了传统的报纸广告、电视广告、网络广告等单纯依靠庞大的覆盖范围来达到营销效果的局限性，而且在受众人数上有了很大超越，传播更广。手机广告可以根据用户的实际情况和实时场景将广告直接送到用户的屏幕上，真正实现"精准传播"。

### 2. 即时性

手机广告即时性来自于手机的可移动性。手机是个人随身物品，它的随身携带性比其他任何一个传统媒体都强，绝大多数用户会把手机带在身边，24小时不关机，所以手机媒介对用户的影响力是全天候的，广告信息到达也是最及时最有效的。

### 3. 互动性

手机广告互动性为广告商与消费者之间搭建了一个互动交流平台，让广告主能更及时地了解客户的需求，更使消费者的主动性增强，提高了自主地位。用户可以非常方便地发条短消息，或者呼出商家的电话，还可以直接把有用的广告内容转发给亲朋好友，这一切让用户的主动性增强了。

### 4. 整合性

移动广告的整合性优势得于 3G 技术、4G 技术的发展速度，移动广告可以通过文字、声音、图像、动画等不同的形式展现出来。智能终端将不仅仅是一个实时语音或者文本通信设备，也是一款功能丰富的娱乐工具：影音功能、游戏终端、移动电视等，也是一种及时的金融终端，手机电子钱包等。再加上 Html5、LBS、AR、二维码扫描、重力感应等技术手段，移动广告的表现形式将丰富多彩。

### 5. 可测性

对于广告业主来讲，移动广告相对于其他媒体广告的突出特点还在于它的可测量、可追踪性，受众数量可准确统计。这对于广告主来说是非常必要的。

## (三)移动广告的形态

移动广告虽然千变万化，但广告的形式主要是文字、图片、音频和视频。依据广告三大类型短信、移动网页和 APP 上主流运用，对移动广告进行分类，大体可以分为移动搜索广告、移动显示广告和移动信息广告。据美国互动广告署发布的数据，在移动广告中，移动搜索广告增幅达到 88.8%，移动显示广告增幅 87.3%，移动信息广告增幅最低为 40.2%。

# 第七章 移动网络营销

移动广告的 LBS、GPS 导航、二维码识别、NFC 支付等，便于用户看到广告后通过多种方式给出回应，已经有数据表明，移动广告的点击率和转化率较传统网络广告有了明显提高，已经超过了网络营销中转化率最高的搜索引擎广告。移动广告大体可以有以下形态。

### 1. 短信、彩信广告

这里所指短信、彩信主要是指移动运营商可以作为媒介的增值业务，如手机报、交通违章查询、各类优惠券等。当然也包括各类电商或者传统商家用短信猫等工具进行客户购买提醒的短信息，此类短信、彩信一般主要给老顾客推送，如大型活动、优惠信息、产品上新、节日提醒等。

### 2. APP 显示全屏广告

APP 启动全屏的优点是启动时自动打开，强迫关注，由于对用户的骚扰直接，一般只服务于大型品牌，因此广告的设计都比较精美。大多开屏广告都伴有自动读秒，在 5 秒以内，避免用户等待过久，造成不良的情绪，如图 7-13 所示。

### 3. 首页和内屏焦点图

首页和内屏焦点图多见于手机网站和 APP，在开启后首页和内面的固定位置设置焦点大图广告，与互联网的 Banner 广告类似，一般也有三轮播或者五轮播，如图 7-14 所示。

### 4. 富媒体广告

在手机网站或者 APP 开启后，从手机屏幕上方或者下方弹出旗帜广告，类似互联网中的本地网飘窗广告，可以手机关闭。一般点击飘窗将会打开一个设计精美的网站，图文、视频，甚至还有一些小游戏，互动非常丰富。

图 7-13　某 APP 的开屏广告范例　　　图 7-14　某 APP 在应用平台网站的焦点图广告

### 5. 文字广告

文字广告非常普遍，在各大手机网站、APP 中，都在各个位置上设置了文字链接广告，一般要求文字在 13～17 个字符之间，文字链接广告用于各种营销活动的推广之中。

### 6. 移动视频贴片广告

移动视频贴片是指用户在手机、平板电脑上观看视频时弹出的广告，是移动视频中一种重要的广告模式。可以分为前贴片、后贴片和中间贴片。一般而言，中间贴片的效果会更好一些。移动视频的贴片广告近年与热播网剧或者视频本身内容结合在一起，有一定的趣味性、娱乐性和迷惑性，一般还可以点击和交互。随着移动端网速向 Gb/s 发展，移动视频贴片广告将更加流行，如图 7-15 所示。

图 7-15　某手机视频终端的前贴片广告

## 二、移动广告的测评

移动广告的测评基本上与网络广告的计费模式相同，只是由于移动广告的迅速发展，国内外如 Admob、优友、多盟、Momark、有米、亿动智道、百分互联、MobWIN、点入、微云等，这些平台的竞争与合作使得移动广告很快出现了较为成熟的商业模式。早在 2013 年，Facebook 的移动广告收入已经达到全部广告收入的 41%以上。移动广告的计费模式主要分为 4 种：按千印象计费、按每次行动计费、按时间计费和混合方式计费。

### (一)按千印象计费

按每千人印象计费(cpst per thousand，CPM)是传统的广告计费常用手段之一。意思是将广告信息传播到 1000 个人所需要的费用。如某移动广告商对旗帜广告的报价是 20 元(CPM)的意思是这个旗帜广告每访问 1000 人次，不论访问者是否注意到些广告，更不论访问者对此广告是否有所反应，广告主都要给广告商 20 元的广告费。这种计费方法的特点就是比较简单,是常用的计费方法之一。

### (二)按每次行动计费

按每行动计费的方法(cost per transaction,CPT)的方式只对有效地显示收取费用,所以是一个重广告质量的思路。在实际的运用中有按点击计费、按行动计费、按询盘计费、按销售计费等多种方式。按点击计费是广告主只对那些看到广告后通过点击操作超链接了解了更多信息的行为付费,进行用在移动搜索引擎之中。按询盘计费是可能会实现销售的咨询,才付费。按销售计费的模式是广告主只对那些通过广告点击并进入电子商务网站实际发生了购买的行为付费。按销售计费对于广告主是最有利的一种计费模式。广告主不但不用承担内附,而且还可以获得免费宣传品牌的好处,这一模式近年来引起移动广告的高度重视,在联属网络营销中也使用较多。

### (三)按时间计费

按时间计费(day rates),也就是时间费率。这是一种古老的计费方式。每一个广告位的时间都是非常可贵的,特别是视频类贴片广告、视频广告、焦点广告、APP 的开屏广告,此类广告制作精美,占据重要的广告位置,所以一般采用按时间长短来计费的计费模式。

### (四)混合方式计费

当然,实际中移动广告计费的情况比较复杂,同一个企业,不同品牌、不同产品广告投放的时间、平台、形式也有巨大的差异性。另外,不同的角色,对于计费的方法也有差异,比如,广告商喜欢按 CPM 计费,而广告主喜欢用 CPS 计费,因此两者的协商之后,采用 CPM+CPT(一般 CPA 或者 CPS)方案较多。

当然,随着大数据和云计算等新技术的应用,如常掌握的数据足够多,是可以在不同的付费模式之间进行换算和比较的。这点也应该加以注意。

## 三、移动广告程序化购买

"我知道我的广告有一半是浪费的,但却不知道是哪一半",这是广告主对广告效果最经典的一句吐槽,而不幸的是电视广告和户外广告目前恰好就是这句话的吐槽目标。一家人特别喜欢看亲子类节目,电视为什么不多推送些亲子产品的广告?刚好有一群热爱旅行的青年进入了电梯,那么推送有关旅行、户外用品的广告效果是不是更好呢?如果在这之前,以上问题肯定无解;可如今有了程序化购买,答案自然就解开了。

程序化购买(Programmatic Buying),主要是指通过数字化、自动化、系统化的方式改造广告主、代理公司、媒体平台,进行程序化对接,帮助其找出与受众匹配的广告信息,并通过程序化购买的方式进行广告投放,并实时反馈投放报表,如图 7-16 所示。程序化购买把从广告主到媒体的全部投放过程进行了程序化投放,实现了整个数字广告产业链的自动化。程度化购买并不只是移动广告的专利,它最早是随网络广告的兴起而产生的,伴随移动终端的迅猛发展,跨屏等移动问题取得了发展。程序化购买按照交易是否公开可以分为公开交易和私有交易,公开交易主要以 RTB 实时竞价模式;私有交易主要包括三种竞价方式:PDB 私有程序化购买、PD 优先交易、PA 私有竞价,区别在于是否竞价以及广告位是否预留。

图 7-16　移动广告程序化购买的宣传画册

随着网民媒体消费行为的碎片化,在海量的数字营销资源中实现对于目标客户的精准定位成为极其迫切的需求,依靠传统的媒体排期广告投放模式已经难以适应当前的媒体环境与用户习惯,因而程序化购买模式作为代表数字营销领域规模化、精准化、程序化趋势的新营销方式应运而生,如图 7-17 所示。

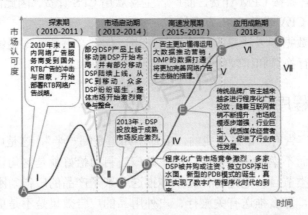

图 7-17　中国程序化购买广告市场 AMC 模型

程序化购买相比于传统网络营销媒介购买模式的优势在于:在每一个单一的展示机会下,把适当的广告在适当的情境提供给适当的消费者。这种方式对广告主而言可以只对那些他们想获取的目标消费者付费，从而提高了广告预算的回报；对媒体而言，可以获得更大的收益；对消费者而言，可以只看那些与他们的特定需求和利益相关的广告。尽管程序化购买意味着很少或者没有人工的介入，通过计算机的自动算法实现广告的投放，但如果要真正释放程序化购买的营销价值，同样需要有善于分析的交易员对广告投放进行优化，从而显著提升程序化购买的效果。

从我国来看，2012 年可以说是程序化购买的起步年：第一个广告交易平台(Ad Exchange)(阿里巴巴集团旗下的 TANX)和第一家需求方平台(DSP 或 Demand-side Platform)的出现(悠易互通)，创造了以实时竞价(RTB 或 Real-time Bidding)为主的程序化购买市场。2013 年则是程序化购买的爆发年：国内互联网巨头都推出他们的广告交易平台，包括了 BAT 里的 B 和 T(百度和腾讯)、谷歌、新浪、优酷、搜狐、盛大，等等。截至 2015 年程序化购买广告市场的中国公司如图 7-18 所示。

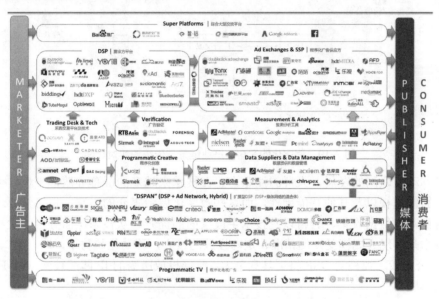

图 7-18　截至 2015 年程序化购买广告市场的中国公司

品牌广告主开始重视程序化购买，服务商开始搭建私有程序化购买服务平台。广告主买断的私有资源实现程序化购买，这对优质广告主来说既保留了其专属广告位的排他性优势，又保证了广告内容的个性化展示和投放频次的综合性控制，还能够对广告预算进行智能分配，大大避免了广告费的浪费。在此需求趋势下，程序化购买服务商开始针对性的推出私有程序化购买的服务团队及平台。2014 年，中国程序化广告营收规模为 52.3 亿元，增长率为 141.0%，2015 年，中国程序化购买的市场规模达到 115.1 亿元，但程序化购买广告占网络展示类广告规模仅为 15%，相比于美国展示类广告 50%的程序化购买占比，我国程序化购买市场空间巨大。

相对传统的网络广告产业链，程序化购买产业链上出现的新角色主要包括需求方平台(DSP)、公开/私有广告交易平台(open/private AdExchange)、私有交易市场(PMP)、供应方平台(SSP)、数据管理平台(DMP)以及一些其他的角色如数据交易平台(DataExchange)等，程序化购买的好处也是非常鲜明的，具体可以分为：找到人、找对人、出对价、说对话四个特点，它可以在海量的数据中找到人，更可以找对人，借助标签库支持常规的精准投放和访客找回；智能竞价系统，帮助实现最优出价；实时自动生成用户行为和兴趣匹配的个性化创意，如图7-19所示。

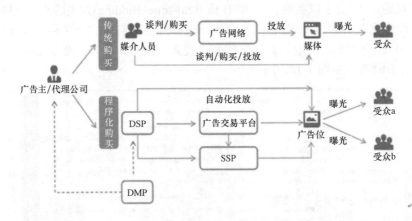

图7-19　程序化购买广告产业链条与传统购买对比图

随着移动互联网的发展，人群的注意力正在被越来越多的屏幕分散，平板、手机、智能手表、智能电视以及其他智能硬件，而这些数字化展示媒介的丰富，也必然要求各广告技术服务商对大数据收集、分析以及技术手段层面的提升。从技术层面分析，大数据及数据挖掘技术是实现大规模受众的精准、定向投放的核心，移动化趋势下，联合PC、移动的跨屏DSP公司较之纯移动DSP将更具竞争力，跨屏投放所需的IP匹配技术、Wi-Fi识别等技术尤为重要。

## 第五节　移动O2O营销

毫无疑问，线下与线上相结合，传统渠道与网络渠道的整合，已经成为企业发展的重要走向。特别是李克强总理提出"互联网+"的国家发展战略，传统产业已经很少有不需要考虑互联网因素而独立生存，做大做强的了，而另一方面，许多电商的品牌和企业也在尝试性地通过线下来实现体验营销。所以在移动互联网时代，做好移动的O2O营销值得每一位企业家和学者深入思考。

# 第七章　移动网络营销

## 一、二维码和移动 O2O

### (一)二维码的基本知识

二维码是用某种特定的几何图形按一定规律在平面(二维方向上)分布的黑白相间的图形记录数据符号信息的；在代码编制上巧妙地利用构成计算机内部逻辑基础的"0""1"比特流的概念，使用若干个与二进制相对应的几何形体来表示文字数值信息，通过图像输入设备或光电扫描设备自动识读以实现信息自动处理。

二维码通常所见呈正方形，传统上为黑白两色，在三个角落印有较小的"回"字形正方图案。这三个标志是帮助解码软件定位的图案，使用者可以不用对准，无论在任何角度，资料都会被正确读取。它具有条码技术的一些共性：每种码制有其特定的字符集；每个字符占有一定的宽度；具有一定的校验功能等，同时还具有对不同行的信息自动识别功能及处理图形旋转变化点。常见的二维码可以分为堆叠式和矩阵式两类。

堆叠式二维码的编码是建立在一维条码基础上的，按需要规堆积成两行或者多行，也叫排行式二维码，它在编码设计、校验原理、读取方式等方面都继承了一维条码的特点，识读设备和一维条码也是兼容的。但由于行数的增加，需要对行进行判定，其译码算法和软件也不完全相同于一维条码，有代表性的排行式二维码有 Code 16K、Code49、PDF417 等。

矩阵式二维码是在一个矩形空间通过黑白像素的不同分布进行编码，用点代表逻辑"1"，用点的不出现代表逻辑"0"，点的排列组合确定了矩阵式二维码所代表的意义。具有代表性的矩阵式二维码有 Code One、Maxi Code、QR Code、Data Martix 等，国内最为常为的二维码是 QR 条码。

### (二)二维码的特点

二维码在国际上是一项非常成熟的防伪技术，可以帮助消费者实现快速、准确了解自己想要的产品的信息。所以二维码被制成标签粘在产品、包装之上，消费者在购买产品时，只需要手机扫码，就可以查询产品的信息和企业的信息。它主要的特点有信息容量大、编辑范围广、保密防伪性好、译码可靠性高、修正错误能力强、容易制作且成本很低。

二维码的信息容量大，二维码可以在水平和垂直两个方向上存储信息，一维码一般只是保存数字和字母，而二维码可以存储汉字、数字、图片等信息。二维码可以在较小的空间里表达大量的信息，相对一维码信息容量高几十倍以上。笔者使用网上的二维码生成器，生成了个人二维码名片和二维码个人简介，感兴趣的读者可以扫一扫，看一下二维码可以包含的数据量到底有多大，如图 7-20 所示。

二维码条码编辑范围广，可以将照片、指纹、掌纹、签字、声音等凡是能够数字化的信息进行编码，用条码表示出来，可以表示多种语言，也可以表示图像数据。

图 7-20　二维码个人名片和个人简介示例

二维码保密、防伪性能好，具有多重防伪特性，它可以采用密码防伪、软件加密以及利用所包含的信息防伪，如指纹、照片等。

二维码译码可靠性高，它的错误率比百万分之二还要低一点，误码率不超过千万分之一，译码可靠性是极高的。

二维码修正错误能力强，它采用了世界上最先进的数学纠错理论，如果破损面积不超过 50%，条码由于沾污、破损等所丢失的信息，可以照常被恢复找回。

二维码容易制作且成本极低。利用现有的点阵列、激光、喷墨、热敏等打印技术，就可以在多种材料上印出二维码，可以说二维码是"零成本技术"，由于 QR 二维码有 30%的容错，所以可以最高遮挡 30%，这样就可以设计出很多个性的二维码，如图 7-21 所示。

图 7-21　二维码艺术示例

### (三)二维码的功能与移动 O2O

在现代商业社会中,二维码的使用已经非常广泛了,特别是在移动互联网中。从其功能上来看,二维码的使用包括了以下几个方面。

信息获取(名片、地图、Wi-Fi 密码、资料)

网站跳转(跳转到微博、手机网站、网站)

广告推送(用户扫码,直接浏览商家推送的视频、音频广告)

手机电商(用户扫码、手机直接购物下单)

防伪溯源(用户扫码、即可查看生产地;后台可以获取最终消费地)

优惠促销(用户扫码,下载电子优惠券,抽奖)

会员管理(用户手机上获取电子会员信息、VIP 服务)

手机支付(扫描商品二维码,通过银行或第三方支付提供的手机端通道完成支付)

腾讯总裁马化腾曾表示:"二维码是线上线下的一个关键入口。"即利用二维码的读取将线上的用户引流给线下的商家,只要培养了足够多的用户群,再结合良好的商业模式,二维码将成为桥接现实与虚拟得力的工具之一。

二维码的应用,似乎一夜之间渗透到我们生活的方方面面,地铁广告、报纸、火车票、飞机票、快餐店、电影院、团购网站以及各类商品外包装上。在移动互联业务模式下,人们的经营活动范围更加宽泛,二维码应用可以伴随智能手机和平板电脑的普及,不再受到时空和硬件设备的局限。二维码成为移动互联网入口一般可以从以下三种途径考虑。

**1. 信息传播**

不论是电子凭证还是企业、媒体或商品信息,其实都是信息传播的概念,用户用手机扫描二维码,就可以进入它对应的地址,获得完整的数据。线上的用户可以通过二维码获取商家的信息、产品的信息,从而到线下进行体验。

**2. 互动入口**

你通过扫描二维码来关注微信好友,或优惠券领取、投票报名、参加调研等在手机上的可操作形式,向企业回传客户信息。企业就能将广告投放效应最大化,获得宝贵的用户互动数据。这样的互动购买模式已经在电影、电视、杂志、宣传册、广告等领域开始使用。

微信在较早的版本中已经开始提供扫二维码服务,用户可以通过扫他人二维码而直接建立微信关系,微信在 4.0 版本后还提供了可以直接通过扫二维码而实现手机和电脑微信同步的功能,非常巧妙地结合了二维码和验证的特性。新浪微博扫二维码后也可以关注微博等功能。2012 年之后,微信推出公众平台面向企业和个人开放,打开了自媒体时代。同时,二维码的运用更达到了前所未有的高度,扫一扫加关注几乎是所有公众号推广的方式。

### 3. 形成购买

就是直接把你带往某个商品的电子商务平台，产生交易。原来需要进实体店或在网上购买的流程，已经可以通过扫拍二维码而实现，在手机上完成购物支付流程。这样的方式可以弥补在原来无法涉足的空间进行消费的需求。支付宝、微信、各类电子钱包目前都开通了二维码支付的功能。

## 二、LBS 和移动 O2O

### (一)LBS 简介

基于位置的服务，是指通过电信移动运营商的无线电通信网络或外部定位方式(GPS)，获取移动终端用户的位置信息，在 GIS 平台的支持下，为用户提供相应服务的一种业务。

我国的 LBS 商业应用始于 2001 年中国移动首次开通的移动梦网品牌下的位置服务，2003 年，中国联通又推出了"定位之星"业务。2006 年年初，中国移动在北京、天津、辽宁、湖北 4 个省市进行了"手机地图"业务的试点运行，为广大手机用户提供显示、动态缩放、动态漫游跳转、全图、索引图、比例尺、城市切换以及各种查询等位置服务。此后互联网地图的出现加速了我国 LBS 产业的发展。众多地图厂商、软件厂商相继开发了一系列在线的 LBS 终端软件产品。此后，伴随着无线技术和硬件设施得到完善，LBS 行业在国内迎来一个爆发增长期。2006 年以后受 Foursquare 模式的启发，国内也涌现出了诸多新兴的 LBS 服务提供商，他们专注于基于手机的 LBS 服务，利用 LBS 手机软件或 Web 站点向用户提供个性化的 LBS 服务。

### (二)LBS 与移动 O2O 营销

LBS 与移动 O2O 相结合，主要有 4 种模式：签到模式、游戏模式、搜索模式、信息推送模式。

### 1. 签到模式

签到模式主要是以 Foursquare 为主，还有一些国外同类服务如 Gowalla、Whrrl 等，而国内则有：嘀咕、玩转四方、街旁、开开、多乐趣、在哪等几十家。

该模式的基本特点如下：用户需要主动签到以记录自己所在的位置；通过积分、勋章以及领主等荣誉激励用户签到，满足用户的虚荣感；通过与商家合作，对获得的特定积分或勋章的用户提供优惠或折扣的奖励，同时也是对商家品牌的营销；通过绑定用户的其他社会化工具，以同步分享用户的地理位置信息；通过鼓励用户对地点(商店、餐厅等)进行评价以产生优质内容。

## 2. 游戏模式

国外的代表是 Mytown，国内则是 16Fun。主旨是游戏人生，可以让用户利用手机购买现实地理位置里的虚拟房产与道具，并进行消费与互动等将现实和虚拟真正进行融合的一种模式。这种模式的特点是更具趣味性，可玩性与互动性更强，比签到模式更具黏性，但是由于需要对现实中的房产等地点进行虚拟化设计，开发成本较高，除了学习签到模式之外，还可以植入地域广告等。还有 2016 年任天堂等新开的 AR+LBS 游戏《精灵宝可梦GO》，它对现实世界中出现的宝可梦进行探索捕捉、战斗以及交换的游戏，也可实现线上线下互动，可以设置很多怪物出现在某餐厅，吸引消费者玩家前去消费，如图 7-22 所示。

图 7-22　精灵宝可梦 GO 手机游戏屏幕画面

## 3. 搜索模式

主要是地图搜索相关，客户基于地理位置的周边搜索，APP 可以推送周边的各种服务，如餐厅、旅游、酒吧，甚至交友等。主流的 APP 如百度地图 APP、高德地图、微信、支付宝、大众点评都提供类似的服务。此服务借助 LBS，还对各类服务商家进行评价、打分、推荐和利益分成，在实际场景中，搜索模式还经常采用"LBS+团购"这样的商业模式，对消费者有很大的吸引力。

## 4. 信息推送模式

Getyowza 就为用户提供了基于地理位置的优惠信息推送服务，如 Getyowza 用户通过安装 Getyowza 提供的客户端，Getyowza 会根据用户的地理位置，给用户推送附近的优惠券信息。Getyowza 只在美国开展此项业务，用户安装软件之后可以设置推送距离(推送距离自己多少范围内的优惠信息)，可以直接在 Google Maps 上查看这些优惠信息，可以收藏自己喜欢的店铺，选择只接受自己收藏店铺的优惠券的推送信息。Getyowza 的优惠券不需要打印，直接给商户看便可以享受打折优惠。Getyowza 的盈利模式是通过和线下商家的合作来实现利益的分成。ShopKick 将用户吸引到指定的商场里，完成指定的行为后便赠送其可兑换成商品或礼券的虚拟点数。当然信息推送结合 LBS 和旅游、交友结合在一起，例如，当获取用户到达北京，可以推送当地的旅游景点，也可以推送其在当地的好友信息，当然还可以推送当地的吃喝玩乐等信息。

## 三、移动 O2O 营销应用模式

O2O 的全称为 online to offline，泛指通过有线或者无线互联网提供商家销售信息，聚集有效的购买群体，并在线支付相应的费用，再凭借各种形式的凭证去线下，也就是现实世界进行消费产品和体验相应的服务，让互联网成为线下前台。O2O 的核心是线上支付。

从 O2O 的定义来看，团购模式、生活服务类电商模式也都属于 O2O 的范畴。移动 O2O 主要是运用移动终端和移动互联网精准、便捷等特点来实现商家线上线下互动，达到营销目的的各类活动。近年来，O2O 的定义有所扩展，人们把 online to offline 就是将线上流量引流到线下变现和 online to online 将线上资源进行分类整合，使营销更加精准，实现营销价值最大化；以及 offline to online 线下企业利用自身的渠道和终端资源将线下流量引到线上，实现线上联动机制。这几类例子也纳入 O2O 的定义，不管其定义如何变换，是否基于现场体验与服务、是否到店到柜实现价值交付、是否随机触发消费动机、是否贴近用户刚性需求和长尾需求是判断 O2O 的基本准则。

移动 O2O 应用模式很多，目前主要有以下 4 种模式。

### （一）Online to Offline

Online to Offline，即线上交易到线下消费体验商品或服务，是最常见的 O2O 模式，团购模式就是此类的代表。每年春运的时候，我们除了排队买票、打电话购票之外，这几年最火的就是网络订票，各位读者都应该有过"抢票"的经历。其实网上购票就是典型的 O2O 模式，我们在网上下订单支付成功，然后用身份证在火车站取票，完成乘车的体验。移动 O2O 并不是什么新鲜事，携程、同程、去哪儿网的酒店预订，各航空公司的机票网上订购都是比较典型的 O2O 模式，所以在互联网时代，这些企业差的只是将网站打包或者重新开发一个 APP 推送给客户即可。

### （二）Offline to Online

Offline to Online，即线下营销到线上交易。此模式 2005 年在日韩非常火爆，但当时因

## 第七章　移动网络营销

为智能手机还没有普及，所以国内并没有充分了解。2012 年之后，随着微信的崛起，二维码模式为越来越多人所接受，很多企业通过线下做营销，如发放带有商品信息的二维码宣传单、在地铁口的二维码广告等，然后在线上实现交易，这种模式正在被越来越多的企业所使用，特别是那些不需要线下交易的传统产业，比如，电商类消费品服装鞋帽、家电、计算机、数码产品、游戏充值卡等等。

### (三)Offline to Online to Offline

Offline to Online to Offline，即线下营销到线上交易、然后再到线下消费商品和服务。此模式主要是一些生活服务类企业进行某项促销活动时最为常见。如美容院在开业期间，派出员工在大街上发放带有二维码的广告传单，凡是扫描了二维码的顾客都给予一定优惠券，通过二维码解码登录公司网站产生订单交易就可以使用这些优惠券，最后前往店铺进行服务。这就是典型的 offline to online to offline 的模式。此类模式主要适合必须要线下体验服务的行业，如餐饮业、美容美发业、旅游业等。

### (四)Online to Offline to Online

Online to Offline to Online，即线上交易到线下消费体验商品或服务再到线上交易或营销，如滴滴打车等打车类软件"分享赠话费"就属于这种模式。首先通过打车 APP 在网上下单，然后在线下坐车完成整个服务，在完成整个服务之后，你需要对这次服务进行评价，分享转发到你的朋友圈，你就可以获得 10 元电话费的好处。类似这样的案例在 Online to Online 模式中对线上资源进行分类整合中也有类似的案例，不再赘述。

不管怎么样，移动 O2O 的目的就是使用移动网络营销手段或者传统营销手段把线上线下一体化，同时移动客户端和互联网技术的飞速发展，也给这一领域注入了活力，推动移动 O2O 模式不断创新和发展。

 案例分析

**康师傅酸梅汤的线上线下营销**

西南大学二年级学生小张的心情是相当不错的，康师傅酸梅汤在校园开展的一次手机签到活动居然让他拿到了梦寐以求的 iPad 平板电脑，小张签到中 iPad 的消息，很快以寝室为单位在校园传开了，很多同学也都加入到了签到的队伍中来。活动很快"火"了。它形式新颖，参与流程简单，虽然不是人人都能拿到 iPad，但喝到免费的酸梅汤似乎不难。

康师傅饮品的产品理念是倡导健康与时尚的融合，目标客户是 19～30 岁的年轻人群，让年轻人畅快地"喝出新味来"。考虑手机是连接年轻族群的最佳载体，在校园精心策划基于手机的市场活动，其目的是吸引更多的年轻人参与到活动中来，果然一上线就得到了热烈的响应。

对于康师傅饮料这类快速消费品来说，光有线上活动显然是不够的，线上线下结合，才能实现最佳效果。康师傅的品牌知名度已经很好了，因此品牌宣传不是首要目的，取得消费者的忠诚和信赖，才是康师傅当下的营销重点。利用手机位置"签到"与手机互动小游戏成为"康师傅"的重点考虑。可是，该选择哪一款游戏呢？

最容易想到的是"愤怒的小鸟"，这款游戏比较热门，玩的人很多，但缺陷也很明显，那就是强行插入的广告，并不让人产生好感。康师傅最终选择自己开发一款"传世寻宝"手机游戏，把康师傅饮料的各种元素做成游戏人物，要求玩家完成一项又一项任务，最终做出酸梅汤和酸枣汁。在玩游戏的过程中，消费者体会"传世新饮"酸梅汤和酸枣汁的健康、时尚的品牌诉求，让康师傅"传世新饮"的影响力裂变式提升。果然，游戏上线后，迅速在年轻人当中传开了。

消费者接受"签到玩游戏创饮新流行"任务后，通过手机在活动现场和户外广告投放地点签到，就可获得相应的勋章，通过勋章便可赢得抽奖机会，还有系列线上的趣味环节参与，让发生在校园内的线下活动，实现了线上的大范围传播。

执行过程：

1. 新鲜创意聚人气

将时下最受年轻人欢迎的手机位置化"签到"与APP互动小游戏相结合，借娱乐营销进行品牌传递。策划和开发为"传世新饮"量身定制的"传世寻宝"小游戏，将品牌故事融入游戏脚本，让消费者在游戏完成后自然而然地了解了酸梅汤制作的工艺以及生津止渴的功效。

2. 线上线下齐打通

选择线上签到，获取康师傅勋章，线下凭勋章获得礼品，打通线上活动与线下活动，将移动互联网的虚拟推向一种身边的真实，从而增加用户的黏度。

3. 社交媒体自传播

整合微博转发、SNS软文传播、BBS论坛传播打造基于情感、信任的口口传播。

活动上线一周的时间，活动曝光量4 289 920，有8762个消费者完成签到任务，同步到SNS社区信息16 187条，消费者参与活跃度超出预期。康师傅将时下最受年轻人欢迎的手机位置化"签到"与APP互动小游戏相结合，融入暑期营销活动，打通了微博、论坛、彩信手机报刊广告、彩信等进行立体化、全方位地推广，巧妙地展示出康师傅传世新饮"经典口味创新发展"的品牌内核，让消费者在品尝健康养生的中华经典饮品时，感受传统和潮流的完美结合，发挥出令人惊叹的传播能量。

(资料来源：新浪网，本书作者整理改写)

## 归纳与提高

本章首先从移动互联网的概念和发展历史出发，从社交性、位置性、移动性三个维度

# 第七章 移动网络营销

探讨了移动互联网的营销价值;移动网络营销具有个性化、灵活性、实时性、经济性、丰富性、监测性等6大特点;移动网络营销主要有PUSH模式、WEB模式和内嵌模式三种;移动网络营销主要有许可短信、信息发布、搜索引擎等10种营销方法;移动网络营销将朝着常态化、创新化、跨屏化等5个方向沿进。

微信的主要功能和营销价值;微信营销可以使用附近的人、微信推广、漂流瓶、摇一摇、朋友圈营销和公众平台推广6种方法;微信公众账号的注册、运营和推广的4种方法。

APP及APP的营销价值;APP设计包含准备阶段、开发设计阶段、测试阶段和上线阶段4个阶段;APP推广可以从内部和外部两个方面努力;基于APP的营销方式主要有广告植入模式、用户营销模式和购买网站模式。

移动广告的概念和特点;常见移动广告的6种形态;移动广告有按千印象计费、按每次行动计费、按时间计费和混合方式计费4种主要计费方式;移动广告程序化购买的主要概念、发展历史、主要业务公司和产业链条。

二维码的概念和特点;二维码主要的8种功能;二维码可以通过信息传播、互动入口和形成购买3种途径与移动O2O结合;LBS简介及LBS与移动O2O整合的4种模式:签到模式、游戏模式、搜索模式、信息推送模式;移动O2O主要有online to offline、offline to online等4种模式。

 习题

## 一、选择题

1. 下列是移动3G标准的有(    )。
   A. WCDMA    B. CDMA2000    C. TD-SCDMA    D. WiMAX
2. 下列(    )不是微信的功能。
   A. 摇一摇    B. 附近的人    C. 吹一吹    D. 扫一扫
3. 移动网络广告的计费模式主要有(    )。
   A. CPM    B. CPC    C. CPA    D. CPS
4. 移动网络营销的特点是(    )。
   A. 先天高度的便捷性    B. 用户高度的黏性
   C. 高度的精准度    D. 相对低廉的成本
5. (    )是移动营销的方法。
   A. 短信营销    B. 彩信营销    C. APP营销    D. 视频植入广告
6. 常用的手机的操作系统类型有(    )。
   A. Android    B. IOS    C. Windows Phone    D. Symbian
7. (    )是移动端的搜索引擎工具。
   A. 百度搜索    B. 搜狗移动    C. 宜搜    D. 神马

8. 程序化购买的特点(　　)。
   A. 简单易用　　　B. 打击精准　　　C. 成本较高　　　D. 评估困难

## 二、复习思考题

1. 移动网络营销的概念和特点。
2. 微信是一个即时聊天工具，它的哪些功能可以"嫁接"到营销之中？
3. 谈一谈微信朋友圈营销有哪些利弊之处。

## 三、技能实训题

1. 结合你日常消费的某一具体产品，请帮商家设计一段 30 秒的移动网络广告。
2. 使用免费工具自己开发个性化的 APP，并思考免费的 APP 不足之处。
3. 自己开通一个微信公众平台，然后设计一个个性化的二维码。

# 第八章 大数据营销

**学习要点及目标**

了解大数据营销的含义；明确以大数据为背景的精准营销的内容；了解大数据营销的应用。

**引例**

大数据营销的两个成功营销案例

随着大数据时代的来临，大数据应用处理正借用巨大商业价值走向互联网营销的大舞台。越来越多的企业开始从海量的数据中挖掘有效的信息，研究用户消费习惯，利用挖掘出来的有效数据进行用户行为分析，从而做到精准营销。

本文分享两个大数据时代下运用大数据营销的案例。

一、纸牌屋依靠大数据分析进行营销

一部《纸牌屋》，让全世界的文化产业界都意识到了大数据的力量。《纸牌屋》的出品方兼播放平台 Netflix 在一季度新增超 300 万流媒体用户，第一季财报公布后股价狂飙 26%，达到每股 217 美元，较去年 8 月的低谷价格累计涨幅超三倍。这一切，都源于《纸牌屋》的诞生是从 3000 万付费用户的数据中总结收视习惯，并根据对用户喜好的精准分析进行创作。

《纸牌屋》的数据库包含了 3000 万用户的收视选择、400 万条评论、300 万次主题搜索。最终，拍什么、谁来拍、谁来演、怎么播，都由数千万观众的客观喜好统计决定。从受众洞察、受众定位、受众接触到受众转化，每一步都由精准细致高效经济的数据引导，从而实现大众创造的 C2B，即由用户需求决定生产。

二、趣多多依靠大数据营销玩转愚人节营销

趣多多在愚人节的这次大数据营销活动，创造了 6 亿多次页面浏览并影响到近 1500 万独立用户，品牌被提及的次数增长了 270%。可以说这是一次成功的品牌营销活动，广泛的发声，让趣多多的用户关注度得到了一次巨大的提升，该谐幽默的品牌基因更加深入地进入到用户的意识层面。不知道今年愚人节趣多多还会有怎样惊艳的表现。

趣多多到底是如何利用大数据营销做到这些的呢？

1. 利用社交大数据的敏锐洞察，趣多多精准锁定了以 18～30 岁的年轻人为主流消费群体。

2. 聚焦于他们乐于并习惯使用的主流社交和网络平台，如新浪微博、腾讯微博、社交移动 APP 以及优酷视频等。

网络营销理论、方法与实践

3. 在愚人节当日进行全天集中性投放，围绕品牌的口号展开话题，全面贯彻实时且广泛地与用户沟通机制并深度渗透，使品牌在最佳时机得到有效曝光，也令目标消费者在当天能得到有趣和幽默的体验。

4. 今年，趣多多更是联合今晚80后脱口秀，将趣多多以"有趣"为主题的品牌定位进一步加以强化。多支短片在趣多多官方微博亮相，主持人王自健和网友的互动也在第一时间和活动主题相呼应。

而今，互联网及社交媒体的发展让人们在网络上留下的数据越来越多，海量数据再通过多维度的信息重组使得企业都在谋求各平台间的内容、用户、广告投放的全面打通，以期通过用户关系链的融合，网络媒体的社会化重构，在大数据时代下为广告用户带来更好的精准营销效果。众多数字营销行业专家认为大数据应用处理将成为未来营销市场的主流技术和推力，并在不断成熟的中国数字营销界大放异彩。而基于大数据的成熟，程序化购买在中国将会进入多元化的一年，移动广告流量将会猛增，出现更多更优质的视频流量和社交广告流量来为品牌服务。

(资料来源：http://www.adpush.cn/)

思考题：大数据营销与传统营销存在哪些差异？

**必备知识点**

大数据营销的定义和特征　精准营销的功能

**拓展知识点**

大数据营销的应用状况

大数据的出现逐渐带来营销革命，社交网络的扩张使得数据在急速增长，将消费者在社交网络中的行为轨迹串联，就可以对其中存在的内容进行洞察，从而理解用户需求。谷歌、Farecast公司、亚马逊公司通过利用引擎搜索记录、机票价格数据、海量客户数据等发掘数据二次利用价值、提取最佳顾客购买时机、建立个性化推荐系统，这些工作大幅提升了公司销售额。可见，大数据带来的营销变革日益凸显。

## 第一节　大数据营销的含义与特征

### 一、数据库营销与大数据营销

数据库营销是随着时代的进步、科学技术的发展、数据库技术与市场营销的有机结合而形成的。数据库营销是营销领域的一次重要变革，是一个全新的营销概念。所谓数据库

# 第八章 大数据营销

营销(data base marketing,缩写为DBM),就是企业通过搜集和积累消费者的大量信息,经过处理后预测消费者有多大可能去购买某种产品,以及利用这些信息给产品以精确定位,有针对性地制作营销信息,以达到说服消费者去购买产品的目的。在营销学权威菲利普·科特勒(Philip Kotler)的《市场营销管理》(第九版)中,数据库营销的定义是指"营销者建立、维持和利用顾客数据库和其他数据库(产品、供应商、批发商和零售商),以进行接触和成交的过程"。但这个定义有一个不足,即它将数据库营销的作用或功能仅局限于狭义的促销范畴内,因而不利于营销者充分认识数据库营销在企业营销实践中的重大作用。通过数据库的建立和分析,各个部门都对顾客的资料有详细全面的了解,可以给予顾客更加个性化的服务支持和营销设计,使企业促销工作具有针对性,从而提高企业营销效率。

早期的数据库只能提供给用户枯燥死板的文本摘要信息,而用户检索数据库所得到的检索结果通常也必须由数据库提供商通过信件邮递的方式传送给用户,这种方式不仅耗费用户大量的金钱,而且需要用户投入更多的精力和时间。而随着计算机技术、通信技术和网络技术的迅速发展以及软件方面研究成果的不断涌现,逐渐出现了全文数据库的光盘版、联机数据库和通过互联网访问查询的数据库。并且多媒体数据也开始应用在数据库当中,出现了以声音、图像以及动画为内容的数据库。新型数据库的出现使用户获取数据库信息更加容易和方便,用户可以获取到所需文献的全文,同时可以得到必要的图像和声音甚至影像信息,不仅获取到的信息内容和含量更加丰富,而且大大节约了获取信息时所花费的时间、精力和金钱,从而使用户更加倾向于利用数据库获取信息,扩展了数据库的市场。

大数据是相对数据库而言,具有体量大、结构多样、时效强等特征的数据。这些数据常来自人际沟通和人机沟通,如网上申请、社交网站、基因组学和传感器系统。大数据是一个持续不断的信息流,可帮助相关方完成持续探索和分析。处理大数据需采用新型计算架构和智能算法等新技术。尽管概念形式有所不同,但公认的是,大数据与"海量数据""大规模数据"的概念一脉相承,但其在数据体量、数据复杂性和产生速度三大方面均大大超出了传统的数据形态,也超出了现有技术手段的处理能力,并带来了巨大的产业创新的机遇。

美国信息技术服务市场营销协会在其2011年的调查报告中指出,在掌握数据科技的营销人员中,82%的营销人员反映运用数据驱动型营销模式能够提高市场份额。这也证明目标性和相关性更强的客户体验能够为公司带来收益。《Teradata全球数据驱动型营销调查报告(2013年)》也得出了相似的结论。通过对全球1000名市场营销人员的调查,Teradata发现58%的营销人员相信数据驱动型营销能够帮助他们做出更好的决定。所谓数据驱动型营销是以驱动客户参与为目标,在洞悉结构性和多元结构性公司数据(即大数据)的基础上所进行的搜集、分析和执行。数据驱动型营销不但是提升营销业绩的引擎,而且为公司内部职责建立可量化的标准,协助营销人员更高效地制订计划、执行任务和证明其营销价值。

大数据营销是典型的数据驱动型营销,是通过搜集、分析、执行从大数据所获得的洞察结果,并以此鼓励客户参与、优化营销效果和评估内部责任的过程。大数据由各类传统和网络渠道内的结构和非结构型数据组成。借助大数据与公司内部数据有机结合可以为企业的营销提供各种咨询、策略、投放等营销服务，从而帮助营销部门以及整个公司实现高利润增长。

## 二、大数据营销的特征

我国学者甄妮在《电商企业大数据营销的应用研究》中提出，与传统营销相比，大数据营销显现出新的营销特征。

### (一)全样本的营销调查

传统营销中，商务数据的分析是建立在一定理论下的取样和调研的基础上的，并且试图通过各种调查手段和技术对数据样本进行再加工，增加抽样调查的精确性。然而，抽样调查的方法有其自身的局限性，例如，样本数据的误差、样本的以偏概全、时间上的不及时等。但是大数据分析帮助人们解决这一困境，全面、及时的数据被掌控，数据取样的意义逐渐淡化，样本调查的缺点逐渐被放大。用户通过感应器、移动终端、网站点击为商家提供全样本的大数据分析基础，例如，谷歌对流感的预测是基于整个美国几十亿条互联网检索记录，有别于传统基于对个别城市的随机取样分析。数据已经从传统的数据库迈向全样本大数据分析阶段。

同样，希尔顿酒店能够通过 hilton.corn 网站可以向全世界提供最快速的预订服务，它完成一个预订服务的平均时间不到 2 分钟。老客户自动拥有上次访问时定制好的服务，会议组织者可以通过访问这个网站来进行团体预订以及了解会议地点的楼层平面图。希尔顿发展电子商务是因为它需要从多个业务单位获取信息，而且需要在客户、hilton.com 网站和希尔顿现有的后台预订系统之间进行互动联系，以便提供一种高水平的个性化服务。希尔顿负责市场营销的副总裁布鲁斯·罗森博格说："我们想要得到客户的有关档案资料、他们的历史交易情况，了解他们喜欢什么和不喜欢什么，使他们无论在世界的什么地方都能与我们进行联系。"因此，希尔顿有自己很好的客户数据库，保存着希尔顿老客户忠诚计划档案。然而，由于目前的系统对那些仅偶尔在希尔顿停留的上千万客户而言还不够有效，希尔顿正在建设新系统，使自己能够拥有更多的客户档案，能对客户群进行更细地划分。这样，网络与数据库的结合使希尔顿能够以更有效的方式、更低的成本与客户联系并建立更深入的个人关系。

### (二)多元化的营销对象

大数据时代的营销对象正在逐步实现消费者向生活者的转变。生活者的概念由日本博报堂创造，其认为消费人群不应只包含消费购物等经济层面，而且还有作为个人的社会心理和政治层面。只有多角度地理解营销对象的思维和行动，他们拥有的丰富属性，才能实

# 第八章 大数据营销

现有效营销。大数据营销就是奠定在全方位观察的基础上，通过掌握消费者本质，实现与消费者的良性互动，预测现有规律和潜在变化，从而对营销策略进行调整，以稳定和拓展用户，使其与品牌建立长久的关系。

《华尔街周刊》这样写道："读书俱乐部永远不会把同一套备选书籍放在所有会员面前了，现在的俱乐部都在进行定制寄送，它们根据会员最后一次选择和购买记录以及最近一次与会员交流活动中获得的有关个人生活信息，向会员推荐不同的书籍。效果是很明显的：一方面减少了损耗，而会员购买的图书量却提高了。"大数据营销者减少了不恰当的寄送带来的无谓浪费，还提高了公司企业的形象。因为客户有种感觉：这个公司理解我，知道我喜欢什么并且知道我在什么时候对什么感兴趣。

据有关资料统计，没有动用数据库技术进行筛选直接发送邮寄宣传品，其反馈率只有2%～4%，而用大数据进行筛选后再发送的，其反馈率可以高达25%～30%。美国运通公司(American Express)有一个用于记录信用卡业务的数据库，数据量达到54亿字符，并仍在随着业务进展不断更新。运通公司通过对这些数据进行加工，制定了"关联结算(relationship billing)优惠"的促销策略，即如果一个顾客在一个商店用运通卡购买一套时装，那么在同一个商店再买一双鞋，就可以得到比较大的折扣，这样既可以增加商店的销售量，也可以增加运通卡在该商店的使用率。

## (三)扩大的营销主体

营销已经不再仅仅是企业自身的行为，用户也加入到营销大军中，随着社会化媒体的盛行，其作用已日益扩大。而与企业自身营销不同的是，用户传递的营销内容可以为企业带来更多良好声誉，也可使企业形象一落千丈。如近些年逐渐盛行的社交媒体，如微博微信逐渐显示其在营销上的力量，用户通过口碑传播可以在几天之内颠覆一个品牌的认知度。

口碑传播在Google公司的成长、成功过程中发挥了举足轻重的作用，确切地说，Google是凭借市场口碑取胜的典型公司之一。"Google的成功在于，它使人们不断地谈论它。"纽约品牌战略公司的阿兰·西格尔这样评价该公司。该公司市场部副总裁辛迪·麦卡菲也说："我们没有做过一次电视广告，没有贴过一张海报，没有做过任何网络广告链接。"虽然没有做广告，但是Google注重树立在网民中的良好口碑，并借此提升品牌的知名度和美誉度，这种品牌营销战略产生了极佳的效果，其在搜索领域市场份额的迅速攀升就证明了这一点。在过去的7年里，Google的市场价值由0飙升至84.61亿美元。

**案例8.1 "FitTime睿健时代"的公众账号企业品牌形象传达**

公众账号是微信平台中企业进行品牌形象传达的重要符号载体，品牌消费者会借助于这个符号载体完成自身对企业品牌意义的生产。微信平台的信息传播特点让它成为众多企业开展品牌形象传播的重要阵地。在这块众多企业争夺的战场上要想打一场漂亮的品牌传播战，就要依赖于完成作为品牌消费的符号意义的建构。因此，建构一个有助于企业品牌形象传播的企业公众订阅号,是一次从外而内的全方位包装。"FitTime 睿健时代"(后简称睿健时代)是由无锡睿健时代贸易有限公司运营的企业公众账号。

1. 品牌形象表达的认可度:界面设计的服务性与友好度

界面是受众进入公众账号中的第一印象体验,其作用类似于舞台。这是在进入一出戏剧之前,受众会接收舞台的布局和背景,幻化出对戏剧本身的期待。FitTime 睿健时代的定位是致力于用互联网思维做健身事业,将正确、健康的健身习惯带入中国市场。中国的健身概念起步晚于西方,因此在健身市场中存在着大量有健身需求,却没有渠道获取正确健身知识的"菜鸟"级消费者。为了让有信息需求却没有信息满足渠道的健身"菜鸟"们尽快获取归属感,消除他们对自身健身信息匮乏的恐惧和羞涩,睿健时代在自身界面的开发设计上,给予了初学者和入门者充分的尊重和学习空间。界面中单独开设"新手"系列信息链接,从训练、饮食、营养补充和技巧要领等全方位入门资讯打包提供给新手。除此之外,界面还提供一些健身的简单服务,比如,打卡服务和社区交流服务,打造了一条"资讯获取—训练实践—交流分享"的良性循环路径。

2. 品牌形象表达的效度:用户体验式的故事表述

品牌形象的传达,并不仅仅是传达品牌定位,树立品牌认知。在微信的关系圈层传播中,最具有说服力和传播效度的是体验和感受。体验或感受层面的信息,在资讯堆积的微博中或许无法取得较好的传播效果,但在以人际交往为核心的微信这一社交媒体中反而能获得更多的共鸣。由于微信信息接收方式的私人化,让微信用户不那么容易受到其他信息的干扰,更能够对体验式的故事表达内容产生共鸣。睿健时代特别设置有"FT变型记"这一栏目,邀请睿健时代的粉丝们和健身爱好者用图文的方式展现健身给自己带来的变化。图片以时间为轴线顺势放出,呈现出逐步阶段性的改变。文字细腻,信息丰富,表达健身粉丝们对自身努力结果的欣喜和艰辛过程的坚持。这些故事的表述,扭转了睿健时代在纯技术贴和指导贴中冷冰冰的技术形象,增添了品牌的生命力,丰富了品牌的核心——健身的人文内涵。由此,人们感知到的不仅仅是我们追求健康的期望,更是健康应以我为标准的决心和勇气。

(资料来源:《基于微信公众账号的企业品牌形象传播策略》)

### (四)精准化的营销效果

互联网提供着大量消费者信息数据,企业可以利用网络资源对顾客的各渠道行为、消费者生命周期各阶段的行为数据进行记录,制定高度精准、绩效可高度量化的营销策略。企业可以根据既有消费者各自不同的人物特性将受众按照标签细分,再用不同的侧重方式和定制化活动向这些类群进行定向地精准营销。例如,对于价格敏感者,企业可通过推送性价比较高的产品,赠送区间电子优惠券以刺激消费,对于经常购物的群体,商家则要准确分析需求,精准推送使其尽快地完成购物。另外,基于地理位置的精准化营销成为大数据应用的趋势。

# 第八章　大数据营销

目前，汽车已经成为中国大多数家庭的必备交通工具，GPS 城际通就是一款专门为有车族量身定制的产品，这款由恒基伟业增值合作事业部与北京城际在线信息技术有限公司合作开发的产品可以说为有车族开拓了广阔的空间，使他们能够更好地感受有车的乐趣。GPS 城际通可以提供全国公路图以及 300 个城市地图，而且可以实时查询地点；一台 GPS 城际通装载在车内就可以实现 GPS 导航功能，在行车途中进行信息点提示、岔路口信息提示、目标点方位、距离提示、行车轨迹保存与回放，有了 GPS 导航功能就好像有了一个向导一样，可以轻松驾乘；其强大的上网功能可以随时从互联网下载城市生活、交通信息和城市地图，保持信息随时更新；内置车厂在各地的服务中心信息，可以与车厂客户服务系统连接，实现服务全面电子化。

## 第二节　以大数据为背景的精准营销

随着传统营销效果的弱化，企业开始采用一些新的营销方法，例如，热门营销、事件营销、内容营销、口碑营销以及公益营销等。但是，从下面的分析中我们可以看到：不论是何种营销方式，都会面临一个共同的问题——如何精准地锁定目标客户以及精准地找到潜在客户，创造尽可能高的效益。我们设想这样一个场景：老顾客进入服装店后，首先会提出相应的需求。此时，服务员一方面迅速打开会员数据库，发现顾客过去的历史购买行为规律。另一方面，到社交网站媒体如 Facebook 主页，获取该顾客的相关信息，如最近的穿衣风格、情感状态、收支状况等。综合上述两方面信息，为该顾客提供几款最合适的"物美价廉"服装。同时，根据综合信息挖掘或预测出顾客潜在的需要，给出最佳的优惠策略和个性化的沟通方式。这使得营销者能够在合适时间、合适渠道给老客户或潜在用户提供最恰当的产品和服务，即实现第一节的精准化营销。

"精准营销"的概念是由世界营销大师菲利普·科特勒教授提出来的，是在精准定位的基础上，建立个性化的顾客沟通服务体系，实现企业可度量的低成本扩张之路。网络的发展为精准营销提供了更加广阔的平台，大数据所包含的官方网站登录数据、社交媒体数据、邮件数据、地理位置数据等非结构性数据则为精准营销提供了分析依据。在大数据技术飞速发展的过程中，微博、微信、飞信、翼聊等社交化媒体的平台化趋势明显，实现了客户端、网站间的即时交互，社会化属性越来越稳定，作为营销平台的商业化属性和作为媒体的社会化属性也明显增强。在整个媒介营销领域，甚至在整个信息产业的影响力都在日益壮大。在社会化媒体营销过程中，无论是借助事件的营销还是借助内容的营销，都引领了一股利用大数据的风潮。在大数据营销和社会化媒体营销高速发展的大趋势下，企业的营销理念、营销方式以及效果评估等都在开始转变，基于大数据的社会化媒体营销已然颠覆了传统的互联网广告传播方式，成为企业营销新动向。据此，我国学者付红安在《大数据在社会化媒体营销中的应用研究》中提出如下以大数据为背景的精准营销内容。

## 一、精准预测消费行为

大数据技术通过对海量数据集合地分析，实现对有价值数据的查询和挖掘，从而预测消费者的消费行为。同时，社会化媒体的运用让用户的行为由单纯的信息内容获取变为集消费、创造和分享于一体综合互联网利用行为。社会化媒体通过大数据技术，记录消费者的网络消费记录，分析、计算出消费者可能存在的消费需求。

> **案例8.2 小米公司"大数据"的来源及其"社会化"下的精准营销**
>
> 2010年4月小米公司成立，将自身定位为自主研发高端智能手机的移动互联网公司，小米公司有小米手机、MIUI、米聊三大核心业务，"为发烧而生"是小米的产品理念。小米是为数不多的在社交媒体上敢于投入巨大的企业之一，在小米成立的两年之间，小米紧扣用户需求这条主线，始终将社会化媒体作为营销的主战场。小米的成功源于其对社会化媒体营销的利用，主要包括：①对社会化媒体的切入符合互联网发展的主流；②完整的、符合年轻人的产品链是小米发展的技术支持；③小米三大营销阵营是社会化媒体平台运营的撒手锏。
>
> 小米的社会化媒体三大营销阵营：①小米军团，是以小米自身媒介资源构建起的自有社会化媒体，主要包括小米微博账号：小米公司、小米手机、小米电视、小米盒子、小米社区、小米设计、小米游戏中心、小米应用商店、小米桌面、雷军、黎万强、小米解答团、MIUI ROM、小米米吧、小米粉丝后援会；QQ空间账号：小米手机、小米电视、小米社区、小米公司、小米粉丝团、小米解答团等，以上是小米的获得性社会化媒体营销账号。此外，还有小米的自有社会化媒体营销平台：小米社区、小米公司官网、微信平台、米聊公共账号等。②新浪军团，是小米短期购买的社会化媒体营销账号，它们会在一个活动期间持续转发小米公司的所有账号的所有活动，主要新浪微博账号包括：微博客服、手机微博、微群小助手、活动小黑板、手机微博俱乐部、微博位置、微盘、微数据、微博钱包等。③草根大号军团，他们的主要作用是增加小米营销活动的趣味性，拉近小米与粉丝之间的距离，微博账号包括：冷笑话精选、微博搞笑排行榜、全球热门排行榜、星座爱情100、史上最热门、星座秘语、全球奇闻趣事、真心话、笑多了会怀孕、占星小巫爱星座等。在小米的媒体社会化媒体营销活动中，小米旗下几乎所有的购买社会化媒体、自有社会化媒体和获得性社会化媒体都即时参与、实时更新，将用户指向"F码预约"的小米官网，再制造饥饿营销扩大网络影响力。可见，小米从硬件、软件、服务和口碑4个角度入手，以用户需求和用户体验为中心，构建起了强大的社会化媒体营销平台。
>
> 小米作为新兴联网企业，始终将"为发烧而生"作为口号，不断地、先入为主地强调用户对小米产品的喜爱，对小米理念的狂热追求。这句口号正符合现代年轻人个性化、差异化、与众不同甚至偏执的喜爱某一事物的性格特征，在年轻人群中激起了价值共鸣，所以小米社区常出现"小米不是屌丝机""小米手机：一代屌丝机发烧机！""红米：纯屌丝机？屌丝就对了"等颇具自嘲的话语。小米的产品战略符合年轻人期望在社会中发声的需求，

# 第八章 大数据营销

分析小米手机、MIUI、米聊这三大核心业务,可以发现其明显就是针对移动互联网的大趋势而去的,明显就是在利用社会化媒体开展营销活动。

(资料来源:付红安.大数据在社会化媒体营销中的应用研究[D].重庆:重庆大学,2014.)

**思考题**:小米公司是如何有效利用社会化媒体实现精准营销的?

## 二、营销策略不断优化

就目前互联网营销的发展现状来看,传统的市场策略已经不能完全适应新的市场环境。伴随大数据时代的到来,数据的采集和存储将呈指数级增长,数据分析系统的成本在 IT 支出的占比持续增加,通用硬件和开源软件持续降低了大数据的分析成本。因此要在新的媒介营销环境中盈利,就必须要创新商业模式,提高企业营销的洞察力。如 2011 年 12 月,Facebook 发布了一款名为 Timeline 的大数据产品,在用户即将注销的最后一刻,Facebook 会根据对 Timeline 进行分析,找到他们内心想法的规律,发起对注销页的改造,用情感化方式打动人。结果,Facebook 成功将注销率降低了 7%。

> **案例 8.3 宝洁广告策略的变化**
>
> 宝洁公司从 20 世纪 90 年代中期开始触网,至今已建立了 72 个高度细分的家族网站。这 72 个网站几乎涵盖了宝洁旗下三百多个产品,其中包括汰渍(Tide)、佳洁士(crest)、玉兰油(Oil of Olay)、潘婷(Pantene)等知名品牌。用户可以在 Tide.com 上查询洗衣技巧,在 Crest.com 上看到牙医用电子明信片发来的牙齿保健指南,还可以在 Pantene.com 上看到个性化的美发介绍。在网络数据发展的背景下,宝洁公司做了如下备受争议的广告策略。
>
> 2001 年年底,宝洁公司通过电子邮件对中国网络用户投放了 flash(动画)"脱衣广告",宣传"护舒宝"黑色护垫。该广告通过一个幽默诙谐的男性形象来倡导一种黑色时尚,目标消费者主攻白领女性。收件人如果用鼠标点一下动画男人,动画男人会把上衣脱下来,解说词是:"别害羞,尽管继续吧。"继续点击,动画男人会将背心脱掉,解说词是:"喂喂喂,你来真的?"再点击,动画男人竟脱下裤子,只穿着一条短裤,解说词为:"相信我,你还没有看到最精彩的部分!"再点击,动画男人在脱下短裤的同时飞速地用一块黑色遮羞物代替了短裤,解说词是:"好好好,我认输了,来吧……"再点击,该遮羞物忽然慢慢放大,占据大部分画面,同时画面右侧打出广告语:"全新护舒宝黑色护垫,仅供女士使用。"这则广告虽然被媒体指责有性诱惑的成分,但却充分显示了网络寓"销"于乐的特点。
>
> (资料来源:曾志生,陈桂玲.精准营销——如何精确地找到客户并实现有效销售.中国纺织出版社,2007)

## 三、营销更具个性化

大数据进一步加剧了数据库营销 MDM (Mail Database Marketing)的进程,较之于以往单纯的通过邮件收集和管理潜在用户信息营销,已经发展成为一种市场研究工具,通过邮件注册和第三方 IM 软件免注册绑定,可以实现对市场资料、人口统计资料、销售趋势资料以及竞争资料等的收集,为通过大数据技术分析用户行为提供了充分的数据支持。企业可以运用更好的分析工具从多种不同的维度对消费者进行细分,进而提高营销的针对性,实现对细分群体的个性化营销,而不是以往简单的群体营销。

> **案例8.4 阿里巴巴营销数据的精细化**
>
> 数据分类起着至关重要的作用,它有助于更加清晰地识别出数据的价值。首先,阿里巴巴按照业务归属将数据分为交易类数据即电商的订单流水、会员类数据即买卖双方的身份信息,如注册时间、信用等级等、日志类数据即用户行为,如访问时间、点击情况,等等。
>
> 其次,按照不同维度进行分类之后,也要对纷繁复杂的数据进行进一步细化。用户注册网站时,性别只分为男性、女性两类,但是在阿里巴巴却有着18个性别标签。这取决于用户使用场景的不同,阿里发现某个登记用户早上的行为更男性一些,晚上就会变得更女性,原因可能是妻子正在使用这一账户。真实的性别只有0和1的关系,而现实确是0~1的关系。同时为了加强信息的有效性,阿里也极力创造更加精细的数据信息。以淘宝平台为例,大学生用户是淘宝重要的用户群,针对这一部分用户,淘宝对其进行地理位置搜集,此外还通过其他渠道搜集周边房租信息,以了解购物水平,通过对周边商户的信息收集,进行附近缺乏商品的信息推送。大数据的出现极大地扩大了数据精细化的可能,为营销提供了更加全面细致的消费者信息。
>
> (资料来源:甄妮. 电商企业大数据营销的应用研究[D]. 广东外语外贸大学, 2015.)
>
> **思考题**:阿里巴巴营销数据的精细化将如何提升营销个性化?

## 四、消费描述更为清晰

大数据挖掘就像是在给用户"画像",先搜集用户在网络上留下的痕迹(数据),然后通过技术处理进行分析,得出用户的特征,洞察用户的喜好,将用户的"画像"渐渐地描绘清楚,通过更加丰富的消费者数据,包括网站监测和网络浏览的数据、社交数据和地理追踪数据等,可以绘制出更完整的消费行为描述。京东用大数据技术勾勒用户画像。用户画像提供统一数据服务接口供网站其他产品调用,提高与用户间的沟通效率、提升用户体验。比如,提供给推荐搜索调用,针对不同用户属性特征、性格特点或行为习惯在用户搜索或

# 第八章　大数据营销

点击时展示符合该用户特点和偏好的商品，给用户以友好舒适的购买体验，能很大程度上提高用户的购买转化率甚至重复购买；再比如，数据接口提供给网站智能机器人 JIMI，可以基于用户画像的用户量身定做咨询应答策略，并快速理解用户意图、进行针对性商品评测或商品推荐、个性化关怀，赢得用户欢迎和肯定。

> **案例 8.5　EBay 通过大数据促进在线交易**
>
> EBay 网站目前有 1.8 亿活跃用户，在一天中的任何时间，EBay 上都有价值 3.5 亿元左右的商品被售出。在 EBay 的拍卖搜索引擎上，每天会产生 2.5 亿次关于商品信息的搜索。在大数据时代，数据的价值量等同于金钱，通过对数据挖掘、分析和利用技术的运用，可以提高企业的营收。EBay 作为全球最大的拍卖网站，拥有惊人的数据量，对这些数据的利用，可以提高在线的交易量，合理引导用户购买更多的商品，进一步满足用户的需求。目前，EBay 通过分析用户注册信息可以给用户推介具有潜在需求的商品；可以借鉴用户的搜索和交易行为数据，通过改写或重写用户在 EBay 上的搜索请求，再增加更多的同义词或近义词语句来形成相关性的搜索结果，给用户提供相关商品的消费信息；EBay 还可以通过已经售出商品的交易量、交易行为、库存量等实时更新促销信息，或者调整商品在搜索引擎上的排名，给用户推荐最热门的产品。
>
> EBay 运用的大数据可视化软件是 Tableau Desktop，通过这个平台，员工可以看到用户搜索商品的关联性，还可以分析用户关于某商品的最新反馈信息和情感态度。EBay 的大数据分析建立在三个独立数据仓库之中，他们分别是 Teradata 数据仓库、Singularity 数据仓库和 Hadoop 非结构化数据仓库，通过这些数据库收集到的数据再通过 Tableau Desktop 进行处理，实现了对数据的充分利用，在大数据利用方面占得了先机。
>
> （资料来源：付红安. 大数据在社会化媒体营销中的应用研究[D]. 重庆：重庆大学，2014.）
>
> **思考题：**中国目前有哪些网站也如 EBay 一样开展推送服务？

## 五、帮助企业实现渠道优化

消费者通过社会化、移动化的渠道获取商品服务的信息，这些信息数据被网络记载，企业可根据消费者的使用情况进行渠道营销优化，判断各营销渠道的投入配比，各类型用户的营销手段，等等，从而实现渠道优化。同时，企业还可以利用大数据营销优化供应链，保障服务效率。如沃尔玛开发了一个叫作 Retail Link 的大数据工具，通过这个工具供应商可以事先知道每家店的卖货和库存情况，从而可以在沃尔玛发出指令前自行补货，这可以极大地减少断货的情况和保证供应链整体的库存水平，从而降低库存成本，减少店内商品陈设的投入。通过在整条供应链上分享大数据技术，沃尔玛引爆了零售业的生产效率革命。

## 第三节　大数据营销的应用

大数据的应用强调以新的理念应用于辅助决策、发现新的知识,更强调在线闭环的业务流程优化。

## 一、服务业大数据营销

### (一)旅游大数据营销

旅游大数据是指旅游者通过互联网或移动客户端进行旅游信息搜索、旅游经验交流、旅游评论、旅游诉求等与旅游相关内容留下的海量数据印记。旅游大数据可以分为三个层面即旅游者属性数据、旅游者行为数据与旅游者信息获取行为数据。旅游者属性数据是指旅游者基本数据,如年龄结构、性别结构、客源结构等;旅游者行为数据是指旅游者的旅游动机、旅游期望、抵达交通、食宿、行程、消费等旅游行为信息数据;旅游者信息获取行为数据是指旅游者在游前、游中、游后与外界进行信息互动的交互数据。在互联网、物联网和云计算高度发达的时代,各种旅游数据平台交互中心每天都产生巨量的旅游大数据,这些大数据全面覆盖了旅游者在整个旅游过程中与外界产生的各种信息交换活动。

乐思大数据情报信息中心(www.knowlesys.cn)从以下4个方面整理总结了大数据营销在旅游行业的创新性应用。

**1. 大数据有助于精确旅游行业市场定位**

基于大数据的市场数据分析和调研是企业进行品牌定位的第一步。旅游行业企业要想在无硝烟的市场中分得一杯羹,需要架构大数据战略,拓宽旅游行业调研数据的广度和深度,从大数据中了解旅游行业市场构成、细分市场特征、消费者需求和竞争者状况等众多因素,在科学系统的信息数据收集、管理、分析的基础上,提出更好地解决问题的方案和建议,保证企业品牌市场定位独具个性化,提高企业品牌市场定位的行业接受度。

**2. 大数据成为旅游行业市场营销的利器**

从搜索引擎、社交网络的普及到人手一机的智能移动设备,互联网上的信息总量正以极快的速度不断暴涨。每天在 Facebook、Twitter、微博、微信、论坛、新闻评论、电商平台上分享的各种文本、照片、视频、音频、数据等信息高达几百亿甚至几千亿条,这些信息涵盖商家信息、个人信息、行业资讯、产品使用体验、商品浏览记录、商品成交记录、产品价格动态等等海量信息。这些数据通过聚类可以形成旅游行业大数据,其背后隐藏的是旅游行业的市场需求、竞争情报,闪现着巨大的财富价值。

# 第八章 大数据营销

### 3．大数据支撑旅游行业收益管理

收益管理意在把合适的产品或服务，在合适的时间，以合适的价格，通过合适的销售渠道，出售给合适的顾客，最终实现企业收益最大化目标。要达到收益管理的目标，需求预测、细分市场和敏感度分析是此项工作的三个重要环节，而这三个环节推进的基础就是大数据。需求预测、细分市场和敏感度分析对数据需求量很大，而传统的数据分析大多采集的是企业自身的历史数据来进行预测和分析，容易忽视整个旅游行业信息数据，因此难免使预测结果存在偏差。企业在实施收益管理过程中如果能在自有数据的基础上，依靠一些自动化信息采集软件来收集更多的旅游行业数据，了解更多的旅游行业市场信息，这将会对制定准确的收益策略，赢得更高的收益起到推进作用。

### 4．大数据创新旅游行业需求开发

随着论坛、博客、微博、微信、电商平台、点评网等媒介在 PC 端和移动端的创新和发展，公众分享信息变得更加便捷自由，而公众分享信息的主动性促使了"网络评论"这一新型舆论形式的发展。微博、微信、点评网、评论版上成千上亿的网络评论形成了交互性大数据，其中蕴藏了巨大的旅游行业需求开发价值，值得企业管理者重视。作为旅游行业企业，如果能对网上旅游行业的评论数据进行收集，建立网评大数据库，然后再利用分词、聚类、情感分析了解消费者的消费行为、价值取向、评论中体现的新消费需求和企业产品质量问题，以此来改进和创新产品，量化产品价值，制定合理的价格及提高服务质量，从中获取更大的收益。

**案例 8.6　澳门金沙酒店和新浪旅游合作的大促精准投放**

**活动背景**

2016 年 5 月，澳门威尼斯人推出了"11 天星际热卖"大促活动，澳门金沙酒店为提高潜在粉丝的关注度及通过精准营销提高酒店客房预订量，选择了与新浪旅游合作，进行了澳门金沙酒店大促精准投放。

**活动效果**

5 月 11 日至 5 月 13 日共 3 天，新浪旅游对澳门金沙酒店大促活动集中推广，最终实现了为官网导流 71 812(用户可通过官网下单)，话题页阅读数达 2897.9 万，帮助@澳门威尼斯人新增粉丝 5719 人。

**营销手段**

① 粉丝通精准投放

通过定向挖掘对澳门威尼斯酒店感兴趣的潜在用户，进行相关数据筛选，达到精准触达，最终覆盖用户路径的强曝光产品将大量用户直接导流到 5 月大促主会场，实现流量转化。

② 话题页可外链

新浪旅游为活动做了定制话题"威尼斯人限时六折"，在话题页上设置了优质广告位，并且点击可直达外部链接。用户在参与微博话题页面讨论的同时,可以获取相关大促信息,点击及购买相关产品。

③ 28位微博达人原发

活动期间,新浪旅游定向邀请了28位在旅游行业及酒店方面人气热度较高的微博达人,发放大促活动的红包与卡券,以此拉动话题互动量和APP呼起数量。

④ 粉丝头条提升关注

重量级明星参与其中,专属定制海报及粉丝头条带动了大量话题曝光。

新浪网和微博共同构建了强大的用户基数和数据,此外移动互联网用户不断产生实时数据、动态数据,基于对数据的整合挖掘以及与用户平台有效结合,可更好地为用户与客户服务,针对旅游目的地和企业作精准人群营销,更有效地触达目标用户。

新浪旅游:大数据个性化精准推送

根据不同用户的需求呈现不一样的内容,实现个性化精准推送实用信息,如图8-1所示。

图8-1 新浪旅游的大数据个性化精准推送

微博大数据的精准触达主要有两种形式:①定期推送符合不同人群的产品活动信息,持续吸引用户关注;②收集对官方微博内容产生收藏、转发、评论、赞等行为的用户UID,在微博上给上述用户定向发送优惠信息提升复购率。基于新浪旅游大数据的市场细分如图8-2所示。

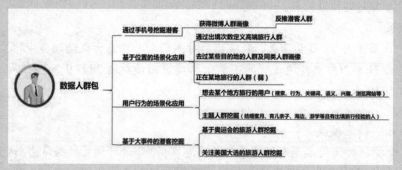

图8-2 基于新浪旅游大数据的市场细分

(资料来源:新浪微博,《从微博大数据看旅游精准营销,一个不一样的江湖(案例解析)》)

## (二)电信大数据营销

电信运营商往往希望通过客户回访等方式，向数据库内的用户挽留流失客户，或者介绍最新资费。大数据可以帮助企业识别各类客户，进而对用户特征进行分析，对市场进行细分。数据对于电信运营商的商机应用有很多的可为空间。电信运营商掌握了大量用户的上网习惯、上网时间、上网内容，进而可以经过大量分析工具得出反映出用户偏好和用户行为特征，将这些数据提供给商家来进行广告精准推荐或者进行产品个性开发。

目前，傅志华认为国内运营商运用大数据主要有以下三方面。

### 1. 网络管理和优化

网络管理和优化，包括基础设施建设优化、网络运营管理和优化。其中，基础设施建设优化要求运营商利用(通过分析话单和信令中用户的流量在时间周期和位置特征方面的分布)大数据实现(对 2G、3G 的高流量区域设计 4G 基站)基站和 WLAN 热点的选址以及资源的分配；网络运营管理和优化要求运营商可以通过大数据分析网络的流量、流向变化趋势，识别价值小区和业务热点小区，及时调整资源配置，如某个小区价值高，但是网络覆盖需要进一步提升。同时，还可以分析网络日志，进行全网络优化，不断提升网络质量和网络利用率。

### 2. 市场与精准营销

市场与精准营销，包括客户画像、关系链研究、精准营销、实时营销和个性化推荐。其中，客户画像要求运营商可以基于客户终端信息、位置信息、通话行为、手机上网行为轨迹等丰富的数据，为每个客户打上人口统计学特征、消费行为、上网行为和兴趣爱好标签，并借助数据挖掘技术(如分类、聚类、RFM 等)进行客户分群，完善客户的 360° 画像，帮助运营商深入了解客户行为偏好和需求特征；关系链研究要求运营商可以通过分析客户通信录、通话行为、网络社交行以及客户资料等数据，开展交往圈分析。

### 3. 客户关系管理

客户关系管理，包括客服中心优化和客户生命周期管理。客服中心优化要求运营商利用大数据技术深入分析热线呼入客户的行为特征、选择路径、等候时长，并关联客户历史接触信息、客户套餐消费情况、客户机型等数据，预测下次客户呼入的需求、投诉风险，缩短客服呼入处理时间，识别投诉风险，有助于提升客服满意度；另外，通过语义分析，对客服热线的问题进行分类，识别热点问题和客户情绪，对于发生量较大且严重的问题，及时预警相关部门进行优化。客户生命周期管理包括新客户获取、客户成长、客户成熟、客户衰退和客户离开等五个阶段的管理。不同阶段可以通过大数据算法挖掘和发现高潜、流失客户的动因，利用交叉销售、关联业务激活、防止流失大量客户。

此外，大数据还帮助企业开展业务运营监控和经营分析、精准广告投放、市场监测和决策支撑服务。

## 二、制造业大数据营销

近年来，随着互联网、物联网、云计算等信息技术与通信技术的迅猛发展，数据量的暴涨成了许多行业共同面对的严峻挑战和宝贵机遇。随着制造技术的进步和现代化管理理念的普及，制造业企业的运营越来越依赖信息技术。如今，制造业整个价值链、制造业产品的整个生命周期，都涉及诸多的数据。制造业企业需要管理的数据种类繁多，涉及大量结构化数据和非结构化数据。

(1) 产品数据：设计、建模、工艺、加工、测试、维护数据、产品结构、零部件配置关系、变更记录等。

(2) 运营数据：组织结构、业务管理、生产设备、市场营销、质量控制、生产、采购、库存、目标计划、电子商务等。

(3) 价值链数据：客户、供应商、合作伙伴等。

(4) 外部数据：经济运行数据、行业数据、市场数据、竞争对手数据等。

《大数据驱动制造业迈向智能化》一文中提出制造业企业目前主要在以上几方面运用大数据营销。

### (一)实现大规模个性化定制

随着大规模定制和网络协同的发展，制造业企业还需要实时从网上接受众多消费者的个性化定制数据，并通过网络协同配置各方资源，组织生产，管理更多各类有关数据。实现大规模定制大数据是制造业智能化的基础，其在制造业大规模定制中的应用包括数据采集、数据管理、订单管理、智能化制造、定制平台等，核心是定制平台。定制数据达到一定的数量级，就可以实现大数据应用。通过对大数据的挖掘，实现流行预测、精准匹配、时尚管理、社交应用、营销推送等更多的应用。同时，大数据能够帮助制造业企业提升营销的针对性，降低物流和库存的成本，减少生产资源投入的风险。

### (二)实现需求和生产智能一体化

消费需求的个性化，要求传统制造业突破现有生产方式与制造模式，对消费需求所产生的海量数据与信息进行大数据处理与挖掘。同时，在进行这些非标准化产品生产过程中，产生的生产信息与数据也是大量的，需要及时收集、处理和分析，以反过来指导生产。

此外，制造业企业的大数据营销功能和服务业营销相似，不再赘述。

**案例 8.7　海尔集团精准营销操作**

海尔集团此前每年在线上线下的媒体平台上投入巨大的营销推广费用，但因为线下的

# 第八章 大数据营销

报纸、杂志、电视等媒体不能有效地监控营销推广的效果，投入产出效果没法进行量化，随着互联网技术的发展，线上的媒体推广效果能被有效地监控到，因此这些线下媒体最终被海尔集团所放弃，将营销预算都投放到了能被监测、效果可衡量的互联网媒体上。在所投放的媒体中，有新浪、搜狐、网易、腾讯、凤凰等这样的全国性网络媒体，也有类似于青岛信息港、北京八通网等的各地的区域性网络媒体，同时，也通过品友互动、悠易互通等 DSP 媒体渠道进行实时竞价的精准营销投放，媒体营销推广方式比较多，但相关效果没有达到预期。比如，在全国性媒体和区域性媒体投放过程中，因为不知道访问媒体的用户的情况，比如，年龄、受教育程度、收入程度、关注新闻信息等，投放效果较差，有较多的资金浪费。而在 DSP 的实时竞价的推广方式中，需要根据行业竞争情况，对所购买的广告位和用户人群进行竞价付费，费用高、效果差，且用户信息不能留存到企业自己的系统中。海尔集团现在每年通过这几种营销方式投入大量的营销预算，每年还针对用户和粉丝进行大量的营销推广活动。因此纵然当前投放的互联网媒体的推广效果可以监控，但也在营销效果方面存在诸多问题，投入产出比较低，营销效果还有较大需要提升的空间。如何通过对用户的精准识别，提升线上精准营销效果，降低营销成本，实现基于用户大数据的精准营销，一直是企业领导者不断探索的课题，海尔集团急需要通过大数据精准营销，对用户进行有针对性的营销活动，降低成本，提高营销效果。在营销效果方面，营销效果不精准，没有针对用户进行有效的用户分群，针对不同用户的特殊喜好进行精准有效的营销活动和产品推荐。在用户体验方面，给用户带来的体验也有待提升，大量的、多频次的营销广告，也给用户带来了很大的困扰，给企业的美誉度带来损伤。

(资料来源：王文璐. 基于用户大数据的海尔集团线上精准营销研究[D]. 东北农业大学，2015.)

**思考题**：海尔集团大数据营销面临的困境有哪些？

## 案例分析

### 一汽丰田大数据精准投放营销

**案例背景：**

随着 Web3.0 时代的到来，用户接收的信息来源与内容愈发碎片化，消费者有着截然不同的信息接收习惯，这导致广告主花费了高昂的广告费用，却无法触及真正的目标受众的尴尬局面。一汽丰田不断致力于在这样的互联网漩涡中寻求传播上的破局。

**传播策略：**

针对当前互联网环境及媒体现状，进行网络营销战略的层面转变，由以往传统的按资源购买，转变为按人购买的策略思路，最终通过 PDB(私有程序化购买)的精准广告投放形式，在保证优质媒体资源的前提下，提升投放精准度，控制投放成本。

**执行过程及效果预期：**

一汽丰田大数据精准投放项目，目前已经与市场上6家主流门户(搜狐、新浪、腾讯、网易、凤凰、今日头条)、5家主流视频(优土、爱奇艺、腾讯视频、搜狐视频、乐视)和4家汽车垂直媒体(汽车之家、易车、爱卡、太平洋汽车)完成了技术及数据的无缝对接，已然为一汽丰田形成了最强大阵容的数据池，可以实现一汽丰田DMP到第三方技术公司、再到媒体的数据互通，形成了三者之间的cookie数据、人群标签两两交换的数据优化闭环。三方间的数据不断互换校正，使得一汽丰田在广告投放中可以越来越准确地找到目标受众，同时可以根据不同用户所属的人群组，采取相应的投放机制，进行"千人千面"投放，对于唯一车型关注用户、多车型关注用户、未标识用户进行不同机制、不同素材的轮播推送，同时配合跨媒体频次控制等一系列优化手段，使得广告投放更有效率，最终有效助力销售转化。

(资料来源：搜狐网，《一汽丰田大数据精准投放营销案例》)

 归纳与提高

本章首先介绍了大数据及大数据营销的含义及全样本营销调查、多元化营销对象、扩大的营销主体、精准化营销效果等大数据营销特征；然后，介绍了以大数据为背景的精准营销，分析精准预测消费行为、营销策略不断优化、营销更具个性化、消费描述更为清晰、帮助企业实现渠道优化等具体内容；最后，介绍了服务业(旅游、电信)、制造业的大数据营销应用情况。

 习题

一、复习思考题

1. 简述大数据营销的含义及特征。
2. 简述精准营销的主要内容。

二、技能实训题

在第二章基于班级同学抽样调查而细分大学生网络消费市场的基础上，对全年级同学进行一次全面调查，并利用一些数据挖掘软件(如Clementine)进一步细分大学生网络消费市场，看看能否得到更有效的结论。

# 第三篇 应 用 篇

## 第九章 网络营销的实施与管理

**学习要点及目标**

了解网络营销的战略规划的内容及网络营销的策略选择方法；掌握网络市场调研方法及步骤，掌握基于企业网站营销活动的实施；掌握网络营销方法的整合应用；熟悉网络营销的组织、实施、控制和评价管理内容。

**引例**

拉芳：冠名《美人心计》牵手优酷布局网台联动

根据《2010年度沐浴露市场消费者报告》显示，在中国有85%的人在洗澡时会使用沐浴露，而目前沐浴露市场占有率最高的前20大产品中，欧美品牌占据了主导地位。消费者在考虑购买因素排名调查中，除产品使用感受之外，品牌影响力位列第二。因而，建立品牌形象对沐浴露产品来说至关重要。各大品牌不遗余力地投入到研发和推广新产品的战场，通过平面、电视、网络、户外等多种渠道进行品牌推广。

拉芳在2011年推出了新品"多姿沐浴露"，并且定下了较高的市场目标：一是要快速提高品牌知名度，二是销售增长率要达到100%。选择什么样的媒体平台，既能够覆盖足够多的目标人群，又能够保证有足够强的频次，来完成品牌建设的工作，是拉芳在推广新品的过程中急需解决的问题。

拉芳多姿沐浴露的目标用户是22~45岁的女性用户，这一群体对影视娱乐内容极为敏感，当时正值古装偶像言情剧《美人心计》即将上映，剧集主题吸引的群体非常符合拉芳多姿沐浴露的目标用户，具有高质量的传播价值。

此外，这一剧集计划同时在安徽卫视和优酷上同步播出。调查显示有56%的用户选择同时在网络和电视上收看此剧，网络视频和电视媒体在受众年龄层、广告记忆度深化以及延长品牌传播周期方面，能够起到很好的配合互补作用。综合考虑以上因素，拉芳决定独家冠名赞助《美人心计》剧集，进行影视剧网台联动整合营销。

从4月4日上线至4月19日短短半个月的时间，《美人心计》在优酷上的播放量高达

61 309 621 次，并呈持续上升趋势，连续几周高居优酷指数电视剧播放榜首位。

优酷在此次《美人心计》的传播上，不仅考虑到传播的广泛性，更注重对目标用户的精准覆盖。优酷采用了 2011 年顶级营销产品"超级单剧"的模式，通过单一剧目的特殊体系优化品牌精准投放效果。数据显示，优酷超级单剧《美人心计》在年轻女性用户中的影响力更明显，而这一群体显然是拉芳多姿沐浴露计划重点覆盖和触及的核心用户。

【必备知识点】

网络营销战略概念及作用　网络营销的策略选择　网络调研的方法和步骤　网络营销方法　网络营销组织　网络营销实施　网络营销控制　网络营销评价

【拓展知识点】

网络营销战略规划　网络营销方法与网络营销职能的关系　网络营销效果评价方法

# 第一节　网络营销的战略规划与策略选择

作为信息技术的产物，网络具有很强的竞争优势。但并不是每个公司都能顺利地开展网络营销，公司实施网络营销必须制定总体的、长期性的网络营销谋划和方略，必须找准公司的营销策略并进行有效的实施，提供高效、有价值的产品和服务，扩大营销规模，提升营销层次，才能实现企业的经营目标。

## 一、网络营销的战略规划

### (一)网络营销战略的概念和作用

#### 1. 网络营销战略的概念

"战略"(Strategy)一词最早是军事方面的概念。战略的特征是发现智谋的纲领。在西方，"Strategy"一词源于希腊语"strategos"，意为军事将领、地方行政长官。后来演变成军事术语，指军事将领指挥军队作战的谋略。在中国，战略一词历史久远，"战"指战争，"略"指谋略。春秋时期孙武的《孙子兵法》被认为是中国最早对战略进行全局筹划的著作。在现代，"战略"一词被引申至政治和经济领域，其含义演变为泛指统领性的、全局性的、左右胜败的谋略、方案和对策。

虽然战略这一术语在不同的语境中有不同的含义，但是专家们一致认为，战略指的是为实现目标所采取的手段。企业战略所关注的是企业如何实现既定目标，而不是目标本身。

传统意义上的营销战略是指基于企业既定的战略目标，向市场转化过程中必须要关注"客户需求的确定、市场机会的分析、自身优势的分析、自身劣势的反思、市场竞争因素

# 第九章 网络营销的实施与管理

的考虑、可能存在的问题预测、团队的培养和提升"等综合因素，最终确定出增长型、防御型、扭转型、综合型的市场营销战略，以此作为指导企业将既定战略向市场转化的方向和准则。

那么，电子商务营销战略与传统营销战略有何异同呢？所谓电子商务战略是指对企业的资源进行有效的配置，利用信息技术来达到既定的目标，最终提高企业业绩，保持企业长久的竞争优势。由此可见，只要公司层面的经营战略中融入了信息技术，传统的营销战略就变成了电子商务战略。同样，厂商利用数字信息技术实施战略，市场营销就转变为网络营销。

网络营销战略是指企业在现代网络营销观念下，为实现其经营目标，对一定时期内网络营销发展的总体设想和规划。以国际互联网络为基础，利用数字化的信息和网络媒体的交互性来辅助营销目标实现的一种新型的市场营销方式。简单地说，网络营销就是以互联网为主要手段进行的，为达到一定营销目的的营销活动。

### 2. 网络营销战略的作用

网络营销作为一种竞争手段，具有很多竞争优势，要知道这些竞争优势是如何给企业带来战略优势以及如何选择竞争战略，就必须分析网络营销对组织的业务提供的策略机会和威胁。制定战略目标的关键是判断企业目前的状况，然后决定在多大程度上实施电子商务模式，以及采取哪些具体的网络营销手段。可用一个金字塔来展示实施电子商务的各个层次，在这个系列中，只有少数企业能达到最高的层次，如图9-1所示。越接近金字塔顶端的企业，参与电子商务活动越频繁，通过网络营销手段给企业带来的利益就越显重要。战略往往是高层的决策，而战术应用于低层，因此大部分企业的高层战略风险远远高于低层的战术。

从图9-1可以看出，对不同行业性质的企业而言，一家企业的作业层面可能是另一家企业的战略。例如，电子交易订单处理(在网上销售产品)对销售滑雪用具的商店而言，只不过是整个业务量的1%，而对于联邦快递公司来说则属于公司层面的重要经营活动。

在企业的经营管理中，网络营销发挥着越来越重要的作用，具体的作用体现在以下几个方面。

1) 网络营销导向的企业网站建设和升级改造

网络营销导向企业网站的建设是有效开展网络营销的基础，将这一重要关系应用于网络营销策略的制定，首先要求从网络营销整体需要的高度来看待企业网站，将企业网站真正作为网络营销策略的重要组成部分，为有效开展网络营销奠定基础。考虑到绝大多数大型企业都已经建立了自己的企业网站，因此如何对现有企业网站进行升级改造就成为大型企业网络营销基本策略之一。

2) 企业内部网络营销资源的开发、积累和应用

内部网络营销资源包括网站访问量、注册用户信息，以及各种有效的信息发布渠道等，

拥有这些资源是向用户传递网络营销信息的基础条件。企业网站的信息、服务、功能是有效开展网络营销的必要条件，因此应重视企业网站内部资源的开发和应用，在对企业网站合理规划的基础上，还需要保证企业信息的有效性，尽可能提供对用户有价值的信息，并以最有效的手段向用户传递营销信息。用户通过对网站信息的获取，以及对各种功能和服务的应用，达到对企业和产品的认知，从而为用户的购买决策奠定基础。企业网站资源的基础是有价值的信息、良好的顾客服务和完善的网络营销功能。

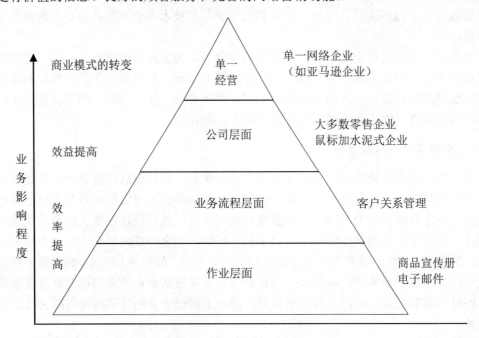

图 9-1　企业实施电子商务的层次

3）　创建和提升网络品牌

相对于中小企业而言，大型企业的网络品牌更加重要，也更具有价值，因此网络品牌策略是大型企业网络营销必不可少的内容之一。创建和提升网络品牌的途径主要包括企业网站优化设计及推广策略，包括搜索引擎营销、网络广告、e-mail 营销等。

4）　发挥在线促销功能

网上促销效果是各种网络营销方法的综合应用，多种网络营销方法对促销都有直接或间接的效果，同时也有一些专用的网上促销手段。通用的网络营销策略包括网站推广、信息发布、网站内部广告、邮件列表、大型网站和专业网站的网络广告、e-mail 营销、搜索引擎营销等，专门作为网上促销的方法则包括购物搜索引擎(比较购物)、会员电子刊物、在线优惠券促销等。

5）　顾客关系和顾客服务策略

主要包括完善在线帮助系统如网站导航、常见问题解答(FAQ)、在线咨询等服务，同时

# 第九章　网络营销的实施与管理

还有必要从功能上满足网络社区、邮件列表等基本需求，以会员通信为代表的内部邮件列表是顾客关系和顾客服务策略的主要手段之一。

6) 拓展销售渠道，实现在线销售

尽管目前网上直接销售并未形成主流，不过在有些行业已经表现出很好的发展势头，如酒店预订、航空客运服务等，一些领先的家电企业也逐步开始实现网上销售，因此对于部分具备网上销售条件的企业，开展在线销售是一种扩大市场占有、提高整体竞争力的策略之一。

### (二)网络营销战略规划

随着互联网的迅速发展，企业需要引入网络营销战略，但是首先要清楚网络营销要通过哪种目的到达，然后企业可根据自己的特点和目标顾客的需求特性，从而选择合理的网络营销战略。

网络营销战略的规划要经历三个阶段。首先确定目标优势，即网络营销是否可以促使市场份额增加，同时分析是否能通过改进目前营销策略和措施，来降低营销成本。其次是分析计算网络营销的成本和收益，需注意的是，计算收益时要考虑战略性需要和未来收益。最后是综合评价网络营销战略，主要考虑三个方面：成本应小于预期收益；能带来多大新的市场机会；企业的组织、文化和管理能否适应采取网络营销战略后的改变。

企业在确定采取网络营销战略后，要组织战略的规划和执行。网络营销不是一种简单的新营销方法，它是通过采取新技术来改造和改进目前的营销渠道和方法，涉及企业的组织、文化和管理的各个方面。如果不进行有效地规划和执行，该战略可能只是一种附加的营销方法，不能体现出战略的竞争优势，相反只会增加企业的营销成本和管理复杂性。战略规划分为下面几个阶段。

(1) 目标规划：在确定实验该战略的同时，识别与之相联系的营销渠道和组织，剔除改进目标和方法。

(2) 技术规划：网络营销很重要的一点是要有强大的技术投入和支持，因此资金投入和系统购买安装，以及人员培训等都应统筹安排。

(3) 组织规划：实行数据库营销后，企业的组织需进行调整以配合该策略的实施。如增加技术支持部门和数据采集处理部门，同时调整原有的推销部门等。

(4) 管理规划：组织变化后必然要求管理的变化，企业的管理必须适应网络营销的需要。如销售人员在销售产品的同时，还应记录顾客的购买情况，个人推销应严格控制，以减少费用等。

网络营销战略在规划执行后还应注意控制，以适应企业业务变化和技术发展变化。网络营销战略的实施是一项系统工程，首先应加强对规划执行情况的评估，评估是否充分发挥该战略的竞争优势、是否有改进余地；其次是对执行规划时的问题应及时识别和加以改进；最后是对技术的评估和采用，目前的计算机技术发展迅速，成本不断降低，同时功能显著增强,如果跟不上技术发展的步伐,就很容易丧失网络营销的时效性和竞争优势。采取新技术可能改变原有的组织和管理规划,因此对技术的控制也是网络营销中的一个显著特点。

网络营销是有别于传统的市场营销的营销手段,它可以在控制成本费用、市场开拓和与顾客保持关系等方面有很大的竞争优势。但网络营销的实施不是简单的某一个技术方面的问题、某一个网站建设的问题,还要从企业整个营销战略方面、营销部门管理和规划方面,以及营销策略制定和实施方面进行调整。

### (三)网络营销战略规划的实施

#### 1. 网络营销战略的主要内容

通常,开展网络营销战略规划主要考虑分析以下内容。

1) 消费者调研

企业制定网络营销战略必须有可靠的市场调研结果,通过对互联网数据的收集和分析,制定出切实可行的战略,由于互联网的特性,企业就有可能用到数据库分析技术、在线调研,以及管理考核指标。网络可以通过一些网络技术来记录用户的行为,并可以使用简单、快速、高效的方法进行分析。互联网调研和传统调研相比,更具有优势。据国外统计,电话调查的拒绝率为40%~60%,2000年美国通过网络邮件形式进行人口普查,但是40%的调查对象没有回复信件。随着上网人数的增加,使用便宜且方便的在线调研更有实践意义。比如,对在线用户可以进行创造性测试、客户满意度测试、产品开发测试,另外,还可以用电子邮件来作为有效的补充。

用于营销决策的数据分析方法主要有4种:数据挖掘、客户建档、RFM 分析(即新近购买时间、购买频度、购买数量)和报告编制。营销调研的成本往往比较高,因此营销人员会仔细地进行成本收益分析,比较获取额外商业信息的成本和潜在的商业机会的收益。企业必须仔细衡量和考虑根据不完整信息作出的错误决策带来的风险。目前企业广泛使用的考核指标基本上有两种:投资回报率和总体拥有成本。

2) 消费者行为分析

互联网以超乎人们想象的速度发展,比其他的诸如电视、广播、报纸的发展速度快很多。但是还有一些人却不能使用互联网,这里除了经济原因之外,也有社会、文化、技术、法律等方面的原因。因此,互联网并不能代替所有的消费者活动。从营销学的观点来看待交易,就是交易双方互相交换自己认为有价值的东西的过程。消费者在交易中寻找自己需要的东西,也提供了自己的资源,所以消费者的行为必然带有自己的个性特征。这些交易都会发生在技术、社会、文化和法律大环境中。影响在线交易的社会、文化潮流等各种因素包括:信息过载、缺乏时间、欲望的随时满足、家庭与工作界限模糊,以及对于隐私、数据安全、网络犯罪的顾虑等。

# 第九章 网络营销的实施与管理

3) 细分市场与目标市场

网络营销市场主要分为 4 类，即 B2B、B2C、C2B 和 C2C，许多公司与互联网连接，所以在 B2B 市场上交易量相对较大。信息技术提高了商务活动的效率，同时也加剧了竞争。消费者市场是最大、最活跃的在线市场。一个企业不可能满足所有消费者的需求，尤其在激烈的市场竞争中，企业更应集中力量，有效地选择市场，取得竞争优势。市场细分化对于企业来讲，有助于企业深刻地认识市场和寻找市场机会；有利于企业确定经营方向，有针对性地开展营销活动；有利于研究潜在需要，开发新产品。总而言之，市场细分不仅给企业带来良好的经济效益，还是企业成长的必经之路。

4) 差异化与市场定位

不管是在线还是离线的营销策略，都取决于顾客心目中的品牌、产品或企业本身的定位。在网络时代，信息流动异常流畅，消费者拥有选择的权利，所以定位应当关注顾客的意愿以及个性化需求，而不是仅仅放在产品上。不管厂商如何定位，都必须回答顾客的问题："这里面有什么是我需要的？"

传统的离线定位策略也正逐渐应用于网络。然而，网络营销者可以指定专门针对网络的定位策略，例如，基于技术、用途、用户类别、竞争对手的定位，或者综合定位。单单靠定位战略是不能保证产品大获成功的。企业和产品在市场上的地位如何，厂商必须对此非常敏感。在品牌、企业或产品的整个生命周期中，可能需要二次定位。所谓二次定位，是对原有品牌、企业或产品策略定位的调整。企业必须根据市场的反馈，灵活地强化定位，当一个企业(在线的或离线的)试图通过二次定位来改变顾客对其品牌的看法时，它将长期面对挑战。

## 2. 制定网络营销战略须考虑的其他问题

与此同时，以下问题也是营销人员首先需要分析思考的。

(1) 整体性：网络营销与公司营销管理的其他内容在产品、客服和信息上是否一致、保持连贯。

(2) 流程再造：支持网络上营销信息需要哪些材料、售货单、顾客测试、其他报表等。

(3) 互动性：怎样才能实现网络营销中企业和顾客的良性互动。

(4) 便利性：顾客为什么要从网上购物而不是从其他渠道购物。首先要考虑是让顾客从网上直接购买，还是使其通过其他销售渠道购买。如果直接从网上销售是否会损害与现有分销渠道间的关系。要顾客直接从网上购买时，应在网页上说明本产品网上购买的好处。

(5) 专业性：由谁来管理具体的操作，是公司人员还是雇佣网络营销专家。

(6) 及时性：网页内容是否需要更新，更新周期是多少，由谁负责。

(7) 目标达成率：网络营销在多大程度上能帮助企业完成任务，实现目标。

(8) 多媒体：网页内容是否生动、有吸引力，能否刺激消费欲望。它们是否充分利用了网络的互动特性和多媒体技术。

(9) 创新性：由于网络技术日益更新，营销手段也要跟上技术发展的步伐，必须考虑采用哪些有利的促销方法。

## 二、网络营销的策略选择

前面第三章介绍了网络营销策略，即网络营销的 4 种方法：网络产品策略、网络定价策略、网络渠道策略和网络促销策略。实际上，产品和消费者的结合是实施以消费者为导向的产品策略；价格和成本的结合是实施以满足消费者需要付出的成本为导向的价格策略；渠道和便利性的结合是实施以提高消费者购物便利性为导向的渠道策略；促销和沟通是实施以沟通力为导向的促销策略。

以 4P(产品、价格、渠道、促销)为中心的营销理论与实务在过去几十年中经过实践已经在世界范围内得到了广泛的发展和认同。尽管后来有人说它过时了，甚至想用 4C(消费者、消费者满足需要的成本、消费者购物的便利性、沟通)来替代它。这是学术界从不同的角度对同一事物的不同理解而已。实际上，4C 和 4P 两者之间并不矛盾。在企业的营销实践中，如果能够把 4P 与 4C 这两种理论有机地加以整合，创建出一种全新的营销沟通模式，并且使融合于 4C 中的 4P 更加均衡健康地发展，将有助于提升企业的"营销功力"。

### (一)产品+消费者=实施以消费者为导向的产品策略

产品是营销组合中最重要的因素。市场营销观念是一种以消费者需要和欲求为导向的哲学，但是在实际的市场运作中又有哪些企业能够真正地做到用营销的观念和理论来武装自己的头脑呢？4C 原则中也强调："不要再卖你所能制造的产品，而要卖某人确定想购买的产品"。因此，4P 中的"产品"加上 4C 的"消费者"就得出了上一个全新的公式。

(1) 新产品的研发与推出，要以能够满足特定目标消费群的需求为导向。有一些企业新产品的推出速度缓慢，并且研发一种新产品的时候也没有详细严谨地对细分市场进行调查，没有能与这个目标市场相适应的产品，所导致的结果就是消费者并不买账，产品大量积压。相反，如果要是在新产品开发前能够准确地细分市场，并且有效地调查特定目标消费群需求的话，那么新产品推出的一些障碍就可以迎刃而解了。新产品的市场研究过程，其实就是明确三个基本问题的过程，即"我是谁""我为谁而生""为什么买我"。明确这三个基本问题，也就为企业的新产品开发确定了战略。而同时，在市场研究的过程中可能还会发现属于企业的其他竞争优势。

(2) 产品组合策略，要以消费者的需要与欲求为导向。很多企业的产品线都由许多产品项目组成。譬如：生产果汁饮料的企业还研发奶饮料。生产白酒的企业也增添了红酒项目。或者说企业原本只有 1~2 个 SKU，现在增加到了 3~5 个。这样的做法是对是错我们先不去探讨，但作为生产企业，首先应当在这几条产品线的目标消费者确定的前提下，针对他们进行充分的调查与了解。主要目的是通过对消费者需求的把握，以及其他的一些市场变量,来决定是否需要扩大或缩小,甚至是撤除现有的产品线。通过对消费者的调查分析,确定是否需要全部或部分改变现有产品的市场定位等。

(3) 产品差别化策略,要以能够给消费者带来独特的利益和满足其主要需求为导向。在产品高度同质化的今天,企业为了提高产品的竞争力,同时也为了吸引消费者对产品的关注,通常都会采取差别化营销策略。产品差别化最重要的环节是确定产品的 USP(独特的销售主张),并通过 USP 来赢得消费者的青睐,以建立起产品差别化所带来的竞争优势。因此,企业在推出新产品时,需要大力找寻它的 USP。如果产品的 USP 不突出,消费者就会拒绝接受该产品。所以,USP 是影响消费者购买心理极为重要的因素。然而,USP 是有其本身特征的,并不是把产品的某一特点不经过甄别,只要拿过来就可以成其为 USP 的。若要成为产品的 USP,必须同时满足三个标准特征:①必须是独特的;②必须能为消费者提供明显的利益;③必须能够满足消费者的首要需求。在市场营销中,企业的产品如果具备这三个特征,才可称为 USP,反之则不是 USP。

### (二)价格+成本=实施以满足消费者需要所付出的成本为导向的价格策略

#### 1. 以消费者的认知成本制定价格

制定价格的关键是消费者对产品成本的认知,而不是销售成本。在今天的市场营销中,企业应该根据产品的认知成本来制定价格,以便更加贴近消费者,制定出对消费者更有吸引力的价格。根据消费者认知成本制定价格的程序是:企业针对某一特定的目标消费者开发出一个产品概念,并以这一产品概念在目标消费者中进行测试,以便了解他们购买此产品所愿付出的成本。然后,估计在该成本价格下所能销售的产品数量,根据这一数量再决定企业的生产能力、投资额和单位成本。消费者认知成本定价,可以使产品的价格更适合目标消费者的接受水平,并能够使企业更合理、更客观地制定出具有竞争优势的产品价格。

#### 2. 以降低消费者购物的附加成本等非货币成本来制定价格应对策略

在市场竞争中,许多企业在应对竞争者的削价策略时,往往采取了单纯地跟进对手削价的做法。然而,在面临竞争者削价时,跟进他的做法削价不一定是一种最佳的应对策略,还有一些比单纯削价更好的方法,也会达到牵制竞争对手的目的。因为消费者对价格变动的理解与反应各有不同。譬如,他们可能会对削价产生这样的理解,此产品可能要被新型号所代替;此产品可能有缺陷或销售不畅,价格仍然会下跌。再耐心地等待一段时间。如此种种,其理解千差万别。所以,在这种情形下,直接地采取跟进削价的方式,可能会带来负面的信息。而最佳的策略是:在保持本产品价格不变或价格略有提升的基础上,想方设法采取大大降低消费者购物所支出的附加成本的办法,来应对竞争者的削价策略。因为消费者在购物的过程中会付出很多非货币成本,如时间成本、精力成本、体力成本等。

### (三)渠道+便利性=实施以提高消费者购物便利性为导向的渠道策略

在今天的市场营销中，无论是企业的分销渠道还是服务渠道，都应该给消费者提供"便利"这一特征。处在现代营销中的企业，可以通过建立"直效营销"的模式，来提高消费者购买本企业产品的便利性。"直效营销"是以顾客数据库为依据，通过电话、直邮广告、互联网等方式，将信息有选择、有针对性地传递给目标消费者，并且通过自身的配送体系把消费者所选购的商品运送到其手中的一种营销方法。

建立企业的"直效营销"模式，可以通过以下三个方面进行。

(1) 建立顾客数据库。"直效营销"的成本主要包括：人员成本、传播成本、储运成本、服务成本和退货成本。在这里，关键是控制配送和传播费用，要降低这两项成本就要提高传播的触达率与反应率，降低退换率，而成败与否的核心就在于运用好顾客数据库。顾客数据库一旦建成，将会成为企业最宝贵的财富。顾客数据库如果能够有效地运转起来，它将会为企业带来巨大的利益。

(2) 传播。顾客数据库建立起来之后，还需要建立一个厂家与消费者之间、消费者与消费者之间互相交流、沟通的"平台"，使厂家可以把产品以及服务等相关的信息向目标消费者传递。

(3) 配送。由于网上支付尚未完全普及，现有的邮政系统也存在一些弊端(交货期长、成本高)，所以实施"直效营销"的企业可以依托全国的分支机构作为运营中心，本着将区域市场做细、做透的原则，相应地建立起自己的收款与配送网络，同时也负责直销产品的售后服务工作。

### (四)促销+沟通=实施以沟通力为导向的促销策略

现代营销不仅要求企业的产品要以消费者为导向，为其制定有吸引力的价格，使之易于被消费者购买，还必须同现实和潜在消费者沟通。哪个企业能够制定出极富沟通力的促销方案、实施具有沟通力的促销活动，那么他必然会在纷繁杂乱的促销中脱颖而出，拔得头筹，也将赢得比竞争对手数量更多的忠诚顾客。

综上所述，4P 和 4C 相融合的方法或许能够给中国企业的市场运作提供一定的参考价值，虽然它可能是企业所没有尝试过的方法，但是它的理念会引导企业向接近正确的方向发展。

## 第二节　网络市场调研

市场调研是商务活动中的重要环节。Internet 作为 21 世纪新的信息传播媒体，其高效、快速、开放等特征是无与伦比的，它加快了世界经济结构的调整与重组，形成了数字化、网络化、智能化、集成化的经济走向。为适应信息传播媒体的变革，一种崭新的调查方式——

# 第九章　网络营销的实施与管理

网络调研随之产生。

## 一、网络调研的含义与特点

### (一)网络调研的含义

网络调研是指在互联网上针对特定营销环境进行简单调查设计、收集资料和初步分析的活动。网络调研是利用 Internet 技术进行调研的一种方法。其大多应用于企业内部管理、商品行销、广告和业务推广等商业活动中。

利用互联网进行市场调研，相应有两种方式，一种是利用互联网直接进行问卷调查等方式收集一手资料，这种方式称为网上直接调研；另一种方式，是利用互联网的媒体功能，从互联网收集二手资料。由于越来越多的传统报纸、杂志、电台等媒体，还有政府机构、企业等也纷纷上网，因此网上称为信息海洋，信息蕴藏量极其丰富，关键是如何发现和挖掘有价值信息，而不再苦于找不到信息，对于第二种方式一般称为网上间接调研。

### (二)网络调研的特点

从市场调研的程序上来说，网络营销调研与传统的市场调研没有本质的区别。只是采用的信息收集方式有所不同。但网络营销调研是利用网络这种新兴的媒体，针对特定的营销环境进行营销的调研活动。相对于传统的市场营销调研，网络营销调研具有以下特点。

1．及时性

利用一些电脑软件，网上问卷在回收同时就可以自动进行数据的汇总、统计和分析。网上问卷的发布和收回快捷，还可以根据问卷的回答情况及时调整问卷的相关内容，使问卷本身的有效性得以提高。网络信息容量大，信息传播速度快，可以通过网络快速得到二手资料。

2．经济性

实施网上调研，只需要一台能上网的计算机即可，通过站点发布电子调研问卷，无须印刷和邮寄问卷，由网民自愿填写；网络的广域性和普及性，参与人员不受地域和时间的限制，这些大大节省了调研费用；调研过程中最繁重、关键的信息采集和录入工作分布在众多网上用户终端上完成，可以在无人值守的情况下不间断地接受调研表的填写；信息的检验和处理理由计算机来完成，无须专门的人员，在调研费用降低的同时，也提高了调研资料统计的准确性。

3．交互性

传统营销调研只能提供固定的问卷，不能充分表达被调研者的意见。

#### 4．吸引性

网上调研可以利用网络的特点来吸引更多地人加入。

#### 5．可检验性和可控制性

在网上进行营销调研，样本选择的代表性难以控制，也无法检验其真实性，许多时候往往无法知道网络后面的人的真实特征，甚至可能出现一个人多次填写同一个问卷的事情，这样会导致调研结果可信度降低。

#### 6．调研内容和对象的限制性

目前，由于我国上网的消费者人数有限，上网者多为身处大中城市、教育程度较高的年轻人，所以有些调研内容及调研对象还不适宜进行网络营销调研。

## 二、网络调研的实施方法与步骤

### (一)网络调研的方法

#### 1．网络直接调研

网络直接调研指的是为当前特定的目的在互联网上收集一手资料或原始信息的过程。直接调研的方法一般有 4 种：观察法、专题讨论法、在线问卷法和实验法。但网上使用最多的是专题讨论法和在线问卷法。

调研过程中具体应采用哪一种方法，要根据实际调查的目的和需要而定。需注意一点，应遵循网络规范和礼仪。下面重点介绍两种方法。

1) 专题讨论法

专题讨论法可通过 Usenet 新闻组、电子公告牌(BBS)或邮件列表讨论组进行。其中使用较多的是电子公告牌，即通常说的论坛。在电子公告牌中，商家需要设定具有吸引力的论坛题目，然后吸引被调研对象登录论坛，发表意见，反馈信息。专题讨论法的实施步骤如下。

(1) 确定要调查的目标市场。

(2) 识别目标市场中要加以调查的讨论组。

(3) 确定可以讨论或准备讨论的具体话题。

(4) 登录相应的讨论组，通过过滤系统发现有用的信息，或创建新的话题，让大家讨论，从而获得有用的信息。

2) 在线问卷法

在线问卷法即请求浏览其网站的每个人参与企业的各种调查。在线问卷法可以委托专业公司进行。具体做法如下。

(1) 向相关的讨论组邮去简略的问卷。

(2) 在自己的网站上放置简略的问卷。

(3) 向讨论组送去相关信息,并把链接指向放在自己网站上的问卷。

在实施在线问卷法的过程中需要注意在线问卷不能过于复杂、详细,否则会使被调查者产生厌烦情绪,从而影响调查问卷所收集数据的质量。另外,可采取一定的激励措施,如提供免费礼品、抽奖送礼,等等。

### 2. 网络市场间接调研

网络市场间接调研指的是网上二手资料的收集。二手资料的来源有很多,如政府出版物、公共图书馆、大学图书馆、贸易协会、市场调查公司、广告代理公司和媒体、专业团体、企业情报室等等。其中许多单位和机构都已在互联网上建立了自己的网站,各种各样的信息都可通过访问其网站获取。再加上众多综合型 ISP(互联网内容提供商)、专业型 ISP,以及成千上万个搜索引擎网站,使得互联网上的二手资料的收集非常方便。

互联网上虽有海量的二手资料,但要找到自己需要的信息,首先,必须熟悉搜索引擎(Search Engine)的使用,其次要掌握专题型网络信息资源的分布。归纳起来,在互联网上查找资料主要通过三种方法:利用搜索引擎;访问相关的网站,如各种专题性或综合性网站;利用相关的网上数据库。

(1) 利用搜索引擎查找资料。搜索引擎使用自动索引软件来发现、收集并标引网页,建立数据库,以 Web 形式提供给用户一个检索界面,供用户以关键词、词组或短语等检索项查询与提问匹配的记录,争奇斗艳,成为 Internet 网上最突出的应用。国内常用的综合类搜索引擎包括百度(www.baidu.com)、搜狗(www.sogou.com)等。

(2) 访问相关的网站收集资料。如果知道某一专题的信息主要集中在哪些网站,可直接访问这些网站,获得所需的资料。

(3) 利用相关的网上数据库查找资料。互联网上有成千上万的免费数据库,当然还有更多的付费数据库。我国的数据库业近年来有了较大发展,但以文献信息型数据库为主,如《中国期刊网》。国外数据库发展很快,而且几乎所有数据库检索系统都推出 Web 版,用户可通过互联网直接查询。国际上影响较大的几个主要商情数据库检索系统,包括DIALOG(www.dialog.com)系统、ORBIT(www.questel.orbit.com)系统等。

### 3. 网上调研样本的选择

样本选择一般可分为随机抽样和非随机抽样。

1) 随机抽样

随机抽样包括简单(单纯)随机抽样、分层抽样、整群抽样、等距(系统)抽样。

(1) 简单(单纯)随机抽样。是指总体中的每个基本单位(子体)都有相等的被选中的机会。即对总体不经任何分组、排列,完全客观地从中抽取调查单位。具体包括抽签法和随机号码表法。

(2) 分层抽样(又称分类或类型抽样)。就是先将总体按一定的标志分层(分类)，然后在各层(类)中采用简单随机抽样，综合成一个调查样本。具体可分成分层比例抽样和分层最佳抽样。

(3) 整群(分群)抽样。就是依据总体的特征，将其按一定标志分成若干不同的群(组)，然后对抽中的群(组)中的单位进行调查的方法。

(4) 等距(系统)抽样。就是将总体各单位按一定标志排列起来，然后按照固定和一定间隔抽取样本单位的一种方法。

上述 4 种方法各自有其独特的地方，但其共同点是事先能够计算抽样误差，不致出现倾向性偏差。

例如：网站自身发展的需求调研，可以采用随机抽样，以所有网民的注册地址为样本总体进行随机抽样，以保证网站经营者可以了解来自各方面的关于网站的需求详情。

2) 非随机抽样

非随机抽样包括任意抽样、判断抽样和配额抽样。网上进行的关于产品或服务等方面的调研，常常用到非随机抽样。

(1) 任意抽样。即在偶然的机会或方便的情况下，由调查者根据自身的需要或兴趣任意选取样本。例如：许多企业设立了BBS(公告栏)以供访问者对企业产品进行讨论，或者参与某些专题新闻组的讨论，以便更深入地获取有关资料。如果调查部门对某个用户的问题或观点有兴趣，就可以随时联系该用户进行个案调查。虽然新闻组和公告栏(BBS)信息不够规范，需要专业人员进行整理和归纳，但由于是用户自发的感受和体会，因此传达的信息也是最接近市场和最客观的，有助于企业获取一些问卷调查无法发现的信息，要特别引起注意。

(2) 判断抽样。判断抽样是根据调查者的主观判断来抽取样本。适用情况：①总体范围较小，总体各单位之间差异较小。②用于探索性研究，如为问卷设计、进行正式抽样调查等打下基础。

(3) 配额抽样。配额抽样是将总体中的所有单位按其属性或特征，以一定的分类标准划分成若干层次或类型，然后在各层中由调查者主观确定各层中抽样的样本，并且保持适当的比例。

特点是简便易行，快速灵活。适用范围：①根据过滤性问题立即进行市场分类，确定被访者所属类型，然后根据被访者的不同类型提供适当的问卷。②调研者创建了样本数据库，将填写过分类问卷的被调查者进行分类重置。最初问卷的信息是用来将被调查者进行归类分析，将被调查者按照专门的要求进行分类，在正式市场调查开始时，可以从不同的整体中按照一定的比例选取样本，即进行配额，只有那些符合调查条件的被调查者才能填写适合该类特殊群体的问卷。

## (二)网络调研的步骤

网络市场调研与传统的市场调研一样,应遵循一定的方法与步骤,以保证调研过程的质量。网络市场调研一般包括以下几个步骤。

### 1．分析调研目标

明确调研目标是开展网络营销调研的首要步骤,是整个网络营销实施过程的重要指导;确定调研目标可以有效缩小调研范围、确定调研主题和调研需求,做到有的放矢。网络营销调研目标通常包括:这次调研的主体是什么?哪些人最有可能浏览本网站?哪些消费群体最有可能购买本公司的产品?竞争对手在国内外相关行业中的地位和影响如何?

### 2．确定调研范围和调研对象

为了有效地达到调研目的、实现调研目标,就需要确定此次调研的实施范围、时间、采用的相关网络媒体工具和目标调研对象特征(如年龄、性别、经济收入等)。

### 3．设计调查问卷

在调查问卷的开始部分要说明调查的目的、意义及其对用户隐私信息的保护策略等,在吸引被调查者的同时,鼓励其认真、客观地回答调查问卷中的所有问题。此外,根据市场调研目标和调查对象的实际情况,设计一份逻辑结果合理、问题表达清晰、备选项能够真实反映企业和消费者实际情况的调查问卷,并选用企业门户网站或专业网络调查平台发布所设计的调查问卷。

### 4．统计分析调查结果

利用专业统计分析软件或专业网络问卷调查平台提供的数据处理和分析功能对所收集的调查问卷进行统计分析,并根据数据显示需要设计相应的数据报表和可视化图表。

### 5．撰写调研报告

撰写调研报告是整个调研活动的最后一个阶段,通过网络影响调研获取相关数据信息之后,市场调研人员应根据调研目的、实施范围和调查对象、调查内容与反馈等撰写调研报告,以供企业决策者参考。在数据资料的整理和分析过程中要注意剔除不真实和无关的内容,运用定性和定量的方法进行信息的分析与处理,全面、准确地掌握产品市场营销活动的动向和发展变化趋势,为下一步的新产品开发和产品推广策略的制定提供有效的参考。调研报告是市场调研成果的集中体现,不应该是数据和资料的简单堆砌,正确的做法是把与市场营销决策有关的主要调查结果报告出来,并以标准市场调查报告的形式进行呈现。

## 第三节 网络营销方法的实践应用

网络营销工具和方法越来越多，为实现网络营销的职能提供了丰富的手段，只有将网络营销方法应用于企业网络营销实施之中，才能发挥网络营销的真正价值。综合运用各种网络营销方法完成各项活动的策划和推广，是网络营销实施过程中的重要环节。

## 一、网络营销的常用方法

网络营销方法目前总体可分为两大类：基于无站点网络营销方法和基于网站网络营销方法。第一类的网络营销方法包括供求信息平台、网上分类广告、在线黄页服务、网络社区营销、网上拍卖和网上商店营销这 6 种常见的方法；第二类网络营销方法包括搜索引擎营销、网站资源合作、病毒营销、网络广告、许可 e-mail 营销、网络会员制营销、博客营销、短信营销等方法。

### (一)供求信息平台

供求信息平台是互联网上发布供求信息、进行网络推广的一个网站或者载体。与其他企业网站、门户网站、黄页的区别：其他企业网站、门户网站、黄页等的针对性没有供求平台那么强，而且他们主要是提供信息，也就是都是"供"，很少有"求"方面的信息，但是供求平台在这两个方面都是等同的。供求信息平台分为全球性的或地域性的，综合性的或行业性的，等等。目前有代表性的门户综合型如阿里巴巴、慧聪、供求平台、环球资源等，行业性的如中国化工网、中国鞋网、环球服装网等。

### (二)网上分类广告

分类广告是一种全新的网络广告服务形式，是传统意义上的分类广告借助互联网这样一个载体的表现，它不仅可以使企业事业单位和个人商户在互联网上发布各类产品信息和服务信息，而且可以满足广大网民对消费和服务信息的需求。中国现在最常见的分类广告站点主要以两种不同形式存在：一种是专业的分类广告网站，例如，58 同城、赶集网；一种是综合性网站开设的相关频道和栏目，例如，新浪、搜狐等。

### (三)在线黄页服务

所谓"网上黄页"，就是将传统黄页搬到网上，利用互联网为载体，在网上发行、传播、应用的电话号码簿。但"网上黄页"不是传统黄页的翻版，其内容更广泛，服务功能更多样化。它有传统黄页所无法比拟的优势。目前它同 114 电话查号台、传统黄页共同成

# 第九章 网络营销的实施与管理

为城市电话号码查询的三大查询方式。从今后其发展方向看，它将会从三大方式中脱颖而出，成为人们查询电话号码、获得客户信息的最理想的查询工具。另外，还有中国黄页网、联通黄页等。

### (四)网络社区营销

网络社区是一种网上特有的一种虚拟社会，社区主要通过把具有共同兴趣的访问者集中到一个虚拟空间，达到成员相互沟通的目的。包括BBS/论坛、贴吧、公告栏、群组讨论、在线聊天、交友、个人空间、无线增值服务等形式在内的网上交流空间，同一主题的网络社区集中了具有共同兴趣的访问者。

### (五)网上拍卖

网上拍卖是以互联网为平台、以竞争价格为核心，建立生产者和消费者之间的交流与互动机制，共同确定价格和数量，从而达到均衡的一种市场经济过程。网上拍卖，是电子商务领域比较成功的一种商业模式，是个人对个人的电子商务的一种具体表现形式。此类网站有淘宝、易趣、卓越等。

### (六)网上商店营销

网上商店营销是指建立在第三方提供的电子商务平台上、由商家自行开展电子商务的一种形式。如6688电子商务网—石家庄站.htm、搜狐商城等。

### (七)搜索引擎营销

搜索引擎是英文Search Engine Marketing的翻译，简称为SEM。就是根据用户使用搜索引擎的方式，利用用户检索信息的机会尽可能将营销信息传递给目标用户。常用手段：竞价排名，购买关键词广告。搜索引擎优化(SEO)，PPC(Pay Per call，按照有效通话收费)。

### (八)网站资源合作

网站资源合作就是网站相互之间的资源互惠互利的一种合作推广方式，正所谓"人人为我，我为人人"，你帮助我，我帮助你，共同发展，共同获利的一种营销策略。常见网站联盟资源合作有：新闻资源合作、电影视频资源合作等。资源合作是一项新式的网站推广手段，需要双方本着平等互利，相互协作的心态，优势互补，诚信合作，方能达到互惠互利的目的。

### (九)病毒营销

病毒营销通过提供有价值的信息和服务，利用用户之间的主动传播来实现网络营销信息传递的目的。病毒营销并非利用病毒或流氓插件来进行推广宣传，而是通过一套合理有效的积分制度引导并刺激用户主动进行宣传，是建立在有益于用户基础之上的营销模式。病毒营销的前提是拥有具备一定规模的，具有同样爱好和交流平台的用户群体。病毒营销实际是一种信息传递战略，低成本，是一种概念，没有固定模式，最直接有效就是许以利益。

### (十)网络广告营销

网络广告营销是配合企业整体营销战略，发挥网络互动性、及时性、多媒体、跨时空等特征优势，策划吸引客户参与的网络广告形式，选择适当网络媒体进行网络广告投放。网络广告营销方法具有覆盖面广、形式多样、信息量大、高效传播和互动性强的特点。如芒果网的连环设计助力效果营销、欧莱雅的换肤三部曲、福特福克斯的超级时尚车手训练营等案例都充分说明了网络广告营销的威力。

### (十一)许可 e-mail 营销

许可 e-mail 营销是在用户事先许可的前提下，通过电子邮件的方式向目标用户传递有价值信息的一种网络营销手段。e-mail 营销有三个基本因素：基于用户许可、通过电子邮件传递信息、信息对用户是有价值的。三个因素缺少一个，都不能称为有效的 e-mail 营销。真正意义上的 e-mail 营销也就是许可 e-mail(简称"许可营销")。基于用户许可的 e-mail 营销与滥发邮件(Spam)不同，许可营销比传统的推广方式或未经许可的 e-mail 营销具有明显的优势，比如，可以减少广告对用户的滋扰、增加潜在客户定位的准确度、增强与客户的关系、提高品牌忠诚度等。

### (十二)网络会员制营销

网络会员制营销的英文名称是"affiliate program"，国内也有文章翻译为其他名词，如"联属网络营销""会员制计划"等。网络会员制营销的基本原理是通过利益关系和计算机程序将无数网站连接起来，将商家的分销渠道扩展到地球的各个角落，同时为会员提供简单的赚钱途径。一个网站注册为某个电子商务网站的会员(加入会员程序)，然后在自己的网站放置各类产品或标志广告的链接，以及这个电子商务网站提供的商品搜索功能，当该网站的访问者点击这些链接进入这个电子商务网站并购买某些商品之后，根据销售额的多少，这个电子商务网站付给这些会员网站一定比例的佣金，网络会员制与连锁经营会员制的本质是一样的。如：亚马逊、Ebay 网等很多大型电子商务网站都采取了网络会员制营销模式。

### (十三)博客营销

博客营销(Blog Marketing)的概念可以说并没有严格的定义，简单来说，就是利用博客

# 第九章　网络营销的实施与管理

这种网络应用形式开展网络营销。要说明什么是博客营销，首先要从什么是博客说起。博客(Blog)是一个新型的个人互联网出版工具，是网站应用的一种新方式，它是一个网站，它为每一个人提供了一个信息的发布、知识交流的传播平台，博客使用者可以很方便地用文字、链接、影音、图片建立起自己个性化的网络世界。博客内容发布在博客托管网站上，如博客网、google属下的Blogger网站等，这些网站往往拥有大量的用户群体，有价值的博客内容会吸引大量潜在用户浏览，从而达到向潜在用户传递营销信息的目的。

### (十四)短信营销

短信营销是指利用软件等工具通过移动通道向用户发送信息的一种营销手法。随着基础网络的更新换代及手机普及，短信成为新的随时随地随身的媒体。对企业来说，短信媒体是目标更集中、反馈率更强大的渠道。短信已成为更时尚、更快捷、更大范围吸引潜在目标用户的新方式之一，最终受到商家和消费者的欢迎。

其实，网络营销方法就是利用互联网各种媒体资源(如门户网站、电子商务平台、行业网站、搜索引擎、分类信息平台、论坛社区、视频网站、虚拟社区等)，精确分析各种网络媒体资源的定位、用户行为和投入成本，根据企业的客观实际情况(如企业规模、发展战略、广告预算等)为企业提供最具性价比的一种或者多种个性化网络营销解决方案。像百度推广、白羊网络等大公司都是这方面的佼佼者。

## 二、网络营销方法和网络营销职能的关系

网络营销的八项基本职能体现了网络营销的基本内容，开展网络营销的意义就在于充分发挥各种职能，让网上经营的整体效益最大化。网络营销职能最终需要通过各种有效的网络营销方法得以实现，因此对于网络营销方法的研究就成为网络营销内容体系的基础。

按照一个企业是否拥有自己的网站来划分，企业的网络营销可以分为两类：无站点网络营销和基于企业网站的网络营销。有些方法在两种情况下都适用，但更多方法需要以建立网站为基础，基于企业网站的网络营销显得更有优势。如图9-2显示了网络营销方法的分类及其与网络营销职能的联系。

网络营销的职能是通过各种网络营销方法来实现的，网络营销的各个职能之间并非相互独立的，同一个职能可能需要多种网络营销方法的共同作用，而同一种网络营销方法也可能适用于多个网络营销职能。因此完全将网络营销职能与方法之间建立一一对应的关系是不合适的。网络营销工具方法与网络营销职能之间的对应关系如表9-1所示。

# 网络营销理论、方法与实践

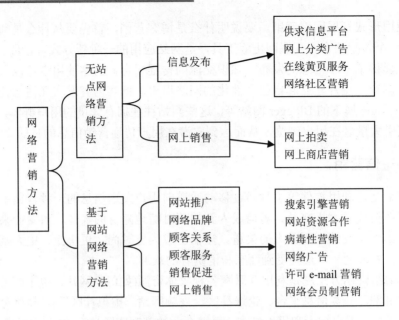

图 9-2　网络营销方法与网络营销职能关系图

表 9-1　网络营销工具方法与网络营销职能对应关系表

| 营销工具 \ 营销职能 | 信息发布 | 网站推广 | 顾客关系 | 顾客服务 | 网上调研 | 在线销售 | 销售促进 | 网络品牌 |
|---|---|---|---|---|---|---|---|---|
| 供求信息平台 | √ | | | | | | √ | |
| 网上分类广告 | √ | √ | | | | | √ | |
| 在线黄页服务 | √ | | | | | | | |
| 网络社区营销 | √ | √ | √ | √ | √ | | √ | |
| 网上拍卖 | | | | | | √ | √ | |
| 网上商店营销 | | √ | | | | √ | | |
| 搜索引擎营销 | | √ | √ | √ | | | √ | √ |
| 网站资源合作 | | √ | √ | √ | | | √ | √ |
| 病毒营销 | | √ | √ | √ | | | √ | √ |
| 网络广告 | | √ | | | | | √ | √ |
| 许可 e-mail/Ebook 营销 | √ | √ | √ | √ | √ | | √ | √ |
| 网络会员制营销 | | √ | | | | | √ | √ |
| 博客营销 | √ | √ | √ | √ | | | √ | √ |
| 短信营销 | √ | √ | √ | √ | √ | | √ | |

# 第九章 网络营销的实施与管理

## 三、网络营销方法的组合应用

下面将以网络营销职能为主要线索，对实现网站推广、网络品牌、信息发布、顾客服务与顾客关系方法、网上销售等网络营销职能的方法(网上促销方法、网上市场调研方法见本书第二章第四节、第九章第二节)从应用角度给予归纳介绍。由于同一网络营销职能常常是通过某些方法的组合应用来实现的，所以在阐述时前后会有一定的重复交叉。

### (一)网站推广的常用方法

网站推广方法实际上都是对某种网站推广工具和资源的合理利用。制定和实施有效的网站推广方法的基础是在分析用户获取网站信息的主要途径的基础上，发现网站推广的有效方法。根据网络营销实践经验，用户获得网站信息的主要途径包括搜索引擎、网站链接、口碑传播、电子邮件、媒体宣传等方式。每种网站推广方式都需要相应的网络工具或推广资源，表9-2 归纳出了常用的网站推广方法及相关的网络工具和资源。

表9-2 常用的网站推广方法及相关的网络工具和资源

| 网站推广方法 | 相关推广工具和资源 |
| --- | --- |
| 1.搜索引擎推广 | 搜索引擎优化和分类目录登录 |
| 2.网站内部资源推广 | 网站内容资源、站内广告 |
| 3.关联网站推广 | 企业分支机构或系列品牌、产品、营销网站 |
| 4.电子邮件推广 | 潜在用户的电子邮件地址资源 |
| 5.资源合作推广 | 网站链接、合作伙伴的访问量、内容、用户等 |
| 6.信息发布推广 | B2B 平台、B2C 平台、论坛、博客、网络社区等 |
| 7.病毒营销推广 | 免费电子书、软件、游戏、聊天工具等 |
| 8.社会化网络推广 | 博客、微博、Wiki、问答平台、图片或视频分享网站等 |
| 9.网络广告推广 | 网络广告媒体、网站联盟广告、搜索引擎广告等 |
| 10.综合推广 | 网上、网下各种有效方法的综合应用 |

### (二)网络品牌建立与推广的方法

网络品牌是多种网络营销活动所带来的综合结果，网络品牌建立和推广的过程也是网站推广、产品推广、销售促进的过程。

#### 1. 企业网站中的网络品牌建设

网站不仅代表着企业的网络品牌形象，同时也是开展网络营销的根据地。在企业网站中有许多可以展示和传播企业品牌形象的机会，如企业的网络标识、网站上的企业标识、网页上的内部网络广告、网站上的公司介绍和企业新闻等有关的内容。

### 2．网络广告推广网络品牌

网络广告的作用主要表现在两个方面：品牌推广和产品促销。网络广告在网络品牌推广方面具有针对性和灵活性的特点，可以根据营销策略需要设计和投放相应的网络广告，如根据不同节日设计相关的形象广告，并采用多种表现形式投放于不同的网络媒体。

### 3．搜索引擎营销推广网络品牌

搜索引擎是用户发现新网站的主要方式之一，用户通过某个关键词检索的结果中看到的信息，是对企业网络品牌的第一印象，它决定了这一品牌是否有机会进一步被认知。网站被搜索引擎收录并且在搜索结果中排名靠前，是利用搜索引擎营销手段推广网络品牌的基础。

### 4．电子邮件建设与推广网络品牌

作为市场工作的需要，每天都可能会发送大量的电子邮件，其中有一对一的顾客服务邮件，也会有一对多的产品推广或顾客关系信息，通过电子邮件向用户传递信息，也就成为传递网络品牌的一种手段。

### 5．用病毒营销方法推广网络品牌

病毒营销对于网络品牌推广同样有效。优秀的网络作品往往会在很多同事和网友中相互传播，在这种传播过程中，浏览者不仅欣赏了画面中的内容，同时也会注意到该作品所在网站的信息和创作者的个人信息，这样就达到了品牌传播的目的。

### 6．建立网络营销导向的网络社区

对于大型企业，尤其是有较高品牌知名度并且用户具有相似爱好特征的企业来说，如大型化妆品公司、房地产公司和汽车公司等，由于有大量的用户需要在企业网站获取产品知识，并且与同一品牌的消费者相互交流经验，这时网络社区对网络品牌的价值就表现出来了。

### 7．网上事件营销中的品牌建设与推广

企业通过策划、组织和利用具有权威、新闻价值以及社会影响的事件，吸引媒体、社会团体和消费者的兴趣与关注，可以提高企业或产品的知名度、美誉度，树立良好的品牌形象。与广告和其他传播活动相比，事件营销能够以最快的速度，在最短的时间创造最大化的影响力。所以，长期以来事件营销被世界上许多知名企业所推崇，作为品牌推广传播的必要手段。

## 第九章 网络营销的实施与管理

### (三)信息发布的方法

理论上,所有的网络营销方法都在一定程度上具有信息发布和传递的作用,这也使得信息发布与传递成为网络营销的基础。企业可以借助各种网络营销资源在本企业网站或相关网站发布自己的企业和产品信息,达到宣传和促销的目的。这些资源可以分为内部资源和外部资源。内部资源包括企业网站、注册用户电子邮箱等;外部资源包括搜索引擎、供求信息发布平台、网络广告服务资源、合作伙伴的网络营销资源等。掌握尽可能多的网络营销资源,并充分了解各种网络营销资源的特点,向潜在用户传递尽可能多的有价值的信息,是网络营销取得良好效果的基础。常用来发布信息的平台除了企业自己的网站外,主要还有供求信息平台、分类广告、企业黄页、网络社区等。

### (四)在线顾客服务与顾客关系的方法

顾客服务与顾客关系都是网络营销职能的组成部分,两者密切相关。在线顾客服务是建立和改善顾客关系的必要手段,顾客关系的好坏直接反映了顾客服务水平的高低。因此,两者的实现方法与工具是基本一致的。

从表现形式和所采用的手段来看,在线服务包括用户自助服务和人工服务两种基本形式。自助服务是用户通过网站上的说明信息寻找相应的解答,或者自己通过加入网络社区等方式获取自己感兴趣的信息。自助服务常见的方式有 FAQ、会员通信等;人工服务则是需要根据客户提出的问题,通过人工回复的方式当时给予回答,如通过电子邮件或者各种即时通信工具等。归纳起来在线客户服务与顾客关系常用的手段有:FAQ、电子邮件、在线表单、即时通信、网络社区、聊天室、博客、微博、微信、在线客服等。

### (五)网上销售的常用方法

企业电子商务的发展迅猛,网上销售已经成为企业重要的销售渠道,几乎所有的行业都已进入电子商务时代,消费品行业对网上销售的依赖程度已非常显著,因而作为网络营销基本职能之一的网上销售职能就显得更为重要。相对于以营销信息传递为主的网络推广,网上销售涉及的问题要复杂得多,除了网上销售平台功能开发建设、网站运营及推广等基础网络营销内容之外,还包括支付、安全、配送、售后服务等电子商务活动中的基本要素。

网上销售要具备一定的基础条件,一般来说,网上销售有三种主要方式:作为电子商务网站的供应商、在第三方电子商务平台开设网上商店、企业建立独立的网上商城系统(或者企业网站的网上商城频道)。具体来讲,网上销售的常用手段有:官方商城、B2B 平台营销、B2C 平台营销、网上拍卖、网络团购、网上预订、移动 O2O 营销等。

## 第四节 网络营销的管理

### 一、网络营销组织

#### (一)网络营销企业组织机构的重组

在网络营销的条件下,原有的工作单元间的界限被打破,而重新组合形成了一个直接为客户服务的工作组。这个工作组直接与市场接轨,以市场的最终效果衡量自己生产流程的组织状况,以市场的最终效果衡量各组织单元之间协作的好坏。实际上,这已经发展到一种新的管理模式,企业间的业务单元不再是封闭式的金字塔式层次结构(如图9-3 所示),而是网络状的相互沟通、相互学习的网状结构(如图9-4 所示),这种结构打破了原来的业务单元之间的壁垒,业务单元之间广泛进行信息交流,共享信息资源,减少内部摩擦,提高工作效率。

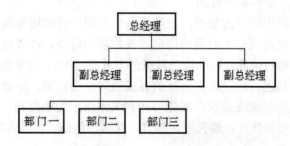

图 9-3　企业金字塔式的层次结构组织

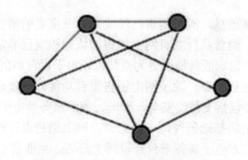

图 9-4　企业网络式的网状组织结构

由图9-3 和图9-4 的组织结构可以看出,在网络营销的构架下,企业组织信息传递的方式由单向的"一对多式"向双向的"多对多式"转换。可以看出,网络式的企业组织结构里的信息传递无须经过中间环节就可以达到沟通的双方,大大地提高了工作效率。这种组织结构的管理模式被称为"第5代管理",这是21世纪信息时代的新的管理模式——信息模式，这种管理模式下的网络营销主要具有以下两个特点。

(1) 网络营销构成了企业的内部网、数据库，所有的业务单元可以通过网络直接快捷地交流，管理人员之间沟通的机会大大增加，组织结构处于分布化和网络化结构。

(2) 网络营销使得中间管理人员获得更多的直接信息，大大提高了他们在企业管理决策中的作用，从而实现了扁平化的组织结构(如图 9-5 所示)。

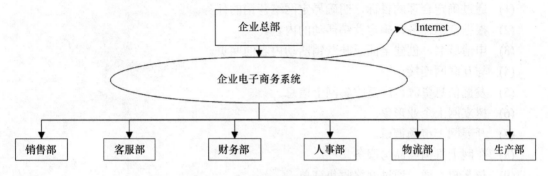

图 9-5　企业的扁平化的组织结构

网络营销模式下的企业结构重组的另一个特点即是由集权制向分权制转换。网络营销的推行，使企业过去高度集中的决策中心组织改变为分散的多中心决策组织，也就是企业组织的扁平化结构趋向。企业的决策都由跨部门、跨职能的多功能型的组织单元来制定，这种多组织单元共同参与、共担责任，并由共同利益驱动的决策过程使员工的参与感和决策能力大大提高，充分发挥了员工的主观能动性，从而提高了整个企业的决策能力。

### (二)网络营销企业业务流程的重组

在网络营销中，有条件的企业可以利用 Internet Web 技术创立企业的 Extranet 系统，该系统是企业对外设立的一个营销运作的虚拟网络平台。在这个平台上，企业可以宣传产品品牌、企业形象、服务内容、沟通外界的商贸联系、开展网络营销业务等等。Extranet 是企业对外宣传、联系的窗口和营销运作的重要途径，网络营销要围绕 Extranet 来展开，营销策略中的相当一部分内容则要通过 Extranet 来实现，因此相应地必须对企业业务流程进行重组。

## 二、网络营销实施

### (一)网络营销实施的运作过程

这一过程可概括为：通过网络收集各方面的信息、技术、用户需求等，并将这些信息整理分析后反馈给企业；企业根据上述信息开发新技术、新思路、新产品，并通过网络进行宣传，与需求者进行沟通；通过网络收集订单；根据订单完成产品设计、物料调配、人员调动,再到生产制造;通过网络进行产品宣传与发布,与客户进行在线交易;通过网络获得客户的信息反馈,完成客户支持,积累经验,为下一个生产、销售循环作好准备。

根据上面所说的企业在网络时代的生产周期,我们认为,网络营销的内容应包括网上的信息收集、网上商业宣传、网上市场调研、网上广告投放与发布、网上销售、网上客户支持服务等。一个完整的网络营销实施的运作过程应包括以下基本步骤。

(1) 通过确定合理的目标,明确界定网络营销的任务。

(2) 根据营销任务,确定营销活动的内容。

(3) 申请域名,创建全面反映营销活动内容的网页。

(4) 与互联网连接。

(5) 发掘信息资源,广泛收集网上信息。

(6) 树立网上企业形象。

(7) 开展网上市场调研。

(8) 在网上推销产品与服务。

(9) 与客户沟通,通过网络收集订单。

(10) 将上述信息反馈给企业决策和生产部门。

(11) 通过网络与分销商联系。

(12) 促进在线销售。

(13) 使网络营销与企业的管理融为一体,形成网络营销集成。依靠网络与原料商、制造商、消费者建立密切联系,并通过网络收集传递信息,从而根据消费需求,充分利用网络伙伴的生产能力,实现产品设计、制造及销售服务的全过程,这种模式就是网络营销集成。

### (二)网络营销实施的时机决策

网络营销的实施可以给企业带来很大的竞争优势,但是实施网络营销是一项投资比较大的、涉及高新技术的、有很大风险的决策。任何一种信息技术,只要在社会上健康存在,就必然会为企业所利用。但因为信息技术的应用必须能够有助于拓展企业的核心业务,因而信息技术的应用就必然受到行业特点的制约。虽然网络营销已经在一些行业中得到了成功地应用,但仍有相当多的行业还未找到有效运用网络营销的途径,企业面临着实施网络营销时机的选择。

**1. 网络营销实施面临的风险**

要掌握实施网络营销的时机,必须能够判断出行业竞争、消费行为、经济与社会在2~7年间的变化趋势及其对于信息技术的影响。企业的决策者必须积极主动地制定网络营销的实施规划。企业率先进入网络营销领域无疑是想借此获得先发性优势。但是,先进入的企业必须面对以下风险。

# 第九章　网络营销的实施与管理

(1) 市场观念风险：再好的网络营销观念，如果顾客不接受，企业也是很难实施的。

(2) 技术风险：一般技术越新所面临的风险就越大，因而新技术必须经过多次实践和反复完善才能满足需要。

(3) 执行风险：网络营销是一个系统工程，它涉及系统开发、组织结构调整、人员培训和市场培育等诸多方面，一旦某个环节出现问题势必影响整个网络营销的实施。

(4) 经济风险：一项有效的商业观念与技术，实际执行的结果及所产生的成本与效益，是否与原先的乐观估计有所出入。

(5) 组织风险：一项技术上可行的新方案，可能无法保证公司内部人人都能接受。

(6) 政治风险：这指的是一项网络营销的应用方案，因政府政策、法令、社会争议或利益集团的压力而产生问题，而不能实施执行。

**2．网络营销实施决策的原则**

究竟是采取领先政策还是跟随政策并无标准答案，但企业可以重点综合考虑三个方面的因素。

(1) 行业内竞争手段的饱和程度：即除了网络营销外，是否存在其他值得公司集中精力采用的主要竞争手段，如产品开发等。

(2) 网络应用方向的明显程度：是否可以预见到网络的应用能够明显提高企业某些核心竞争能力，如掌握顾客需求、顾客服务、配送等。

(3) 本企业在信息技术应用方面的能力：公司在以往信息技术应用方面的成果如何，是否具有较好的基础架构以从事网络营销的一些实验性工作，同时不影响公司的正常运营。

企业可以采取一种变通的方式，即在互联网上注册一个空的网址。许多企业都采用这一方式。这样做有几个方面的好处：一是防止好的网址被其他企业强占；二是建立空网址花费甚少，却可以树立企业的先锋形象，至少可以向消费者展示本企业积极进取的态度；三是事实上目前使用电脑互联网的消费者并不多，空网址并不会对他们造成多大伤害，而一旦网络营销开始普及化，企业便可以该网址为基础构建自己的网络营销系统。

所有这些都说明了一个问题：网络营销并非是万能的，至少在很长一段时期内，传统营销方式依然是大部分企业生存与发展的基础。随着网络营销技术与观念的发展，网络营销的重要性亦会日益提高。

## (三)网络营销实施的投资决策

网络应用于营销的根本目标是为了更快、更好地获取顾客信息，使企业做出更加高速而有效地反应，但网络本身并不能独立完成这一任务，它仅仅为此提供了通道，通道要发挥作用，势必要求企业具备与之相配套的信息处理及决策系统。因此，这必然涉及一整套信息技术的建立与应用问题，从而企业花在网络营销上的信息技术投资便十分可观了。

此外，网络及其配套信息设备与技术的投资之所以值得企业高度重视，还由于存在着成本的潜在增长性问题。一般而言，在软硬件开发上每 1 美元的花费，意味着今后每年将造成 0.2 美元的营运成本以及 0.4 美元的维修成本，即 100 万美元的初始投资将造成每年 60 万美元的额外开销。因此，任何一家企业都不会不考虑，为开展网络营销进行如此高的投资是否值得。

### 1. 网络营销的投资成本及其管理

对于网络技术投资，企业的主要决策人可能会面临两难选择：竞争上的需要使得企业必须做出更加积极的努力，但未来难以控制的成本及难以预测的收益又会使企业犹豫不前。

网络技术成本管理的第一个任务就是找出系统投资过程中的所有成本，这不仅仅包括财务报表上列示的各个成本项目，还包括许多隐藏成本在内。

网络技术成本管理中的一个难点是网络技术成本的不好辨别性。在建立起网络之后，几乎有一半的费用都投入到个人电脑、办公室自动化及改进会计业务等配套功能上了。各部门负责编写各处的预算，但许多涉及整体组织调整的衍生成本根本就未进行追踪。因此，为了进行有效的网络技术投资成本管理，有必要彻底了解其基本构成。从系统的整个生命周期看，其成本包括两大部分。

1) 供应者成本

所谓供应者成本是指最终由业务部门所承担的、自信息供应者(信息部门)那里划转或转移而来的成本费用。在转移的供应者成本当中，尤其要注意网络系统的维护费用。因为现有系统若得不到及时地维护，可能会陷入瘫痪。

2) 使用者成本

使用者成本是指直接发生在业务部门的关于使用网络系统方面的成本，或者由信息部门支出但可以直接归算到业务部门的费用，包括配置在业务部门的电脑等硬件购置费及使用、维护费等。

组织过程中的成本，如管理和学习所花的时间以及教育费用等，都是较少或没有列入预算中，而与系统开发费用相比十分可观的费用。

供应者成本可以通过"准利润中心"或"模拟利润中心"的方式得到有效的解决，而无须依赖传统的以成本核算为基础的分配方式。"准利润中心"方式是指，信息部门成为一个相对独立的部门，负责网络基本线路、基本系统及配套信息技术的投资与开发；并制定价格，根据业务部门各自的使用情况收取费。这样，哪些部门应该负担什么和多少成本费用便很明晰了，而且比硬性摊派成本更有说服力。当然最主要的是能使业务部门意识到网络对本部门的重要性。

需要注意的是，信息部门不能成为真正的利润中心，否则容易导致业务上的矛盾。比如，若信息部门为了扩大本部门的利润而收取高额费用，将会损害业务部门的利益；同时，信息部门将有可能过度追求对外承揽服务，进而影响内部服务的贸易。

## 第九章　网络营销的实施与管理

### 2．网络营销投资的效益评估

人们一方面关注网络技术的投资、成本和风险，但更为看重的是网络建成之后的效益问题。当然要想计算出在营销及内部管理中运用网络空间能够为企业带来多大的经济效益，并不是件十分容易的事情。

由于网络建设是一项长期投资，因此应该从长远的角度来评估其经济效益。此外，网络的建设本身并非产生效益的唯一来源，近似于铁路建设，网络建设最根本的作用在于促使企业以新的思考方法去重新规划其营销活动，并调整内部组织与管理以适应这一新的营销理念。

综合起来看，管理阶层需要意识到以下几个方面。

(1) 网络技术所创造的效益，与研究和开发十分类似。研究开发的投资与效益之间存在时间差，使得两者很难直接联系在一起，网络技术开发同样如此。

(2) 同一技术上的投资，可能会产生不同的结果，组织与管理将会起到巨大的作用。

(3) 网络零售、服务等手段产生的效益可能无法独立体现在会计报表中。因为它并不能直接使企业的总体成本减少，而且它的目标在于提升服务，增强顾客满意度，这是企业的无形资产。

为了能够较好地体现出网络技术的应用所带来的效益，企业需要为其单独设计一套"主锚指标"(Anchor Messures)。信息技术所创造的价值往往被计入业务部门身上，而信息技术本身却成了耗费金钱的累赘。主锚指标的建立需要管理者判断出该项信息技术的最终作用点，并设计一项或一套指标来反映其效果。

建立指标方面，网络技术比其他信息技术更为方便一些。因此网络技术直接运用于营销，因而与市场占有率、销售额等指标能够建立起直接的联系。网络技术的作用可分为对内与对外两部分：对内可以降低通信成本，提高生产效率，提高信息的处理与传播速度；对外可以提升服务，增强顾客满意度。企业可以根据这些功能制定相应的主锚指标以反映网络技术所产生的效益。

## 三、网络营销控制

### (一) 网络营销控制的定义

执行和控制网络营销计划，是网络营销管理过程的重要步骤。所谓网络营销控制，是指网络营销管理者经常检查网络营销计划的执行情况，网络广告的技巧和策略，看看计划与实际是否一致，如果不一致或没有完成计划，就要找出原因所在，并采取适当措施和正确行动，以保证网络营销计划的完成。

### (二)网络营销控制的步骤

(1) 确定控制对象：营销控制的内容多、范围广，在确定对哪些网络营销活动进行控制的同时，必须注意控制成本与控制活动所带来利益之间的关系。

(2) 设置控制目标：即确定所要达到的预期目标。

(3) 建立衡量尺度：对营销活动的效果进行检测的衡量尺度必须健全，形成一整套测量尺度体系。

(4) 确定控制标准：即对控制加以定量化，如某新产品在投入市场一年后，网络推广外包，应使市场占有率达到8%～10%，控制标准允许有一个波动范围。

(5) 比较实绩：即将营销实绩与控制标准进行对比。

(6) 分析偏差原因：即找出偏差是出自实施过程中的问题、网络营销策划，还是计划本身的问题。

(7) 采取改进措施：根据实际情况迅速制定补救措施，对计划加以改进，或适当调整某些营销计划目标。

上述营销控制步骤是一般性的，在具体执行中，不同类型的控制，其步骤的侧重也是有差异的。

## 四、网络营销评价

### (一)网络营销评价的概念、作用和要求

#### 1. 网络营销评价的概念

随着网络营销的普及，企业对于网络营销的效果也需要进行综合评价，以便进一步促进企业网络营销活动的开展。所谓的网络营销评价，是指开展网络营销的企业通过建立一定的评价指标体系，对企业网站的访问量、顾客服务和产品价格等方面进行综合评价，以达到总结和促进企业网络营销活动目的的过程。

网络营销评价是随着网络营销的大量展开而逐渐兴起的，虽然各网站采取的评价方法各不相同，制定的评价标准也不一致，但这并没有影响营销网络营销评价的进一步发展，网络营销评价结果的价值正逐渐体现出来。

#### 2. 网络营销评价的作用

网络营销评价对于正确认识企业网络营销的效果，及时纠正和调整企业网络营销策略具有重要作用。

1) 为企业进一步开展网络营销奠定基础

企业开展的网络营销活动是否达到了经营目标、营销活动实施的目标，其中哪些营销环节需要改进和巩固，这些都依赖于企业对网络营销活动的评价。只有对已有网络营销措

## 第九章　网络营销的实施与管理

施进行正确评价，才能不断改进企业的工作环节，企业的管理者才能了解他们所使用的策略和方法是否适应企业自身的发展，以更好地指导企业网络营销未来的发展。

2) 可以改善企业的营销战略

网络营销作为企业营销战略中的一个组成部分，它的改善直接有利于企业营销策略的整合。同时，通过网络营销的评价和管理，还可以使企业获得传统市场营销方式无法获得的信息和经验。因此，网络营销的评价过程不仅可以改善企业整个营销的整合调整，而且能够促进企业整个营销活动的展开。

3) 可以提高企业的服务水平

进行网络营销评价需要大量收集消费者的原始数据信息，这些数据信息反映了消费者的意愿。对于企业如何开展下一步的营销活动，提升企业的服务水平，具有很高的参考价值，因此，开展网络营销评价可以很大程度上提高企业的整体服务水平。

4) 可以在一定程度上提高企业的知名度

网络营销活动不仅是销售产品的手段，也成为企业宣传产品、服务，提升企业形象的一种重要方式和途径。合理地利用网络营销活动不仅能提高企业的利润，获得更多的经济效益，同时还能宣传企业，不断提高企业的知名度。当企业网站设计新颖，内容充实并吸引更多关注时，无形中促进了企业管理者制定及时有效的改进措施，并提高企业知名度，对促进企业的发展也有重要意义。

3．网络营销评价的要求

网络营销评价不是一蹴而就的，而是需要在实践中不断地摸索和改进，因此，开展网络营销评价时，应满足以下几个方面的要求。

(1) 网络营销评价必须紧密结合企业的实际情况，根据企业在网络营销活动中出现的实际问题来开展，特别是针对不同评价对象的具体特点来选择相应的指标体系和评价模型。其中，建立网络营销评价指标体系是网络营销评价的基础和关键。

(2) 网络营销评价需要全面考察企业的经营状况，既要涉及企业以前的营销活动，又要考虑网络营销活动对企业未来发展的影响。在评价指标选择时，既要包括销售利润率、资产负债率等方面，又要包括企业美誉度、品牌增值度等方面。同时，评价指标根据实际情况，既可以是定性描述，也可以是定量评价。此外，由于网络影响评价对象的复杂性，网络营销评价应作为一个系统来研究。

(3) 网络营销评价需要企业的全员参与，即评价小组成员需要包括不同部门的专家和决策者，以便对不同层次的目标或不同指标提供丰富的信息和经验。同时，无论采用何种评价方法，评价专家的意见一定要保证评价结果的客观性、准确性和科学性，因此，要合理地选择评价专家。

(二)网络营销评价的指标体系

开展网络营销评价的重要前提是制定科学、合理的评价指标体系，并且网络营销效果评价指标体系的设立需要遵循一定的原则。

**1. 建立网络营销评价指标体系的原则**

(1) 目的性原则。无论网络营销评价指标体系建立得多么复杂或简单，其目的都必须是能客观、准确地反映网络营销的综合效果，以便为企业提供有用的决策信息。当然，不同的目的决定了提供信息的可用程度也不相同，但是，必须从企业的实际目标出发，从不同目标出发设计相应的评价指标体系，即遵循目的性原则。

(2) 系统性原则。网络营销评价指标体系应该能够完整地、多层次地反映企业网络营销的效果，做到不遗不漏，这样就要求评价指标体系中不但要有纵向比较指标，也要有横向比较指标，因此，企业需要从整体发展的角度来设计评价指标体系，遵循系统性原则。

(3) 科学性原则。网络营销的评价必须要本着科学的态度，保证收集的被评价对象资料数据具有客观性、真实性，使评价指标体系能够客观准确地反映企业网络营销的实际情况，帮助企业通过网络营销评价指标体系分析、发现自身存在的不足和获得的成绩，为进一步完善网络营销策略提供依据。

(4) 简洁明确原则。网络营销评价是一个复杂的系统工程，但是在设计网络营销评价指标时，一定要遵循指标简洁明确的原则，使评价指标能够易于理解，便于计算和考核，防止出现纷繁复杂的指标体系，简化评价过程，促进评价工作顺利快速地开展。

(5) 实用性原则。网络营销评价指标体系在建立的过程中，一定要选择注重企业网络营销的评价指标，即本着实用性原则来选择评价指标，使评价指标能够易于理解，便于计算和考核，防止出现纷繁复杂的指标体系。这样既有利于真实客观地反映企业的网络营销效果，也能够保证网络营销评价指标具有明确含义，在实际应用中易于操作，切实可行。

(6) 定量与定性相结合原则。在建立网络营销评价指标时，要积极采用定量指标，能定量化的指标绝不采取定性指标，以便更加准确、科学、直观地考核网络营销效果。但这并不意味着否定定性指标的作用，在不能采用定量指标的情况下，也应该辅之以定性指标，以确保评价结果全面、客观和真实。

**2. 网络营销效果评价指标体系**

在遵循网络营销效果评价指标体系设计原则的基础上，就可以构建企业网络营销评价指标体系了。评价指标体系的建立通常采用对最终评价目标逐层分解的方式来设计，通过层层分解可以将评价目标分解到具体的指标内涵，这样有助于资料的收集和整理，并且设计的层次根据实际情况具体确定，这里仅仅以三层指标体系为例来进行说明。如图 9-6 所示，将企业网络营销效果的评价指标体系划分为三个层次。

1) 网络广告效果评价指标

网络广告是网络营销的重要策略之一，因此评价和测量网络广告效果能够在一定程度上反映网络营销的效果。其相关指标有：顾客满意度，由于网络广告刺激而购买产品或服务的顾客百分比；每次咨询成本，即进入公司网站要求咨询的人次与总的咨询成本之比；每千人网络广告成本，包括在网站获得信息的每千名顾客的广告成本，购买产品或服务的每千名顾客的广告成本。这些指标能够较好地测定和分析网络广告的效率，从而提高网络广告对促进网络营销活动的财务价值。

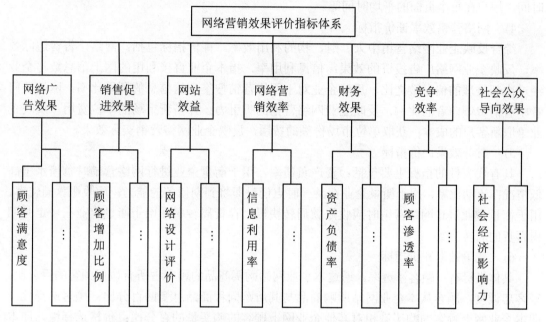

图 9-6　网络营销效果评价指标体系

2) 销售促进效果评价指标

销售促进是网络营销人员为了激发人们购买欲望而采用的吸引消费者了解企业产品或服务的措施，评价的指标包括：顾客增加比例，即进入企业网站的顾客增长百分比；访问者中购买企业产品或服务的顾客增长比例；每千人的销售额增长率；市场扩大速度，即企业开展网络营销前后的市场占有率比。这些指标可以反映出企业开展网上促销活动的效果，有助于网络营销人员对销售促进策略的调整。

3) 网站效益评价指标

网站效益评价指标是网络营销评价中的重要指标，它能够反映出企业开展网络营销活动的直接效果，并且可以从定性定量的角度来进行评价。

(1) 网站设计评价。在网站设计方面，网站的功能、风格和视觉设计取决于网站本身的特定要求，属于定性指标，一般较难判断，但是也有一些通用指标可以用来评价网站设计的效果，包括：主页下载时间、有无死链接、拼写错误、对搜索引擎的友好程度等。对于这些评价指标，企业可以通过自己设置的统计工具来测试，还可以参照第三方提供的测试结果来评价。

(2) 网站推广评价。网站推广，即网络营销人员进行的网站自身宣传，而且可以进行量化，具体的指标包括：登记搜索引擎的数量和排名、在其他网站的链接数量、注册用户数量等。

(3) 网站流量评价。评价指标包括独立访问者数量、页面浏览数、用户在网站的停留时间、用户在每个页面的平均时间等。

4) 网络营销效率评价指标

综合反映企业网络营销中人、财、物的利用效率。评价指标包括：网络广告费边际效率，反映企业网络广告投资的效果；信息利用率，指本企业直接利用的网上信息数与企业经过内部处理的信息数之比，反映企业对于网络营销搜集到的信息的利用比率；网站访问者中有消费倾向者的比例，反映企业网络营销的吸引力；开拓新市场的单位费用，反映企业争取新客户的成本；获取单位市场份额的费用，反映企业网络营销实际效果。

5) 财务效果评价指标

具有代表性的指标主要包括：资产负债率，用于衡量企业进行网络营销时负债水平高低情况；流动比率，用于衡量企业在某一时点偿付即将到期债务的能力；应收账款周转率，用于衡量企业进行网络营销时应收账款周转快慢；存货周转率，用于衡量企业在一定时期内存货的周转次数。

6) 竞争效率评价指标

具体指标有：顾客渗透率，通过本企业网站购买商品的顾客占所有访问顾客的百分比；顾客忠诚度，顾客从本企业网站所购商品与其所购同种商品总量的百分比；顾客选择性，即本企业网上顾客的购买量相对其他企业网上顾客的购买量的百分比；价格选择性，即本企业网上商品平均价格同其他企业网上商品平均价格的百分比，反映本企业网上商品价格竞争的优势。

7) 社会公众导向效果评价指标

反映企业在网络营销活动中对社会的经济发展、消费习惯、时尚走向等的影响。具体指标包括：社会经济影响力，反映企业网络营销活动对整个社会经济的推动作用；网络社区影响力，指网络营销活动对其所处网络社区的精神文明等方面的影响；消费者影响力，指网络营销活动对消费者的消费概念、思想意识等产生的影响；品牌价值提高度，是指企业在进行网络营销的过程中对建立商品品牌所做的贡献；竞争者仿效率，是企业所采取的网络营销手段被同类企业效仿的比率。

在上述指标体系中，既有定性指标，又有定量指标。对于定性指标，由于很难进行具体的量化，因此需要经过适当的转换；对于定量指标，从企业的统计、财务等部门较易获得。同时为了保证所获得指标的真实客观性，也可以进行经常性的网络调查，通过抽样调查的方法获取。同时，由于网络营销效果表现形式的复杂性，不可能通过若干指标将网络营销效果全面反映出来，因此，网络营销效果指标体系还需要在实践中不断完善。

## (三)网络营销效果评价程序与方法

### 1. 网络营销效果的评价程序

利用上文所建立的企业网络营销评价指标体系,通过合理、可行的评价程序与方法,可以综合评价企业网络营销效果。一般来说,可以按照以下步骤对企业网络营销效果进行综合评价。

1) 建立网络营销效果评价的总体目标

开展网络营销效果评价的前提是企业的相关部门和人员必须明确网络营销要达到的总体目标,如提高品牌知名度、增加销售额等,只有确定明确的评价目标才能够建立合理的评价指标体系。

2) 成立评价小组

网络营销效果评价需要长期地进行,以便对企业的网络营销策略有全面的、可持续的认识,因此,需要成立专门的评价小组来组织和管理网络营销评价过程。评价小组主要负责评价过程中各项活动的组织,如收集整理资料,确定评价指标权重,计算企业网络营销综合评价值,以及对综合评价结果进行分析,找出相关营销因素,剔除对策等。

3) 收集相关数据资料

评价指标的数据资料关系到评价结果的准确性,因此,根据企业网络营销效益评价指标体系的要求,一方面企业要求主动提供评价指标体系的相关资料,另一方面评价小组随着评价过程的需要,及时向企业索取补充相关数据资料,以保证评价资料的及时准确。

4) 指标值核实认定

对于收集到的资料数据还需要进一步核实,以确保最后评价结果的客观真实。核实的内容包括指标项目、指标计算依据及计算结果的确定等。

5) 比较网络营销效果与目标

根据所获得的数据资料,以及确定的计算模型,综合计算网络营销效果,并将结果与预先设定的网络营销目标进行比较,以此来判断企业开展网络营销的成功与否。

6) 评价结果

分析网络营销的评价结果,评价企业网络营销的经济效益,为进一步优化企业营销资源配置,提高企业工作效率,节约成本提供意见和建议。

### 2. 网络营销效果的评价方法

可以使用的网络营销效果综合评价方法较多,常用的综合评价方法有层次分析法、盈利能力分析法和成本效益分析法。

(1) 层次分析法。

层次分析法(analytic hierarchy process,AHP)是美国运筹学家——匹茨堡大学教授萨蒂(T.L.Saaty)在20世纪70年代提出来的一种综合分析方法,这种方法是将与决策有关的元素分解成目标、准则、方案等层次，在此基础之上进行定性和定量分析的决策方法。层次分析法是将一个复杂的多目标决策问题作为一个系统，将目标分解为多个目标或准则，进而分为多指标或准则、约束的若干层次，通过定性指标模糊量化方法算出层次单排序(权数)和总排序，以作为目标(多指标)、多方案优化决策的系统方法。

(2) 盈利能力分析法。

盈利能力就是企业赚取利润的能力。一般来说，企业的盈利能力是指正常的营业状况。对于网络营销效果的评价而言，盈利能力分析就是评价企业开展网络营销活动以来对于企业盈利能力的影响，通常可以通过销售净利率、销售毛利率和资产净利率等指标来判断，但是由于网络营销效果很难和传统的营销行为完全分离开，因此，客观上也造成了网络营销盈利能力判断的困难。

(3) 成本效益分析法。

成本效益法是利用成本与效益之间约束关系来直接评价经济效益的一种方法。即针对企业确定的目标，提出若干实现目标的方案，详列各方案的全部预期成本和全部预期收益，通过分析比较，选择出成本最低、效益最好的方案。对于网络营销而言，成本效益分析法的关键是计算网络营销方案的实施成本以及企业开展网络营销以来为企业带来的经济效益。

由于网络营销本身的复杂性以及相关评价指标值获得的困难性，在实践过程中，对于网络营销效果的评价仍处于探索阶段，但企业界已经意识到网络是一种非常有效的营销手段，越来越多的企业开始并加大了网络营销的力度，相应的针对网络营销效果的评价也在不断地发展和完善中。

 **案例分析**

### VANCL 凡客诚品网络营销引发的思考

VANCL 凡客诚品是中国最具规模互联网快时尚品牌，它在中国市场出现的时间要比其他品牌晚很多，而对于时尚服装营销而言，想在一个新市场当中抢得一席之地，即使大量的营销投入，也未必完全可以实现目标。相比 VANCL 凡客诚品的营销策略，应该说他们很懂市场，他们所做的事情，完全符合市场切入的需要与开展营销的必要元素。关注 VANCL 凡客诚品的体验营销和整合营销的这些环节。可以对 VANCL 凡客诚品所作的策略进行深入地洞察。

**一、网络病毒营销**

互联网是消费者学习的最重要的渠道，在新品牌和新产品方面，互联网的重要性第一次排在电视广告前面。

VANCL 凡客诚品采用广告联盟的方式，将广告遍布大大小小的网站，因为采用试用的策略，广告的点击率也是比较高的，因为采用了大面积的网络营销，其综合营销成本也相对降低，并且营销效果和规模要远胜于传统媒体。

二、体验营销

一次良好的品牌体验(或一次糟糕的品牌体验)比正面或负面的品牌形象要强有力得多。VANCL凡客诚品采用"VANCL试用啦啦队"，免费获新品BRA——魅力BRA试穿写体验活动的策略，用户只需要填写真实信息和邮寄地址，就可以拿到试用装。当消费者试用过VANCL凡客诚品产品后，那么就会对此评价，并且和其他潜在消费者交流，一般情况交流都是正面的(试用装很差估计牌子就砸掉了)。

三、口碑营销

消费者对潜在消费者的推荐或建议，往往能够促成潜在消费者的购买决策。铺天盖地的广告攻势，媒体逐渐有失公正的公关，已经让消费者对传统媒体广告信任度下降，口碑传播往往成为消费最有力的营销策略。

四、会员制体系

类似于贝塔斯曼书友会的模式，订购VANCL凡客诚品商品的同时自动就成为VANCL凡客诚品会员，无须缴纳任何入会费与年会费。VANCL凡客诚品会员还可获赠DM杂志，成为VANCL凡客诚品与会员之间传递信息、双向沟通的纽带。采用会员制大大提高了VANCL凡客诚品消费者的归属感，拉近了VANCL凡客诚品与消费者之间的距离。

从以上的分析而言，互联网对VANCL凡客诚品最大的促进有三方面。

(1) 降低了营销成本。

(2) 大幅度提高了品牌占有市场的速度。

(3) 消费者通过互联网对潜在消费者有效的口碑。

从此数据和案例可以引起很多的思考，一方面是传统企业如何针对消费者的心态，利用互联网新媒体工具进行有效的营销推广。另外一方面，消费者的心态和消费交流的欲望，本身也是一种非常有价值的需求，进而商业的转化也是十分便利，帮助品牌凝聚精准用户产品的应用，必然会受到商业的青睐。这也许就是社会化商务应该做的事情，只是一个时间问题。

 归纳与提高

本章基于网络营销战略规划和网络营销策略选择宏观角度出发，认为企业要引入网络营销，首先要清楚网络营销通过何种机制达到何种目的，然后企业可根据自己的特点及目标顾客的需求特性，选择合理的网络营销战略；另外，网络营销的成功往往在于策略，把4P与4C这两种理论有机地加以整合，创建出一种全新的营销沟通模式，有助于提升企业的"营销功力"；其次，通过网络市场调研的实施有利于企业对网络消费市场的准确把握，再加以合适的网络营销方法(本章介绍了14种常见的网络营销方法)来辅助网络营销目标的实现；最后，网络营销管理贯穿于整个网络营销活动中，应该站在企业管理的角度，切实做好网络营销的组织、实施、控制和评价，确保企业网络营销效益最大化。

## 一、选择题

1. 网络营销战略规划分为(　　)这几个阶段。
   A. 目标规划　　　B. 技术规划　　　C. 组织规划　　　D. 管理规划
2. 网络营销策略可以把 4P 与 4C 这两种理论有机地加以整合，创建出一种全新的营销沟通模式，如价格与(　　)的结合构成价格策略。
   A. 消费者　　　B. 成本　　　C. 便利性　　　D. 沟通
3. 利用互联网进行市场调研，相应有两种方式(　　)。
   A. 网上直接调研　B. 网上间接调研　C. 定性调研　D. 定量调研
4. 网络调研的步骤为(　　)、撰写调研报告。
   A. 设计调查问卷　　　　　　　　B. 确定调研范围和调研对象
   C. 分析调研目标　　　　　　　　D. 统计分析调查结果
5. 网络营销方法目前总体可分为两大类：(　　)和(　　)。
   A. 基于无站点网络营销方法　　　B. 基于网站网络营销方法
   C. 在线黄页服务　　　　　　　　D. 网站资源合作
6. (　　)是通过提供有价值的信息和服务，利用用户之间的主动传播来实现网络营销信息传递的目的。
   A. 供求信息平台　　　　　　　　B. 网站资源合作
   C. 病毒营销　　　　　　　　　　D. 网络广告营销
7. (　　)是建立网络营销评价指标体系的原则。
   A. 目的性原则　B. 系统性原则　C. 科学性原则　D. 简洁明确原则

## 二、复习思考题

1. 以一年一度的"双十一"天猫购物节为例，思考如何做好网络营销战略规划。
2. 网络营销方法和职能是什么。
3. 谈一谈企业如何进行网络营销策略的整合。

## 三、技能实训题

1. 请设计一份网络市场调研方案，调查当代大学生对网上电子产品的喜好和消费情况。
2. 结合一个你喜欢的网络营销网站，说说它都采用了哪些网络营销方法？各起到了什么作用？
3. 谈谈如果你要创业，采用网络营销开展业务，你会如何管理好自己的公司。

# 第十章　网络营销的典型应用

> **学习要点及目标**

熟悉中小企业的网络营销案例；了解服务业网络营销的案例；了解非传统网络案例；熟悉网络营销与创新创业案例。

> **引例**

### 扎克伯格创办 Facebook

2004年2月，年仅19岁的哈佛大学二年级学生扎克伯格突发奇想，要建立一个网站作为哈佛大学学生交流的平台。他只用了大概一个星期的时间，就建立起了这个名为 Facebook 的网站。网站可以让哈佛大学的学生发布他们的个人资料以及共享照片。

意想不到的是，网站刚一开通就大为轰动，几个星期内，哈佛一半以上的大学部学生都登记加入会员，主动提供他们最私密的个人数据，如姓名、住址、兴趣爱好和照片等。学生们利用这个免费平台掌握朋友的最新动态、和朋友聊天、搜寻新朋友。扎克伯格意识到里面蕴藏着巨大的商机。一个月后，网站开始面向哥伦比亚大学、斯坦福大学、耶鲁大学的学生开放。接着，他辍学全职创业。

如今，Facebook 已成为世界上重要的社交网站之一，就连美国总统奥巴马、英国女王伊丽莎白二世等政界要人都成了 Facebook 的用户。扎克伯格本人也因这一成功创业，成为世界上最年轻的亿万富翁，同时也是最积极从事慈善事业的美国富豪之一。

Facebook 的成长非常惊人，2004年年底，月活跃人数为100万人，在2013年6月，月活跃人数已经达到11.55亿人。在2015年8月28日，Facebook 单日用户数已经突破10亿。随着2012年5月18日 Facebook 上市以来，扎克伯格的个人财富也水涨船高，截至2016年2月，扎克伯格的个人财富净资产超过500亿美元，成为全球第四大富豪，也是全球有史以来最年轻的富豪。

扎克伯格在12年间赚了接近500亿美元，每年收入超过了40亿美元，合计人民币240亿元。他的成功带给我们什么样的启示？你认为在当下中国是否也有这样的互联网创业机会，你能否复制他的成功？

> **必备知识点**

中小企业网络营销要点　服务业网络营销要点　非传统网络营销要点　网络营销助力创新型创业要点

**拓展知识点**

房地产的网络营销　城市网络营销　创新型创业过程和资源

# 第一节　中小企业网络营销

## 一、案例1：小鞋匠兵败网站营销

鞋匠公司创立于 1985 年，是美国一家专门从事皮鞋修理和养护的小公司，它在 1997 年就建立了自己的网站——鞋匠网(www.shoeguy.com)，如图 10-1 所示。鞋匠网不仅在线出售皮鞋护理用品，还在线接受皮鞋修理保养的订单。网站的运作流程如下。

首先，顾客在线填写订单，鞋匠网收到订单后邮寄给顾客一个快运盒；其次，顾客填写好快运盒子上的修理单，打电话给 UPS 上门收取装在快运盒中需要修理的鞋子；最后，鞋匠公司修理好鞋子后再次通过 UPS 将鞋子发送给顾客。整个修鞋的过程只需要 1 个星期。

鞋匠公司创始人的想法就是把传统的修鞋和擦鞋的工艺同现代的电子商务相结合起来，凭借卓越的公关宣传，这一新奇大胆的想法很快引起了人们的普遍关注，实际上，网站发布不久就获得了 1998 年由 www.2ask.com 网站主办的"地球最佳选择奖"，网站还被一些网络营销书籍选为传统中小企业互联网流程改造的精彩案例。

鞋匠公司的创始人吉姆·莱斯(Jim Rice)曾经大胆的宣称要把有关传统营销和广告的一切知识都扔到垃圾堆里去。这显然是一个过于极端的观点。公司通过网站获得的收入曾经一度达到了 10 万美元，占到了总销售的三分之一，并且在网络世界中一直坚持了数年之久。不过，纵然小小鞋匠壮志凌云，市场的规律还是铁一样的无情。今天，shoeguy 的域名已经被转卖他人，成为一家经营女鞋的网店。

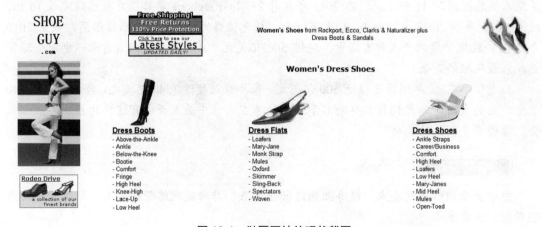

图 10-1　鞋匠网站的现状截图

# 第十章　网络营销的典型应用

**案例思考**

**思考题**：上网查看是否有修鞋的网上服务存在，这样的中小企业能够在网络上长期存在吗？如果能，你认为如何将其自身的业务和网络营销相结合，如果不能，谈一谈它无法存在的原因。

## 二、案例2："褚橙"演绎农产品的触网救赎

### （一）昔日烟王种水果

2010年从外地毕业来到昆明工作的王女士依然清晰地记得自己第一次吃褚橙的经历：下班路过一家水果摊，见一横幅打着"褚时健种的冰糖橙"。出于好奇，王女士到水果摊和老板确认"种橙的褚时健"是不是就是那个"褚时健"。当老板确认就是他的时候，她就买了点品尝，味道出乎意料得好。

"褚橙"每公斤12、13元的出厂价，比昆明市面上的普通橙子高出数倍，本名为云冠牌冰糖橙，只从褚妻马静芬打出"褚时健种的冰糖橙"的横幅，人们再也记不住它的本名云冠牌冰糖橙，干脆就叫"褚橙"，如图10-2所示。

**图10-2　褚橙与褚时健**

褚时健，红塔集团原董事长，曾经是有名的"中国烟草大王"，褚时健使红塔山成为中国名牌，使玉溪卷烟厂成为亚洲第一、世界前列的现代化大型烟草企业。曾被评为全国"十大改革风云人物"，1999年1月9日，褚时健被处无期徒刑、剥夺政治权利终身，后减刑为有期徒刑17年。2002年，取保候医，75岁的褚时健回到玉溪新平，出狱后，不少人来找褚时健做生意，有让他去烟厂当顾问的，有让他去搞矿的，开价都是几十万，但他衡量许

久都没答应。

机缘巧合,哀牢山附近的一个农场经营不善,要顶出去,褚时健便想着试试。他的理由也很简单,听说美国的水果一直在世界前列,所以不服气,尝了很多冰糖橙,湖南的、国外的,感觉都还有不足。橙子含维生素多,吃了对身体有益,又容易存储,所以就下狠心种这个果子。

75岁的褚时健踏上了二次创业之路,新平金泰果品有限公司成立了。果苗从哪买,果树怎么栽,怎么施肥,所有这些都要从头学起。因为不懂,吃了不少亏,走了不少弯路。冰糖橙从栽苗到挂果要5～6年时间。橙子刚挂果时,褚时健年年都会遇到不同问题,果树不是掉果子,就是果子口感不好。后来橙子不掉了,但口感淡而无味,既不甜也不酸,褚时健为此睡不着,半夜12点爬起来看书,经常弄到凌晨三四点。

前几年种的果子不好吃,都不敢放在市场上卖,基本上都被烟厂的徒弟、朋友们买走了。经过几年后,褚时健发现,果子的吃味很大程度上取决于肥料的各类养分比例。为保证果园用肥质量,公司投资51万元专门建设了有机肥厂。车间配备了现代化程度较高的装载机、粉碎机、搅拌机等有机肥配制机械,按照生产需要自定配方专门生产。

### (二)褚橙的销售理念

几年后,名为云冠的冰糖橙上市,老两口在街头促销。只是在过往行人眼里,这对老夫妻与其他的水果摊贩没有什么区别。当地冰糖橙品牌繁多,市场竞争很激烈,橙子怎么卖出去,成了一个大问题。后来,马静芬想打出一个"褚时健种的冰糖橙"的横幅。褚时健起初不同意,但马静芬坚持。结果横幅一打出来,橙子很快销售一空。

农副产品的销售传统上是一个长链接,一般要经过"农户—收购商—批发市场—水果店—消费者"几个环节,大量的费用产生在中间渠道。从2009年开始,褚时健尝试着取消销售的全部中间环节,全云南现在有500多家经销商,直接与公司签合同,盘活了整个生产和销售链条。

昆明市场和褚时健签订销售协议的销售方,2009年有40多家,2010年有90多家,2011年有100多家,2012年接近300家;分为经销商、加盟商和合作商三种。目前褚橙在云南80%的销量都消化在昆明市场,很多水果商家没有褚橙开不了门,一些水果店11、12月的利润中,70%来自褚橙。昆明的褚橙经销商表示,到了褚橙上市的季节,水果店没有褚橙,将损失很大部分利润。

### (三)褚橙的网络营销

尽管在前期褚橙几乎不出云南就销售一空,但是褚时健和他的团队,又开始了新的征程。2012年10月,褚时健和一家本来生活网的电商合作,开始网上卖褚橙,电商进京之旅,也就是从那时起,有关褚时健和褚橙的新闻开始见诸媒体,如图10-3所示。

# 第十章  网络营销的典型应用

图 10-3　昆明水果店没有褚橙将损失很大部分利润

　　本来生活网策划了"一点橙意"整个营销方案,主要是从微博营销出现的。2012 年 10 月月底,万科的总裁王石发了一条微博引用巴顿将军的名言"衡量一个人的成功标志,不是看他登到顶峰的高度,而是看他跌到低谷的反弹力!人生总有起伏,精神终可传橙"。微博引发了广泛的关注和转发。名人徐小平、潘石屹、梁冬、杨锦麟;民间意见领袖:美食达人和微博大 V;80 后代言人:韩寒、蒋方舟等微博意见领袖纷纷发出微博为褚橙捧场,引发热议,如图 10-4 所示。

　　加上褚橙的上线时间,是在电商"双十一"购物节的前后,赶上购物的大浪潮,消费的狂欢劲头给褚橙上线带来了预热氛围;同时,年底宏观环境的紧张氛围,这一个励志的故事给消费者带来了不一样的色彩。褚橙的信息迅速地进入目标群体的视线,与其强大的线上网络平台链也有很大的关系。本来生活网联合淘宝、京东、我买网、沱沱工社、顺丰优选的食品垂直电商战场,声称要做中国网上的全食超市(Whole Foods,美国最大的天然食品零售商),用电商实现"舌尖上的中国"。

　　来自本来生活网一组销售数据显示:11 月 5 日上午 10 点,褚橙开卖;前五分钟卖出去近 800 箱;最多的一个人,直接购买 20 箱;一家机构通过团购电话订了 400 多箱,24 个小时之内销售 1500 箱。到 11 月 9 日,已经卖出 3000 多箱。本来生活网 2012 年签订的合同只有 100 吨,而褚橙产量却有 8000 吨,网上销量的火爆对褚橙的整个市场销售影响并不大。但是本来生活网核心层多曾是媒体人,他们深知大众的关注点在哪里。"褚橙"事件的火爆,褚橙在北京掀起的热潮,也辐射到了其他省市,如成都、厦门等地,就宣传效应这一方面来讲，触网进京，对褚橙品牌打造的影响，或将延续数年，但同时也给新成立的本来生活网打了广告，双方共赢，如图10-5、图10-6所示。

图10-4　王石、韩寒等为褚橙上市摇旗呐喊

图10-5　褚橙的网上渠道

# 第十章 网络营销的典型应用

**环境**

2400亩的橙园
2000小时的年日照量
1200毫米的年雨量
21度自然恒温

> 绿色食品
> 首先要环境好

在远离市区绿意葱茏的哀牢山中,2400亩的橙园完全置于干热河谷气候的天然环境中,拥有得天独厚的柑桔类果品的最理想生长环境。完全无污染的肥田沃土,长达2000小时的年日照量,1200毫米的年雨量,舒适的21度自然恒温,日照充足和最佳温差甜橙充分积累糖分,达到最适合的甜酸比。在这里,橙子们尽情呼吸着最新鲜的空气,用褚老的话说处在深山中,空气好无尾气。

**水**

修建大小20个小水坝
成规模蓄水池有8个
总容量超过20万立方

> 没有水不行,
> 水果不好吃

褚老说种橙子的这十年,最难的就是水。为了寻找合适的水源,褚老走遍了这里的山山水水,用了7年的时间在2400亩橙园中修建了大小20个小水坝,成规模的蓄水池就有8个,总容量超过20万立方,前前后后共花了近1400万元,终于能保证整个橙园用上了从国家森林公园石缝中流出来的水,即使在最干旱的年头,也能保证水的供应,这些水都经过细沙过滤,要比市场上的矿泉水还要好。

**阳光**

整个橙园有240多人
一棵树结240个果子
土壤吃水量到60%

> 把枝条剪掉,让阳光
> 从每个角度都可以照到

雨水多少,日照长短,都会影响橙子的生长。整个橙园有240多人主要就是把枝条搞好,每个月都要修枝剪枝。一棵树结240-250个果子正好,太多也要剪掉。一棵树从生长到结果,几乎要砍掉三分之一的枝叶,才能让果子得到充足的光照和通风。褚老领着我们参观橙园时,弯下腰来,让我们看橙树下面,地上完全是空空的,这样风就能吹进来,而通风的目的是降低潮湿度,他说"土壤吃水量一般到60%左右,但达到80%了,就影响果子了。"

**肥料**

10年时间改善土壤

> 种植园有自己的肥料厂
> 自己做有机肥

褚橙好吃,除了有好山好水好日头,更重要的是有好肥料。由充足的农家肥料和含高钾高钠的"烟梗"混合而成的独有机肥,是"褚橙"的独家秘诀。橙树不但得到充足营养,让杆茎在后期能健康生长,更可以保证果实的稳定性,而用这种最天然的方法还能防治病虫害,不施化肥不打农药,做到真正的"有机"。就这样,用了10年的时间,终于让土壤更好了,氮磷钾的含量都得到了改善,结出的橙子也更加甜到心窝里。

图 10-6 电商对褚橙的宣传

### (四)褚橙案例的总结

寻找精众意见领袖,产生圈子效应。褚橙的微博"粉丝"营销非常成功,如图 10-7 所示。褚橙的传播只做了两件事,一是讲故事,二是送橙子。讲故事,通过褚时健本人的传奇故事,迅速积聚了一大批粉丝。褚橙的粉丝们除了高品质的产品需求之外,更需要一种精神上的慰藉,而褚老的故事正好给了他们精神上的鼓励;他们还需要一种品牌认同,他们认可的偶像都在吃褚橙,于是褚时健送橙子给他们的偶像。

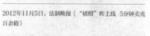

图 10-7　杂志、报纸、网站对褚橙的宣传

褚时健的名声和人缘，是褚橙品牌价值的有机组成部分，生产者特殊的声誉也带来了无法估量的附加值，在云南省内，有品质支撑的褚橙基本就没做过宣传。褚橙能在电商的销售策划下，在中国一炮打响，也是水到渠成的事情。褚老一生拼搏，虽然几经浮沉，但一直往前走，他的故事，无论是对企业家还是初入社会的年轻人，都起到了激励的作用。只要抓住这种文化进行包装，做好品牌维护，让价值链的各个环节无论是种植者还是经销者，都能分享到成果，同时确保果品的质量，那么企业就会进入良性发展的轨道。褚橙有着较高的文化内涵，不像玉米、大豆这类标准化产品，每年上市的数量是有限的，物以稀为贵，大家又都想尝一尝，这个品牌的价值就上去了。褚橙尽管只是一个特例，但毫无疑问，给农产品网上品牌化营销上了生动的一课。

### (五)褚橙背后的声音

褚橙通过网上平台，2012 年销售 12 000 箱，每箱 138 元，总金额在 165 万元，并不是很高。但这是农产品和电子商务、网络营销的一次成功实践。

东莞一名网友 11 月 26 日写下这样的微博：公司销售冲刺例会，领导给大家发"励志橙"，希望大家再接再厉，创造更好的成绩！

王石说：你想象一下，一个 75 岁的老人，戴一个大墨镜，穿着破圆领衫，兴致勃勃地跟我谈论橙子挂果是什么情景。虽然他境况不佳，但他作为企业家的胸怀呼之欲出。我当时就想，如果我遇到他那样的挫折、到了他那个年纪，我会想什么？我知道，我一定不会

# 第十章 网络营销的典型应用

像他那样勇敢。

中国企业联合会研究部冯立果博士：做实业是挣慢钱，但却是企业家精神的完整体现；炒楼、炒股是挣快钱，属于短期投机行为，无关企业家精神。在这点上，褚时健能够花 10 年去做褚橙这个牌子，正是体现了如今这个浮躁的社会稀缺的挣慢钱的精神。他们那一辈的老企业家不怕吃苦，是实实在在做企业。

@qiugang--邱岗：褚时健卖 8000 吨橙子赚了 3000 万，平均下来一吨橙子赚了将近 4000 元，也就是一斤橙子赚了将近两元钱，从巅峰到低谷，再从低谷走向辉煌，人的能力不可限量，我们年轻人还需忌惮什么呢？

@勤奋的江湖：褚时健八十五岁"逆袭"，昔日烟王，今日橙王。"褚橙"宣传语："生命总有起落，精神终可传橙。"

不管怎么样，不管何种声音，人们都想知道，一个曾经的烟王在经历了巨大打击之后能给我们带来什么？2012 年秋冬，随着"褚橙"成了北京、成都、厦门等地最红的水果，并被网友命名为"励志橙"，褚时健给出了答案，这是一个无关荣辱、有关岁月的传奇故事。

(资料来源：笔者参考网络整理)

案例思考

褚橙在网络上火爆的关键因素有哪些？农产品电子商务目前面临哪些困境？褚橙这样的案例能否被复制，如果不能，它给中小农产品企业有什么启示。上网查看褚橙的最近几年的销售数据，谈一谈这样的模式能否延续，如果不能，褚时健又要面临怎样的选择？

## 第二节 服务业网络营销案例

### 一、案例1：房地产融入"互联网+"营销新动向

#### (一)传统房地产的网络营销

万科：玩网游，买房子

万科集团在南京推出了小户型白领公寓"先锋座"，面积集中在 55～75 平方米之间，主要目标对象为年轻、高学历、喜欢网络的年轻一族。为此，万科与房产网合作，共同策划、制作了大型网络游戏"万科·先锋座"。

游戏以"万科·先锋座"为原型，秉承了虚拟网络与现实地产相结合的风格，在游戏中穿插了不少项目效果图、相关新闻、在线预订等相关信息，玩家可以在轻松娱乐的同时，又增加了对"万科·先锋座"的认识和了解。

这样，一方面可以让"玩家"在游戏中了解先锋座，另一方面则是在玩游戏的过程中，

玩家能够通过劳动为自己赢得购房优惠，在游戏中实现购房的家庭梦想。开通没几天，就引起了各路网友的兴趣，日在线玩家超过万人，最高时突破 2 万。同时，万科的业主论坛里铺天盖地都是关于玩游戏的感受与心得，不停有网友打听其他玩家的游戏分数和赢分技巧。一时间，网友对游戏的询问、南京万科工作人员的解答和从游戏中截取的精彩场景成为论坛的一道独特风景。

为了鼓励网友们争当"先锋"，万科特地准备了多重惊喜，其中：积分排名前 100 名的用户都将获得精美礼品一份；积分排名前 100 名并购房的用户不仅可以获得精美礼品一份，更额外获得 2000 元"家庭梦想奖"一个。

许多网游爱好者表示，以往他们对万科先锋座并无概念，但在游戏的过程中，不知不觉已经对先锋座了解得七七八八了。这种接受过程很愉快，也很轻松，完全不会有那种被强行推销而产生的抵触情绪。

SOHO：潘石屹网上发布视频表决心、0 元起价竞拍赚足眼球

2011 年首次网拍使潘石屹和 SOHO 中国赚足了吆喝， SOHO 中国将旗下 16 套房源放到网上拍卖，其中包括银河 SOHO、三里屯 SOHO、SOHO 北京公馆等 15 套房源，以及北京前门大街一套商铺的零底价出租，物业类型涵盖公寓、写字楼、商铺。SOHO 中国还对此次拍卖房源定了最高限价。

为了扩大网上卖房的影响力，潘石屹不惜亲自上阵营销，可谓用心良苦，花样百出。SOHO 中国微博发布了潘石屹亲自出镜为网上卖房录制的宣传片《我为什么在网上卖房子》。随后，SOHO 中国微博又发布了一则名为《潘石屹网上卖房雄心壮志挑战大海表决心，任志强羡慕嫉妒恨兄弟情深大助威》的视频短片，片中潘石屹和任志强以动画形象出现，幽默的对话之外透露了潘石屹将网上卖房进行到底的决心。

苹果社区：张宝全 苹果社区 网上排号

张宝全苹果社区的网上排号虽然不是独一家，但是无论从知名度提升还是实际销售业绩体现上，苹果都要高别人一筹。

今典集团张宝全在 CBD 地区开发的苹果社区，正式开通网上销售中心。网上销售中心直接设置在今典集团的内部网站上。通过网上排号的方式，苹果社区在公布正式购买计划前就已经吸引了 5000 名左右的排号者，并且，由于苹果社区声称，购买计划的最终准确时间以届时网站公布的最终通知为准，更吸引了众多网友不得不时常点击观看。最终，苹果社区在公证员的监督下，选出了 5000 个排号者中的 200 人，成为优先合作人，享受优惠价格。接下来在网络上，又掀起了炒卖这 200 个房号的新高潮。

### (二)传统房地产的网络营销总结

以上三个案例说明，房地产公司越来越重视网络营销，通过开发商与用户、用户与用户之间的互动，不但为用户增添了交流的乐趣，也为企业的"病毒化"品牌传播带来了机会。当然除了上述三个公司使用的方法之外，还有一些更普遍的方法。

# 第十章 网络营销的典型应用

(1) 可以通过门户网站、专业网站及自建网站在网上对开发项目进行宣传；网上广告是网络营销的基本形式。互联网作为一种新的信息传播媒体，像电视广告一样可以开展营销活动。建立企业网站是企业上网宣传的有效途经，并且这一媒体是高效率、相对低成本的，如图10-8 所示。

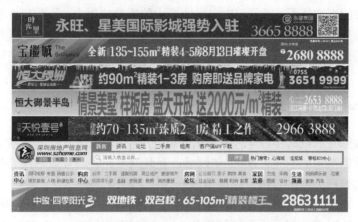

图10-8　深圳商地产信息网的各类广告

(2) 可以对客户进行项目产品的网上调研，接受意见反馈。网上市场调研可以承担的主要工作包括：市场分析、产品和服务研究、市场营销策略研究等。在网络上房地产企业可以开展低成本、高效、范围广泛的市场研究，为正确预测市场需求、做出市场决策打下扎实的基础。

调研市场信息，从中发现消费者需求动向，从而为企业细分市场提供依据，是企业开展市场营销的重要内容。网络为企业开展网上市场调研提供了便利场所，一般企业开展网上市场调研活动有两种方式：可以借助 ISP 网站进行调研。这对于市场名气不大、网站不太引人注意的企业是一种有效选择。企业可以在自己的网站进行市场调研。对知名企业而言，其网站浏览者多是一些对该企业产品感兴趣或与企业业务有一定关系的上网者，他们对企业有更多的了解，有可能提供更多更有效的信息；同时也为调研过程的及时双向交流提供便利。

(3) 可通过商品房网上竞拍给项目造势，提升项目人气网上拍卖是时兴的房地产销售方式，其通过市场需求来确定物业价格，具有公平的特性；同时又能为开发企业赢得尽可能多的利润。此外，由于网上拍卖形式的新颖性，可聚集足够人气，更多地对项目进行宣传，从而在直接追求物业利润最大化基础上，间接起到广告促销的效果，可谓一举两得。

(4) 三维动画及虚拟现实的应用。顾客在建筑项目尚未完全建成之前，通过三维动画演示，能够看到其建成后的真实面貌，普遍反映良好。中国老百姓普遍收入并不高，买一套称心如意的房子是许多人一生中梦寐以求的事情。而房地产营销通过三维动画展示，使老百姓不须等到竣工，也不须亲自爬上工地各楼层，仅仅是在项目建设初期，就能清晰、完整、真实地看到项目竣工后的情景。从而有更充分的理由根据其实际情况，对自身的购楼计划进行调整。

应用虚拟现实技术，目标客户可以在虚拟现实系统中自由行走、任意观看，突破了传统三维动画被动观察无法互动的瓶颈，给目标客户带来难以比拟的真实感与现场感，使他们获得身临其境的真实感受。当前 VR 在房地产中的成熟应用有：让购房者看到直观的样板房形象；在销售处放上电脑运用 VR 技术能让购房者在电脑上亲眼看到几年后才建成的小区，观赏到优美的小区环境设计；走进虚拟现实样板房，亲身感受居室空间的温暖；在电脑上选户型等。

### (三) 房地产"互联网+"营销新动向

地产营销接触互联网起步较早，在 20 世纪 90 年代，中国互联网发展之初，已有房企将互联网作为营销渠道的补充。2000 年以后，互联网崛起，与互联网结合进行推广逐渐受到房企关注。房地产的网络营销可以简单地分为三个阶段。

第一阶段，利用互联网平台推广，营销信息迅速传播，典型如"保利是个 P"，碧桂园"不扯淡、周一见"；第二阶段，互联网实现人与人之间的连接，成为有效拓展客源的工具，如全民营销 2.0、跨界电商；第三阶段，基于客户所需反馈，提供解决方案，如众筹、互联网金融。

第三个阶段是从客户需求出发做互联网营销，也是行业发展的趋势。此时营销不再局限于如何去做渠道，如何去找客户，对房企而言，客户的需求就是营销的准则。就目前房企营销策略来看，此阶段的营销有两大方向，其一，提供产品、服务方面的定制，营销具有针对性；其二，引入互联网金融，直面客户理财、购房准备金、首付款、按揭款等需求，营销有的放矢。

#### 1. 当代与北辰全盘众筹

2015 年年初，当代与北辰携手无忧我房网推出"全盘众筹"活动，实现真正意义上的房产众筹。以北京当代北辰 COCO MOMA 项目做标，涉及 384 套 50 年产权 45~55 平方米的商住房(不受限购影响)。众筹启动之前，该项目为一块平地，未开发。

首先，筹资期间，三档认筹款供客户认购。项目在无忧我房上网实行公开众筹，推出三档认筹款，分别为 10 万、20 万及 30 万，每个客户可认购多份筹资，认筹即享优先购房权，同时认购档位及排名决定后期选房顺序。

其次，建设期间，客户参与项目规划设计。随筹资期结束，资金投入开发，项目进入建设期。在建设期初，客户可介入开工前的设计规划中，自行定制户型、朝向等等，达成统一意见，提交给施工方，实现产品个性化需求。随施工进程推进，客户可通过线上平台了解项目进展，还可参与房企定期组织的参观活动，实地考察项目具体情况。此外，在建设期间，客户也可选择退出众筹，拿回本金及按银行活期存款年化计利息。

最后，选房期间，保证低于市场价置业。进入选房期，第一个认购30万档的客户优先权最高，依次类推。同时，客户享受不同程度的购房补贴，最高达2453元/平方米，按照目标价不超过22 500元/平方米，那么认购30万档的客户，则有希望以低于2万元/平方米的价格拿下意向房源，如图10-9所示。参考项目周边住宅产品售价均在2万元以上，且近年来北京房价持续攀升，其市场价也将水涨船高，众筹客户将坐享低价置业。

除此，如果客户在选房前期不愿行使众筹优惠权，则有合作的第三方公司包销房源，众筹优惠权不被浪费，转化为额外理财收益，综合收益率可达39.5%。

| 投资额度 | 现金收益率（年化） | 众筹特惠面积 | 众筹购房补贴（元/平方米） |
|---|---|---|---|
| 30万 | 5% | 40平方米 | 2453 |
| 20万 | 5% | 40平方米 | 1245 |
| 10万 | 5% | 40平方米 | 493 |

图10-9　当代与北辰众筹购房补贴情况

### 2. 华润联手小米、爱空间打造"华润盒子"

2015年，在华润北京大区品牌战略发布会上，华润悦景湾正式推出了2.0版的LOFT——"华润盒子"，并公布其精装套餐价格"998元/平方米，45天完工"，引起业内关注。

相比于众筹方式解决客户定制户型、低成本置业需求，"华润盒子"则解决客户的家装之需。"华润盒子"品牌形成来自华润、爱空间及小米智能家居三方融合，其中，华润提供房源；爱空间充分吸收"华润盒子"粉丝建议，进行家装设计，小米智能则为项目提供定制的APP，可通过手机控制家里的电子设备。作为"华润盒子"的首次尝试，华润悦景湾LOFT产品结合年轻客群及项目层高特点，实现复式结构设计，划分8个独立空间，覆盖8种户型，爱空间则针对户型推出8种精装套餐，每个套餐均可进行二次设计。

由于华润悦景湾LOFT产品全部为毛坯交付，华润为房源销售打造一步到位解决方案，让需求引导置业。一方面，"华润盒子"作用于营销环节，与项目匹配客群的需求在设计中得到反馈，客户未置业已认可要的就是这个居住环境；一方面，8种精装套餐可定制，而且客户亦可要求爱空间按照自己的要求调整套餐内的设计方案，如通往LOFT上层的斜坡式楼梯改为旋转式楼梯，同时可利用斜坡式楼梯二楼走廊下方空间做开放式厨房，扩展空间使用功能，如图10-10所示。

### 3. 房企引入互联网金融降低置业门槛

2014年，房企牵手互联网金融出击客户房贷需求，至2015年，互联网金融依然是营销层面不可缺少的话题。在营销方式上，金融层面的让利受捧，保利、远洋接力出击，或在首付款上做文章，或推理财产品降低购房预期。

图10-10  华润盒子精装户型对比

远洋联姻京东金融，贴息方式提供购房首付分期服务。续房产众筹之后，远洋再度联手京东金融，开启"人生X计划"中的"金融+"计划，为客户置业提供一套全方位的金融解决方案。二度合作，除延续前期的房产众筹，享受京东专属购房优惠外，还增加"白居易"首付零息分期策略及装修白条信贷服务，放大了京东金融属性，满足客户在置业过程中的全方位金融需求。

"白居易"首付零息分期降低置业门槛，缓解首付压力。首付零息分期策略实质就是0首付策略，客户与远洋达成置业意向，由京东金融提供首付款贷款需求，首付款分期返还，最长可分期24个月。装修白条信贷服务契合装修款之需，减轻置业后顾之忧。

保利携手民生银行推"利民保"，客户购房享理财收益。保利地产宣布联手民生银行推出名为"利民保"的理财产品。购买产品的客户享受两种利益，一种是可以坐享封闭期内的理财收益，另外一种是可以用优惠价格锁定项目开盘时的售价以及优先选购的权益。此外，即使用户不购买也可享受由民生银行提供的保底收益。

推出"利民保"，保利实现三方共赢局面。其中，客户是理财产品直接受益者，坐享收益同时拥有低价购房权，而保利与民生银行则各取所需。

首先，携民生银行推"利民保"，保利兼顾客户买房及理财。保利与民生银行推出"利民保"，针对广州保利金融中心期房产品，客户以房源市场总价20%的金额购买相应理财产品，即锁定房源定制总价，进入理财封闭期。在封闭期结束后，至项目开盘，客户如选择交易房源，可获得定制以外的收益和优先置业权，如放弃交易，购买理财产品的金额全部归还，同时享民生银行保底4%的理财回报。以保利金融中心将售的公寓为例，市场价177万元，按照150万元定制总价计算，如客户选择交易，直接获利27万元，如放弃，按35.4万元一年期理财，可获得1.4万元利息收益。

其次，"利民保"迎合保利和民生银行双方利益。一方面，随"利民保"上线，民生银行理财业务客源拓宽，内部流通资金充裕，可放贷，保利为自己打通一条低成本融资渠道。

# 第十章 网络营销的典型应用

案例思考

结合案例思考房地产网络营销经历了哪些阶段，房地产的"互联网+"营销还有哪些可以深入挖掘的空白领地，这样的营销方式是否符合基本的营销原理，能否最后走向成功？

## 二、案例2："饿了么"移动外卖平台案例分析

### （一）"饿了么"简介

"饿了么"是中国专业的餐饮O2O平台，由拉扎斯网络科技(上海)有限公司开发运营。公司创立于2009年4月的上海交通大学闵行校区。截至2014年10月，公司业务覆盖全国近200个城市，加盟餐厅数共计18万家，日均订单超过100万单，团队规模超过2000人。作为中国餐饮业数字化领跑者，"饿了么"秉承激情、极致、创新之信仰，以建立全面完善的数字化餐饮生态系统为使命，为用户提供便捷服务极致体验，为餐厅提供一体化运营解决方案，推进整个餐饮行业的数字化发展进程。

"饿了么"的主要功能分析：①快速搜罗附近外卖，不用打电话直接预订；②APP会在第一时间通知您外卖状态；③看到大家对喜欢的外卖美食的点评&照片；④收藏您喜欢的餐厅和美食，方便点餐；⑤各种赠饮打折活动，优惠不断。

"饿了么"目标市场的选择，随着人们生活方式的改变，追求便利与互联网的深度对接将使得网上订外卖在越来越大的范围内流行开来，在线外卖将成为整个餐饮O2O崛起的重要力量。而移动互联网的迅速普及，必然会进一步刺激这种趋势的延伸。然而市场确实很大，不过竞争者也很多。在线外卖市场早期竞争虽然没有那么明显但也颇显残酷，大量创业者在半途默默消亡。"饿了么"是少数能够坚持下来的，"饿了么"根植于高校的土壤之上，这是其优势所在，也是其走向更大市场的积累。饿了么本身就是一个年轻学生创建起来的企业，创业初期的目标人群就瞄准了高校，如图10-11所示。

图10-11 "饿了么"的外卖小哥

选择高校市场开始切入，是"饿了么"走对的第一步。一方面，高校食堂无法满足学生多样化、多频次、可配送等进餐要求，学生群体非常容易为外卖市场所占领；另一方面，学生消费水平并不高，学校周边餐饮商户也多属于体量小、财力弱的中低端餐馆，其对于外卖网站这一成本低、覆盖范围广、效率高的外卖渠道接受度很高。"饿了么"团队对于学生群体的需求也有着深刻地了解。"饿了么"网站上的"谁去拿外卖"功能。通过摇骰子的方式比大小，选出寝室中的一个人去楼下取外卖。

## (二)"饿了么"经营方式

### 1. 主导思想

大部分地方都有很多的饭店，但是没有一家信息平台，如果要找到他们的菜单，电话是很不方便的，然而在订餐高峰期打电话订餐的话，电话还有时候打不进去，并且在嘈杂的环境下交流起来也不方便，即使订餐顺利，每个月还得花上五元钱左右的电话费。这是在校大学生都能体会到的，而且中国的餐厅本身也几乎没有网站这一平台，所以这就是个市场机会，"饿了么"网提供了信息平台，像淘宝一样。率先提出"C2C 订餐"的概念。

"饿了么"的理念是"不仅为顾客提供方便，同时还传达一种年轻化的生活方式，并竭力使其健康化"。"饿了么"为了给顾客提供高质量，多样化的选择，邀请更多的加盟餐厅，同时也营造了一个竞争的环境，使得同种类型的加盟店的服务质量得到提升，各种优惠和促销手段相继推出(如各种满减活动和赠品活动)。

### 2. 交易流程简单

顾客通过"饿了么"APP 可以清楚地看到周边每一家餐厅的每一款菜色提供外卖的时间，在"宅"文化的盛行、食品安全问题突出的当下，"饿了么"为用户提供了更多的选择。如果店家的某一道菜由于某种原因不能提供外卖，顾客便可以在网站上清楚地看到这道菜在页面显示为"已售完"，并且显示下一轮外卖开始的时间。消费者只需轻轻点击鼠标，美味即刻送到面前。整个订餐流程方便快捷。而餐厅只需安装"饿了么"网络订餐系统特制的终端就能轻松地管理自己的网上餐厅。

### 3. 发展方向

现在的"饿了么"，很像当初的 Facebook，选择的是一步步地在一个个学校攻营拔寨，做好了一个，再扩展下一个。这样的做法适用的市场是新市场，同时还没有太多的人嗅到商机的情况下，一个个慢慢来，等做大了，大公司发现已经有壁垒了，进不来了。"饿了么"的线下拓展方式，并不是以城市为单位，而是以"大区"，每个大区会有 1～2 人进行推广，同时配备数名短期兼职员工，使更多高校园区的大学生和白领阶层就餐更便利，从而其公司获取更多潜在顾客并积累更大的消费群体。按照这样的方式发展，"饿了么"的用户群数量，逐步扩张一个个学校后，迎来的是开放，曲线是一段段的稳步上升，直到一个爆发点，迅速爆发，占领市场，如图 10-12 所示。

图 10-12　"饿了么" APP 优惠活动

#### 4. "饿了么"的线上线下推广

"饿了么"的推广，第一个是线下大规模的宣传，第二个是线上有内涵的渗透。线下的宣传主要以发传单、贴海报、在公交车站等地发布广告为主，如图 10-13 所示。线上的推广则主要集中在微博等社交网站的宣传，微博的内容自然是关于饮食与健康，同时又为大学生这一群体及时发布最新的相关资讯，比如，就业招聘、旅游与美食，等等，既贴近生活又提升了"饿了么"的品牌力量。

图 10-13　"饿了么"线下优惠活动

### 5. 客户关系的维护

"饿了么"开设了订餐评价系统,并设置了积分模块。客户可以评价此次的订餐体验,发表自己的看法,并对所订餐饮是否好吃给予相应的打分,打分后就可以获得相应的积分。每订餐一次,也会有相应的积分累计,达到指定的积分,可以兑换相应的礼品;这给客户提供了一个良好的沟通平台。运用客户端订餐就可以分享红包,在下一次订餐时使用,这样既加大了品牌知名度又增加了潜在的客户,并维持了现有的客户。

总体来看,"饿了么"是一比较成功的网络外卖平台。它的主导思想明确、交易流程简单、总体发展明确,而且不管是线上还是线下的推广都做得非常优秀。外卖平台就像一个桥梁,外卖平台的桥梁两端一边连接消费者,一边连接商户。商户关心的是如何获得更多的订单,如何获取更多利润,而消费者关心的是外卖产品的质量和外卖平台递送外卖的服务质量及速度。最终都要落实到消费者的认可和满意度上,落实到产品质量和服务质量上。

 案例思考

> 请运用市场营销学的理论谈一下"饿了么"成功的关键?APP 整合 LBS,实现线上到线下、线下到线上的价值链条,请从线上线下两个方面谈一谈"饿了么"的不足之处,针对这些不足,其在网络营销中要注意哪些问题,并如何改进?

## 第三节 非传统网络营销案例

### 一、案例 1:澳大利亚大堡礁的事件营销

2007 年的一天,昆士兰州旅游局的管理层以及 18 个国际办事处的主要人员都聚集在总部的会议室里,希望能找到一个旅游营销方案,让世人牢牢记住大堡礁。唯一的要求是,这些主意必须是放之四海而皆准的全球性创意,同时还只能主要通过网络力量进行传播,让更多的人参与进来并进行互动。

2008 年全球爆发了金融危机,很多企业裁员、减薪,而昆士兰旅游局成功策划了"世上最好的工作"。2009 年 1 月 9 日澳大利亚昆士兰旅游局网站发布招聘通告,并为此专门搭建了一个名为"世上最好的工作"的招聘网站(www.islandreefjob.com),网站提供了 5 种国家语言版本,面向全球发布,短短几天时间网站吸引了超过 30 万人访问,导致网站瘫痪,官方不得不临时增加数十台服务器。

让我们先来看看这则招聘广告:"澳大利亚大堡礁看护员,每天在有三间卧室的豪华海景房观赏广袤太平洋上瑰丽的日出和夕阳,在全世界最洁净的海域划船喂鱼、畅游潜水,在大堡礁的碧海蓝天里通过博客、照片和视频记录护岛生活的点点滴滴,并在半年后获得

近 15 万澳元的酬劳。"这肯定是一份让全球上班族羡慕的工作，如图 10-14 所示。

这份工作的主要内容也构造得非常有意思。

图 10-14　美丽的澳大利亚大堡礁

探索和汇报，看护员工作时间比较有弹性，其主要职责是探索大堡礁的群岛，以更加深入地了解大堡礁。他须通过每周的博客、相簿日记、上传视频及接受媒体的跟踪访问等方式，向昆士兰旅游局(以及全世界)报告其探奇历程。这将是一个最难得的机会致力宣扬大堡礁美妙的群岛。喂鱼，大堡礁水域有超过 1500 种鱼类。试想象各式各样珍贵鱼类蜂拥而上的场景会是多么震撼！清洗泳池，泳池虽然装有自动过滤器，但如你发现水面上有一片飘落的树叶，那下水清洗泳池绝对是畅泳的好借口！兼职信差，探险旅程期间，你可参与航空邮递服务，这将是在高空俯览大堡礁美景的绝佳机会。

在大堡礁上居住本身已相当吸引人，更何况成功的申请者于六个月合同期后可获取 $150 000 澳元的薪金。此外，往返经济舱机票(距申请人所在国首都最近的机场)、住宿、在哈密尔顿岛上的交通费、合同期内的旅游保险、电脑、上网服务、具备录影功能的数码相机、往来大堡礁岛屿间的交通均全部由昆士兰旅游局提供。

当昆士兰旅游局把这则招聘广告通过 YouTube、Twitter、MySpace、Facebook、Monster (招聘网站)等发布出去之后，马上在全球范围内传播开了，各种 SNS 社区里的讨论更是炸开了锅，电视、报纸、广播等媒体也都竞相报道。

这样一份诱人的工作，赶快开始申请吧！申请条件也非常简单：年满 18 周岁，英语沟通能力良好，热爱大自然，会游泳，勇于冒险尝试新事物。申请人须登录招聘活动官网填妥申请表，上传自制 60 秒英文短片，说明自己是该工作的最适合人选的理由。绝大多数申请者都借助 YouTube 来提交自己的求职视频；应聘者还通过 BBS、博客以及网站交换创意；活动吸引了大量来自世界各地的投票者，他们通过各种新媒体对自己国家的应聘者进行支持。

在 2009 年 1 月 9 日到 2 月 22 日接受全球申请的期间，共有来自全球 201 个国家和地区的 36 648 为申请者上传了工作申请的视频，其中包括 11 565 名美国人、2791 名加拿大人、2262 名英国人、2064 名澳大利亚人、503 位中国人……一共产生了 610 小时的有关宣传大堡礁的视频内容，在 56 天时间里成功吸引了 6 849 504 人访问招聘活动的官方网站。

而这还只是开始，接下来还有三轮淘汰。在这个过程中，又在 YouTube、Twitter、MySpace、Facebook 等 SNS 社区里开始了新一轮的病毒传播，使活动的影响力不断延伸，有关大堡礁的各种信息不断被扩散。最终，本·绍索尔赢得了"世界上最好的工作"，他在后续的工作中，通过博客、照片和视频记录下了护岛生活的点点滴滴，也吸引了全世界的关注。

这次活动的所有关键环节都是在网上展开的，在 Google 中搜索"best job in the world island"，搜索结果竟然达到 52 500 000 条，其中包括 231 355 篇博客文章和 4360 条新闻。而从最开始的活动网站，到消息在 SNS 社区中病毒般扩散，再到通过收集 SNS 中产生的内容进行二次传播，不断促成与用户的互动，让整个互联网看上去就像是一个关于大堡礁的互动网络社区。

病毒营销还是事件营销，都存在一个时间的问题，一般都是不长时间就快速淡出人们视线，如"封杀王老吉"等，而昆士兰旅游局在策划本次营销事件的时候在候选人本职工作中尤其突出了一条："他须通过每周的博客、相簿日记、上传视频及接受媒体的跟踪访问等方式"，这可能也是所有工作职责内最重要的一条，喂鱼、清洁那都是随便玩玩，而这个持续的对大堡礁的宣传，并能够每次的都能够吸引全世界网民的眼球与关注才是最重要的工作内容！

大堡礁的事件营销，让昆士兰旅游局以 170 万美元的低成本，收获了价值 1.1 亿美元的全球广告效应，成功地让澳大利亚的旅游景点——大堡礁获得全世界的关注。对于大堡礁事件成功的几点思考。

1. 正确的时间做正确的事

2008 年美国金融风暴快速席卷全球，大量工厂裁员，工人失业，在这个人心惶惶的时刻谁能够拥有一份稳定、高薪的工作，真的是很惬意的事情，澳大利亚昆士兰旅游局恰当其时推出以惬意的工作环境和工作内容，以每小时 1400 美金的超高待遇在全球招聘，仅仅"岛屿看护员""半年 10 万美金工资"就够吸引眼球了！

2. 向目标客户通过合适的传播渠道进行传播

澳大利亚昆士兰旅游局这份面向全世界招聘的工作一经发布，在全球网络迅速刮起了应聘热潮，美国《纽约时报》、英国《独立报》等都对这份令人难以置信的工作进行了报道。就连遥远的中国电视媒体、网络媒体、报纸媒体也无不大篇幅进行介绍，更重要的是跟踪

# 第十章 网络营销的典型应用

报道！

### 3. 营销的价值是一种精神与价值的传递

通过"世上最好的工作"事件营销，最基本的层面是让我们即便不了解澳大利亚大堡礁的人这次也有了了解，通过本次事件营销更让我们充分了解了澳大利亚风景之外的体验，精神与价值！旅游不是看热闹，也不是仅仅去欣赏风景，更需要的是一种完全融入其中的和谐共处。

**案例思考**

> 请思考大堡礁事件营销成功的主要因素，除了案例中提到的，还有哪些因素？大堡礁的营销，对于国内城市营销有什么启示，如果需要你对桂林的城市进行网络营销，你有什么好的点子。

## 二、案例2：自媒体"罗辑思维"的启示

2012年年底，罗振宇与独立新媒创始人申音合作打造知识型视频脱口秀《罗辑思维》。半年内，由一款互联网自媒体视频产品，逐渐延伸成长为全新的互联网社群品牌，如图10-15所示。

图10-15 罗辑思维创始人罗振宇

罗辑思维，是目前较大的互联网知识社群，包括微信公众订阅号、知识类脱口秀视频及音频、会员体系、微商城、百度贴吧、微信群等具体互动形式，主要服务于80、90后有"爱智求真"强烈需求的群体。《罗辑思维》的口号是"有种、有趣、有料"，倡导独立、

理性的思考，推崇自由主义与互联网思维，凝聚爱智求真、积极上进、自由阳光、人格健全的年轻人，是国内微信营销的典范。

2015年10月罗辑思维完成B轮融资，估值13.2亿人民币。

### (一)罗辑思维的发展历程

2012年12月21日，知识型视频脱口秀"罗辑思维"正式上线。

2013年8月9日，"罗辑思维"推出"史上最无理"的付费会员制，仅半天就告罄，轻松入账160万元。

2013年12月27日，"罗辑思维"二期会员招募，且限定微信支付，24小时内招收到2万会员，入账800万元。

"罗辑思维"推出的58期视频，每期视频的平均点击量超过100万，微信公众号上"罗辑思维"的粉丝已经超过108万。

在罗辑思维的运营初期，外界将罗辑思维的火爆归功于罗振宇本人的魅力。

首先，罗振宇之前的工作领域属于传统媒体，他长期担任第一财经频道的主持人，组织节目的能力很强，能够有效把握"秀"的分寸，将熟悉的话题与陌生的话题紧密结合。其次，罗振宇还懂得互联网的逻辑。最后，罗振宇的知识的广度、阅历和人脉又超出绝大多数互联网业内人士。

传统媒体人的内容积淀+互联网新媒体的渠道优势=罗辑思维的成功，罗辑思维的成功可以算是传统媒体人转型成功的正面教材，包括罗振宇本人在内，都将罗辑思维的成功视为"自媒体"商业模式的成功试验。

自媒体强调互动式广播，听众参与互动甚至创造内容。第一类是潘石屹模型，在产业链上自己生长出媒体，潘石屹其实就是SOHO中国的媒体，他把他表演、作秀、演讲、发微博、发博客形成的注意力，倒灌回他自己的产业链，形成整个产业价值。此类还有王石、任志强、刘强东等人；第二类是媒体人以魅力人格体为核心自建产业链，如罗永浩、郭德纲、郎咸平、周立波、罗振宇。

### (二)罗辑思维的成功思考

首先，从本质上说，罗辑思维搭上了信息时代的顺风车。

在信息泛滥的时代，人们需要可信的知识源、可靠的知识，同时，也需要有效运用自己的自由时间，使时间的价值得到提升而不是浪费。人们的自由时间除了仅仅用于内容消费，还应更多用于内容分享和创造，而分享和创造的价值远大于消费。在互联网时代，无论多小众的兴趣，都存在利益市场，让你能够找到志同道合的人结成社群，互联网能将个人力量进行汇总。这种力量，就是"认知盈余"。

认知盈余就是受过教育并拥有自由支配时间的人，他们有丰富的知识背景，同时有强烈的分享欲望。当他们通过高效及多样化的沟通渠道结成社群限制，随着"认知盈余"时代的演进,更多自由时间的力量被利用,罗辑思维就是这种力量的聚集地之一(关于认知盈余更多可参看,中国人民大学出版社,克莱·舍基著《认知盈余》)。

其次,罗辑思维定位精准,成为整合资源的平台。

罗辑思维的定位:打造自由人自由联合的知识社群。罗辑思维的用户被高品质的内容吸引,因为价值观彼此认同而形成关系。罗辑思维的目标人群:10 万个相信罗辑思维的品质、认同罗辑思维的内容和运作方式,并期待罗辑思维更好、更成功的人。罗辑思维不追求那种广大的服务性,甚至不需要传统大众传播里面的几百万人、几千万人的传播量。罗辑思维的目标会员:对知识性产品有发自内心的热爱;彼此信任;有行动的意愿,且真能付出行动。

未来在体验经济下,一切产业本质都是媒体的时候,所有产业链都必须生长出自己的媒体性。未来市场只存在两种必然:一种叫资源;一种叫运营资源的平台。未来只有两个角色可选:第一个是成为资源;第二是成为整合资源的人。

最后,罗辑思维关注的焦点均是时代热点和敏感话题。

罗辑思维关注的焦点既包括房价、慈善、民主、反腐、法制、政治体制改革等当今主流社会关注的热点,也包括泡妞、找工作难、读博无用等生活化的话题。打着读书的旗号,以史为鉴、洋为中用、立足国情、中国万岁也帮助它避开可能带来的政治麻烦。

## (三)罗辑思维的盈利模式

### 1. 会员盈利模式

如果光靠卖几本成功学的书,那能赚多少钱?对吧。传统媒体+互联网之后出现的最奇怪的会员模式。每人交 200 元,合起来就几百上千万,取出一半先收入囊中,剩下一半是彩池,给会员抽奖,就是"罗利",而最低奖是赠书的安慰奖,人人都有安慰奖。

### 2. 高毛利商品的饥饿营销

首先是这个高毛利商品,罗胖选了两种,第一种是礼品版的图书套装。这里要说明的是,一般图书卖不了高价钱,平价图书可以上当当网、卓越网等购买,但是图书套装礼盒却不同了,那是高毛利商品,已经不是书籍范畴,而是礼品范畴了。

第二种是月饼。月饼也是暴利商品,很多人都知道有些厂商靠中秋一季的月饼销售就能全年不愁。罗胖做月饼,果然还是扯上了互联网,说月饼是最古老的互联网产品。互联网月饼这个事,细思也非常奇怪。

### 3. 对外投资

2016 年 3 月,罗辑思维和真格基金等机构 1200 万元人民币投资另一家自媒体网红 papi 酱之后,papi 酱的表现就一直可以用"爆"字形容。4 月 21 日 papi 酱广告拍卖会,以 2200 万元的价格被天猫卖家丽人丽妆最终拍下,被誉为"新媒体史上第一拍"。7 月 11 日,papi

酱在花椒、优酷等 8 个平台同时首次直播，8 个平台同时在线观看量达到 2000 万。罗辑思维年度最佳促销广告：让我们来进行互联网试验！

### 4. 给企业家讲座

企业家们都在搞互联网转型，但又不知道怎么搞，个个像没头的苍蝇，所以这方面需求特别大。罗辑思维火了以后，罗胖搞互联网讲座的出场费直线飙升，现在按小时算可以达到 6 位数。

只要有了互联网思维，你企业就能成功。而现实却很残酷，各个行业内的基本共识：传统企业搞互联网转型，主动转是找死，不转型是等死。自媒体作为知识的搬运工，镜头感好又会卖萌赚钱，这本事一般自媒体人还真学不来。

整体商业模式来看，罗辑思维看不出一点内容创业公司的影子，卖礼品、卖月饼，活脱脱一家电商公司，对外投资也是离题万里，给企业家做讲座，更是涉足教育培训行业。难怪罗辑思维的 CEO 李天田说，"投资 papi 酱是我们最大的耻辱"，不是 papi 酱投资得不好，是非常好，正是因为非常好，经不起诱惑，才没有找到内容创业公司的盈利模式。

## (四)罗辑思维的未来

罗振宇在其《夜观天象》一文中阐述过罗辑思维初期运营思路。
(1) 推出自媒体视频。
(2) 在 APP 上免费推广，靠粉丝打赏包养。
(3) 帮助其他自媒体人打造产品。
(4) 寻求合作。

罗辑思维社群经济的发展大致可分为三个阶段，不同阶段罗辑思维的运营重点也不相同。

第一阶段，罗辑思维自媒体的品牌建设阶段。

这一阶段主要是输出脱口秀视频并在微博和微信上进行推广，积累口碑。甚至在新浪微博上@罗振宇，多半能得到本人的回复。罗辑思维最初几期的内容均是由团队自己策划完成，吸引到大量观众。但罗振宇在视频节目中也承认，仅仅靠团队自身知识局限很难保证罗辑思维长期高品质内容的产生。

第二阶段，罗辑思维知识社群的形成阶段。

从罗辑思维开放投稿开始，罗辑思维知识社区开始形成。从这时起，罗辑思维开始逐渐发挥自媒体的"互播式"优势。内容方面，罗辑思维将之"众包"给了广大听众，有了前期积累的数十万粉丝，即使只有一小部分与之互动，也能产生相当多的热点和素材。罗辑思维脱口秀视频的内容品质也开始稳固提升，所谈所讲均是社会潮流。

第三阶段，罗辑思维社群经济的探索阶段。

从招募会员开始举行活动即可算是真正的社群经济探索，罗辑思维也将长期处在这个

# 第十章 网络营销的典型应用

阶段。从招募到会员开始，罗辑思维开始实验社群经济的运作模式。这种模式分为两类：一类是群内互动；一类是社群电商，就是一起挣社群外的钱。最后，则是向其他产业延伸，形成更大的声势和共振。

例如，推出罗辑思维众筹的月饼，首先在社群内筹资，比方说 500 份，一份 1 万块钱，限会员，一天抢完，筹到 500 万元资本金。再把月饼的制作包括法律顾问、财务顾问等问题摊开，让会员认领。最后，接受全社会关于罗辑思维月饼的联合定制，挣到钱之后，把参加会员的工资付掉，留下 20%做一个公益事业，剩下 80%原始股东分成。

罗辑思维对于标准化内容所做的努力除了定期的脱口秀外，就是坚持微信公众号每天早上 6 点半发布的 60 秒语音信息。选择早上 6 点半发布是为了争取每天第一个开始需要阅读的碎片化时间，即早上上厕所的时间。

自媒体电商也许是未来几年的流行趋势之一，"罗辑思维"正站在趋势潮头。当罗辑思维已经摸着石头过河时，我们是要继续站在河边围观、论证浪潮是否存在，还是试着去打造自己的过河之舟？"罗辑思维"到底向何处发展，我们拭目以待。

**案例思考**

请思考罗辑思维最初成功的主要因素，你认为罗辑思维目前最大的问题是什么？为什么说罗辑思维的盈利模式有问题，罗辑未来将可能向哪些领域转型？你认为内容创业型自媒体，需要注意哪些问题。

## 第四节 网络营销与创新型创业

网络经济时代是一个伟大的时代，它充满挑战，同时也充满机遇。对因循守旧的人而言，网络经济时代意味着市场环境的变化无常以及无处不在的激烈的竞争；对于心怀梦想勇于创新的人而言，网络经济时代又意味着无处不在的白手起家创建商业帝国的机会。

创业是创业者对自己拥有的资源以及通过努力能够获取的资源进行优化整合，从而创造出更大经济或社会价值的过程。创新型创业一般包括获得商业创意、识别商业机会、撰写商业计划书、组建创业团队、为创业企业争取投资、使创业企业发展壮大等过程。

### 一、案例 1：百万美元主页的创意

互联网时代充满了创新与创意，有时候一个非常简单的创意也可以获得巨大的成功。

一个领先创意取得成功的例子是百万美元主页（www.milliondollarhomepage.com）的创意。这个创意是英国 21 岁的学生 Alex Tew 为筹措学费想出来的。Alex Tew 设计了一个网站，网站的主页是一个百万像素的图片，创业者将 100 万像素划分为 10 000 个 10×10 像素

大小的广告位按每像素 1 美元价格出售，也就是每个广告位 100 美元。广告商旋转他们公司的 LOGO。网站的首页还有个导航条，导航条上除了百万美元主页自己的标识，还有一个已经售出像素数的计数器，以及若干指向内部页面的文字链接。

这个网站在 2005 年 8 月 26 日上线，上线第三天就出售了第一块广告位，买主是 Tew 的一位朋友，他用 400 美元买了块 20×20 的广告位，仅用了两个月，百万像素广告位已经售出一半。另后 1000 个像素于 2006 年 1 月 1 日入在 Ebay 上拍卖，1 月 11 日，这 1000 像素以 38 100 美元的价格被卖出。到此，创业者网站的广告位全部被售出，为创业者带来了上百万的收入。而 Tew 搭建网站的费用仅为 50 英镑，扣除其他营销费用、税收以及对基金会捐款，Tew 的纯收入在 65 万～75 万美元之间。

这个创意出奇的简单，同时又十足的异想天开，很快就受到了全世界众多媒体的关注。根据不完全统计，从 2005 年 9 月到 2006 年 1 月，百万美元主页受到了英国、美国、德国、中国、俄罗斯、印度在内的 36 个国家和地区的数百家媒体的报道，其中不乏《华尔街杂志》《中国日报》《BBC 在线》《广告时代》等知名媒体，如图 10-16 所示。在这些媒体报道的帮助下，百万美元主页的访问量大增，在 2006 年元旦，百万美元主页每小时的访问量为 25000 独立访问者，在 Alexa 网站排名排到了世界第 127 位。如此巨大的访问量使许多购买了像素的广告商都获得了丰厚的回报。

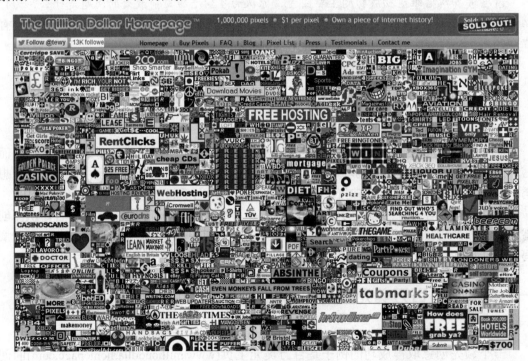

图 10-16　百万美元主页

# 第十章 网络营销的典型应用

需要注意的是，后来世界上很多人想要模仿他的创意，但都没有成功。的确，这个创意创造了一段历史，而这样的成功无法复制，原因在于 Tew 的成功很大程度上归功于媒体的关注，而媒体之所以关注这个创意，是因为当时这个创意是独一无二的，具有新闻价值。Tew 的成功也说明在互联网时代创意的重要价值。

(资料来源：刘向晖. 网络营销导论(第三版)[M]. 北京：清华大学出版社，2014.)

**案例思考**

请思考 Tew 的创意为什么会在很短的时间内获得巨大的成功？类似的创意你是否考虑过，如果给你 500 元人民币，在六个月的有效期内利用互联网创造更多的财富，你会怎么办？

## 二、案例2：暗恋通知书的创业教训

暗恋通知器是由 24 岁的工程师丹·洛文赫兹(Dan Loewenherz)首创的，创意的点子来自生活，某个周五晚上他与未婚妻、岳母聊天，他们在讨论，能不能将未婚妻的姐姐介绍给另外一位男性的友人，问题是这位男性的友人非单身，他们一叹：好可惜。然后是这位岳母说：如果能有一套软件，当他又变成单身的时候，通知我们，该有多好？这句话如雷电劈在这位工程师的脑里，他马上说：没问题，小 case，这东西我可以在几个小时内搞定！

虽然有点后悔和未来丈母娘讲了这句话，但既然已经讲了，为了面子，真的也不得不在几小时内写出来。他说做就做，马上冲下楼梯回到宿舍，专心地做，在短短 4 个小时就完成了这个点子，在星期六立刻开站，没想到，这个分手通知器网页已经被拜访了 70 万次，后来最新的消息是，这个程序总共吸引了高达 360 万人报名使用。

重点是，这网站的获利模式为何？此仁兄想出了一招，在免费的情况下，你最多只能监控二位朋友，如果想要追踪更多朋友，那么，你就必须要付钱！但我们猜，毕竟应该不会有这么多人，真的会去期待两个以上的朋友恢复单身，强烈到想要付钱去追。而且这个分手通知器不久就被 Facebook 禁掉了，丹·洛文赫兹又转变思路，做了一个暗恋通知器(Crush Notifier)，比短短 72 小时接近 370 万访问量的分手通知器更受欢迎，反响更好。

暗恋通知器，你就只要告诉暗恋通知器就好了，这个网站会帮你守住秘密，不会告诉当事人，只会寄一封匿名的暗恋通知信给当事人！这时候，当事人循线来到此网站，若也告诉网站，她偷偷地在暗恋你，那么，暗恋通知器就会将这个大好消息，寄给你们俩知道，接下来就看看你们俩要怎么办了。

2011 年 4 月月底，腾讯平台刚刚开始开放，应用非常缺乏，考虑到"暗恋通知器"在 Facebook 上受欢迎的程度，在腾讯平台上创建类似应用获得成功的可能性很大。朱念洋具有敏锐的商业嗅觉，他在看到了这一明显的商机后立即行动，同一个朋友合作，自己负责后台开发，朋友负责前台开发，布局参考豆瓣网，只有一个周末的时间就把整个应用开发完毕，依靠腾讯巨大的用户基础，虽然只是上线了用户相对较少的朋友平台，"暗恋通知书"这一应用的下载安装数量也很快就超过了 200 万，而每天活跃的用户就达到了 1.5 万人左右。这样的发展速度让创业是想象不到的，如图 10-17 所示。

虽然有这么多的用户，但创业者在把流量转化为收入方面遇到了问题，创业者先后尝试了几种盈利模式，包括付费表白、付费送礼物等，但是盈利状况都不是很好，而由于腾讯平台限制向外的链接，创业者也无法通过参与 Google Adsense 这样的网络来获得广告收入。

由于没有足够的现金流，创业者不得不寻求外部投资来维持运营，创业者先后在 36Kr 等多个创业融资平台上发布过融资申请，虽然几个投资人对项目有兴趣，并且与创业者进行过沟通，但因为各种原因，项目最终没有获得投资。

图 10-17  人人网上暗恋通知书暗恋成功界面

腾讯的服务器试用期结束，开始按照对服务器资源的占用对应用收费。由于暗恋通知书的用户量非常大，每个月服务器成本对当时的创业者来说就是一个不小的数目。为了节省费用，创业者忍痛做出了一个有疑问的决定：拒绝上线 QQ 空间。 如果上线 QQ 空间，暗恋通知书的用户可能会增长 10 倍以上，那应用服务器的成本也将增长 10 倍以上，如果项目没有盈利，那就很难维持。

后来由于腾讯平台的应用不断增多，加上"暗恋通知书"没有上线 QQ 空间，用户增长开始放缓，创业者也一直无法找到合适的盈利模式，2012 年 6 月，创业者将"暗恋通知书"项目出售，这次创业以失败宣告收场。

创业者朱念洋为我们分享的教训是："一定要有自己的用户，一定要挣脱平台的束缚形成自己的品牌。那些所谓开放平台导给你的用户，并不真的是你的用户。即使初期由于发展需要不得不与平台合作，也要在做起来之后，尽快将依赖变小。"因此基于开放平台创业的企业要避免对单一平台的依赖，要开发跨平台的应用，同时，还要通过微博等社交媒体软件来建立真正属于自己的用户基础。

(资料来源：刘向晖. 网络营销导论(第三版)[M]. 北京：清华大学出版社，2014，有删改)

### 案例思考

请思考创业者朱念洋为什么没有在这个项目上取得最终的成功，而是选择项目出售？类似的暗恋通知器你认为它的赢利模式应该如何丰富，思考基于平台创业的点子还有哪些？并就开放平台创业梳理其优缺点。

## 三、案例3：关注情感服务的"静静"

杨际锋曾经有十余年上市公司高管工作经历，2014年年初毅然决定放弃年过百万的稳定高薪工作，创办湖南静静科技信息有限公司，跨界进入移动互联网创业。"如若不能静下心来，再多的物质也无法享受。有的时候，虽然只是一个创业者，但免不了想推动一下整个社会。时代的发展速度牺牲的是整个社会的价值观，我希望的是把生活的智慧，心灵的安静通过一部分人传播到另一部分人。这是一个中国快速发展三十年带来的问题，也是我们正在面临的问题"。毫无疑问，这是一个有情怀的创业者。

我们在充分享受物质充盈给我们带来满足的同时，我们的内心世界却被如影随形的烦恼逐步吞噬。现实生活中，我们遇到烦恼，一是可以通过自己内心的自我调整修复，二是通过外界亲朋好友的安慰与指点等。内因是解决问题的关键，但是外界的帮助可以让自己更好地认识自己与走出痛苦的困局，如图10-18所示。

图10-18 互联网时代的知识盈余

### (一)创业的逻辑

关于为什么要创办静静，除了情怀，他的想法是基于"共享经济"，人们平均每天除了

# 网络营销理论、方法与实践

工作、吃饭、睡觉等,每天处于无聊自由状态下的时间大约为 3 小时/人,全国成年人口一年的无聊时间(碎片化时间)约为 1 万亿个小时,如果我们把这种自由时间看成一个集合体,一种知识盈余,那么,这个盈余会有多大?

静静 App 是一个平台,它把有烦恼诉求的用户与乐于助人的天使连接在一起,重新定义人与人之间交往的温度与价值,如图 10-19 所示。它最大特点是个人利用闲置资源来提供服务。一方面,有烦恼的用户可以在静静平台里,直接免费获得其他所有人的热心帮助,也可以直接找到经过平台认证的天使,一对一付费情感安慰、答疑解惑、出谋划策等。另一方面,天使则可在平台上分享知识、经验、时间、技能,帮助别人化解烦恼的同时获得回报。

图 10-19　静静 App 界面

静静的产品设计从"心灵满足,自我实现"的角度切入,避开熟人关系社区,也希望摆脱地理位置和兴趣入口,从情感服务中产生经济价值,往更有实际意义的方向走,静静现阶段向用户提供的服务主要是偏线上的情感咨询服务,如图 10-20 所示。5 分钟的免费沟通时间后,进入收费模式,该收费标准现阶段定位在 5~15 元/半小时。

关于市场有多大,创业团队给予这样的思考。

(1) 再强大与坚强的个体,偶尔也有烦恼与脆弱的时候,可谓人人有烦恼。当我们有烦恼的时候,无论是工作上或生活上的,都可以在静静平台里,直接免费获得其他所有人的热心帮助,也可以径直找到经过平台认证的天使,一对一付费情感安慰、答疑解惑、出谋划策等。

(2) 总有一个领域,我们比别人更优秀或更擅长,人人都是天使。普通大众塑造个人品牌的时代已经悄然开启,我们可以在自己空闲的时间,尽自己所能去帮助他人,可能自己不经意的一句话或指点,让他人重拾人生与改变生活。赠人玫瑰,手留余香,静静平台是很好的知识盈余变现平台,帮助他人获得内心愉悦的同时轻松赚的碎片收入在 5000 元以上。

图 10-20　静静试图用社交网络构造出情感经济平台

## (二)成长中的静静

目前静静已经完成了首轮融资 800 万元,又通过微信空间众筹接近 1000 万元。"小静静"有着大梦想。静静希望用三年左右的时间实现 1 亿左右的用户,静静 APP 成为大众个人生活必备软件之一,成为知识共享经济领域的引领者。为了实现这个伟大的梦想,杨际锋和他的团队启动了梦想计划,通过找 10 000 名梦想赞助商,每个赞助 100 元。找 100 名梦想合伙人,每人入股 10 000 元。

除了资金问题,杨际锋和他的团队还着手市场营销,0 元广告费成功植入湖南卫视《快乐大本营》——成为中国低价的植入广告之一,100 万的 App 下载量,仅仅用一周的时间——成为中国最有影响力的优秀新锐 App。2016 年静静 App 从 1000 多湖湘创业者中脱颖而出,一举斩获了"创业先锋"大奖,在业内已经成为最具关注度的创业项目。

2015 年以来,移动互联网创业已达到历史最高水平,手机应用在市场占有率、使用率、商业价值化等方面都是各类创业项目中的佼佼者。静静 App 独自进入"心灵满足,自我实现"的需求中,避开熟人关系的社区,也摆脱地理位置与兴趣入口,独自开展情感服务经济的探索，无论成功与失败，美好的明天值得每一个人期待。

**案例思考**

请思考移动 App 创业项目需要哪些基本的团队成员，什么样的创意适合做移动 APP 项目？结合案例分析"静静" App 的品牌价值，并简单评价情感服务平台在当代社会存在的优势和劣势。

**案例分析**

### 悦跑圈：独跑跑不如众跑跑

一家 2014 年成立的公司，短短两年多时间，总用户已经超过 2000 万，日在线用户超过 70 万，2015 年击败咕咚、乐视体育、KEEP 等 10 多家候选人，夺得年度最佳体育 APP 奖，已经取得多轮融资，目前估值超过 3 亿元。究竟是什么魔力使悦跑圈取得了如此快的发展，让我们从悦跑圈的创始人梁峰这个在全世界约跑的男人身上去寻找答案。

悦跑圈的创始人梁峰是个非常有个性的"70 后"，桂林电子科技大学 98 届通信专业毕业后在电子研究七所工作了 11 年，2009 年辞去工作开始做运动相关的创业项目，6 年间，他走过弯路，失败过，上过当，受过骗，6 年的沉淀使得悦跑圈的产品逻辑愈发清晰。

"悦跑圈现在做的，曾经做的，乃至以后做的都只是与跑步相关的事情。"梁峰的思路十分清晰。

#### 创业心路

穿着一身 T 袖衫的梁峰是一个资深的运动迷，他是潜水员、香港枪会和广州枪会的终身会员，拥有越野车驾驶一级证书，大学毕业后，梁峰就在广州电子第七研究所工作，从事移动通信相关的工作，2009 年出来创业做运动类相关项目。

本身就是个运动爱好者，狂热的那种，本身错过了互联网的大潮，就想着移动互联网的大潮不能再错过了，就从研究所离开，做了些与运动相关的事情，再后来就做了悦跑圈。梁峰所说的"运动相关的事情"，指的是另一款运动类的 APP——爱运动。这次创业失败烧掉了他近 300 万元的初始资金，但是也给他带来了宝贵的创业经验：追求大而全的理念是行不通的。彼时，凭借他本身的体育资源，爱运动几乎覆盖了所有与体育相关的项目，但花了一年的时间，最终的结果梁锋自己评价为"一事无成"，究其原因，是没有找对"点"，没有针对性地解决用户的需求。

#### 创业切入点

这次失败的创业经历，让梁峰还发现了一个奇怪现象，这也成为他二次创业的一个灵感来源。当时，爱运动平台上有赛事相关的功能，很多人通过爱运动想获得马拉松赛事的名额。梁峰没有想到，跑步这件事情还能够获得这么多人的喜爱。彼时是 2010 年，他开始

## 第十章　网络营销的典型应用

沉下心思考跑者这个群体的需求，同时也发现在跑步这件事情上已经有几个"庞然大物"横亘在他们面前——头一个是耐克，其次是咕咚，还有run pace。

有这些"大家伙"在前面，要怎么才能杀进去，并且占据一席之地？梁峰做的第一件事，就是带领团队花了三四个月的时间，混迹各大跑步聊天群，他们发现，跑步群里有三个话题是聊得最多、最热门的：第一是晒跑步轨迹，第二是有漂亮的美眉穿着漂亮的衣服在拍照，第三是跑步者在风景如画的马拉松赛道拍照。

人们并不在乎自己跑得多快、跑得多好，你获得最多的赞赏往往来自于你跟谁跑、在哪里跑、穿什么跑，社交才是运动的第一需求。因此，悦跑圈自创立之初，便是一款只做跑步社交的 APP，表达用户的存在感和认同感，才是这个产品的核心和灵魂，运动轨迹只是其中的一项功能和工具。

**悦跑圈的两大杀器**

梁峰确定"社交才是运动的第一需求"这一方向后，悦跑圈与其他同品类APP也就有了明显的区分。从一开始，悦跑圈就有"跑友圈"设计——在 APP 的平台，可以通过搜索附近的"跑友圈"结识新的朋友，而其他的 APP，往往通过软件自动定位功能，主动推荐附近在跑步的小伙伴。这意味着，"跑友圈"模式对跑步者本身是一种保护。

在悦跑圈之前，不少跑步软件做了很多记录跑步距离、测试跑步的系统，却没有一个社交功能做得好，因为本质的问题没有解决：如何让用户能够真正跑起来？悦跑圈很快找到了突破点：结合跑步赛事，通过比赛的设计来激发用户的积极性。悦跑圈设计了一个体系，用来给不同的用户进行定级，分为初级跑者、中级跑者、高级跑者、顶级跑者和超凡跑者五个级别。

针对不同级别的用户又有不同的赛事可供选择：比如带有健康运动性质的五公里跑、女子跑、闺蜜跑等；中高级的、对抗性更强的越野跑、半程马拉松、全程马拉松等。这样，不同年龄层、不同水平的跑步爱好者，都可以根据自己的实力和跑龄参与不同等级的跑步赛事。悦跑圈也会为不同的赛事设计各式各样的勋章，这对跑者本身也是一种激励。

凭借着社交需求和跨界创新，悦跑圈的粉丝井喷式增长发生在2014年1月。结合厦门马拉松，悦跑圈开展起线上马拉松，其用户以日均3万的速度在飞速增长。"在这个移动互联网的时代，没有创意就去死算了。"梁峰介绍了悦跑圈与可口可乐的合作流程，用户完成5公里以上的跑步，获得5公里跑步勋章，扫描二维码进行兑换，获得可乐。

可口可乐、宝洁、雷克萨斯、宝马等这些国际大品牌正在和悦跑圈进行合作。但是梁峰并不认为这些大牌是他的客户，他把它们称之为"战友"。悦跑圈在线下拥有众多"跑团"这一精准的用户群体，加之还拥有线上线下越野赛事的号召力和影响力，这对有宣传需求的商家来说极具吸引力，而悦跑圈与大品牌联手，"傍大款"吸粉的威力也是不容小觑。另外，悦跑圈曾联手姚基金，共同为乡村小学捐赠篮球架，与"毛线团"跑团联合发起的"公益爱心体育基金"战略合作，让用户在跑步的同时，能够将运动里数转化为相应的现金，购买物资捐赠给贫困地区的孩子们。就现在的效果来看，这些跨界玩法的尝试无疑都是成功的。

在悦跑圈成长的两年多的时间,一共迭代了几十个不同的版本,关于融资已经融到 B 轮了,之前的四轮融资都相对顺利,天使轮投资方来自360、李开复的创新工场等,总计上亿元人民币。直到现在,梁峰仍旧自己运营着多个悦跑圈的粉丝群,群内成员并不知道他的身份,只知道他是悦跑圈的客服,每天他都要花两三个小时不断地和不同的用户聊,聊他们对软件的看法,聊他们还有什么潜在的需求没有被满足。

"我只关心用户需要什么,能不能满足他们的需求。"这也许正是悦跑圈不断进步的秘密所在。

(资料来源:悦跑圈网站,本书作者整理改写)

## 归纳与提高

本章主要就中小企业网络营销、服务业网络营销、非传统网络营销、网络营销与创新型创业案例展开分析。案例涉及家政服务、农产品营销、外卖行业、房地产、城市营销、自媒体营销、创新型创业等,既有成功的经验,也有失败的教训。

## 习题

### 一、选择题

1. 小鞋匠兵败网络营销的原因主要有(　　)。
   A. 流程复杂　　B. 物流不便　　C. 网站功能不强　　D. 管理不善
2. 褚橙进京上网的过程中采用的推广方法(　　)。
   A. 平面营销　　B. 微博营销　　C. 网络广告　　D. 户外广告
3. 房地产的"互联网+"创新主要有(　　)。
   A. VR　　B. 众筹　　C. 互联网理财　　D. 3D打印
4. 桂林城市营销的核心内容是(　　)。
   A. 漓江　　B. 桂林山水　　C. 刘三姐　　D. 桂花酒
5. (　　)是罗辑思维的赢利模式。
   A. 电商　　B. 会员制　　C. 网络广告　　D. 讲座培训

### 二、复习思考题

1. 以桂林为例,思考如何依靠网络策划符合国际性旅游大都市目标的城市营销。
2. 房地产网络营销的主要方法和创新点。
3. 谈一谈借助互联网进行创新型创业的点子。

# 第十章 网络营销的典型应用

## 三、技能实训题

1. 搜集资料，并结合实地调研，根据所在城市(如桂林)的实际情况，结合城市的发展目标和定位，撰写城市网络营销策划书。

2. 结合自己的特点，思考在互联网时代你的创业路线，并开展创新型创业的实践活动。

# 参 考 文 献

[1] [美]Judy Strauss, Raymond Frost. 网络营销(第5版)[M]. 北京：中国人民大学出版社，2012.
[2] 周小勇，等. 电子商务理论与实务[M]. 北京：清华大学出版社，2014.
[3] 冯英健. 网络营销基础与实践(第4版)[M]. 北京：清华大学出版社，2013.
[4] 冯英健. e-mail营销[M]. 北京：机械工业出版社，2003.
[5] 冯英健. 实用网络营销教程[M]. 北京：清华大学出版社，2012.
[6] 姜旭平. 网络营销[M]. 北京：中国人民大学出版社，2012.
[7] 刘向晖. 网络营销导论(第3版)[M]. 北京：清华大学出版社，2014.
[8] 陈志浩，刘新燕. 网络营销(第2版)[M]. 武汉：华中科技大学出版社，2014.
[9] 卓骏. 网络营销理论与实务[M]. 北京：科学出版社，2008.
[10] 卓骏. 网络营销理论、策略与实战[M]. 北京：机械工业出版社，2015.
[11] 秦成德，王汝林. 移动电子商务[M]. 北京：人民邮电出版社，2013.
[12] 杨路明，等. 网络营销[M]. 北京：机械工业出版社，2011.
[13] 杨立军. 网络营销实务全案[M]. 北京：电子工业出版社，2011.
[14] 王丽萍，李创. 网络营销学概论[M]. 北京：清华大学出版社，2014.
[15] 王宏伟. 网络营销(第2版)[M]. 北京：北京大学出版社，2014.
[16] 程镞，杨叶勇. 网络营销实用教程[M]. 北京：中国经济出版社，2011.
[17] 刘芸. 网络营销与策划[M]. 北京：清华大学出版社，2016.
[18] 戴恩勇，袁超. 网络营销[M]. 北京：清华大学出版社，2015.
[19] 杨立军，等. 成功的网络营销方法精选与案例解析[M]. 北京：电子工业出版社，2012.
[20] 科教工作室. 网络营销实战[M]. 北京：清华大学出版社，2013.
[21] 马继刚. 网络营销与策划项目教程[M]. 北京：机械工业出版社，2013.
[22] 肖凭，文艳霞. 新媒体营销[M]. 北京：北京大学出版社，2014.
[23] 陈永东. 企业微博营销：策略、方法与实践[M]. 北京：机械工业出版社，2012.
[24] 乐承毅. 网络营销案例分析[M]. 成都：西南财经大学出版社，2011.
[25] 符莎莉，等. 网络营销(第3版)[M]. 北京：电子工业出版社，2014.
[26] 吴涛，吴有权. 网络营销[M]. 北京：中国财政经济出版社，2008.
[27] 潘维琴. 网络营销[M]. 北京：机械工业出版社，2007.
[28] 彭奏平，姚伟. 网络营销[M]. 北京：清华大学出版社，2007.
[29] 肖伟民，殷艳苓，郑秋菊，等. 网络营销[M]. 北京：电子工业出版社，2010.
[30] 成惊媛，曹云忠，周蓓. 网络营销[M]. 成都：西南财经大学出版社，2008.
[31] 郭国庆. 市场营销通论(第5版)[M]. 北京：中国人民大学出版社，2014.
[32] 荆浩. 网络营销基础与网上创业实践[M]. 北京：清华大学出版社，2011.

[33]陈峥嵘. 网络营销项目化教程[M]. 北京：机械工业出版社，2012.

[34]李红新. 网络营销与策划[M]. 北京：西安交通大学出版社，2011.

[35]刘芸. 网络营销与策划[M]. 北京：清华大学出版社，2010.

[36]李甫民. 网络营销教程[M]. 北京：机械工业出版社，2007.

[37]黄敏学. 网络营销[M]. 武汉：武汉大学出版社，2007.

[38][美]丽莎·亚瑟. 大数据营销：如何让营销更具吸引力[M]. 上海：立信会计出版社，2014.

[39]曾志生，等. 精准营销：如何精确地找到客户并实现有效销售[M]. 北京：中国纺织出版社，2007.

[40]杨谦. 数据库营销[M]. 长沙：湖南科学技术出版社，2005.

[41]王蕊婷. 从"可口可乐火炬在线传递"看病毒营销[J]. 合作经济与科技，2009(13).

[42]姜丽. 网络视频营销的模式、类型和策略研究[D]. 华中科技大学，2013.

[43]方琼. SNS营销效果评价方法研究[D]. 东南大学，2014.

[44]陈慧. Web2.0及其典型应用研究[D]. 华东师范大学，2006.

[45]甄妮. 电商企业大数据营销的应用研究——以阿里巴巴为案例分析[D]. 广东外语外贸大学，2015.

[46]付红安. 大数据在社会化媒体营销中的应用研究[D]. 重庆大学，2014.

[47]刘峰. 大数据时代的电视媒体营销研究——基于网络整合营销4I原则的视角[D]. 华东师范大学，2014.

[48]刘颖辉. S制药厂营销策略研究[D]. 黑龙江大学，2015.

[49]王迪生. 甘肃移动大数据营销策略研究[D]. 兰州大学，2015.

[50]王元元. 大数据背景下旅行社虚拟价值链模型研究[D]. 浙江工商大学，2015.

[51]王文璐. 基于用户大数据的海尔集团线上精准营销研究[D]. 东北农业大学，2015.

[52]蔡薇. 基于微信的电信服务精准营销研究[D]. 北京交通大学，2015.

[53]陈念. 浅析Web环境与网络营销模式的变迁[J]. 科技创业月刊，2015(5).

[54]夏青. 基于微信公众账号的企业品牌形象传播策略[J]. 当代经济，2015.